새로운 표준보육과정에 의한

최신보육과정

이명환 · 김은숙 · 최경숙 공저

교육아카데미

머리말

우리나라의 보육정책은 1991년 '영유아보육법'이 제정된 이래로 정부의 관심과 후원에 힘입어 비약적인 발전을 거듭해 오고 있다. 오늘날의 보육은 단순히 아동을 보호한다는 차원에서 벗어나 아동의 전인적 발달을 위한 프로그램을 요구하고 있다. 이는 사회적 변화에 따라 보육의 의미가 보다 확대되어져 보호는 물론이고 교육이라는 의미를 적극적으로 내포하게 되었음을 뜻하며, 무엇보다도 보육의 관할 부서가 정부조직법 개정으로 이전의 보건복지부에서 여성가족부로 이관된 이후로 보육에 대한 더 많은 관심과 지원, 그리고 중점적인 연구가 진행되고 있음은 매우 바람직한 현상이라 할 수 있다.

그동안 우리나라의 보육시설에서는 유감스럽게도 보육과정을 구성하고 운영함에 있어 유치원 교육과정처럼 구체적인 국가 수준의 교육과정이 제정되어 있지 않은 실정이었기에, 대부분의 보육시설에서는 유치원 교육과정을 참고하거나 혹은 보육시설을 담당했던 부서에서 배포된 '보육사업지침' 내지 '보육사업안내' 책자 및 '영유아활동자료집' 등에 제시된 내용을 중심으로 나름대로의 보육과정을 구성 · 운영하였었다.

근래에 들어 영유아보육은 개인과 가정의 차원에서 해결되어야 할 과제가 아니라 국가도 같이 책임을 져야 한다는 공감대가 갈수록 강하게 형성되어 가고 있다. 즉 아동양육은 국가와 부모의 공동 책임이라는 인식하에 국가의 담당 부서에서는 '함께 키우는 건강한 아동'이라는 모토아래 보육의 비전을 제시하였다. 이에 따라 보육의 공공성 강화와 양질의 보육서비스를 제공하기 위해 '보육시설평가인증제', '보육시설운영의 회계투명화', '표준보육과정령 제정' 등의 정책이 제시되었다. 보육시설평가인증제는 이미 실시되고 있으며, 2009년부터는 모든 보육시설이 평가인증에 참여하도록 하고 있다.

무엇보다도 중요한 것은 표준보육과정과 관련하여 여성가족부에서는 2006년 11월 10일에 영유아보육법시행규칙 제 30조를 개정하여 보육과정의 영역 및 연령별 구체적 보육내용, 교사지침 등 필요한 사항을 정하여 고시하였다는 사실이다.

이와 같이 국가적 관심사에 의하여 새로운 표준보육과정의 개정안이 고시되었으나 실제 보육현장에서는 아직도 표준보육과정에 대한 이해와 그 구체적인 내용에 대하여 지식이 매우 부족한 상황이다. 따라서 보육현장의 종사자들이 표준보육과정의 내용을 정확히 알아 질 높고 제대로 된 보육과정을 실천 하여야겠다는 의도와, 예비교사들도 양성과정 중 보육과정의 최신 내용을 올바로 알고 현장에 적용할 수 있어야 한다는 필연성에서 이 책을 저술하게 되었다.

이 책은 새로이 개발된 표준보육과정의 올바른 이해와 현장에서의 적용 및 실천을 위해 총 3부의 대주제로 나누었고, 3부의 대주제에 따라 총 7장 24절로 구성하였다.

제1장은 보육과정의 이해, 제2장은 보육과정 구성의 기초, 제3장은 보육과정의 구성, 제4장은 보육과정은 운영, 제5장은 표준보육과정, 제6장은 표준보육과정의 영역, 제 7장은 표준보육과정에 따른 활동의 실제 등으로 구성하였으며, 부록편으로 표준보육과정의 법적 근간이 되는 '영유아보육법', '영유아보육법시행령', '영유아보육법시행규칙' 등을 실었다.

이 책의 출판을 위해 보육현장의 활동의 실제에 대하여 많은 정보와 자료로 도움을 주신 김학선 선생님과 문영희 선생님께 무엇보다 이 자리를 빌어 감사의 마음을 드린다. 끝으로 새로운 '보육과정'에 관한 저서가 보육현장에서 시급히 필요함을 절감하시고 방대한 분량인 본 저서의 출판을 허락해 주신 도서출판 교육아카데미 김의용 사장님과 여러 가지 수고와 전문적인 편집기술로 이 책을 다듬어 빛내주신 편집부 모든 분들께 심심한 감사의 뜻을 전한다.

2007년 새해의 아름다운 겨울에　　저자 일동

차 례

제1부 보육과정의 기초

제2부 보육과정 구성 및 운영

제3부 표준보육과정

제1부

보육과정의 기초

제1장 보육과정의 이해

제1절 보육과정의 의미 및 특성

1. 보육과정의 의미

보육과정은 보육시설에서 보육의 목적을 효과적으로 달성할 수 있도록 시행되는 일련의 체계적인 틀로써 영유아를 돌보는 기준이 된다.

보육의 중심 대상인 영아와 유아는 스스로 자신을 보호할 수 있는 능력이 없거나 약하기 때문에, 이 시기 아동을 접하는 모든 성인의 행위 중 보호의 행위는 필수적으로 포함될 수밖에 없으며, 영유아기 아동에 대한 일반적인 모든 '교육' 행위는 보호가 수반되지 않으면 교육은 불가능하다. 즉, 이 시기 아동에 대한 '교육'이라는 것은 '보호'라는 '방법상의 특수성'을 반드시 내포할 수밖에 없는 교육이라고 볼 수 있다.

이러한 의미로 볼 때 보육과정은 보호(care)와 교육(education)을 동시에 추구하는 개념으로써의 '영유아를 대상을 하는 교육과정'이라고 할 수 있다.

교육과정은 철학적 배경이나 필요에 따라 그 개념에 다소간의 차이가 있겠지만, 커리큘럼(curriculum)의 의미를 '학습자에게 학습경험을 선정하고 조직하여 교육경험의 질을 구체적으로 관리하는 교육의 기본 설계도'라고 정의해 볼 때, 보육과정은 영유아를 대상으로 한 교육과 보호를 동시에 추구하는 개념으로 다음과 같이 정의될 수 있다.

「보육과정이란 영유아를 위협하는 모든 요소로부터 심신을 안전하게 보호하고 보다 나은 인간으로 성장 · 발달시키기 위해 영유아의 학습경험을 선정하고 조직하여 구체적으로 관리하는데 필요한 보육의 기본 설계도이다.」

출처 : 보건복지부(2002), 표준보육과정.

보육과정에서는 '어떤 아이로 키울 것인가?' 하는 보육의 목표 및 '그러한 아이로 키우기 위한 방법 및 절차가 무엇인가?' 하는 보육의 내용과 관련이 된다. 따라서 보육과정은 보육시설에서 추구하는 보육목표를 효과적으로 달성할 수 있도록 계획한 문서로 단순히 보육내용으로만 볼 것이 아니라 보육목표, 보육내용, 방법, 평가를 포괄하는 폭넓은 개념으로 보아야 할 것이다.

2. 보육과정의 특성

영유아를 대상으로 하는 보육과정은 초 · 중등교육과정에 비해 매우 복잡하다. 보육과정에서의 대상 연령은 발달 측면에 있어 매우 다양하며, 개인차가 많이 나는 시기이고 보호자의 요구가 함께 수반되는 시기이기 때문에 보육과정 구성에 있어 이와 같은 요인을 고려하여야 한다. 보육과정은 보육의 방향과 방법을 제시하는 것으로써, 영유아의 발달 특성, 사회적 요청, 보육현장의 요구 등이 반영되어야 한다.

1) 보육대상

보육시설에서 보육은 6세 미만의 취학 전 아동을 원칙으로 하고 있어(영유아보육법 제2조 1항) 그 대상 범위가 넓다. 영유아 시기에는 모든 발달 영역에서 변화가 급격히 이루어지는 시기이기 때문에, 영유아에게 제공되는 내용들은 각 발달시기에 적합하면서도 그 다음 단계의 발달과 연계되어야 한다. 또한 장애아와 비장애아를 위한 보육내용을 고려하여 보육과정도 마련되어야 하며, 영유아의 개별성을 고려한 보육과정도 구성되어야 한다.

2) 보육목적 및 내용

보육은 영유아를 건강하고 안전하게 보호·양육하고 영유아의 발달 특성에 적합한 교육을 제공하는 것이다(영유아보육법 제2조 2항). 즉, 영유아를 위한 보육내용은 연령에 따라 그 내용이 다양하게 구성되어야 하며, 보육활동에는 보호(care)와 교육(education)이 포함되어야 하므로 보호차원인 신체적 성장과 활동을 위한 영양, 위생, 안전의 의미와 교육차원인 발달에 적합한 내용의 지식과 기술을 습득함이 포함되어야 한다.

보육과정은 영유아의 신체·정서·언어·사회성 및 인지적 발달을 도모할 수 있는 내용을 포함하여야 한다(영유아보육법 제29조 1항). 따라서 보육과정에는 영유아의 발달단계에 따라 영유아가 건강하고 안전하며 바르게 생활하는데 필요한 내용과 신체, 사회, 언어, 인지, 정서 등의 전인발달을 위해서 영유아가 갖춰야 할 지식, 기술, 태도가 포함되어야 한다.

3) 수요자의 요구

여성의 사회참여 증가와 가족 구조의 핵가족화 등으로 보육수요가 급증하고 있다. 따라서 보육시설에서는 이를 반영하여 보육과정을 운영하여야 한다.

보육 운영시간 원칙은 주6일, 평일 12시간 이상 운영함을 원칙으로 하되, 보호자의 근로시간 등을 참작하여 조정 운영할 수 있으며, 월~금요일은 12시간(07:30~19:30), 토요일은 8시간(07:30~15:30)보육을 원칙으로 하고 있다(2006년 보육사업 안내). 즉, 보육과정은 하루종일 지속되는 활동 프로그램이어야 한다.

또한 보육시설은 공휴일을 제외하고 연중 계속 운영하여야 하며, 지역 및 시설여건에 따라 보호자와 시설장의 협의에 의하여 공휴일에도 운영할 수 있으며, 토요일에도 보육시설을 운영하여야 한다. 보육시설에서의 보육활동은 가정에서의 부모 역할을 대리 수행하여야 하므로 보육과정은 가정 및 부모와의 연계를 고려하여 구성되어야 한다.

제2절 보육과정의 관련 법규

1. 보육사업의 발전 과정

1) 후생시설운영요령

1921년에 서울 태화기독교사회관의 탁아 프로그램에서부터 시작된 우리나라 탁아시설들은 특별한 법적 근거를 지니지 못한 채 해방이후 그 수가 크게 증가하였고, 1961년 '아동복리법'이 제정되기 전까지는 '후생시설 운영 요령'에 근거하여 실시되었다. 이는 해방 이후 탁아시설의 수가 증가하면서 이에 대한 지도 감독의 행정적 필요에 따라 1952년 10월에 마련되었다.

2) 아동복리법

1962년 12월 30일 아동복리법이 제정되었으며, 탁아사업은 종래의 구빈사업적 성격을 벗어나 아동의 복리를 증진시키기 위한 사업으로 그 성격이 변화 발전되었다.

탁아시설을 아동복리 시설의 일종으로 명시하고 탁아시설의 설치 기준, 직원, 탁아 기간, 보호 내용을 규정하고 있고, 보건사회부와 서울 및 각 시도에서 아동 복리 사업을 실시하도록 규정하고 있었다. 아동복리법은 1981년 폐지되면서 아동복지법으로 전문 개정되었다.

3) 아동복지법

1981년 4월에는「아동복리법」이「아동복지법」으로 전면 개정되었는데 개정 사유로 '종전의 아동복리법이 구호적 성격의 복지 제공에 중점을 두어 사회적 복지 요구에 부응하지 못하므로 요보호 아동뿐만 아니라 일반 아동을 포함한 전체 아동의 복지를 보장하고 특히 유아기에 있어서의 기본적 인격 특성과 능력 개발을 조장하기 위한 여건을 조성하기 위함'이라고 밝히고 있다.

4) 유아교육진흥법

제5공화국이 출범되면서 복지사회 건설과 교육혁신이 국정 지표로 제창되어 '유아교육'이 정부의 주요 개혁 시책 중 하나로 채택되었으며, 행정력과 재정동원 능력이 강한 내무부가 주무 부서로 등장하게 되었다. 1982년에 유아교육진흥법을 제정 · 공포하였으며 '유아교육기관이라 함은 교육법에 의한 유치원과 유아원을, 새마을유아원(기존의 어린이집, 새마을협동유아원 및 농번기탁아소를 새마을유아원으로 흡수 · 통합하여 운영)이라 함은 유아를 보육하거나 유아와 영아를 함께 보육하는 기관'이라고 명시하였다. 법 제정 및 장학지도는 교육부에서, 시설운영 및 행정지도는 내무부에서, 보건의료는 보건사회부에서 담당하였다.

5) 남녀고용평등법

1980년대 이후 국가의 경제성장 전략과 산업화에 따라 여성의 사회참여 증가 및 가족 구조의 핵가족화에 따라 보육수요가 급격히 증가하고 있어

민간인들에 의해 법적 근거 없이 운영되는 지역사회 탁아소가 자생적으로 발생하기 시작하였으며, 기존 새마을유아원의 보육기능은 미흡하고 보육시설 또한 절대 부족하여 취업 여성의 자녀양육 문제가 큰 사회적 문제로 등장하게 되었다. 이에 따라 1987년 12월 노동부에서는 남녀고용평등법에 의한 직장탁아 제도를 도입하였다.

6) 영유아보육법 (1991년 1월 14일 제정 법률 제4328호)

급속한 산업화와 함께 전통적인 대가족 제도에서 소규모의 핵가족화 및 기혼 여성의 경제활동 증가로 자녀양육의 문제가 대두되고 있으며, 이러한 시대적 · 사회적 변화는 가족 구조의 변화를 가져왔고, 아동의 보호와 교육의 기능을 다하지 못하는 가정의 증가는 하나의 커다란 사회문제를 야기시키고 있다. 따라서 이러한 문제가 가정의 문제만이 아닌 사회의 공동 책임이라는 인식 하에 탁아사업의 활성화와 이의 제도적 보장의 필요성이 제기되어 영유아보육법이 제정되었다.

보육사업 주관 부처를 보건복지부로 일원화하였으며, 종전의 단순 "탁아"사업에서 보호와 교육을 통합한 "보육"사업으로 확대 · 발전하게 되었다. 이에 따라 탁아시설의 설치 · 운영규정에 의한 「탁아시설의 설치 · 운영규정」은 폐지되었다. 영유아보육법은 사회복지법에 속하는 법으로 사회복지법의 이념은 국민의 기본권 중 하나인 생존권의 보장이다. 생존권이란 국민의 최저 생활유지를 위하여 필요한 조건의 확보를 국가에 요구하는 권리이며, 국가의 적극적인 관여와 배려에 의하여 국민이 현실생활에 필요한 조건의 보장을 요구하는 권리이다.

7) 영유아보육법 전문 개정 (2004년 1월 29일)

정부조직법 개정으로 2004년 6월 12일부터 영유아보육 사무가 보건복지부에서 여성부로 이관되었으며, 2004년 1월 29일 전문 개정된 영유아보육법의 시행(2005. 1. 30)에 따라 보육서비스의 질적 수준 향상과 보육의 공공성 강화 등을 통해 보육사업이 획기적으로 발전할 수 있는 계기를 마련하였다. 2005년 12월 영유아보육법과 동법 시행규칙의 일부 개정으로 시설장의 국가자격증제 도입과 보육시설운영위원회 설치 의무화로 보육시설 운영의 책임성과 투명성을 강화하게 되었으며, 보육시설 설치 사전 상담제를 실시하여 시설 설치에 따른 민원 불편을 해소하는데 중점을 두었다. 보육의 질을 향상시키고자 2004년 1월에 개정된 영유아보육법은 인가를 통한 보육시설 설립, 보육교사 자격증제, 표준보육과정, 평가인증제 등의 도입 조항이 포함되어 있다.

2. 보육과정의 관련 법규

1) 헌법

◎ 행복추구와 인간다운 삶의 권리

제10조	모든 국민은 인간으로서의 존엄과 가치를 가지며, 행복을 추구할 권리를 가진다. 국가는 개인이 가지는 불가침의 기본적 인권을 확인하고 이를 보장할 의무를 진다.
제34조	모든 국민은 인간다운 생활을 할 권리를 가진다.

모든 국민이 행복을 추구할 권리와 인간다운 생활을 할 권리를 가지고 있음을 명시하고 있다. 따라서 국민의 구성원인 영유아들도 당연히 이와 같은 행복 추구와 인간다운 삶의 권리를 갖게 된다.

◎ 능력에 따라 균등하게 교육을 받을 권리

> 제31조 ① 모든 국민은 능력에 따라 균등하게 교육을 받을 권리를 가진다.

개개인의 능력에 맞는 개인차가 고려되는 교육으로 교육의 이상을 표현하는 것이다. 능력에 따라 균등하게 교육을 받을 권리라는 것은 국민 각자가 가지고 태어난 잠재 능력을 계발할 수 있도록 하는 '교육의 질적 기회 균등'의 장을 국가가 마련해 주어야 한다는 것을 의미한다. 개인차를 반영하는 교육은 교육 공급자의 관점이 아니라 교육 수요자의 입장에서 교육을 생각하는 것이며, 학습자의 능력 수준, 요구 수준, 개인적 특성 등에 맞추어 가장 합당한 교육적 처치를 하는 것을 의미하는 것이다(1998, 교육부).

2) 아동복지법

> 제 1조 이 법은 아동이 건전하게 출생하여 행복하고 건강하게 육성되도록 그 복지를 보장함을 목적으로 한다.
>
> 제 3조 ① 모든 국민은 아동을 보호·양육하고 사회생활에 적응되도록 육성할 책임을 진다.
> ② 국가와 지방자치단체는 보호자와 더불어 아동을 건전하게 육성할 책임을 진다.

모든 국민과 국가, 그리고 지방자치단체가 아동을 건전하게 육성할 책임을 진다고 규정함으로, 아동의 기본적 욕구를 보장하고 어떠한 환경과 조건에 있든지 아동이 지니고 있는 잠재 능력을 최대한 발휘시키며, 건전한 성장과 발달을 도모하는 것이 아동의 기본적 권리를 나타내고 있다.

3) 영유아보육법

◎ 국가와 지방자치단체의 책임

> 제 4조 ① 모든 국민은 영유아를 건전하게 보육할 책임을 진다.
> ② 국가 및 지방자치단체는 보호자와 더불어 영유아를 건전하게 보육할 책임을 진다.

영유아는 자기 스스로 자신의 존엄성을 지켜나가는 것이 거의 불가능하기 때문에, 결국 한 인간으로 인생을 시작하는 중요한 시기에 있는 이들에 대한 존엄성은 사회적으로 보장받아야 하며 모든 국민과 국가, 그리고 지방자치단체가 아동을 건전하게 육성할 책임을 진다고 규정함으로, 영유아에 대한 권리를 나타내고 있다.

◎ 보육의 이념

> 제 3조 ① 보육은 영유아의 이익을 최우선으로 고려하여 제공되어야 한다.
> ② 보육은 영유아가 안전하고 쾌적한 환경에서 건강하게 성장할 수 있도록 하여야 한다.
> ③ 영유아는 자신 또는 보호자의 성 · 연령 · 종교 · 사회적 신분 · 재산 · 장애 및 출생지역 등에 따른 어떠한 종류의 차별도 받지 아니하고 보육되어야 한다.

아동의 가정양육 중 가장 중요한 시기가 바로 영유아기이고, 아동의 건전 육성은 가정생활의 경제적 안정에 의해 많은 영향을 받는다. 특히 영유아기에 아동에게 안정감을 주기 위해서는 가정에서 생활에 필요한 최소한도의 물질적인 욕구가 충족되어야 하며, 아동의 기본적인 욕구인 의식주 문제의 해결은 이들의 심신발달을 위한 필수적인 요소이다. 더 나아가 경제적 불안정은 최소한의 아동의 욕구가 충족되지 않은 상태인데, 이러한 요소는 건전한 성장발달의 장애요인으로서 아동의 심신뿐만 아니라, 지능 · 정서발달에도 큰 상처를 줄 수 있다. 따라서 이 시기의 영유아는 앞서 제시한 이념에 의거하여 하나의 권리로서 보육서비스를 제공받을 수 있어야 하고, 보육은 이러한 계층 간 불평등을 완화 · 해소할 수 있도록 모든 아동들에게 동등하게 제공되어야 한다.

◎ 보육의 대상

> 제 2조 이 법에서 사용하는 정의는 다음과 같다.
> ① '영유아'라 함은 6세 미만의 취학 전 아동을 말한다.
> ② '보육'이라 함은 영유아를 건강하고 안전하게 보호 · 양육하고 영유아의 발달 특성에 적합한 교육을 제공하는 사회복지 서비스를 말한다.

◎ 보육과정

제 29 조	보육과정은 영유아의 신체적 · 정서 · 언어 · 사회성 및 인지적 발달을 도모할 수 있는 내용을 포함하여야 한다.

영유아의 전인적 성장을 위해 영유아가 신체적 · 정서적 · 언어적 · 사회적 · 인지적 발달영역에서 특별히 뒤처지거나 부족하지 않고 조화와 균형을 이루어 고르게 발달할 수 있도록 그 내용을 제공하여야 한다.

제3절 보육과정의 흐름

우리나라의 보육사업은 1991년 '영유아보육법'의 제정 이래로 많은 발전을 거듭해 오고 있으며, 최근의 보육은 보호적 차원에서 벗어나 아동의 전인적 발달을 위한 포괄적 프로그램이 요구되어 지고 있으며, 사회적 변화에 따라 보육이라는 단어의 의미도 보다 넓어져 보호는 물론이고 교육이라는 의미도 내포하게 되었다.

보육시설에서 보육과정을 구성하고 운영함에 있어 자연스럽게 교육이 반영되고 있으며, 또한 보육시설에서의 보육과정이 유치원 교육과정처럼 국가 수준의 교육과정이 설정되어 있지 않은 상황이었기 때문에 많은 보육시설에서는 국가 수준의 교육과정인 유치원교육과정을 중심으로 보육 프로그램을 실시하고 있는 실정이었다.

우리나라의 보육과정의 변천 배경을 언급하는데 있어, 보육시설 운영 전반에 대하여 『보육시설안내』 책자에 당해 년도에 달성해야 할 보육사업의 추진 계획 및 보육사업의 전반적인 운영 · 관리 지침을 소개해 놓고 있어 이 책자에 제시된 내용을 중심으로 보육대상, 보육시간, 보육내용 등에 대한 변천 배경과, 2006년 11월 10일 제정된 표준보육과정령에 관한 내용을 함께 기술하고자 한다.

보육시설의 보육과정은 1991년에 시행된 영유아보육법에 의거하고 있으며, 1991년도부터 보육사업에 대한 관리를 '보건사회부'에서 관리 감독하여 각 보육시설마다 '보육사업지침'이 배포되었으며, 1999년 이후에는 '보육사업안내'로 명칭이 변경되어 배포되었다. 또한 1994년에는 보건사회부에서 보건복지부로 변경되었으며, 2004년에는 보건복지부에서 여성부로 관리감독청이 바뀌었으며, 2005년에는 여성부가 여성가족부로 명칭이 변경되어 보육시설 전반에 대해 관리 감독을 하고 있다.

1. 1991년도 보육과정

보육시설의 보육과정은 1991년 1월 14일부터 시행된 영유아보육법 제18조와 동법 시행규칙 제 23조의 규정에 의거하고 있다.

1) 보육대상

· 보호자가 근로 또는 질병, 기타사정으로 인하여 직접 보육하기 어려운 아동으로써 보호자가 위탁하는 아동

- 0세~취학 전 아동을 원칙으로 함
- 시설의 보육 능력 범위 내에서 초등학교 저학년도 보육 가능

2) 보육유형

- 종일제 운영 원칙
- 법정 공휴일을 제외하고 연중 계속 운영

3) 보육내용

보육의 기본 원칙

· 아동의 신체적 · 지적 · 언어적 · 정서적 및 사회적 발전에 기여할 수 있는 경험
· 충분하고 균형 있는 영양공급
· 정기 건강관리 및 청결 위생 일상화
· 안전사고 예방 강화
· 부모교육 및 지역사회 복지 도모

※ 탁아시설의 설치 · 운영 규정참고

4) 보육계획의 수립

① 기본 원칙

아동의 연령에 따른 일별, 월별 보육계획을 수립하여 보육하여야 함

② 보육계획의 내용

· 인지적 · 정서적 · 사회적 · 신체적 · 언어적 발달을 위하여 짜여진 활동
· 개인 · 단체활동
· 동적 · 정적 놀이
· 수유 · 배변 등의 생리적 욕구에 대한 배려와 휴식시간 등

2. 1992년도 보육과정

1) 보육대상 및 유형

· 보호자가 근로 또는 질병, 기타 사정으로 인하여 직접 보육하기 어려운 아동으로써 보호자가 위탁하는 아동

- 0세~6세 미만의 취학 전 아동
- 중앙보육위원회 또는 지방보육위원회의 의결을 거쳐 입소대상 연령을 12세까지 연장 가능(영유아보육법 16조)

2) 보육유형

- 종일제 운영 원칙
- 공휴일을 제외하고 연중 계속 운영하여야 하며, 지역 및 시설여건에 따라 보호자와 시설장의 협의에 의하여 공휴일에도 운영 가능 연중 계속 운영

3) 보육내용

보육의 기본 원칙

- 교육

영유아의 신체적 · 사회적 · 정서적 · 지적 및 언어적 발달에 기여할 수 있는 경험제공 및 자기 존중감 발달

- 영양

충분하고 균형 있는 영양 공급 및 바른 식습관 지도

- 건강

영유아의 신체적 · 정서적 건강을 위한 예방적 서비스 제공

- 안전

영유아 스스로가 자신의 안전을 보호 할 수 있는 능력과 기술을 가지도록 지도

- 부모에 대한 서비스

부모 참여, 부모교육, 보육과정의 관찰 등을 통하여 보육의 효과 제고

- 지역사회와의 교류

지역사회 인사의 보육활동에의 참여, 지역사회의 보육시설 활용, 보육시설의 지역사회 시설 활용 등을 통하여 효율적인 보육 프로그램의 운영

※ 영유아보육법시행규칙 별표 9참조

4) 보육계획의 수립

① 기본 원칙

영유아의 연령에 따른 일간, 주간 및 월간 보육계획을 수립하여 보육하여야 함

※ 시설장과 보호자가 협의하여 보육아동들의 현장학습 등이 필요할 경우 실시 가능

② 보육계획 내용

· 인지적 · 정서적 · 사회적 · 신체적 · 언어적 발달을 위하여 짜여진 활동 · 개인 · 단체활동 · 동적 · 정적 놀이 · 수유 · 배변 등의 생리적 욕구에 대한 배려와 휴식시간 등

3. 1993년도 ~ 1999년도 보육과정

1) 보육대상

· 보호자가 근로 또는 질병, 기타 사정으로 인하여 직접 보육하기 어려운 아동으로써 보호자가 위탁하는 아동

- 0세~6세 미만의 취학 전 아동
- 중앙보육위원회 또는 지방보육위원회의 의결을 거쳐 입소대상 연령을 12세까지 연장 가능(영유아보육법 16조)

※ 1995년도 : 초등학교 저학년 아동(저소득층) 중심으로 연장 보육 포함

※ 1996년도 : 96.1.1부터 전국 보육시설의 입소대상 연령을 12세로 연장(95.12.15. 영유아보육법 제 16조에 의거 중앙보육위원회 의결) 초등학교 저학년 아동(저소득층) 중심으로 방과후 보육 포함

2) 보육유형

· 종일제 운영 원칙
· 공휴일을 제외하고 연중 계속 운영하여야 하며, 지역 및 시설여건에 따라 보호자와 시설장의 협의에 의하여 공휴일에도 운영 가능 연중 계속 운영.

3) 보육내용

보육의 기본 원칙

· 교육
영유아의 신체적 · 사회적 · 정서적 · 지적 및 언어적 발달에 기여할 수 있는 경험 제공 및 자기 존중감 발달
· 영양
충분하고 균형 있는 영양 공급 및 바른 식습관 지도
· 건강
영유아의 신체적 · 정서적 건강을 위한 예방적 서비스 제공
· 안전
영유아 스스로가 자신의 안전을 보호 할 수 있는 능력과 기술을 가지도록 지도
· 부모에 대한 서비스
부모 참여, 부모교육, 보육과정의 관찰 등을 통하여 보육의 효과 제고
· 지역사회와의 교류
지역사회 인사의 보육활동에의 참여, 지역사회의 보육시설 활용, 보육시설의 지역사회 시설 활용 등을 통하여 효율적인 보육 프로그램의 운영

※ 영유아보육법시행규칙 별표 9참조

4) 보육계획의 수립

① 기본 원칙

영유아의 연령에 따른 일간, 주간 및 월간 보육계획을 수립하여 보육하

여야 함

※ 시설장과 보호자가 협의하여 보육 아동들의 현장학습 등이 필요할 경우 실시 가능

② 보육계획 내용

· 인지적 · 정서적 · 사회적 · 신체적 · 언어적 발달을 위하여 짜여진 활동 · 개인 · 단체활동 · 동적 · 정적 놀이 · 수유 · 배변 등의 생리적 욕구에 대한 배려와 휴식시간

가. 건강생활

기본적인 감각 · 운동기능과 신체조절 능력을 기르고, 건강하고 안전한 생활습관을 가지게 하여 영유아의 심신을 조화롭게 발달시키도록 한다.

나. 사회생활

기본 생활습관과 자기 조절 능력을 기르고, 사회적 지식과 태도를 익히게 하여, 자신과 다른 사람을 존중하며 더불어 생활할 수 있도록 한다.

※ 일상생활에 필요한 기본 예절교육 강화

다. 표현생활

영유아의 생각과 느낌을 다양한 활동을 통하여 자발적, 창의적으로 표현함으로써 정서적 안정감과 심미감을 기르도록 한다.

라. 언어생활

말과 글에 관심을 가지게 하고, 기초적인 언어능력을 신장하여 즐거운 언어생활을 할 수 있게 한다.

마. 탐구생활

주위의 여러 가지 사물과 현상에 대하여 호기심과 관심을 가지고 탐구하도록 하여, 합리적인 문제해결 능력과 태도를 기르도록 한다.

4. 2000년도 ~ 2004년도 보육과정

1) 보육대상

· 근로 또는 질병, 기타 사정으로 인하여 보호자가 직접 보육하기 어려운 아동으로 보호자가 위탁하는 아동

- 0세~6세 미만의 취학 전 아동
- 지방보육위원회의 의결을 거쳐 보육시설의 입소대상 연령을 만12세 까지 연장 가능 (영유아보육법 제16조 단서규정)

※ 초등학교 저학년 아동(저소득층)을 대상으로 방과 후 보육

2) 보육유형

■ 보육유형
- 종일제 운영 원칙
- 공휴일을 제외하고 연중 계속 운영하여야 하며, 지역 및 시설여건에 따라 보호자와 시설장의 협의에 의하여 공휴일에도 운영 가능

■ 방학제
- 실시 시기 및 기간 : 여름 및 겨울에 각각 7일 범위 내
- 실시 방법 : 시설장의 판단에 따라 실시 여부 등 결정
  보육료 및 종사자 급여 정상 수납 · 지급 실시 한 달 전 '방학실시계획서' 수립 후 관할 관청에 보고하고 실시 아동의 보호자에게 통보
- 준수 사항 : 보육의 기본 기능 유지 (방학 중이라도 보육이 절대적으 필요한 영유아에 대하여 원장 책임하에 보육대책 별도 강구)

3) 보육내용(영유아보육법시행규칙 별표 9참조)

보육의 기본 원칙

· 보호
영아 및 유아에 대하여 심신의 세심한 보호를 통하여 가정과 같은 분위기를 조성하여 정서적 안정감 유도
· 교육
영유아의 신체적 · 사회적 · 정서적 · 지적 및 언어적 발달에 기여할 수 있는 경험 제공 및 자기 존중감 발달
· 영양
충분하고 균형 있는 영양 공급 및 바른 식습관 지도
· 건강
영유아의 신체적 · 정서적 건강을 위한 예방적 서비스 제공
· 안전
영유아 스스로가 자신의 안전을 보호 할 수 있는 능력과 기술을 가지도록 지도
· 부모에 대한 서비스
부모 참여, 부모교육, 보육과정의 관찰 등을 통하여 보육의 효과 재고
· 지역사회와의 교류
지역사회 인사의 보육 활동에의 참여, 지역사회의 보육시설 활용, 보육시설의 지역사회
시설 활용 등을 통하여 효율적인 보육 프로그램의 운영·

※ 영유아보육법시행규칙 별표 9참조 - '보호' 영역이 추가되었음.

4) 보육계획의 수립

① 기본 원칙

영유아의 연령에 따른 일간, 주간 및 월간 보육계획을 수립하여 보육하여야 함

② 보육계획 수립 시 기본 사항

· 인지적 · 정서적 · 사회적 · 신체적 · 언어적 발달을 위하여 짜여진 활동
· 개인 · 단체활동
· 동적 · 정적 놀이
· 수유 · 배변 등의 생리적 욕구에 대한 배려와 휴식시간

③ 보육계획 내용

· 건강생활
기본적인 감각 · 운동기능과 신체조절 능력을 기르고, 건강하고 안전한 생활습관을 가지게 하여 영유아의 심신을 조화롭게 발달시키도록 한다.
· 사회생활
기본생활 습관과 자기 조절 능력을 기르고, 사회적 지식과 태도를 익히게 하여, 자신과 다른 사람을 존중하며 더불어 생활할 수 있도록 한다.
※ 일상 생활에 필요한 기본 예절교육 강화
· 표현생활
영유아의 생각과 느낌을 다양한 활동을 통하여 자발적, 창의적으로 표현함으로써 정서적 안정감과 심미감을 기르도록 한다.
· 언어생활
말과 글에 관심을 가지게 하고, 기초적인 언어능력을 신장하여 즐거운 언어생활을 할 수 있게 한다.
· 탐구생활
주위의 여러 가지 사물과 현상에 대하여 호기심과 관심을 가지고 탐구하도록 하여, 합리적인 문제해결 능력과 태도를 기르도록 한다.

5. 2005년도 ~ 현재 보육과정

1) 보육대상

· 0세~6세 미만의 취학 전 아동을 원칙으로 함
· 필요한 경우 보육시설의 장은 만 12세까지 연장하여 보육할 수 있다.
(영유아보육법 제27조 단서조항)

2) 보육시간

(1) 보육 운영시간 원칙

- 보육시설은 주6일, 평일 12시간 이상 운영함을 원칙으로 하되, 보호자의 근로시간 등을 참작하여 조정 운영할 수 있다.
  ※월~금요일 : 12시간(07:30~19:30), 토요일 : 8시간(07:30~15:30)
- 보육시설은 공휴일을 제외하고 연중 계속 운영하여야 하며, 지역 및 시설여건에 따라 보호자와 시설장의 협의에 의하여 공휴일에도 운영할 수 있다.
- 토요일에도 보육시설을 운영하여야 하나 토요 휴무제 확대에 따라 보육아동 수가 감소할 경우에는 보육에 지장을 주지 않는 범위 내에서 교사배치를 달리할 수 있다.
  ※교사들의 토요일 교대 휴무 가능

(2) 보육시설 운영 기준시간 : 1일 12시간

- 보육시설은 07:30~19:30까지 운영하는 것을 원칙으로 하고, 보호자의 근로시간 등을 고려하여 조정 운영할 수 있다.
- 기준시간 초과보육 및 휴일보육은 보호자와 시설장의 협의에 의해 실시할 수 있다.

3) 보육과정

(1) 보육과정의 기본 원칙 (영유아보육법 제29조)

- 보육과정은 영유아의 신체 · 정서 · 언어 · 사회성 및 인지적 발달을 도모할 수 있는 내용을 포함하여야 한다.
- 여성가족부장관은 표준보육과정을 개발 · 보급하여야 하며 필요시 그

내용을 검토 하여 수정 보완하여야 한다.

- 보육시설의 장은 표준보육과정에 따라 영유아를 보육하도록 노력하여야 한다.
- 보육과정의 구체적인 내용은 여성부령으로 정한다.

(2) 보육과정의 내용(영유아보육법시행규칙 제30조)

- 표준보육과정에는 교육 · 영양 · 건강 · 안전 등 영유아의 발달단계에 따라 보육내용이 포함되어야 한다. (개정 2006. 6. 23)
- 영유아 보육법 제29조 제2항 및 제4항에 따른 표준보육과정은 별표 8의 2와 같다. (개정 2006. 11. 10)

보육과정의 내용

보육과정은 기본생활, 신체운동, 사회관계, 의사소통, 자연탐구, 예술경험의 6개 영역으로 구성한다. 각 영역은 영유아가 건강하고 안전하며 바르게 생활하는 데 필요한 내용과 신체, 사회, 언어, 인지, 정서 등의 전인 발달을 위해서 영유아가 갖춰야 할 지식, 기술, 태도를 포함한다.

가. 기본생활

기본생활 영역은 일생의 기초이며 사회생활의 기본이 되는 건강, 영양, 안전에 관한 지식과 기술을 습득하고 바르게 생활하는 태도를 기르는 내용으로 구성한다.

나. 신체운동

신체운동 영역은 다양한 신체 활동을 통하여 자신의 신체에 대해 긍정적으로 인식하고, 일상생활에 필요한 기본 운동 능력을 기르며, 신체 활동에 즐겁게 참여하는 내용으로 구성한다.

다. 사회관계

사회관계 영역은 자신을 존중하고, 가족과 또래 및 지역사회와 긍정적인 사회관계를 형성하며, 유능한 사회 구성원이 되기 위해 필요한 사회적 지식과 태도를 기르는 내용으로 구성한다.

라. 의사소통

의사소통 영역은 듣고 말하는 것을 즐기고, 상황에 맞는 의사소통 능력과 기초적인 읽고 쓰는 능력을 익히는 데 필요한 올바른 언어생활 태도와 능력을 기르는 내용으로 구성한다.

마. 자연탐구

자연탐구 영역은 다양한 감각을 이용하여 주변 사물과 환경을 지각하고 탐색하며, 이러한 과정에서 발생하는 의문점을 해결하는 데 필요한 수학적·과학적 기초 능력을 기르는 내용으로 구성한다.

바. 예술경험

예술경험 영역은 사물이나 소리·자연·예술 작품의 아름다움에 관심을 가지고 탐색하며, 생각이나 느낌을 음악·동작·극·미술로 표현하고, 표현된 것들을 보고 즐김으로써 풍부한 감성 및 창의성을 기르는 내용으로 구성한다.

※ 영유아보육법 시행규칙 별표 8의 2 참조

제2장 보육과정 구성의 기초

제1절 철학적 기초

이 절에서는 보육과정의 철학적 기초가 되는 대표적인 교육사상가로서 코메니우스, 로크, 루소, 페스탈로찌, 프뢰벨, 그리고 몬테소리의 유아교육 사상의 핵심적인 요소들을 탐구해 보고자 한다.

1. 코메니우스(Comenius)의 유아교육사상

코메니우스(1592~1670)는 17세기 초반 유럽의 교육계에 새로운 교육이론과 방법을 제시하였으므로 그를 '근대교육의 아버지'라고 부른다. 코메니우스 이전까지의 교육은 인간의 이성을 중심으로 하는 주지주의 교육과 신앙을 중심으로 하는 신본주의 교육으로 양분되어 발전되어 왔다(이숙종, 1996).

그의 업적은 이와 같이 양분되어 내려온 양극화 현상을 극복하기 위한 방안으로, 인간의 지성과 신앙을 통합하는 인간 중심적 인본주의 교육을 체계화하여 정립하였다는 데에 있다.

코메니우스의 교육사상은 자연을 대상화한 지식과 신을 지향하는 신앙을 교육의 기본으로 하고 있다. 그는 자연을 인간의 성장과 양육을 위한 교육의 자료들과 선물을 제공하기 위해 창조된 것으로 보았다. 다시 말해서 자연은 인간의 교육의 장(場)이 되어 인간의 도덕적 행위나 규범과 법칙, 무엇보다도 하나님의 사랑을 이해할 수 있는 사실들을 제공한다고 보았다(이숙종, 1996). 더 나아가 그는 교육의 궁극적인 목적을 '신과 더불어 영원한 행복을 누리는 것'이라고 하여 기독교적 교육철학을 견고히 하였다.

코메니우스는 자연의 원리에 따르는 합자연의 원리, 혹은 자연의 질서에 따른 객관적 자연주의를 강조하였다. 그는 키케로의 말을 인용하여 '만일 우리가 자연을 안내자로 삼고 따라간다면 결코 길을 잃지 않을 것이다' 라고 하였다(코메니우스, 1991).

이와 같이 코메니우스는 교수방법론의 기초를 자연의 원리와 법칙에서 찾았으며, 자연은 그 본래적 질서와 함께 인간의 성장과 발달에 직접적인 관계가 있는 시간의 진행과정을 제시한다고 보았다. 그는 그의 저서 「대교수학」(The Great Didactic) 7장에서 "인간의 교육은 어릴 때에 가장 잘 되고, 또 어릴 때라야 성공한다"고 기술하면서, 모든 사물들은 부드러울 때에 쉽게 구부러지고 만들어질 수 있지만, 일단 굳어진 다음에는 마음먹은 대로 할 수 없기 때문에 인간의 성장과 변화의 단계와 시기에 적합한 교수방법이 제시되어야 한다고 하였다. 그리고 인간의 발달을 사계절에 비유하였는데, 즉 봄에 해당되는 유아기, 여름의 청년기, 가을의 성년기, 겨울의 노년기로 구분하면서, 인간의 교육은 인생의 봄인 유아기부터 시작하여야 함을 강조하였다(코메니우스, 1991).

코메니우스는 직관의 원리에 기초하여 감각-실물적 교육방법을 강조하여, 엄격하고 추상적인 주입식 위주의 교육방법이 아니라, 유아의 자연성 계발에 적합한 교육이 필요하며, 이를 위해 구체적인 실물과 감각을 통하여 교육이 이루어져야 할 것을 주장하였다(Keatinge, 1917). 이러한 관점에서 그는 세계 최초의 그림책인 「세계도회」(Orbis pictus)를 펴냈다(노상우 외, 2003). 그가 저술한 이 「세계도회」는 그림이 삽입된 교과서로써 최초로 그림을 도해한 학교 교과서이며, 그 내용은 세상의 모든 사물들과 인간활동에 있어서의 모든 기초를 그림으로 표시하고 명명하고 있다.

코메니우스의 「세계도회」는 1657년 초판, 그리고 1659년 2판이 출판되었는데, 이를 시각적 학습교재의 효시로 볼 수 있다(김은철 외, 1998).

코메니우스는 유아교육을 전체적인 학교체제 속에 두었다. 그는 「대교수학」 28장에서 학교제도를 제시하면서, 연령 · 발달단계에 따라 수학기간을 정하였는데, 제1단계로 모친학교(0~6세), 제2단계로 모국어학교(6~12세), 제3단계로 라틴어학교(12세~18세), 제4단계로 대학(18~24세)에서의 교육을 강조하였다. 이는 현재의 학교제도를 이미 그 당시 그가 구안한 것을 볼 때 그의 깊은 교육적 혜안을 엿볼 수 있다. 이곳에서의 모친학교는 유치원이나 교육시설을 가리키는 것이 아니라, 가정에서의 어머니의 교육을 말하는 것으로써 '어머니 무릎학교'를 의미한다.

한편 코메니우스는 그의 저서 「Pampaedia」에서 4세~6세에 해당되는 유아들은 가정에서의 교육과 더불어, 학교에 보내져 그곳에서 공동생활, 놀이, 노래, 도덕성 함양 등이 자원봉사 하는 부인들에 의하여 체계적으로 이루어져야 할 것을 강조하였다(Barow-Bernstorff, 1988). 이는 코메니우스가 프뢰벨이 유치원을 세우기 약 200년 전에 이미 유아교육의 중요성과 유아교육기관의 필요성을 알고 이를 실현해 보려고 노력한 것을 알 수 있다.

코메니우스의 유아교육 내용을 살펴보면 다음과 같다.

첫째, 건강한 유아는 건강한 어머니로부터 태어나 충분한 영양을 공급받는 것이 필수적이기에, 어머니는 임신한 이후로 이 책임감을 절감하고 실천할 것을 강조하였다. 즉, 아이가 태어난 후 어머니는 유아에게 건강에 좋은 음식과 규칙적인 수면, 충분한 옷을 제공하여야 하며, 그리고 유아를 애정을 듬뿍 담아 보살펴야 하며, 또한 놀이와 움직임을 통하여 신체훈련을 시켜야 한다고 하였다.

둘째, 유아들의 이해력과 언어능력 발달을 위해서는 유아들이 다른 아이들과 어울려 놀이하며, 대화하며, 경험을 공유할 수 있어야 하는데, 이를 위해 부모들이 힘써야 할 것을 강조하였다(Barow-Bernstorff, 1988).

셋째, 유아가 성장하여 후에 획득하게 될 지식과 생활영역에서의 준비를 위해 수공업적인 일을 유아기부터 가르치는 것이 중요하다고 보았다. 예를 들어 유아기의 수공업이란 유아에게 필요한 자르기, 껍질 벗기기, 묶기, 풀기, 한데 모으기 등의 작업을 뜻한다. 유아기때의 이러한 경험들은 초등학교로 자연스럽게 연결되면서 좀 더 체계적인 작업으로 발전되어 나가게 된다(코메니우스, 1898).

넷째, 도덕교육의 중요성을 강조하였는데, 도덕성은 작업정신을 통하여 가장 많은 영향을 받는다고 하였다. 즉, 유아가 일찍부터 무슨 작업이건 항상 하게 될 때, 유아는 후에 그저 할 일없이 빈둥거리는 사람이 아니라 쓸모 있는 유용한 인간으로 성장해 나간다고 하였다.

고찰한 바와 같이 코메니우스는 유아들의 즐거운 삶을 위하여 건강한 신체발달과 작업이 필요하며, 무엇보다도 놀이를 통한 신체적, 지적, 도덕적 발달이 이루어져야 할 것을 강조하였음을 알 수 있다. 또한 그는 학습자의 활동과 흥미를 중요시 하였고, 모든 사람이 교육을 받아야하며 또한 받을 수 있다고 보았다. 그의 전체적이고 통합적인 교육사상은 루소에 의해서 '자연을 따르는 교육'으로 페스탈로찌에 의해서는 '직관 및 사물의 수업'으로 받아들여졌다.

2. 로크(Locke)의 유아교육사상

로크(1632~1704)는 영국의 17세기말의 사상가로서, 교육자로서, 국민 경제가로서, 외교관과 신학자로서, 더 나아가 외과의사로서도 명성이 높았던 다재다능한 인물이었다. 특히 그는 「교육론」의 서두에서 "건강한 신체에 건강한 정신이 깃든다"고 하여 주된 교육관이 건전한 신체육성에 있음을 보여주고 있다.

이를 위해서는 신체단련이 필요하다고 하여 구체적인 방법을 제시하였는데, 예를 들자면 건강한 신체를 유지하기 위해 적게 먹기, 옷을 적게 입기, 찬물에 발 닦기, 일찍 수영 배우기, 가능한 한 밖에 나가기 등을 권장하였고, 이와 같은 요소들이 어릴 적부터 훈련하여 습관화 되도록 하여야 한다고 강조하였다(Locke, 1880).

한편 로크는 당시 중 · 상류층 부모들이 자녀에게 행하던 과보호적인 육아방법을 비판하면서 신체교육과 아울러 인격의 함양을 목적으로 하는 덕육교육, 즉 신사교육을 주장하였다. 따라서 이 시기에는 올바른 습관형성을 통하여 덕성이 함양된다고 보고 이를 위해 절제와 극기를 강조하였다.

유아의 덕성 함양을 위해서 그는 놀이도구를 사용할 것을 권했는데, 이때 유의할 사항은 부모가 상점으로부터 완성된 장난감을 구입하여 유아에게 주는 것이 아니라, 교사의 도움을 받아 유아 스스로 놀이도구를 만드는 것이 바람직하다고 하였다.

로크 당시 영국의 인구는 500만 명이었는데 이 중 절반의 인구가 빈곤한 서민층, 거지, 노동자, 혹은 실업자이었으며 젖먹이 유아의 사망률이 75%로 높았기에, 전체의 국민 평균수명이 32세 정도밖에 안되었다(Locke, 1880). 이런 사회적 상황 때문에도 로크는 유아기의 건강교육을 특별히 강조하였다고 볼 수 있다.

로크에 의하면 장난감 사용은 유아들로 하여금 스스로 자립심과 노동교육으로 이끄는 방편으로 보았다. 왜냐하면, 어릴 적에 교사의 도움을 받아 만들어 왔던 장난감의 제작과정이 후에 유아가 성인이 되었을 때 스스로 무엇인가 만들 수 있고, 아울러 수공업 기술로도 연계될 수 있기 때문이라고 보았다. 또한 훈육의 방법으로 처벌을 가할 수도 있지만, 처벌은 아주 예외적인 경우에만 극히 조심스럽게 사용하고 그 대신 칭찬과 인정, 실예와 모범, 이상적인 대화를 중요한 교육수단으로 보았다(Locke, 1883). 그는 유아교육의 중요성을 특히 자연과학, 의학의 차원에서 접근하여 설명하였고, 합리적인 습관의 형성을 강조하였다. 그리고 인간의 본성은 선하지도 악하지도 않은 마치 아무것도 그려져 있지 않는 하얀 '석고판 상태'(Tabula rasa)로 보았다. 타블라 라사(Tabula rasa)의 원뜻은 '빈 책상'이라는 라틴어에서 유래되었으나 이곳에서는 이해를 돕고자 석고판으로 의역하였는데, 대부분의 우리나라 책에는 '백지'라는 개념으로 번역 되어있다. 이는 마치 조각가가 조각칼로 석고판 위에 본인이 의도하는 대로 어떤 작품이라도 만들 수 있는 것과 마찬가지로 교육에 있어서 유전보다는 후천적인 환경의 중요성을 강조하였다고 볼 수 있다.

3. 루소(Rousseau)의 유아교육사상

루소(1712~1778)는 18세기의 자연주의 교육사상가이다. 자연주의는 자연에 최종적이고 결정적인 의미와 기능을 부여하는 사고의 흐름들을 총칭하는 말로 이해되어진다. 우리는 흔히 루소가 주장한 '자연으로 돌아가라'는 말에서 '자연'을 '눈에 보이는 자연'으로만 오해하고 있는 경향이 있는데, 루소의 자연주의에서의 자연의 의미는 첫째로 한 생명체의 자연다움을, 즉 태어날 때부터 가지고 태어나거나 자라난 환경내지 고유성을 의미한다. 둘째로 자연은 모든 존재하는 것들에 본래부터 주어져있는 본질성을 의미하는데, 인간을 비롯하여 모든 존재들은 모두 그 자신의 고유한 자연을 소유하고 있기에 이를 본성이라고도 한다. 셋째로 자연은 모든 존재하는 것들에게 내재하고 있는 건축설계도(Bauplan)로서 존재하는 생명체들의 작용과 활동을 결정지어주는 규범인데, 이를 가리켜 자연에는 자연법칙이 있다고 말한다. 넷째로 자연은 무엇으론가 되어가는 잠재 가능성을 가지고 있는 존재인 인간의 본질을 전체적으로 파악하는 논리요 관점이며 개념이다. 자연은 인간 본질의 전체성이다.

루소의 유아교육사상을 이해하고자 그의 교육소설인 「에밀」의 전체 5부 중에서 영유아기와 아동기와 관련된 1~2부의 주요한 내용을 발췌하였는데 그 내용은 다음과 같다(정봉구, 1987).

제1부

- 모든 것은 조물주의 손으로부터 나올 때는 더할 나위 없이 선하나 인간의 손에 들어오면 모든 것이 타락한다. 인간은 어떤 땅에 다른 땅의 산물을 재배하려 하고, 또 어떤 나무에 다른 나무의 열매를 열리게 하려 애쓴다. 인간은 기후와 환경과 계절을 뒤섞고 혼돈 시켜 버린다. 인간은 개나 말이나 노예를 불구로 만든다. 인간은 모든 것을 뒤집어엎고 모든 것을 일그러뜨리고, 기형과 괴물들을 좋아한다. 인간은 자연이 만든 것은 아무것도 그대로 원하지 않는다. 인간 그 자체까지도, 마치 조마장(調馬場)의 말처럼 인간을 자연을 위해 길들여 놓는다. 마치 정원수와 같이 자기 취향(趣向)에 맞추어 구부려 뜨려 놓는 것이다.

- 최초의 교육이 가장 중요한 교육이다. 그리고 이 최초의 교육은 이론의 여지도 없이 여성들의 일이다. 만약에 조물주가 그 일을 남자에게 맡기고자 하였다면, 어린이들을 기르기 위한 젖을 남자들에게 주었을 것이다.

- 우리들의 참된 연구는 인간과 그 조건에 관한 연구이다. 내 생각으로는 우리들 중에서 인생의 행·불행을 가장 잘 견디어 낼 줄 아는 사람이 가장 훌륭하게 교육받은 사람이다. 그런 뜻에서 참다운 교육이란 훈계로써 교육하는 것보다 실제적인 훈련으로써 교육하는 편에 있다는 결론에 도달한다.

- 자연을 관찰하라, 그리고 자연이 여러분들에게 지시해 주는 길을 따르라. 자연은 끊임없이 어린이들을 훈련시킨다. 자연은 모든 종류의 시련을 가지고 어린이들의 체질을 단련시킨다. 자연은 일찍부터 어린이들에게 고통과 아픔이 어떤 것인가를 가르쳐 준다. 살을 뚫고 나오는 이가 그들에게 열을 준다. 예리한 복통이 그들에게 경련을 준다. 긴 기침이 그들을 숨 막히게 한다. 기생충이 그들을 괴롭힌다. 다혈증이 그들의 피를 나쁘게 한다. 갖가지 병원균이 어린이들의 신체 속에서 발효한다. 그리고 갖가지 위험한 발진이 돋는다. 태어난 첫 해는 거의 전부 병과 위험의 시기이다. 어린이들의 반수는 태어난 지 8년째가 되기 전에 죽어버린다. 이와 같은 여러 가지 시련을 겪음으로써 어린이들은 체력을 기르는 것이다.

제2부

- 만약에 어린이가 나약하고 예민하여 천성적으로 아무것도 아닌 일에 잘 우는 경향이 있더라도, 나는 아무리 울어도 소용이 없다는 것을 알게끔 내버려 둘 생각이다. 그렇게 하면 곧 눈물이 마르게 될 것이다. 어린이가 울고 있는 한, 나는 어린이 곁으로 가주지 않을 것이다. 그러나 울음을 그치기가 무섭게 나는 어린이에게 달려갈 것이다. 그렇게 하면 곧 어린이는 나를 부르고 싶을 때는 조용히 있거나 아니면 한 마디 소리밖에는 지르지 않게 될 것이다. 가령, 어린이가 넘어졌다든가 머리에 혹이 생길 정도로 다쳤다든가 코피를 쏟았다든가. 또는 손가락을 베었다든가 하였을 때, 나는 큰일났다는 표정으로 어린이에게 달려가지 않고 잠깐 동안이라도 가만히 서서 바라볼 생각이다. 왜냐하면, 다쳤더라도 어린이는 그것을 견뎌야 할 필요가 있기 때문이다. 내가 허둥지둥 하면 할수록 어린이를 더욱 놀라게 만들 뿐이며 아프다는 느낌을 더해 줄 뿐이다. 왜냐하면, 그는 내가 판단하는 것을 보고서 자신의 상처 정도를 판단할 것이 분명하기 때문이다. 만약에 그가 허둥대며 달려드는 나를 본다면, 그리고 그를 달래며 안쓰러워하는 나를 본다면 마치 자기에게 큰일이 난 것으로 생각할 것이다. 그러나 내가 침착하게 굴면 그도 역시 곧 냉정을 되찾을 것이며, 아픔이 가라앉을 땐 상처도 다 나은 것으로 생각할 것이다.

- 방 안의 탁한 공기 속에 그를 처박아 놓지 말고 날마다 목장 한복판으로 데리고 가라. 거기서 마음대로 달리고 뛰고 하루에 백 번은 넘어지게 하라. 가끔 넘어질수록 좋다. 그는 당장에 일어나는 것을 배울 것이다. 다소 다치게 되는 일이 있다 해도 자유의 기쁨이 그것을 충분히 보상할 것이다. 나의 제자는 종종 멍이 들 것이다. 그러나 그는 항상 쾌활할 것이다. 방안에 틀어 박혀 있는 여러분의 어린이가 설령 덜 다친다 하더라도 그들은 항상 하고자 하는 일을 제약받고 속박당하며 늘 쓸쓸할 것이다. 나는 그런 일이 어린이를 위하여 도움이 된다고는 믿지 않는다.

- 자연은 어린이가 어른이 되기까지 그대로 어린이로 있어 주길 바란다. 만약에 우리가 이 순서를 전도(顚倒)시키려 한다면 우리는 설익고 맛도 없

으며 금방 썩어버리는 속성(速成) 과일을 만드는 꼴이 될 것이다. 즉, 나이 어린 박사와 늙은 아이를 갖는 셈이 될 것이다. 어린이에게는 어린이 나름대로 보는 방법, 생각하는 방법, 느끼는 방법 등이 있다. 그런데 그 대신 우리 어른들이 사물을 보는 방법이나 생각하는 방법을 어린이에게 적용시키려고 하는 것보다 더 미련한 일도 없을 것이다.

- 초기의 교육은 완전히 소극적이어야 한다. 그것은 미덕이나 진리를 가르치는 것이 아니라 마음을 악덕으로부터, 또 정신을 과오로부터 지켜주는 일이다. 여기에서 '소극적'이란 말은 아무것도 안 한다는 뜻이 아니다. 루소 스스로 다음과 같이 보충 설명하고 있다. "충분한 연령이 되기 전에 정신을 형성하고자 하는 어린이이게 인간의 의무에 관한 지식을 부여하려고 하는 교육을 나는 적극적 교육이라 부른다. 이에 대해서 지식을 어린이에게 가르치기 전에 지식의 도구인 제기관(諸器官)을 완성시키고 감성을 훈련시켜 이성에 대비코자 하는 교육을 나는 소극적 교육이라 칭한다. 소극적인 교육이란 아무것도 안 하는 것이 아니다. 미덕을 부여치 않지만 악덕을 방지한다. 진리는 가르치지 않지만 오류를 방지한다. 어린이가 진리를 이해하는 상태에 도달했을 땐 진리로, 미를 사랑하는 상태에 도달했을 땐 선으로 어린이를 인도할 수 있는 모든 걸 그에게 준비시키는 것이다."

상기의 에밀에 나타난 루소의 주장에 의하면 만약에 자연이 본래적인 자연 자체로 있다면 자연은 선이며, 인간도 자연의 일부분이요 자연인, 즉 분화에 의하여 변질되지 아니한 인간 또한 선이라는 명제가 성립된다. 즉 자연=선, 인간=자연, 인간=선이라는 삼단론법적 관점에서 루소의 성선설을 이해할 수 있다.

루소의 유아교육사상에서 첫째로 중요한 원리는 '합자연의 원리'이다. 즉 루소의 합자연의 원리란 자연이 제시하는 법칙을 따르고 유아의 천성이 이끄는 대로 유아의 심신의 발달에 맞추어 교육해야 한다는 것이다. 둘째로 중요한 원리는 '소극적 교육'이다. 루소의 소극적 교육은 유아에게 외부로부터 주입시키는 교육이 아니라, 좋은 환경을 마련해주고 교육적인 배려를 하여 유아의 심신의 발달을 보호한 뒤 자발적으로 자유롭게 성장하도록 활동시키는 교육을 의미한다. 이것은 유아자신의 힘으로 진리를 아는 능력을, 사회를 살아갈 능력을 몸에 습득하는 것을 목표로 하는 교육을 뜻한다. 셋째로 중요한 원리는 유아기에는 유아기대로 그 시기에 있어야 할 고유한 완성과 성숙이 있다는 유아관이다. 이와 같이 루소의 성선설에 입각한 아동중심적 유아교육사상은 근대적인 유아교육관 확립에 기초가 마련되었으며, 현대 유아교육에까지 커다란 영향을 미치고 있다.

4. 페스탈로찌(Pestalozzi)의 유아교육사상

페스탈로찌(1746~1827)는 교육사상가이자, 교육실천가로 본이 되는 삶을 영위하였기에 오늘날까지도 위대한 인류의 스승으로 그의 이름이 추앙되고 있다. 그에 의하여 당시의 귀족 중심의 교육이 민중 중심의 교육으로, 교사 중심의 교육이 아동 중심의 교육으로, 지식 중심의 교육이 생활 중심의 교육으로, 그리고 직업준비를 위한 특정 기능 훈련의 교육에서 저마다 가지고 태어난 삶의 몫을 일깨워주는 인격 각성의 교육으로 전환되는 계기를 맞게 되었다(김정환, 1995).

페스탈로찌는 1768년 미개지를 매입하여 이 땅을 노이호프(Neuhof)라 이름 짓고 농장 경영을 시작하였다. 이는 어디까지나 빈민에게 개량농경법을 가르치려는 순수한 박애적 동기에서 출발하였으나 경험 부족으로 이 사업은 실패하였고, 1774년에 비루(Birr)근처에 부인의 재정적 도움을 받아 빈민 자녀를 위한 학교를 설립하였다. 이 학교에 약 50명의 빈민 아동과 고아들을 모아 그들에게 의식을 제공하고 무보수로 그들을 교육시키는 한편 그들에게 농경, 방직을 가르쳤다. 그러나 이 일도 경제적 어려움에 봉착하여 1780년에 학교를 폐쇄하게 되었다. 그 후 그는 문필생활로 들어가 18년 동안 그의 사상을 피력하였는데, 이때「은자의 황혼」,「린하르트와 게르

트르트」 등의 명저가 세상에 나오게 되었다.

스위스 공화국이 1798년에 성립되자 스위스 국민신문을 발간하기도 하였으며, 동년에 약 80명의 전쟁고아들을 모아 스탄즈(Stanz)에 고아원을 개원하여 이들과 침식을 함께 하였다. 다음 편지글은 그 당시 스탄즈의 상황을 적어 그의 친구에게 보낸 내용의 일부인데, 이글을 통해서 페스탈로찌의 아이들을 향한 뜨거운 교육적 정열을 엿 볼 수 있다.

"나는 아침부터 저녁까지 너희들의 중심에 있었다. 너희들 웃음이 나의 웃음이었고, 너희들 눈물이 나의 눈물이었으며, 그리고 너희들 배고픔이 나의 배고픔이었다. 나는 저녁에 가장 늦게 잠자리로 가는 사람이었고, 아침에는 가장 먼저 일어나는 사람이었다"

이 스탄즈 고아원은 불행하게도 프랑스 나폴레옹 군대의 재침입으로 인하여 야전병원으로 넘어가게 되어 그 기능을 상실하게 되었다. 그 후 페스탈로찌는 부르그도르프(Burgdorf)에 초등학교를 세워 그의 교육철학대로 학교를 운영하였는데, 평판이 높아져 멀리 외국에서까지 참관자들이 몰려와 그의 교육방법을 배워갔다.

페스탈로찌에 의하면 교육은 대중을 위한 자연적 권리하고 생각하였으며, 따라서 빈부에 구별 없이 모든 아이들이 교육받아야 할 것을 강조하였다. 그의 교육목적은 인간 제능력의 조화적 발달인데, 즉 머리(Head), 마음(Heart), 손(Hand)의 3H 교육을 주장하였다. 여기서 머리는 지적 교육, 마음은 덕성교육, 손은 기능교육으로 대표되기도 하는데, 페스탈로찌가 생각했던 진정한 3H의 의도는 머리는 '냉철한 이성'으로 늘 깨어있어야 하며, 마음은 아동을 향한 '뜨거운 정열'을 가지고 그리고 손은 이들을 위해 '베풀어야 함'(실천해야 함)을 뜻한다. 교육방법은 루소의 자연의 순서에 따르는 교육을 지향하였으며, 특히 교수에 있어서는 사물의 감각적 인상을 풍부하게 이끄는 직관(Anschauung)이 교수의 기초가 됨을 강조하였다.

페스탈로찌 유아교육사상의 기본 원리는 무엇보다도 가정교육과 어머니

교육에서 찾아 볼 수 있다. 그는 가정은 마치 새의 보금자리처럼 따뜻함(Nestwarme)이 깃들어야 할 것을 강조하였다. 또한 어머니와 아이는 '둘이면서 하나의 관계'라는 의미에서 디아데(Dyade)라는 그리스어 단어를 사용하였는데, 이는 어머니와 아이는 예를 들어 동전의 양면처럼 떼어낼 내야 떼어낼 수 없는 하나인 불가분의 관계를 위미한다.

이와 같이 그는 가정에서 모자(母子)관계를 중핵으로 하여 주변 사회로 인간관계를 동심원적으로 확대해 나갈 구상을 가졌는데, 이를 통해 볼 때 그가 가정교육과 어머니 교육을 유아교육에 있어 얼마나 중요시 하였는지 알 수 있다.

페스탈로찌는 유아를 아직 싹트지 않은 씨앗에 비유하면서, 그 속에 신앙과 애정의 적극적인 잠재력이 있어 참된 인간으로 성장하기 위한 도덕적인 본성이 싹트는 것으로 파악하고 있다. 다시 말해서 모든 어린이는 인간 본성의 소질들을 지니고 태어난다. 아직 망울로 맺혀 피지 못한 소질들을 어느 하나에 기울어짐이 없게 고루 꽃피우게 하는 것이 교육의 과정이라 하였다. 인간에게는 지적 소질, 신체적 소질, 심정적 소질이 내재하고 있는데, 세 소질은 고루 발달시킬 때 심정적 소질의 개화를 정점으로 하는 인간성이 꽃피워질 수 있다. 모성은 바로 이런 소질들을 불러 일으켜 주는 하늘이 임명한 교사라고 주장하였다(김정환, 1995).

유아교육의 내용은 인간교육의 기초가 되는 모든 교육의 기본을 포함시키되 정서교육을 최우위에 두어야 한다고 주장하였다. 정서교육의 내용은 기독교 교육의 핵심적 덕목인 믿음 · 소망 · 사랑의 개념을 체험시킬 신앙 공동체적 생활, 정서순화를 위한 미술 · 음악 등이 주가 되며, 지적 교육의 내용은 추상적 능력을 키울 수 있는 수, 분석적 사고능력을 신장시키는 형태, 나아가 명석한 표현력을 키우는 언어교육이 주가 되어야 된다고 보았다. 더 나아가 창작의 기쁨을 맛보는 조형과 생활환경과 연관된 지리 등의 교육도 병행되어야 하며, 신체의 각 기관의 발달을 위해 체육교육이 이어져야 함을 강조하였다(김정환, 1995).

페스탈로찌의 교육사상에 나타난 여러 원리들은 근대교육의 확립에 커다란 기여를 하였고, 특히 유아교육에 있어서 프뢰벨과 몬테소리 교육에 직·간접으로 많은 영향을 주었다.

5. 프뢰벨(Fröbel)의 유아교육사상

프뢰벨(1782~1852)은 18~19세기의 철학자이자 교육사상가이다. 프뢰벨은 만물을 지배하는 영원한 법칙으로서의 신성을 전제로 하여 신, 인간, 자연이 조화롭게 일체를 이루는 관계를 중시하고 있다. 프뢰벨에게서의 신은 자연과 인간에게 신의 모습을 부여한 창조자이며, 끊임없이 창조하고 활동하는 생명체이고 유기적 통일체, 인격체이다. 그 신의 정신은 만물에 깃들어 있다. 자연계의 모든 유기체는 하나의 영원한 법칙, 곧 통일이며 신을 지칭하는 법칙이 작용하고 있다. 만물의 사명은 그의 본질인 자기 내부의 신성을 외부에 표현하는 것이다(Flitner, 1982).

인간 또한 신의 본성대로 창조된 피조물로서 보편적이고 영원한 신적 통일의 법칙에 접근, 합치되도록 노력하는 존재이다. 프뢰벨의 통일사상은 전형적인 공의 법칙에 잘 나타나 있다. 공은 완전함을 보여주는 상징물로서 변화의 목표이자 성장의 완성이다. 인간은 교육의 조건을 내적으로 이미 갖고 있으며, 교사의 사명은 아동 속에 내장되어 있는 무한한 것을 발견하고, 계발하는 것이다(Heiland, 1982).

교육은 자발적 자기 활동의 원리에 의하여 이루어지는 창조적 자기 발달의 과정이라 할 수 있다. 그러므로 교육의 목적은 자연스러운 환경을 제공하여 각자가 영원한 법칙에 의거하여 내부로부터 자연스러운 자기 활동적 인간이 되도록 하는 것이어야 한다. 프뢰벨은 어린이 본성의 내재적 잠재력이 자유롭게 자연적으로 펼쳐질 수 있는 기회를 제공하는 것이 교육의 역할이라고 하였다. 그 전개 자체는 어린이에게서 오며 자체의 정해진 패턴이 있다. 교육자의 역할은 이 과정을 지켜보고 안내하는 것이며, 정원사의 역할에 비유하고 있다.

프뢰벨은 놀이와 작업, 집단활동을 중요시 하였다. 놀이는 자기 표현과 활동을 위한 또한 어린이의 내적인 힘의 발현을 위한 최선의 수단이 된다. 프뢰벨은 어린이의 활동 충동, 창조 충동, 작업 충동을 놀이라는 방법을 통해 순화, 강화, 육성하고자 하였다. 놀이는 또한 그것이 생명활동이라는 점에서 의의를 지닌다. 어린이들의 놀이는 생명을 유지시켜 나가는 활동이며 성장을 보장하는 힘을 얻는 활동이 된다고 보는 것이다. 프뢰벨은 놀이의 교육적 가치를 실현하기 위하여 은물(Spielgabe)이라는 이상적인 놀잇감을 1837년에 고안하였다. 은물이란 하나님께서 어린이들을 사랑하시어 주신 은혜로운 놀이선물이라는 뜻으로 종교적이고 낭만주의적인 교육사상을 반영한 것이기도 하다.

프뢰벨은 1839년에 '놀이 및 작업교육소'(Spiel-und Beschäftigungsanstalt)를 설치하였고, 그 이듬해인 1840년에 이 시설을 '킨더가르텐'(Kindergarten)이라고 명명하였는데, '아이들 정원'이라는 의미를 담고 있는 이 말은 다른 말로 번역할 수가 없어 세계 공통어로 유치원의 개념으로 현재까지 사용되고 있다.

프뢰벨의 보육사상이 담겨져 있는 1844년에 저술한 '어머니의 노래와 사랑의 노래'(Mutter-und Koselieder)는 놀이에 관한 책으로 유아, 동물, 농장 풍경, 중세시대 생활들이 목가적 형태로 그려져 있고, 이에 따른 손유희법도 그림으로 소개되어 있다. 또한 이 책에는 영유아와 함께 관찰하고 함께 놀고 이야기하고 젖먹이는 일에 대한 동요들이 실려 있어, 주로 영아의 감각 지각력을 증진시키고 신체조절, 운동, 감각 식별력, 모방활동들이 포함되어 있으며 분류, 수, 크기, 형태의 개념을 가르치는 게임과 노래, 손유희가 실려 있다. 또한 이 책은 오늘날 양육자와 어린이간의 긴밀한 라포 형성의 중요성을 시사해 주고 있으며, 유아기에 적합한 보육방법과 보육내용의 예를 제시해 주었다고 할 수 있다.

프뢰벨의 사상은 아동신성론과 연속발달관을 핵심으로 한 개성 존중과 인간의 존엄성을 추구하는 공동체 생활교육의 효시라고 할 수 있다(Fröbel/Pfaehler, 1982).

프뢰벨의 아동신성론에 의하면, 아동은 어른의 축소판이 아니라 태어났을 때부터 독립된 인간으로 끊임없이 활동하고 창조하는 본성을 지니고 있으며, 자기 스스로 배우고 싶어 하는 자발성, 자기의 눈으로 본 것과 귀로 들은 것을 자기의 입이나 손, 그리고 몸 전체로 표현하고 싶어 하는 창조성을 갖고 있다는 것이다. 또한 아동이 감각기관이나 손발을 이용하여 움직이는 것은 최초의 신체적 활동이며 창조적인 감각기관이나 손발을 이용하여 움직이는 것은 최초의 신체적 활동이며 창조적인 충동의 시작이다.

프뢰벨의 연속발달론에 의하면 인간은 일정한 연령이 되면 누구나 다 자동적으로 그 시기의 사람이 되는 것이 아니라 각 단계마다 충분한 발달이 이루어져야 비로소 다음의 성장 단계로 나아갈 수 있다는 것이다. 즉, 인간은 전 단계에서의 충분한 발달을 기초로 다음 단계의 충분하고 완전한 발달을 이룬다는 것이다.

프뢰벨 프로그램의 주요 목표는 인간에게 자연을 통하여 신을 알게 하고 신을 알아감에 따라 인간이 신처럼 살도록 하는 것으로 신적인 것을 의식하게 하도록 인간을 자극하고 지도하는 것이며 사고하고 이성적으로 행동하며 스스로 인식하도록 인간을 이끌어 주고, 신적인 통일을 자유롭게 표현하는 방법을 가르치는 것이다.

프뢰벨의 교육은 신성한 삶을 충실히 표현하는데 있다. 즉 자발적으로 자신의 능력을 충분히 계발하고 원만하게 사회적인 관계를 맺을 수 있는 인간을 만들고 미래를 예측하고 의무와 특권을 인식하며 인류의 개선에 기여할 수 있는 인간의 세상을 만드는데 있다. 이를 위해서는 인간은 자연과 신과의 조화를 이루어야 하며 원시적이고 유치한 상태에서 벗어나 자신을 의식하며 신적인 통일세계를 자유롭게 표현하며 살 수 있어야 한다.

6. 몬테소리(Montessori)의 유아교육사상

몬테소리(1870~1953)는 이탈리아 최초의 여의사이며 교육사상가이다. 몬테소리는 루소, 페스탈로찌, 프뢰벨 등을 통해 직관교육, 인간성에 대한 신뢰, 선천적 힘의 도야로서 교육, 발달의 필수조건인 자유, 발달의 수단으로서 감각경험을 수용하여 아동의 자기교육을 강조한 독자적인 교육사상을 수립하였다

몬테소리의 특수교육학적 배경은 이타르(1774~1838)와 세강(1812~1880)에게서 찾아볼 수 있다. 특히 몬테소리의 정신지체아에 대한 교육학적 방법은 이타르에 의해 비롯되었다. 이타르(Itard)는 '아베롱의 야생인의 선생'으로 알려졌는데, 이는 그가 숲속에서 발견된 야생화된 소년 Victor를 교육시키고 훈련시켰음을 의미한다. 이타르는 이 아이의 감각기능을 훈련시킴으로써 지적인 능력을 다소라도 신장시키려 노력했다(Seitz & Hallwachs, 2001). 몬테소리는 이타르야말로 실험적인 교육방법으로 학생의 모든 것을 변화 시켜려고 한사람으로서 과학적 교육의 창시자라고 말하였다. 몬테소리는 이타르의 이러한 연구 결과들과 과학적인 기술들을 그녀의 교육사상에서의 토대로 삼았다.

몬테소리의 교육방법은 의사이자 심리학자였던 세강(Séguin)의 영향을 많이 받았다. 세강은 이타르의 제자였으며 30여 년 동안 정신지체 아동에 대한 연구를 하였기에 그를 '정신지체 교육의 선구자'라고 부르고 있다. 즉, 세강은 정신 발달지체아의 생리 및 심리적 현상을 개별적으로 분석하여 개개인에 맞는 교육방법을 적용시켰고, 이를 정상아 교육에도 적용시킬 수 있다고 주장하였다. 몬테소리는 세강이 사용했던 교육법과 교구를 연구하여 그녀의 감각교구 제작에 부분적으로 활용하였다.

몬테소리는 1907년 개설한 '어린이집'에서 어린이와 함께 작업을 하며 어린이들이 갖고 있는 내면의 자연법칙들을 관찰하게 되어 새로운 아동관을 주장하였다.

첫째, 유아를 존중하고 유아의 일(work)을 중시하는 사상에 근원을 두고 새로운 아동을 발견하는 것으로부터 출발하였다.

둘째, 어린이는 지성의 자발성을 갖고 태어난다고 보았다. 즉, 인간은 외부환경에 의해 스스로 탐색하고 발견해 가는 능동적인 존재이며 특히 유아는 선천적으로 특유한 정신적 본성을 지니고 태어나며 성인에 의해 배우기보다는 유아 자신이 스스로 환경과 접하면서 경험을 통해 배운다고 보았다.

셋째, 유아는 성인의 축소형이 아니고, 그렇게 취급되어서도 안되며 분리된 개별적인 생명 존재로 인식되어야 한다고 보았다.

몬테소리의 아동관은 민감기(Sensitive period), 흡수정신(Absorbent mind), 그리고 정상화(Normalization) 등의 이해를 필요로 한다.

민감기란 모든 생물의 어린 시기에 그 생물의 고유한 능력을 갖추기 위해 환경 속의 특정한 요소에 대해 특별히 예민한 감수성이 일정한 기간동안 나타나는 것을 가리킨다. 그러므로 민감기는 어느 일정한 기간에 나타났다가 그 시기가 지나면 사라져 버린다. 그리고 그 후에 또다시 새로운 민감기가 나타난다. 민감기는 환경속의 특정의 요소, 민감한 감수성, 어느 일정한 기간 이라는 세 가지 요소를 포함한다.

몬테소리는 유아의 정신을 흡수하는 정신으로 정의했다. 어린이는 보여지는 환경 속에서 만나는 사물과 교우하여 창조하는 모든 것을 무의식적 의식적 과정을 통해 받아들인다. 이는 어린이만이 가지고 있는 인간정신으로 "흡수정신"이라고 한다. 이는 유아가 그의 내부에 잠재해 있는 흡수하는 정신능력을 통하여 환경을 받아들이며 스스로 경험하여 배우게 되는 유아의 특성을 말한다. 흡수하는 정신은 유아에게 보여지는 모든 이미지를 무의식적 과정과 의식적 과정을 통해 받아들이고 저장한다. 따라서 유아의 외적으로 나타나는 모든 활동들은 흡수하는 정신 속에서 진행되고 있는 의식의 결과 또는 사실들인 것이다.

몬테소리는 그 누구보다도 루소의 교육관으로부터 많은 영향을 받았으며, 아동을 신의 선한 속성을 지니고 태어나는 선한 존재로 보았다. 따라서 아동 개개인의 선한 천성이 정상적으로 발달하도록 돕는데 그녀의 교육목적이 있으며, 정상적인 발달 궤도를 벗어나 일탈된 발달을 하고 있는 아동들을 정상화로 이끌기 위해 준비된 환경의 필요성을 강조하였다(Böhm, 1990). 정상화(Normalization)란 '이상적'인 아동을 의미하는 것이 아니라 자신의 천성과 이미 그의 앞에 전제되어 있는 구체적인 생활 및 교육 조건 사이에서의 개인의 발달 가능성을 최적으로 이끄는 것을 의미한다(Schmutzler, 1997). 몬테소리는 교육 조건이란 것은 항상 개선 가능한 것이라고 믿었으며, 본인이 하고자 하는 일도 이러한 교육 조건의 개선 작업이라 생각하였다. 몬테소리는 아동들이 '망각된 시민'으로 존재하고 있다고 보았기에, 망각된 존재로서의 아동발달 법칙과 욕구를 연구하고, 아동 그 자체를 존중하며 나아가 그에 상응하게 교육해야 한다는 것이 몬테소리의 아동에 대한 기본 교육관이었다(Montessori, 1991).

몬테소리는 인간의 '우주적 사명'에 대하여서 강조한다. 몬테소리에 있어 인간은 '우주적 질서'의 일부분이며, 천지만물은 우연이나 혼돈이 아니라 상호 관련되는 전체적 체계이다. 즉, 몬테소리는 인간, 자연, 우주, 사이의 조화롭고, 기능 합목적이며 의미 있는 전체성 속에서 인간의 발달을 이해하였다. 몬테소리의 창조관에 의하면 '모든 생명'은 단지 존재하는 데만 그 소명이 있는 것이 아니라 세계를 유지하고 조화를 이루는데 기여하는 역할을 지니고 있다고 보았다(Montessori, 1991). 이 조화는 삶과 생존과 우주적 발달을 위한 조건이 되며, 발달의 전 우주적인 궁극적 목표는 모든 개별적 존재들이 서로 기능적으로 의미 있게 연결되어 하나의 살아 있는, 질서와 조화의 세계가 성취되도록 하는데 있다(Montessori, 1991). 이와 같이 생명과 자연의 조화, 일치 혹은 전체성이라는 전 우주적 법칙 안에 인간도 존재하기에, 자신만의 생존을 위해서 자연의 질서에 역행하는 일을 해서는 안 되며, 만물의 영장인 인간으로서 각자에게 부여된 우주적 사명을 다 하여야겠다는 깨달음과 실천이 있어야 된다는 것이 몬테소리의 주장이다(Seitz, 1996).

제2절 심리적 기초

이 절에서는 보육과정의 기초가 되는 심리적 발달이론 중에서 대표적으로 성숙주의 이론, 행동주의 이론, 그리고 구성주의 이론을 간략히 고찰해 보고자 한다.

1. 성숙주의 이론

성숙주의 이론을 지지하는 학자들에 의하면 아동발달과 성장은 유전적, 생물학적, 내적 요인에 의해 결정이 된다고 주장한다. 성숙주의는 아동발달 이론 중에서 가장 역사가 오래된 이론인데, 이미 17세기에 루소(Rousseau)의 견해로부터 비롯된 것으로 보아야 한다.

루소는 그 당시 아동의 발달은 유전적으로 이미 예정된 순서에 의하여 단계별로 일어난다는 성숙론의 확고한 이론을 제시하였다. 그 후 다윈(Darwin)이 '종의 기원'에서 성숙주의적 개념에 관하여 기술하였고, 다윈의 진화론과 루소의 자연주의적 철학을 조화시켜 '미국 아동심리학의 창설자'로 불리는 홀(Hall)이 아동발달의 유전적 측면을 중요시하여 성숙론적 발달변화의 체제를 제시하였다. 이어서 아동연구 개척자 중의 한사람인 게젤(Gesell)도 인간발달의 원리를 규명하고자 노력하였는데, 그는 발달의 모든 영역은 자연적인 계획과 과정의 개화(Unfolding)에 의해서 스스로 조정이 이루어진다고 하였다(Arnold, 1981). 게젤은 태내에서 태아의 기반이나 조직이 유전적 계획에 따라 순서대로 발달하듯이 이러한 유전적 물질들이 생의 전반에 걸쳐 발달의 과정에 계속적으로 영향을 미친다고 주장함으로써 성숙주의 개념의 틀을 확고히 하는데 기여하였다.

성숙주의 이론의 일반적 특징을 약술하면 다음과 같다(이영석, 1997).

첫째, 아동의 발달과정을 유전적 요소에 의해 설명하고 있다. 이는 마치 식물이 때가 되면 씨앗에서 싹이 나고, 뿌리가 내리고, 꽃이 피고 열매가 맺듯이 아동의 성장과정도 이와 같이 진행을 따른다고 본다.

둘째, 아동의 각 연령 단계마다 나타나는 아동의 발달적 흥미 · 욕구를 중요하게 생각한다.

셋째, 아동의 준비성(readiness)의 개념을 강조하여, 유전적으로 어떤 신체적 기능이 준비되기 전에는 어떤 훈련이나 교육도 성과가 없다고 본다.

넷째, 아동의 발달영역 중 신체발달 영역의 발달은 정확하게 예언을 해주나, 그 외의 영역인 인지발달, 언어발달, 사회 · 정서발달 등의 성장과정을 설명하는 데는 미흡한 면이 있음이 지적되고 있다.

2. 행동주의 이론

행동주의 이론은 발달과 학습에 있어 주된 변인으로 외부의 환경을 들고 있다. 행동주의 이론이 발전하는 데 중요한 공헌을 한 학자는 왓슨(Watson)으로, 그는 인간에 대한 이해가 관찰 가능한 외현적인 행동과 그러한 행동을 이끌어 내고 강화시키는 사건들의 과학적 관찰에 근거를 두어야 한다고 주장하였다. 특히 왓슨은 파블로브(Pavlov)의 연구를 인간에게 최초로 적용하면서 그의 학습이론을 행동주의라고 명명하였다. 더 나아가 행동주의 이론의 스키너(Skinner)의 조작적 조건화 이론으로 정교화 되어 중요한 학습원리로 정착되었고, 반두라(Bandura)에 의하여 사회적 맥락에서 학습이 어떻게 이루어지는지를 설명할 수 있는 사회학습 이론으로 발전되어 나갔다. 다음의 글은 교육에서 외부의 환경요인의 중요성을 강조한 왓슨의 말이다.

"나에게 건강한 유아 12명을 주시오. 그러면 잘 만들어진 나의 특별한 세계에서 그들을 키울 것이고, 그들의 재능 · 기호 · 버릇 · 적성 · 인종에 관계없이 내가 선택한 전문가 (의사, 변호사, 예술가, 상인, 대통령 혹은 거지나 도둑이라 할지라도) 중의 하나가 되도록 그를 훈련시킬 것을 약속합

니다” (Watson, 1926)

이는 환경을 조성하고 적절한 강화를 제공한다면 어떠한 행동도 학습시킬 수 있다는 것을 의미한다. 행동주의 이론의 대표적인 학자로는 이미 고찰한 Watson이외에도 Pavlov, Thorndike, Skinner, Bandura 등을 들 수 있다.

파블로브(Pavlov)는 자극과 반응과의 관계를 최초로 연구한 러시아의 생리학자로서, 개의 소화계 생리에 관한 연구로 1904년 노벨상을 수상하였다. 그의 이론은 고전적 조건형성(Classical Conditioning)원리로 설명되어진다. 고전적 조건형성이란 일정한 자극에 의해 선천적으로 유발되는 무조건반응을 처음에는 아무런 관련이 없던 중성자극과 연계함으로써 이 중성자극이 무조건 반응을 일으키는 것을 뜻한다.

손다이크(Thorndike)는 고양이를 이용한 시행착오 학습 실험으로 유명하며, 이 실험을 근거로 하여 ‘효과의 법칙’(Law of effect)을 발표하였다. 즉, 효과의 법칙이란 만족스런 결과를 가져오는 반응은 증가하고, 그렇지 못한 불유쾌하거나 부정적 결과를 초래하는 반응은 소멸된다는 원리이다.

스키너(Skinner)의 자극-반응 강화이론에 의하면 사람은 다른 종류의 결과를 만들기 위해 그들의 환경을 적극적으로 조작한다. 조작을 통해서 어떠한 보상이 이루어진다면 그 행동은 계속해서 이어진다. 즉 자발적 행동의 발생 빈도를 증가시키기 위해 강화라는 것을 중요한 요인으로 보았다. 예를 들어, 수업시간에 특별히 잘 한 학생에게 주는 교사의 칭찬이 바로 그것이다. 조작적 조건화에서 Skinner는 학습자가 학교에서 획득해야 할 행동은 조작적으로 유형화될 수 있다고 하였다.

반두라(Bandura)는 행동주의 이론이 지나치게 행동의 결과에만 집착하고 있다고 지적하며 사회적 학습이론을 주장하였다. 사회적 학습이론은 관찰된 학습과 대리 경험의 효과를 중요하게 생각하였다. 반두라는 아동은 다른 사람의 행동을 보고 그러한 행동을 모방하여 학습하는 것을 관찰하였다. 고양이를 쓰다듬어 본 적이 없는 2세의 아이가 고양이를 쓰다듬는 오빠를 보고서 자신도 그 행동을 따라한다. 이러한 결과는 아동이 타인을 관찰함으로써 획득된 행동이다. 따라서 그의 이론은 관찰학습(observation learning)이라고도 불리운다.

행동주의 이론에 의하면 교사는 영유아의 행동수정이나 학습 동기유발로 강화와 벌을 적절히 사용할 수 있으며, 관찰을 통한 모방학습이 이루어질 수 있도록 성인의 역할을 강조하고 있다.

3. 구성주의 이론

구성주의라는 것은 "정신을 공급하는 것이 아니라 구성해 가는 것이다." 아동발달과 학습에 있어 영유아는 모방과 연습 그리고 상과 벌의 과정인 외부적 환경에 의해 학습된다는 행동주의자들의 견해와는 대조적이다. 구성주의의 대표적인 학자는 Piaget, Vygotsky를 들 수 있다.

피아제(Piaget)의 인지이론에 의하면 인간의 발달은 불연속적이기보다는 연속적이고, 각 단계에서 사람들은 질적으로 다른 사고를 가지고 있으며, 모든 사람들이 개인에 따라 시기는 다를 수 있고, 하나 이상 단계의 특성을 보일 수 있기는 하지만 기본적으로 단계를 뛰어넘을 수는 없다.

모든 사람은 질서와 체제를 유지하려는 본능적인 평형화 욕구를 가지고 있다. 그래서 새로운 자극이나 환경을 접할 경우에는 기존의 인지구조로 새로운 자극이나 환경을 받아들여(동화) 평형화를 이루려고 한다. 그러나 기존의 인지구조로 받아들이지 못할 경우 불평형화 상태에 이르게 된다. 불평형화 상태에 이르게 되면 기존의 인지구조를 수정하여 새로운 인지구조를 만들게 되어 새로운 자극이나 환경을 받아들인다(조절). 피아제는 인지발달은 개인의 성숙과 경험에 의한 지속적인 상호작용의 과정으로 보았다.

피아제의 발달의 기제가 성숙과 경험이라고 볼 때, 비고츠키(Vygotsky)의 발달의 기제는 사회적인 상호작용, 문화적인 영향력(교사나 부모의 역할이 보다 중요)이라고 보았다.

비고츠키는 영유아와 성인 간의 언어적 대화를 가장 중요한 요소로 보고 있어 사회적인 상호작용을 아동발달의 필수적인 요소로 보았다. 비고츠키는 유아의 인지발달은 성인이나 좀 더 유능한 또래의 도움을 받아 더 높은 단계로 이루어질 수 있다는 근접발달영역을 중요시 하였다.

근접발달영역(ZPD: Zone of Proximal Development)은 유아가 도달할 수 있는 수준(잠재적 발달 수준)과 현재의 발달 수준 사이의 영역으로, 교사의 역할이 강조된다. 잠재적 발달 수준으로 이끌 수 있도록 교사는 필요한 시기에 적절한 도움을 제공할 수 있어야 한다.

제3절 사회적 기초

이 절에서는 보육과정이 실행되고 있는 현재 사회현상의 이해를 돕기 위해 보육시설 및 보육아동 현황, 보육시설에 대한 지원현황, 그리고 여성의 경제활동 참가율 증가에 대하여 통계 자료를 통해 간략히 고찰해 보고자 한다.

1. 보육시설 및 보육아동 현황

최근 우리나라는 저 출산과 경기침체 등의 이유로 취원 대상 아동의 수가 꾸준히 줄어들고 있다. 특히, 2000년의 외환위기를 거치면서 2001년부터 감소하기 시작하였다. 이러한 감소 추세는 2001년부터 4년째 이어지고 있다. 외환위기 당시 어려운 경제사정으로 출산율이 떨어지면서 당시에 태어난 아이들이 취원 연령대에 들어선 최근에 취원율 감소로 나타나고 있는 것으로 보이며, 전반적인 사회의 저 출산 분위기와 지난해까지 이어진 경기침체도 취원 아동 수 감소에 영향을 준 것으로 볼 수 있다.

보육시설 아동수의 경우, <표 2-1>에 의하면 1990년 48,000명에서

2004년 930,252명으로 약 19.3배가 증가하였고, 전년도에 비해서도 71, 907명이 증가하였다.

보육시설의 취원율 현황은 꾸준히 증가되고 있는 실정이다.

<표 2-1 > 보육아동 현황

구 분	1990년	1995년	2000년	2001년	2002년	2003년	2004년	2005년
보육시설	48,000	293,747	686,000	724,192	800,991	858,345	930,252	989,390

※ 출처 : 보건복지부. 2002년, 2003년, 2004년. 보건복지통계연보.
여성부. 2005년, 2006년. 보육통계연보.

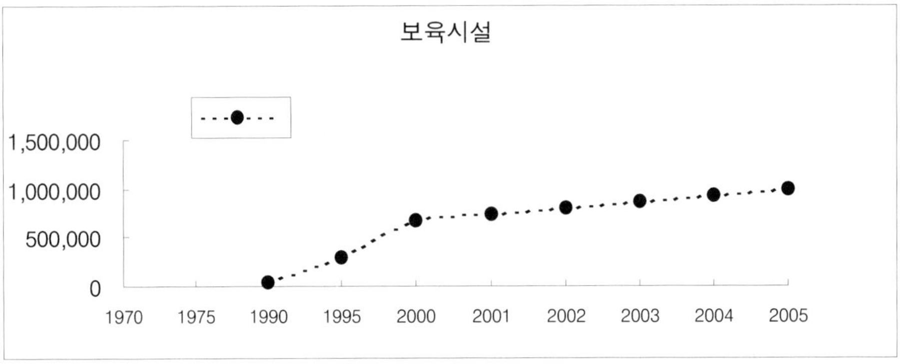

[그림 2-1] 보육아동수

영유아보육시설은 다음 <표 2-2>, [그림 2-2]와 같다.

<표 2-2> 영유아보육시설

구 분	1990년	1995년	2000년	2001년	2002년	2003년	2004년	2005년
보육시설	1,919	9,085	19,276	20,097	22,147	23,142	26,903	28,040

※ 출처 : 여성부. 2003년, 2004년, 2005, 2006. 보육통계연보.

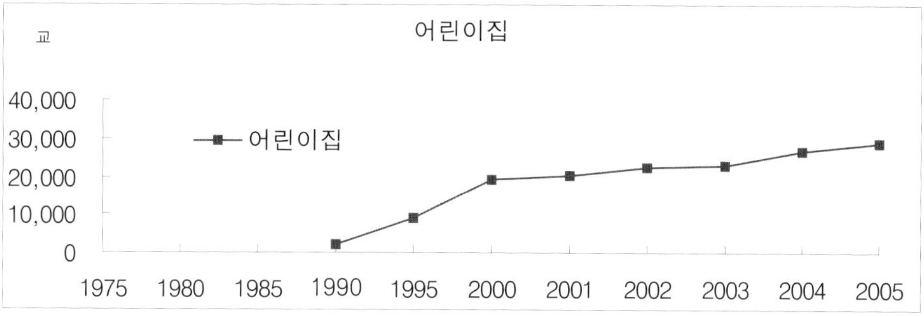

[그림 2-2] 영유아보육시설 현황

보육시설 수는 <표 2-2>에 나타난 바와 같이 1990년에는 1,919개 시설에 불과하였으나 1995년에는 4.7배의 증가를 보였고, 2000년대부터 급격히 증가되어 2004년에는 26,903로 1990년에 비해 14배 정도의 증가폭을 보이고 있다. 여성가족부에서는 앞으로도 계속 보육시설을 확장할 계획으로 있기 때문에 앞으로 보육시설의 수가 증가할 것으로 예측된다.

2. 보육시설에 대한 지원 현황

보육시설에 대한 정부의 지원 현황은 1991년 이후 보육정책의 확대와 함께 보육예산도 꾸준하게 증가하여서, 2002년에 중앙 및 지방예산을 합하여 4,369억원(중앙 2,102억원 지방 2,267억원), 2005년에는 1조 3,355억원(중앙 6,001억원 지방 7,354억원)으로 증가하였으며 특히 지방정부 투자가 많이 이루어지고 있다.

중앙정부의 예산 구조를 보면 2005년 6천억원 중 보육시설 운영비 및 시설 보강비가 54.0%, 아동에 대한 보육료 지원이 44.5%를 차지하고 있어 시설과 아동에 대한 지원이 균형을 이루고 있음을 볼 수 있다. 최근의 예산 및 정책 변화 추이를 볼 때 아동지원 예산이 증가하고, 시설 지원 예산이 감소하는 경향을 보인다.

특히 영유아보육료 지원을 보면, 2005년 27만 2천명에서 2006년에는

40만 7천명으로 대폭 증가할 계획이며, 0~4세 저소득층의 보육료 지원은 도시근로자 평균 70% 수준까지 지원할 계획이며, 만 5세 무상보육은 도시근로자 평균 90%수준까지 지원하게 되며, 이외 장애아 무상보육, 두 자녀 보육료 지원, 입양아 무상보육료 지원 사업 등을 실시하고 있다.

시설에 대한 지원 중에는 영아보육, 장애아보육, 시간 연장형 보육을 실시하는 시설에 대한 인건비 지원 등이 포함되어 있으며, 정부에서는 예산지원을 통해 다양한 보육서비스를 확충하려 하고 있다.

3. 여성의 경제활동참가율 증가

우리나라 여성의 경제활동 참가 현황을 보면 2000년 51.9%에서 2004년 53.9%(15~64세의 경우)로서 OECD 회원국(평균 60.1%)중 가장 낮은 수준이나 계속해서 꾸준히 증가하고 있다. 또한 '여성의 일자리 창출'을 국가정책으로 하려는 최근의 사회적 동향을 볼 때 앞으로 여성의 경제활동 참여는 계속해서 증가될 전망이다.

<표 2-3> 여성의 경제활동 참가율

구 분	2000	2001	2002	2003	2004
한 국	51.8	52.7	53.4	52.8	53.9
OECD평균	59.4	59.4	59.7	59.6	60.1

※ 자료 : OECD, 2005 Employment Outlook (OECD의 경제활동 참가율 기준은 만15~64세)

여성의 경제활동 참여율의 증가와 더불어 현대 가족구조의 변화로 인해 자녀양육에 대한 가족 구성원의 지원이 줄어들고 있어 이를 대신할 수 있는 질 높은 보육시설이 요구되고 있다.

제2부

보육과정 구성 및 운영

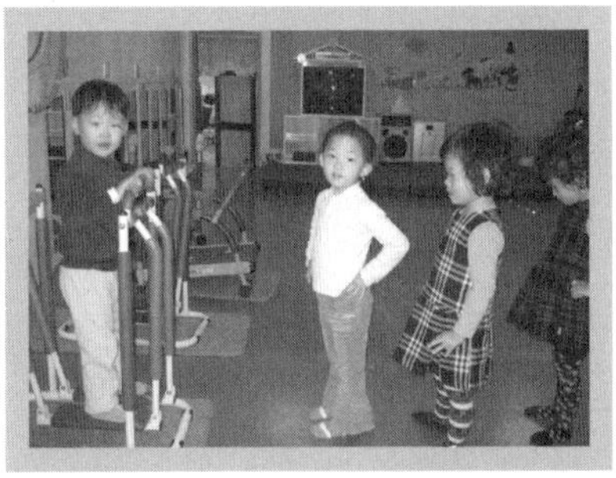

제3장 보육과정의 구성

제1절 보육과정의 구성요소

보육과정은 보육의 목표 선택, 목표 달성을 위한 보육내용 선정과 조직, 적절한 교수-학습의 과정 결정, 목표 달성에 대한 평가, 이 네 가지 요소로 구성된다. 보육과정 구성요소의 관계를 살펴보면 순환적 일관성의 관계와 상호작용적 관계로 볼 수 있다.

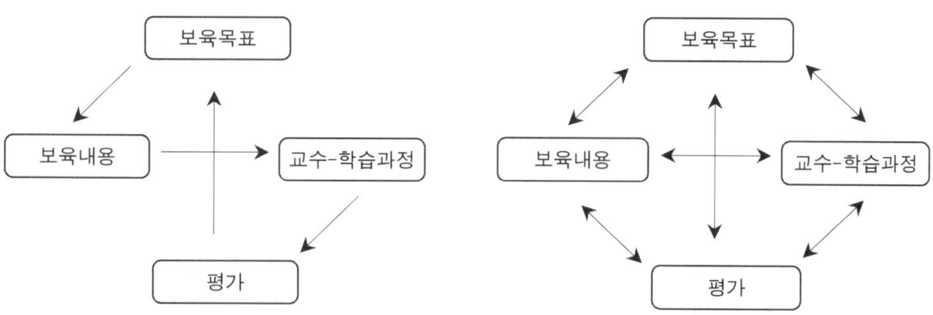

< 순환적 일관성의 관계 >　　　　< 상호작용적 관계 >

[그림 3-1] 구성요소들간의 관계

※ 출처 : 김종서, 최신 교육학개론, p34

순환적 일관성의 관계라는 것은 설정된 보육목표에서 출발하여 보육내용 및 교수-학습과정은 보육목표에 따라 통제되고, 평가는 보육목표를 기준으로 성취도를 평가한다. 이러한 평가의 결과로 다시 보육목표의 수정에로의 단순한 순환적 이동을 의미한다. 반면, 상호작용적 관계에서 보육내용은 보육목표 설정을 위한 기본 역할을 하며, 교수-학습과정은 보육목표의 타당성 검증을 위한 실질적 장(場)의 역할을 하며, 보육목표는 평가의 기준이 되며 평가에서 얻어진 정보는 목표 설정의 자료로 활용된다.

보육의 과정 4단계는 순환적 일관성을 유지하는 동시에 각 단계들간의 상호작용적 관계에 있다.

제2절 보육과정의 구성절차

보육과정의 구성요소인 보육목표, 보육내용의 선정과 조직, 교수-학습의 과정, 평가 이 네 가지 요소의 구성절차에 대한 Tyler의 모형은 [그림 3-2]와 같다.

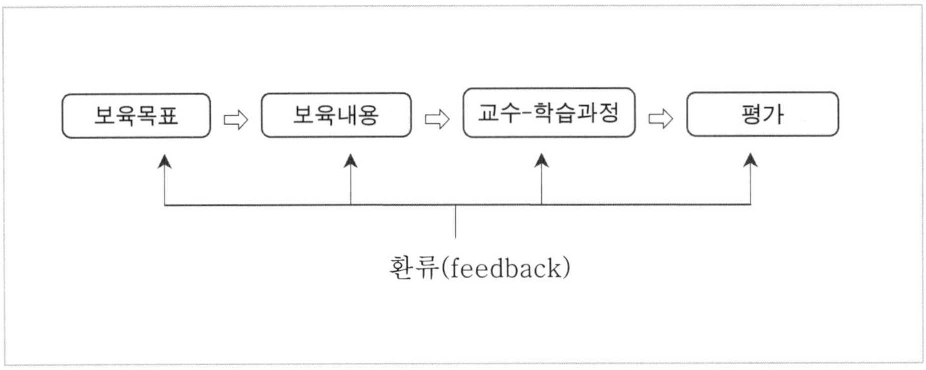

[그림 3-2] 보육과정의 구성절차 모형

1. 보육목표의 설정

보육의 목표는 영유아의 바람직한 성장이 이루어져 나아갈 방향을 규명하는 것으로, 보육과정의 출발은 '보육의 목표'를 설정하는 것에서부터 시작한다고 할 수 있다. 즉, 보육목표는 보육내용의 선정과 교수-학습방법을 채택하기 위한 근거를 제시할 수 있으며, 영유아의 학습을 촉진시키며, 성취도 평가를 위한 근거를 마련할 수 있으며, 보육시설에서의 보육활동 전반에 대하여 통제할 수 있다.

목표를 설정하기 위해서는 영유아의 심리적 요구, 관심과 흥미 그리고 현대사회에서 요구하는 것 등을 고려하여야 한다. 또한 목표를 설정하는데 있어서 장기목표와 단기목표를 고려하여야 한다. 장기목표는 사고의 틀을 제공해 주는 철학적 이론적 관점을 반영하며, 지극히 포괄적이고 일반적이며 추상적인 것인 반면, 단기목표는 교수계획을 반영해 주는 매일 매일의 보육과정 활동과 연결되어 특수하고도 구체적인 것으로 목표 진술 내용과 예는 다음과 같다.

◎ 장기적 보육목표

① 최소한 한 학기 또는 3년에 걸쳐 진행되는 수업계획에 관한 것

② 보육과정 설계자의 철학적, 이론적, 신념체계의 반영에 관한 것

③ 장기간에 걸쳐 획득되는 일반적, 추상적인 교육활동 계획에 관한 것

④ 보육활동의 성과를 단기간에 확인하거나 측정하기가 비교적 어려운 것에 관한 것

⑤ 장기적 목표는 단기적 목표를 포괄하는 비교적 종합적인 성격으로 기록된 것

* 진술의 예 : '영유아와 성인과의 정서적 안정감을 유지하는 것'

◎ 단기적 보육목표

① 일일, 주간, 월간의 학습계획에 관한 것

② 매일 매일 전개되는 과정이나 실제의 활동에 관한 것
③ 비교적 단기간에 걸쳐 획득되는 구체적, 실제적인 보육활동에 관한 것
④ 보육활동의 성과는 가시적으로 쉽게 파악하거나 측정이 가능한 것
⑤ 단기적 목표는 장기적 목표를 구체화한 것으로 한 가지 장기적 목표 하에 여러 가지 단기적 목표의 진술이 가능한 것

* 진술의 예 : 부모와 떨어져 어린이집에 다닐 수 있다.
도움이 필요할 때 다른 사람에게 요청할 수 있다.
선생님에게 자신의 감정을 표현할 수 있다.

※ 출처 : 이영석 외, 유아교육과정(2000).

보육목표 진술 시에는 구체성, 포괄성, 일관성, 가변성, 실현 가능성 등을 고려하여야 한다.

① 구체성 : 구체적이고 명확한 행동적 용어로 진술
② 포괄적 : 보다 폭넓은 행동 특성의 변화를 충분히 포함 할 수 있도록 진술
③ 일관성 : 보육목표는 철학적 일관성과 통일성이 있도록 진술
④ 가변성 : 보육목표는 결코 완성된 불변한 것이 아니라 그 타당성이 항상 비판되고 필요에 따라 언제나 변경될 수 있는 것.
⑤ 실현 가능성 : 이상적이 아니라 실제로 행해질 수 있는 용어로 진술

보육의 목표 제시는 보육시설에서 추구하는 인간상과 보육과정의 영역별에 따라 추구하는 목표들에 나타나 있는 경우가 많다. 따라서 표준보육과정에 나타나 있는 보육과정이 추구하는 목적이나 영역별 목표를 살펴보면 [그림 3-3]과 같다(영유아보육법시행규칙 별표 8의 2).

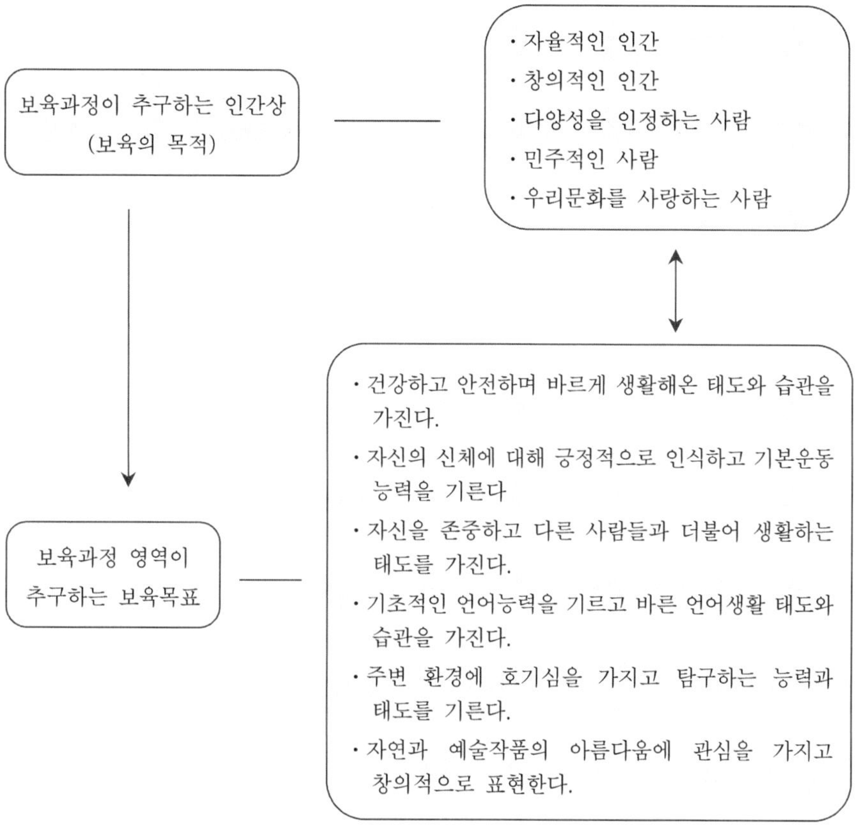

[그림 3-3] 표준보육과정의 목표

2. 보육내용의 선정과 조직

보육의 목표가 설정되면, 목표를 달성하기 위한 활동의 계획이 마련되어야 한다. 즉, 보육시설에서 영유아들에게 '무엇을, 어떤 내용을 가르쳐야 하는가?'에 대한 계획이 이루어져야 한다. 영유아가 경험할 내용은 영유아 자신의 직접적인 체험과 활동을 통해서 이루어질 수 있도록 선정하여야 한다.

1) 보육내용 선정

보육내용 선정은 영유아들에게 '무엇을 가르쳐야 하는가?'에 대한 내용으로 보육목적과 직접적으로 관련이 있어야 하며, 사회성과 시대성에 맞는 가치 있고 역동적인 것이어야 하며, 영유아의 흥미, 필요, 능력 등의 발달단계에 맞아야 하는 것을 중심으로 선정되어야 한다. 영유아에게 적합한 보육내용을 선정하는 데 있어 고려해야 할 원리로서 가능성의 원리, 기회의 원리, 만족의 원리, 동경험 다성과의 원리, 동목표 다경험의 원리, 동기유발의 원리, 지역성에 대한 고려 등이 있다.

① 가능성의 원리

보육내용에는 영유아 자신이 인정받을 수 있는 경험을 제공함으로써 학습에 대한 즐거움과 성취감을 느낄 수 있는 활동이 포함되어야 한다. 즉, 주어진 활동은 영유아가 충분히 소화할 수 있는 것이어야 하며, 유아의 연령, 발달, 동기, 문화적 수준, 영유아의 사전 경험 등 개인차를 고려하여 선정하여야 한다.

② 기회의 원리

보육내용에는 영유아가 학습활동에 스스로 참여할 수 있도록 다양한 활동이 포함되어야 한다. 즉, 동일한 주제에 맞는 다양한 교재·교구를 제시하여 영유아가 놀이를 선택할 기회, 소집단 또는 대집단 활동에 참여할 기회, 실외활동 또는 실내활동에 참여할 기회, 또는 다양한 흥미영역에 참여할 기회를 제공할 수 있도록 보육내용을 선정하여야 한다.

③ 만족의 원리

보육내용에는 영유아들이 만족감을 얻을 수 있는 경험이 포함되어야 한다.

④ 동경험 다성과의 원리

보육내용에는 영유아의 전인발달이 될 수 있는 활동으로 구성되어야 한다. 특히, 한 가지 활동을 통해서 다양한 경험을 얻을 수 있는 활동으로 선정되어야 한다.

⑤ 동목표 다경험의 원리

보육내용에는 하나의 목표를 성취할 수 있도록 다양한 경험이 포함되어야 한다.

⑥ 동기유발의 원리

영유아는 외부 자극이나 대상들에 대해 수동적으로 반응하는 존재가 아닌 적극적으로 반응하는 능동적인 학습자이다. 따라서 보육내용에는 영유아의 흥미, 욕구, 관심 등에 부합하는 활동을 선정하여야 하며, 연령이 낮거나 발달 수준이 낮을수록 더욱 영유아의 욕구를 중시하는 활동들을 선정할 필요가 있다.

⑦ 지역성에 대한 고려

보육내용에는 보육시설과 지역사회를 반영하여 융통성을 부여하여야 한다.

2) 보육내용 조직

보육내용 조직은 선정된 보육내용이 보육목표를 달성할 수 있도록 효과적으로 활동을 배열, 구성, 체계화, 통합하느냐에 관한 것이다. 학습경험이 효과적으로 반영되기 위해서는 경험이 축적될 수 있어야 한다. 조직을 크게 시간적 관계와 공간적 관계를 고려한 수직적 조직과 수평적 조직으로 나눌 수 있다.

학습내용의 대표적인 조직원리로 계속성, 계열성, 통합성 세 가지를 들 수 있다(Tyler, 1950).

① 계속성(continuity)의 원리

영유아에게 있어 학습은 한 두 번의 경험만으로 의미 있는 학습성과를 거둘 수 없으므로 계속적으로 반복하여 학습할 수 있도록 내용을 조직해야 한다는 것이다. 즉, 중요한 보육내용을 시간을 두고 연습하고 개발할 수 있도록 여러 차례에 걸쳐 반복적으로 기회를 주는 동일 내용의 반복으로 수직적인 조직이라 할 수 있다.

② 계열성(sequence)의 원리

영유아에게 주어진 활동이 순차적으로 복잡성이나 곤란도가 증가할 수 있도록 조직해야 한다는 것이다. 즉, 보육내용이 단계적으로 깊어지고 높아지도록 조직하는 것으로 수준을 높인 동일 내용의 반복으로 수직적인 조직이라 할 수 있다.

③ 통합성(integration)의 원리

영유아에게 제시되는 활동은 이전의 학습활동과 통합이 될 수 있어야 하며, 타 영역의 활동들과도 직접적인 관련성이 있도록 조직해야 한다는 것으로 수평적 조직이라 할 수 있다.

3. 교수-학습의 과정

영유아에게 '어떻게 가르쳐야 하는가?'에 해당되는 단계로 실제로 가르치고 배우는 과정을 의미한다. 영유아를 위해 선정된 내용은 영유아에 의해 주도되어야 하고, 그 활동의 결과로 얻은 경험은 영유아에 의해 재구성되어야 한다.

1) 교수-학습의 원리

교수와 학습이라는 각각의 용어보다는 이 둘을 통합하여 수업이라는 용어로 더 많이 사용하고 있다. 보통 수업이라는 것은 '교사가 영유아를 가르치고 배우는 모든 활동'이라고 할 수 있으며, 가르치는 일(교수)과 배우는 일(학습)을 포함하고 있다. 가르치는 일과 배우는 일은 별개의 것이 아니라 순환적 과정으로 이루어져 있다.

영유아를 위해 선정한 활동은 영유아에 의해 주도되어야 하고, 그 활동의 결과로 얻은 경험은 영유아에 의해 재구성되어야 한다. 이러한 과정을 위해서는 영유아에게 적합한 교수-학습원리를 적용해야 한다.

① 자발적 활동의 원리

교수-학습계획이 교사에 의해 잘 계획되어 진행된다 할지라도 영유아 자신의 자발적인 활동이 우선이어야 한다. 영유아의 자발적인 활동이 유발되고 유지시키기 위해서는 환경구성의 역할이 중요한다.

② 흥미의 원리

영유아의 학습은 놀이를 중심으로 호기심과 내적 동기유발에 기초할 때 모든 활동은 영유아의 흥미를 중심으로 계획되어야 하며 이를 유지시킬 수 있도록 계획되어야 한다. 모든 활동은 영유아의 발달단계에 적합해야 하며, 또한 영유아의 흥미는 일시적이기 때문에 교사는 환경구성 시 다양한 방법의 놀이를 준비해 줄 필요가 있다.

③ 개별화의 원리

영유아기는 개인차가 많이 나는 시기이므로, 교사는 개개 영유아의 성격, 능력의 차이에 따라 적절한 방법으로 지도해야 한다. 보육시설에서 영유아의 학급은 개성이 서로 다른 영유아들로 구성되어 있으며, 이 서로 다른 개성은 존중되어야 하므로 영유아에게 무리한 경쟁과 분쟁이 생기지 않도록 다양한 종류의 교재 교구를 준비해 주어야 한다.

④ 통합성의 원리

영유아의 조화로운 발달과 균형 잡힌 성장을 도모할 수 있도록 활동을 계획하여야 한다. 즉, 보육시설에서 운영하는 모든 활동은 영유아의 신체, 사회, 인지, 정서, 언어발달을 도모하며 제 발달영역이 조화를 이루면서 통합적으로 성장할 수 있는 것이어야 한다. 예를 들면 '오리'에 대한 학습을 계획할 때에는 '오리' 영상을 본 후 '오리처럼 걷기'의 신체 및 표현활동, '오리는 왜 물에서 뜰까?'라는 과학활동 등을 통합하여 활동을 계획한다.

⑤ 다양성 및 융통성의 원리

효과적인 학습을 위해서는 다양한 교수자료와 융통성이 있는 교수방법을 선택하여야 한다. 영유아 개인의 흥미와 요구에 따라 다양한 경험을 할 수 있는 환경을 마련해 주어여 한다.

영유아에게 제시되는 활동은 균형을 이룰 수 있도록 다양하게 전개되어야 한다. 교사선택활동과 유아선택활동, 실내활동과 실외활동, 시끄러운 활동과 조용한 활동 등의 균형이 이루어지도록 하루 일과를 계획하여야 한다.

⑥ 직접 체험의 원리

직접 체험이란 영유아의 오감을 통해 직접보고, 듣고, 만지고, 조작하는 과정을 통해 배우고 익히는 것이다. 직접 체험의 원리를 강조한 학자는 페스탈로찌, 프뢰벨, 몬테소리 등이며 이들은 자연 대상을 감각기관을 통해 직접 체험함으로써 그 대상의 특성을 익힐 수 있다고 보았다. 특히 영유아의 구체적인 체험은 추후의 상징적, 추상적 능력을 터득하게 해 줄 수 있다.

영유아의 학습활동과 자료는 구체적이고 실제적이며 영유아의 실생활과 관련성이 있는 것이어야 한다. 특히 나이가 어릴수록 구체적인 사물이나 실물을 위주로 학습이 이루어져야 한다. 예를 들면, '사과'를 학습할 때 처음으로 사과를 익히는 영유아에게는 사과의 사진이나 '사과'라는 추상적인 언어보다는 사과의 실제를 만져보며 냄새 맡고 모양을 살피는 등의 활동이 우선되어야 할 것이다.

2) 교수-학습의 방법

교수-학습과정에서 수업활동을 계획, 전개할 때 교사는 내용 수업활동을 전개할지 아니면 과정 지향적 수업활동을 전개할지를 고려해야 한다.

내용 수업활동은 가장 많이 알려진 수업활동으로 다음을 유의해야 한다.

첫째, 구체적인 활동 자료에서 추상적인 활동 자료의 순서로 활동을 전개해야 한다.

예를 들면 만 4세 유아에게 애완동물의 종류에 대한 이야기 나누기를 할 경우 애완동물에 대한 유아의 경험 여부를 파악하여 실제 동물을 제시→인형 동물, 제시→동물 사진이나 그림, 제시→동물의 이름순으로 제시하여야 한다.

둘째, 간단한 활동 자료에서 복잡한 활동 자료들의 순서로 활동을 전개해야 한다.

셋째, 알고 있는 자료에서 앞으로 알아야 할 활동 자료의 순서로 전개해야 한다. 예를 들면, '비오는 날 지켜야 할 규칙'을 이야기할 경우 영유아의 경험인 비를 보았거나, 맞아본 경험 또는 비오는 날 필요로 했던 도구들을 이야기한 후 비오는 날 지켜야 할 내용이나 도구의 주의사항에 대한 내용으로 전개해 나갈 수 있다.

넷째, 친숙한 활동 자료에서 덜 친순한 활동 자료의 순서로 전개해야 한다.

영유아의 특성상 교사 중심의 수업활동보다는 아동 중심의 수업활동을 전개하는 것이 보편적이기 때문에 과정 지향적 수업활동을 교사가 더 선호하고 있으며, 이를 위해서 유의해야 할 사항은 다음과 같다.

첫째, 탐색활동에서 실험 및 가설 검증에 필요한 활동 그리고 문제해결을 위한 활동으로 전개해야 한다. 즉, 먼저 유아에게 탐색할 수 있는 활동을 소개하고, 탐색과정을 통해 어떤 의문이나 질문을 갖게 되면, 스스로 의문을 확인하여 보거나 검증하여 보는 활동으로 안내하고, 이러한 과정을 통해 영유아에게 문제해결력을 가르칠 수 있는 활동을 소개한다.

둘째, 모방할 수 있는 활동을 소개하고, 그 다음 모방한 대상이나 사물을 회상 또는 재생하는 활동을 하게 한 후, 마지막으로 새로운 것을 창안할 수 있는 방향으로 수업활동을 전개한다.

셋째, 자기중심적 관점에서 볼 수 있는 활동에서 타인 중심의 관점에서 놀이 할 수 있는 활동으로 전개한다.

넷째, 연습의 기회를 충분히 줄 수 있는 수업활동을 전개해야 한다. 예를 들면, 수세기 활동은 친구 수 세기, 계단 수 세어보기, 책 세어보기 등의 실생활 속에서 다양하게 반복적으로 경험할 수 있는 기회를 제공한다.

다섯째, 영유아가 활동의 결과로부터 직접적으로 만족이나 즐거움을 얻을 수 있는 수업활동을 전개해야 한다. 예를 들면, 자유선택활동 시간에 조형영역에서 만들기 한 작품을 작품 전시대에 진열하거나 친구들 앞에서 소개하는 등 영유아 자신이 참여한 활동에 성취감을 느낄 수 있도록 계획한다.

4. 평가

1) 평가의 목적 및 기능

보육과정 구성에 있어 마지막 단계인 평가는 보육과정을 실제로 운영을 한 후에 그 결과를 확인해 보는 과정으로 Tyler(1949)는 "평가의 과정이란 본질적으로 교육과정 및 프로그램에 의해 교육목표가 실제 어느 정도 실현되었는지를 밝히는 과정"이라고 규정하였다. 평가는 목표의 실현 정도를 확인할 수 있으며, 현행 보육과정 운영 또는 프로그램 운영의 문제점을 발견하고, 이를 수정 · 보완하여 보육현장에서의 실질적인 변화를 가져올 수 있도록 하는데 그 의의가 있다.

평가는 영유아보육과 관련된 모든 내용과 대상을 객관적으로 파악하여, 영유아들의 전인적 성장과 발달에 도움을 주기 위한 보육과정 운영 전반에 그 효율성을 밝히며, 또한 영유아 개개인의 발달 수준 및 행동 변화를 평가하는 데 그 목적이 있다고 본다.

보육현장에서 평가가 지니고 있는 기능들을 살펴보면 다음과 같다(황해익, 2000).

① 목표의 달성도를 파악하는 기능
② 보육활동의 개선방안을 모색하는 기능
③ 영유아의 이해를 위한 기초 자료를 수집하는 기능
④ 학부모에게 필요한 이해 자료를 제공하는 기능
⑤ 영유아를 지도하는 교사의 교수법을 개선하는 기능
⑥ 영유아의 학습동기를 유발하는 기능
⑦ 제반 보육활동에 관한 효과를 파악하는 기능

2) 평가영역 및 내용

평가에 있어 주된 관심은 보육과정이나 보육 프로그램으로 실행된 보육과정이 양질의 것이었는지, 효과가 있었는지 평가하는 것이다. 또한 영유아의 성취도 주관심사인데, 이는 주어진 보육과정을 통해 이루어진 결과이기 때문이다. 그러므로 영유아들의 성취도 또한 평가의 대상이 되고 있다. 이렇게 볼 때, 평가는 보육과정이나 보육 프로그램의 질이나 효과에 대한 평가를 의미한다고 할 수 있다.

(1) 보육과정 평가

보육과정 평가는 영유아들의 전인적인 성장 발달을 도모하기 위해 보육과정이나 프로그램 계획이 얼마나 적절하며, 교수-학습과정을 통해 어느 정도 실현되었고 달성되었는지 알아보는 과정으로써 영유아 보육과정의 효과를 검증하고, 질 관리를 높이기 위한 활동으로 볼 수 있다. 보육과정 평가는 계획단계, 과정단계, 결과단계의 측면에서 단계적으로 평가하여야 한다.

평가단계	평가 내용
계획 단계	-보육과정 계획이 적절히 계획되었는지 평가
과정 단계	-계획했던 내용이 적절한 방법에 의해 수행되고 있는지 평가
결과 단계	-영유아의 성취도 평가

[그림 3-4] 평가단계별 평가내용

[그림 3-4]에 의하면 계획단계의 평가에서는 보육과정이나 보육 프로그램 자체나 수업계획이 적절히 계획되었는지를 평가한다. 과정단계의 평가

에서는 계획된 보육활동이 적절한 방법에 의해 제대로 수행되고 있는지를 평가한다. 그리고 마지막 결과단계에서는 주로 아동의 성취도를 평가한다.

계획단계와 과정단계의 평가는 보육과정 운영의 평가라고 볼 수 있으며, 결과단계의 평가는 영유아의 발달 및 성취평가라고 할 수 있다.

보육과정 평가의 영역은 보육과정 구성체계인 보육목표, 보육내용, 교수-학습과정, 평가의 4가지 구성요소에 대한 각각의 평가로 나누어 볼 수 있으며 각 요소에 대한 내용을 소개하면 다음과 같다(임재택, 1995).

① 보육목표의 평가 -보육과정이 어떤 목적을 달성하고자 하는가를 평가

▷ 기본적인 가치 철학을 잘 반영하고 있는가?

▷ 영유아들의 필요와 요구에 맞는 목표인가?

▷ 사회의 이념이나 문제가 목표에 강조되고 있는가?

▷ 발달영역으로서의 특성이 잘 나타난 목표인가?

▷ 장기 보육목표는 무엇이고, 단기 보육목표는 무엇인가?

▷ 성취 가능한 목표인가?

② 보육내용 평가 -목적을 달성하기 위해 보육내용이 선정 조직되었는지 평가

▷ 과정계획은 목표가 제시하는 대로 그 활동을 전개할 수 있는 계획인가?

▷ 절차, 방법, 자료의 계획이 상호 밀접한 관련이 있는가?

▷ 과정계획은 충분할 정도로 자세하게 되어 있는가?

▷ 과정계획은 누구나 쉽게 이해할 수 있도록 되어 있는가?

▷ 과정계획은 교사나 영유아에게 적합한가?

③ 교수-학습과정 평가-계획에 따라 학습이 진행되고 있는지를 평가

▷ 교수-학습활동은 과정계획과 어느 정도 일치하고 있는가?

▷ 교수-학습과정 분석을 위해 관찰 때 유념해 두어야 할 주요점은 무

엇인가?

▷ 교수-학습과정 진행 중 영유아들의 참여도는 어떠한가?

▷ 과정내용은 적절한가?

▷ 과정계획의 주요 방법 및 자료는 과정내용을 영유아들에게 활동 시키기에 적합한가?

④ 평가의 평가 -영유아들의 학습결과를 평가하게 되는데, 그 평가결과가 과연 목적을 달성할 수 있었느냐를 평가

▷ 평가계획은 보육목표의 모든 분야를 포함하고 있는가?

▷ 평가목표에는 포함되어 있지 않았지만, 중요한 변화를 일으킨 잠재적 보육과정은 있는가?

▷ 평가의 절차는 타당하고 신뢰로운가?

▷ 평가결과에서 시사하는 바를 목표나 과정계획에 어떻게 반영시킬 것인가?

▷ 과정계획은 교사나 영유아에게 적합한가?

보육시설 평가인증 지침서에 제시된 보육과정에 대한 평가지표는 보육활동 계획과 구성, 보육활동으로 구성되어 있다. 이에 대한 평가기준은 다음과 같다.

① 보육활동 계획과 구성에 대한 평가기준

항목	항목별 수준	
대 3-1. 보육계획안의 수립	우수 (3점)	( ) 연간, 월간 또는 주간 보육계획안이 계절, 영유아의 연령, 흥미를 고려하여 구체적이고 연계성 있게 수립되어 있다.
	부분적 우수 (2점)	( ) 보육계획안은 구체적이나, 계절, 연령 등의 고려가 미흡하여 연계성이 적다.
	부적절 (1점)	( ) 보육계획안은 문서로 있으나, 구체적이지 않고 연계성도 없다.

대 3-2. 보육활동 계획의 균형	우수 (3점)	( ) 대집단 활동과 소집단·개별 활동, 정적 활동(예: 이야기 나누기, 그림 그리기, 동화듣기)과 동적 활동(예: 신체표현, 게임, 실외놀이)이 균형 있게 계획되어 있다.
	부분적 우수 (2점)	( ) 위의 활동들이 모두 계획되어 있으나, 한 두 가지 활동에 치우쳐 있다.
	부적절 (1점)	( ) 대집단 활동이 대부분이며, 주로 정적 활동 또는 동적 활동으로만 계획되어 있다.
대 3-3. 자유선택 활동 시간	우수 (3점)	( ) 자유선택활동이 오전과 오후에 모두 이루어지며, 총 2시간 30분 이상이다.
	부분적 우수 (2점)	( ) 자유선택활동이 오전 또는 오후에만 있으며, 1~2시간 이루어진다.
	부적절 (1점)	( ) 자유선택활동이 1시간 미만으로 이루어진다.
대 3-4. 일과의 통합적 운영	우수 (3점)	( ) 일과를 교과목 형태(예: 체육시간, 미술시간)로 구분하지 않으며, 통합적으로 운영한다.
	부분적 우수 (2점)	( ) 교과목 형태로 나누지는 않았으나, 통합성이 적다.
	부적절 (1점)	( ) 교과목 형태로 나누어져 있다.
대 3-5. 일상생활 관련 활동	우수 (3점)	( ) 일상생활 관련 활동(예: 산책하기, 가게 가기)이 한 달에 2회 이상 이루어진다.
	부분적 우수 (2점)	( ) 이상의 활동이 한 달에 1회 정도 이루어진다.
	부적절 (1점)	( ) 이상의 활동이 두 달에 1회 이하이다.
대 3-6. 실외활동 시간	우수 (3점)	( ) 실외활동이 매일 1시간 이상이고, 날씨가 좋지 않을 경우 대체할 수 있는 활동이 있다.
	부분적 우수 (2점)	( ) 실외활동이 주 3, 4회이거나, 매일 있어도 1시간 미만으로 이루어진다.
	부적절 (1점)	( ) 실외활동이 주 2회 이하이다.
대 3-7. 보육과정 평가	우수 (3점)	( ) 정기적으로 보육과정 평가가 이루어지고, 평가 결과가 운영에 반영된다.
	부분적 우수 (2점)	( ) 보육과정 평가가 이루어지나, 보육과정 개선에 활용되지 않는다.
	부적절 (1점)	( ) 보육과정 평가가 이루어지지 않는다.

② 보육활동에 대한 평가기준

항목	항목별 수준	
대 3-8. 대・소근육 활동	우수 (3점)	( ) 실외나 실내 공간에서 대・소근육 활동을 매일 한다.
	부분적 우수 (2점)	( ) 대・소근육 활동의 기회가 주 3, 4회 정도이다.
	부적절 (1점)	( ) 대・소근육 활동의 기회가 주 2회 이하이다.
대 3-9. 언어활동	우수 (3점)	( ) 듣기, 말하기의 기회가 다양하게 제공되고, 읽기, 쓰기(영아의 경우, 긁적거리기)에 관심을 갖도록 하는 활동을 자주 한다.
	부분적 우수 (2점)	( ) 네 영역(말하기, 듣기, 읽기, 쓰기)에 관련된 활동을 하나, 한 두 영역에 치우쳐 있다.
	부적절 (1점)	( ) 언어활동이 거의 없거나, 학습지를 사용한 읽기, 쓰기 연습을 주로 한다.
대 3-10. 친사회적 활동	우수 (3점)	( ) 나누기, 협동하기 등 친사회적 활동 기회를 제공하며, 일상적 상황을 자연스럽게 활용한다. (예: 놀잇감 나누기 / 공동 작업, 게임에서 협동하기 / 간식 돕기 등)
	부분적 우수 (2점)	( ) 친사회적 활동 기회가 가끔 제공되거나, 보육교사의 일방적 지시를 통해서 이루어진다.
	부적절 (1점)	( ) 친사회적 활동의 기회가 거의 없다.
대 3-11. 기본생활습관 활동	우수 (3점)	( ) 예절과 질서 등의 기본생활습관에 관련된 활동이 자연스럽게 보육과정에서 경험된다. (예: 쓰레기통에 휴지 버리기, 차례 지키기, 자기물건 보관하기 등)
	부분적 우수 (2점)	( ) 예절과 질서 등의 기본생활습관에 관련된 활동을 가끔 한다.
	부적절 (1점)	( ) 기본 생활습관을 보육활동으로 거의 다루지 않는다.
대 3-12. 사고력 및 탐구 활동	우수 (3점)	( ) 다양한 실물 자료나 자연을 이용한 수・과학 활동을 자주 한다. (예: 모양・색・크기・길이 분류, 일대일대응, 수세기 / 동・식물관찰, 실험 등)
	부분적 우수 (2점)	( ) 수 활동이나 과학 활동 중 어느 한 활동을 주로 한다.
	부적절 (1점)	( ) 수・과학 활동을 거의 하지 않는다.

대 3-13. 창의적인 음률활동	우수 (3점)	( ) 다양한 동작 및 음악 자료를 활용하여 창의적인 표현활동을 자주 한다. (예: 리듬악기로 다양한 소리내기, 음악듣기, 스카프나 리본 테이프로 표현하기 등)
	부분적 우수 (2점)	( ) 교사를 따라하는 음률 활동이 많다. (예: 노래 따라하기, 율동 따라하기 등)
	부적절 (1점)	( ) 음률활동을 거의 하지 않는다.
대 3-14. 창의적인 미술활동	우수 (3점)	( ) 여러 자료를 활용하여 창의적인 미술활동을 자주 한다. (예: 그리기, 만들기, 꼴라쥬, 입체 꾸미기 등 / 영아의 경우, 긁적거리기, 간단한 가위질, 굵은 붓으로 그리기, 신문지 찢기 등)
	부분적 우수 (2점)	( ) 미술활동을 하지만, 창의적 활동보다는 모방활동이 많다. (예: 교사가 만든 견본작품 따라하기)
	부적절 (1점)	( ) 제한된 자료로 모방활동을 주로 한다. (예: 색종이 접기 활동, 그리기, 폐품 하나로 만들기)
대 3-15. 역할 및 쌓기놀이	우수 (3점)	( ) 다양한 종류의 역할 및 쌓기놀이가 충분히 이루어진다. (예: 상차리기, 가족놀이, 병원놀이, 음식점 놀이 / 블록 쌓기, 동물원 꾸미기 등)
	부분적 우수 (2점)	( ) 역할 및 쌓기놀이를 하지만, 놀이시간과 놀이공간이 충분하지 않다.
	부적절 (1점)	( ) 역할 및 쌓기놀이를 거의 하지 않는다.

(2) 영유아에 대한 평가

영유아에 대한 평가는 영유아의 성취도를 측정하는 것으로, 영유아 발달수준평가와 학습목표 성취평가로 나누어지며, 학습의 결과와 관련되는 총괄평가와 보육계획의 수정 보완을 위한 진단 및 형성평가가 실시된다.

영유아에 대한 평가방법은 관찰법, 표준화검사법, 포트폴리오 평가 등이 있다.

① 관찰법

영유아보육에 있어 교사의 관찰을 통한 평가가 가장 중요한 평가방법으로 알려져 있으며, 특히 관찰결과의 기록에 주의하여야 한다. 관찰결과를 기록하기 위해서는 일화기록법, 시간표집법, 사건표집법, 행동목록법, 평정척도법 등이 있으며 각 평가방법의 특징은 다음과 같다.

일화기록은 신문기사를 쓰듯 사실적으로 무슨 상황이 언제 어디서 어떻게 일어났으며 유아가 그 상황에서 무슨 말을 했는지 어떤 행동을 보였는지 등을 자세히 적는 것이다. 관찰과 동시에 적는 것이 가장 좋지만 이것이 불가능할 경우 메모지에 중요 단어만 적어 두고 아동이 집으로 돌아간 후에 기록할 수도 있다. 보통 교사들은 관찰기록부를 준비해 두고 일 년에 걸쳐 각 영아별로 관찰의 횟수를 정해 놓고 관찰 결과를 일화기록으로 정리해 두는데, 이렇게 모아진 일화기록들은 영아를 이해하고 프로그램의 효과를 평가하는 데 가치 있는 자료가 된다.

일화기록에 의해서 모든 관찰을 하기에는 너무 많은 시간과 노력이 소요된다. 따라서 영아의 모든 행동을 일일이 관찰 기록하지 않으면서 영아의 행동 특징을 알아볼 수 있는 방법이 필요하게 되는데, 시간표집법은 이러한 의도에서 고안된 관찰방법이다. 시간표집법은 유아의 행동을 모두 관찰하지 않고 미리 선정된 행동을 정해진 시간 계획에 따라 여러 번 반복적으로 관찰하여 기록하는 방법이다. 이는 기록 방법이 간단하여 개별 영유아뿐 아니라 집단으로도 관찰할 수 있는 장점이 있다. 그러나 시간표집법으로 관찰할 수 있는 행동은 비교적 자주 일어나고(적어도 15분에 한 번 이상) 시각적으로 관찰 가능한 행동에 국한된다.

시간표집법으로 관찰할 수 있는 행동이나 상황은 흥미영역과 놀잇감 활용도, 또래놀이의 유형, 소집단 활동 시 참여 정도 등이다. 시간표집법으로 효과적인 관찰을 하려면 관찰 이전에 관찰시간과 총 관찰 횟수, 관찰 후 재관찰까지의 시간 간격을 정해두어야 한다. 그리고 관찰하고자 하는 행동은 세부 행동으로 분류하여 명확하게 정의해야 한다. 또한 짧은 시간에 정확하게 기록할 수 있도록 체계적인 기록용지도 사전에 미리 준비해 두어야 한다.

사건표집법은 영유아의 모든 행동을 관찰할 필요가 없을 때 관찰대상, 행동을 미리 정하고 그 행동이 일어나기를 기다렸다가 관찰하는 방법이다.

시간표집법과는 달리 언제 꼭 관찰해야 한다는 시간 제약이 없으며 자주 일어나지 않는 행동을 관찰하고자 할 때에도 이용할 수 있다.

행동목록법은 활동이나 어떤 행동 특성이 나타나는지의 여부를 관찰하여 미리 준비된 행동목록표에 표시하는 방법이다. 행동목록법(체크리스트)을 사용하여 영유아를 관찰하고 평가할 때는 사전에 행동목록표를 만들어야 한다. 행동목록표를 만드는 것은 예상되는 관찰대상 행동을 열거하는 작업인데, 이 때 가장 주의해야 하는 것은 관찰대상 행동을 명확하게 구체적으로 서술하여야 한다는 것이다. 또한 한 목록을 통해 한 가지의 사실만 판단하도록 행동목록을 만들어야 한다.

평정척도법은 행동목록표와 마찬가지로 미리 정해진 범주에 따라 관찰 기록하는 방법이지만 행동의 질적인 특성까지도 기록할 수 있도록 고안된 방법이다. 평정척도 방법은 학기 초, 학기중간, 학기말 등 일정한 시간 간격을 두고 평정척도를 사용하여 개별 영아의 진보 및 변화를 파악하고 프로그램의 효과를 알아보는 종합평가 자료로도 이용될 수 있다.

교사가 영유아의 일상생활 속에서 전반적인 성장과 발달 상황을 점검하고 파악하면서 주기적으로 기록하는데 가장 손쉽게 사용할 수 있는 관찰방법은 일화식 기록과 체크리스트를 사용하여 표시하는 방법이다.

② 표준화검사법

표준화된 검사 도구를 가지고 교사가 영유아의 발달 정도를 평가할 수도 있다. 이 도구는 대상 아동과 같은 연령의 다른 아동들이 평균적으로 보이는 수준과 비교해서 이 아동의 객관적인 수준을 이해할 수 있는 장점이 있으나 검사방법, 채점방법, 결과해석 등에 대한 이해를 전제로 사용해야 한다.

③ 포트폴리오 평가

영유아를 질적으로 평가할 수 있는 평가방법의 예라고 할 수 있다. 유아의 다양한 작품을 모아 누적해 놓은 후 발달에 대한 정보로 활용하기도 한다. 긁적거리기, 그림, 글씨 쓰기, 블록 쌓기 사진, 노래나 말하기 녹음테이프, 활동을 녹화한 비디오테이프 등을 수집하여 날짜를 기록하고 아동 자신의 코멘트나 교사의 코멘트를 함께 적어서 모아놓은 작품집을 포트폴리오(Portpolio)라고 부르는데, 이렇게 수집된 작품을 통해 영유아의 발달과 성장과정을 평가할 수 있어 매우 유용하다.

다양하게 수집된 평가결과들은 가능한 기록하고 정리하여 보관해 둠으로써 여러 가지로 활용될 수 있다. 영유아에 관한 평가결과들은 영유아 개인별로 파일을 만들어 정리하도록 노력하고, 이 결과물은 교사가 영아의 성장 발달을 이해하는데 귀한 자료가 될 뿐만 아니라 부모와의 면담 자료로 활용하도록 한다. 그밖에 영유아 보육 프로그램 전반에 관한 평가자료들도 영유아 교육 프로그램의 계획과 운영에 대한 중요한 지침으로 활용될 수 있다.

제3절 발달에 적합한 보육과정 구성

발달에 적합한 보육과정은 영유아에게 제공하는 보호와 교육적 경험의 질적 수준 향상을 추구한다. 즉 보호와 교육의 질 향상을 통해 영유아들의 전인적 발달에 긍정적으로 기여하는 것이다.

인간은 탄생과 더불어 성장 발달하기 시작한다. 인간의 생애에서 영유아기는 성장이 가장 빠른 시기이며 인간으로서 생존을 위한 기초가 마련되는 중요한 시기이다. 발달심리학에서 영유아기(early childhood)란 출생에서부터 만5세 사이의 기간을 의미한다. 이 시기는 발달이 매우 빠르고 급격하게, 그리고 개인에 따라 다르게 이루어진다. 영아기와 유아기 발달의 특성을 살펴보면 다음과 같다.

첫째, 발달은 연속적으로 이루어지며 영유아의 성장은 계속적으로 일어난다. 하루아침에 영유아의 발달이 이루어지거나 발달이 중지되는 것이 아니라 단계적으로 또는 연속선상에서 지속적으로 이루어진다는 것이다.

둘째, 성장의 속도는 개인에 따라, 그리고 발달 부위에 따라 다르다. 예를 들어, 영유아의 신장은 출생 후 영유아기 동안 급격한 성장을 보이는 반면, 생식기의 경우는 아동기까지 느린 성장을 하다가 사춘기가 되어서야 급격한 성장을 보이게 된다.

또한 발달의 속도와 양상에는 개인차가 있다. 어떤 유아의 키는 초기 유아기에 급속도로 성장하고, 다른 유아의 경우는 유아기 후기에 이르러서야 급격히 성장하기도 한다. 또한 언어가 빨리 발달하는 유아가 있는 반면, 신체의 성장이 먼저 이루어지는 경우도 있다. 또한 사람에 따라서 신장이 18세까지 성장하는 사람이 있는가 하면, 대학에 진학한 이후에도 계속 성장하는 사람도 있으며, 반면 초등학교 때 대부분의 성장이 이루어지는 경우도 있다.

셋째, 성장 발달은 성별에 따라 다르게 나타난다. 여아와 남아의 성장에는 차이가 있다. 예를 들어, 태아기에는 여아가 남아보다 빨리 성장하며, 사춘기 직전까지 여아의 신장과 체중이 일시적으로 남아를 능가하기도 한다. 그러나 그 이후의 성장에서는 남아가 여아를 능가하는 경향이 있다.

넷째, 성장과 발달에는 결정적 시기가 있다. 인간의 성장 · 발달에서의 중요한 변화가 집중적으로 이루어지는 적절한 시기가 있다. 만약 이 시기에 충분한 발달이 이루어지지 못하면 이후 발달에 치명적이거나 지속적인 영향을 주게 된다. 예를 들어 생후 6~18개월 사이에 어머니 또는 주 양육자와 친밀한 관계를 형성하지 못하면 그 유아의 신뢰감의 형성은 위기를 맞게 될 수 있다.

다섯째, 인간은 전체적인 존재로 발달해간다. 인간의 성장에서 부분적으로만 성장하고 다른 한 부분의 발달이 이루어지지 않는 경우는 없다. 신체, 사회, 정서, 언어, 인지적 발달은 하나로 통합되어 상호 연관을 가지고 발달해간다. 따라서 부분적 발달의 정도와 경향은 서로 영향을 주기 때문에 만약 한 부분의 발달이 지체된다면 다른 부분의 발달에도 큰 영향을 미치게 된다.

발달에 적합한 보육과정에서는 연령의 적합성, 개인적 적합성, 사회 · 문화적 적합성을 고려하여 계획하여야 한다. 영유아기 동안 발생하는 성장과 변화에는 보편적이고 예측 가능한 단계가 있어 이러한 예측 가능한 변화는 영유아들의 신체, 정서, 사회성, 인지 등 모든 측면의 발달영역에서 발생한다. 따라서 영유아들의 연령 특성에 맞게 보육과정을 구성하는 것을 연령의 적합성이라고 할 수 있다.

모든 유아는 인성, 학습 양식, 가족 배경, 성장 속도나 그 유형에 있어 매우 다를 수 있다. 따라서 보육과정을 계획할 때에는 이러한 개인차를 고려하여 경험 및 학습이 각 유아가 가진 능력, 흥미 정도, 이해 수준에 적합하도록 하는 것이 개인적 적합성이다.

영유아들의 발달과 학습은 다양한 사회 · 문화적 맥락에서 많은 영향을 받는데 이러한 사회적 맥락은 서로 밀접하게 관련되어 있어 영유아 발달에 지대한 영향을 미치기 때문에 영유아 개인 및 그 가족의 가치, 신념, 행동 패턴 등을 고려하여야 한다는 것이 사회 · 문화적 적합성이다.

연령의 적합성, 개인적 적합성, 사회 · 문화적 적합성을 실현하기 위해서는 다음과 같은 지식 및 정보를 머릿속에 생각해 두어야 한다.

■ 영유아 발달 및 학습에 관한 지식 및 정보

각 연령에 따라 보편적으로 나타나는 인간발달에 관한 지식이 필요.
영유아에게 필요한 활동, 교재 · 교구, 상호작용, 경험 등에 대한 지식 및 정보 필요.

■ 영유아 개개인의 장점, 흥미, 욕구 등에 관한 정보

같은 연령이라도 영유아들은 관심을 보이는 것, 잘하는 것과 못하는 것, 타인에게 반응하는 양식, 학습 속도 및 양상 등이 다를 수 있어 세심한 관찰을 통해 개개 영유아들에 관한 정보를 획득하고 보육과정 계획에 반영.

■ 영유아들이 처해 있는 사회-문화적 배경에 관한 지식 및 정보

가정, 지역에 따라 가치롭게 여기는 가치나 신념 등이 상이할 수 있어 개개 영유아의 성장 배경에 관한 정보 필요.

제4장 보육과정의 운영

제1절 보육과정의 운영지침 및 계획

1. 보육과정 운영지침

보육과정 운영에 대한 지침은 별도로 규정되어 있지 않기에 「영유아보육법」과 「영유아보육법시행규칙 별표 8」과 평가인증 지표에 제시된 내용을 참고하여 정리하면 다음과 같다.

(1) 보육과정 운영 시 보육대상은 가능한 한 2세 미만 영아반, 2세 영아반, 3세 이상 유아반을 동시에 운영하여야 한다.

(2) 보육과정의 운영계획은 주 6일, 평일 12시간 이상 운영함을 원칙으로 하되, 보호자의 근로시간 등을 고려하여 조정 운영 할 수 있다.

(3) 보육과정 계획은 보육과정의 영역별 목표와 내용에 따라 연령별 보육계획을 편성하고 운영한다. 연간, 월간, 주간보육계획을 수립하되 계절이나 지역 내 특별 행사 또는 보육시설의 환경 등을 고려하여야 한다.

(4) 보육과정 계획은 영유아의 연령, 발달 수준, 흥미, 장애 등 개인차와 가정환경을 반영하여 수준별 보육내용을 편성하되, 각 보육시설과 지역사회의 특성을 고려하여야 한다.

(5) 보육과정 계획 시 환경구성에는 실외나 실내 공간에서 대 · 소근육 활동을 매일하여야 하며 언어활동, 친사회적 활동, 기본 생활습관 활동, 사

고력 및 탐구력 활동, 창의적인 음률활동, 창의적인 미술활동, 역할 및 쌓기놀이 등이 있어야 한다.

(6) 보육활동 계획 시 집단활동은 대집단 활동과 소집단 · 개별활동, 정적활동 (예: 이야기 나누기, 그림 그리기, 동화 듣기)과 동적 활동 (예: 신체표현, 게임, 실외놀이)이 균형 있게 계획되어야 한다.

(7) 보육활동 계획 시 자유선택활동이 오전과 오후에 모두 이루어지며, 총 2 시간 30분 이상이어야 하며, 일상생활 관련 활동(예: 산책하기, 가게가기)이 한 달에 2회 이상 이루어진다. 실외활동은 매일 1시간 이상이고, 날씨가 좋지 않을 경우 대체할 수 있는 활동이 계획되어 있어야 한다.

(8) 일과에 있어 통합적으로 운영하여야 한다. 일과를 교과목 형태(예: 체육시간, 미술시간)로 구분하지 않으며 통합적으로 운영하여야 한다.

2. 보육과정 운영계획

보육과정을 운영하기 위한 계획은 영 · 유아 발달 수준, 욕구, 흥미와 부모의 요구, 지역사회와의 협력 등을 반영해야 한다. 특히 보육일수와 보육시간에 관한 사항이 운영기준에 제시되어 있어야 한다.

교수를 위한 활동계획으로 장기교육과 단기교육을 들 수 있는데, 장기계획은 1년 동안 진행될 연간계획과 월간계획이 있으며, 단기계획은 주간계획과 일일계획을 들 수 있다. 즉 보육계획에는 연간계획, 월간계획, 주간계획, 일일계획 등이 있다. 이러한 계획은 보육과정 운영의 성패를 좌우한다. 그러므로 보육과정 운영을 계획하는데 있어 다음과 같은 원칙하에 운영계획을 세워야 한다.

첫째, 장기계획으로 영유아 보육 프로그램이 지향하는 목적과 철학이 있어야 한다. 이러한 보육 프로그램 계획은 학급별 혹은 연령별로 계획하되 영유아의 개별성을 최대한 보장하여야 한다.

둘째, 발달적 적합성을 고려하여야 한다.

보육계획은 유아의 발달에 알맞아야 하며, 발달의 전 영역을 균형 있게 다루어야 하며 영유아의 개성을 존중하며 발전시키기 위해 각 영유아들의 요구, 흥미 등을 반영하여야 한다.

셋째, 보육계획에는 융통성을 고려하여야 한다.

보육계획을 수립한 후 이를 그대로 수행하려고 할 것이 아니라, 상황에 따라 융통성 있게 수정하고 변화를 주어 실시하도록 한다.

보육계획은 먼저 연간보육계획과 월간보육계획을 수립하고, 연간보육계획과 월간보육계획을 토대로 하여 주별, 일별, 시간대별로 계획한다. 연간보육계획과 월간보육계획은 융통성 있게 하고, 주간보육계획과 일일보육계획은 구체적으로 수립하여야 한다.

1) 연간보육계획

연간보육계획은 영유아가 어린이집에 들어와서 경험하게 되는 일 년 단위의 계획안으로, 다양한 연령이 공존하는 어린이집 프로그램에 전체적인 균형감을 갖게 한다. 연간보육계획을 수립할 때는 어린이집이 지향하는 목적과 철학이 분명히 있어야 하며, 영유아에게 제공되는 교육, 영양, 건강, 안전, 부모교육과 지역사회와의 교류 등을 고려해야 하며 특히 하루 종일 어린이집에서 생활하는 영유아에게 기본적인 생활 욕구 충족과 건강하고 안전하게 보호되며, 이에 대하여 전인적인 인간으로 성장할 수 있도록 계획하여야 한다.

연간보육을 계획할 때 교사는 유아의 적응 기간, 계절, 행사 등을 고려하고, 보육과정의 기본 개념을 유아에게 전달할 수 있는 주제와 소주제를 정하여 활동을 선정한다. 또한, 주제와 관련하여 견학, 부모 참여 등의 특별활동을 연계성 있게 계획할 수 있다. 보육내용을 전개할 때는 유아들이 친숙하게 접하고 있는 환경에서 구체적인 것을 선정하여 보육활동으로 구성하여 제공하고, 점차 멀리 떨어져 있는 환경 및 추상적인 개념으로 확대시켜 나간다. 예를 들면, 유아 자신→가정생활→지역사회, 현재 유아들에게 영향을 주는 요인→장래 유아들에게 영향을 줄 요인 등과 같이, 유아와 밀접한 관계가 있는 것부터 생활주제로 정한다. 또, 처음에는 구체적인 것으로 주제를 정하고 점차적으로 개념적, 언어적인 것으로 전개시켜 나간다. 또한, 학습내용과 연계성 있는 유아의 생활과 경험, 활동이나 놀이를 통해 통합적으로 학습할 수 있게 한다. 교육활동 계획에서는 유아들의 발달 수준을 특히 중요하게 다루어야 하며, 이전에 배웠던 개념이나 기능을 보다 발전시킬 수 있도록 수준을 높여 주는데 중점을 두어야 한다.

영아에 대한 보육과정 계획에 있어, 영아는 발달 속도와 수준의 차이가 월령별로 크므로 연간보육계획을 형식적으로 계획하기 보다는 월령별로 제시된 활동이나 놀이를 상황에 맞게 적절하게 계획하여 실시하는 것이 바람직하다. 또한 주제는 개념적인 전달보다 영아의 흥미, 발달적 특성, 영아가 항상 접하는 생활 및 주변 환경 등을 기초로 작성되어야 한다. 연간보육계획안 예시는 <표 4-1>, <표 4-2>와 같다.

<표 4-1> 만 5세아 연간보육계획안

학기	월	생활주제	주	주제
1학기	3	나와 어린이집	2	어린이집에서의 하루
			3	어린이집에서의 친구
			4	나
			5	봄의 변화
	4	계절/동물	1	봄의 식물
			2	봄의 곤충
			3	애완동물과 농장동물
			4	동물원 동물
			5	동물의 생태
	5	가족과 이웃	1	나의 몸
			2	가족의 구성원과 역할
			3	집
			4	이웃
	6	이웃/건강한 몸과 마음	1	우리 고장의 문화
			2	책
			3	음식
			4	공룡
	7	계절	1	여름의 생활
			2	신나는 물놀이
			3	여름철 위생
	8	계절/교통기관	3	여름방학을 지내고/바다
			4	교통수단

학기	월	생활주제	주	주제
2학기	9	교통기관/우리나라	1	교통안전과 생활
			2	추석
			3	우리나라
			4	탈과 민속춤
	10	세계와 다른나라/건강한 몸	1	세계 여러 나라 1
			2	세계 여러 나라 2
			3	건강한 몸(운동)
			4	빛과 그림자
			5	가을의 생활
	11	계절/지구와 환경	1	나뭇잎
			2	우주
			3	지구
			4	환경 1
	12	환경/계절	1	환경 2
			2	겨울의 생활
			3	겨울방학
	1	특별한 날들/보도기관	1	겨울방학을 지내고
			2	설날의 의미
	2	도구와 기계/졸업	1	즐거움을 주는 도구와 기계
			2	편리함을 주는 도구와 기계
			3	초등학교에 가려면

<표 4-2> 만 2세아 연간보육계획안 예시

연간 보육 목표	・운동, 언어기능, 기본적인 생활습관, 정서 및 사회적으로 조화로운 발달을 촉진시킨다. ・모방활동, 언어활동을 촉진시켜 스스로 해보려는 태도와 의욕을 기른다. ・표현활동의 싹을 길러서 기초를 만들고, 그 활동을 경험시키면서 창조성, 사회성을 기른다.	
월령		
3월 ~ 6월	건강 영역	・흘리고 엎지르면서 혼자 먹는다. ・변기에 앉혀 주고, 교사가 지켜봐 주면서 혼자 배변 할 수 있다. ・대체로 정해진 시간에 낮잠을 잘 수 있다. ・실외로 나가는 것을 좋아하나 넘어져서 흙투성이가 된다. ・간단한 옷을 벗을 수 있다.
	사회 영역	・일상생활에 필요한 간단한 말을 이해한다. ・교사, 친구들과 장난도 하고, 쫓고 쫓기면서 간단한 말을 할 수 있다. ・차례를 잠시 기다릴 수 있다. ・혼자 해보려는 의욕을 길러 주면서 기본적인 생활습관을 몸에 익히도록 반복한다. ・교사나 유구를 통해서 친구들과 깊은 교우 관계를 넓혀 간다.
	놀이 영역	・모래밭, 미끄럼틀, 2인승 그네에서 논다. ・적목을 줄 세우기도 하고, 쌓거나 밀면서 논다. ・인형을 업기도 하고, 자루에 물건을 넣어서 메고 모방놀이도 한다. ・쫓고, 밀고, 당기고, 매달리고, 기어오르고, 뛰어 내리기가 시작된다. ・그림동화를 보고, 환등기, TV, VTR을 본다. ・크레용, 연필 등 필기구를 잡아 본다. ・점토를 이기거나 두들기고, 토막 내면서 논다. ・그림책을 보면서 교사, 친구와 같이 논다.
7월 ~ 10월	건강 영역	・때로는 실패할 때도 있으나 흘리지 않고 혼자 식사 할 수 있다. ・스스로 신호를 보내거나 교사의 독촉이 있으면 혼자 배변이 가능하다. ・걷고 달리기가 정착되게 한다. ・교사가 시키면 사용하던 물건과 장난감을 정해진 장소에 정돈할 수 있고, 자기 소지품을 챙길 수 있게 한다. ・낮잠이 싫은 아이도 있으나 대부분의 아이는 낮잠을 잔다.
	사회 영역	・흥미 있는 것에 질문이 많아진다. 교사는 답을 해주어야 한다. ・요구를 말로 표현할 수 있고, 일상적인 간단한 인사말을 한다. ・자기 물건이나 장난감을 친구에게 빌려 줄 수 있게 한다. ・주고받는 말이 많아져서 언어가 발달한다. ・바깥놀이가 많아지면서 경험의 폭을 넓혀 간다. ・주위의 사물이나 사회현상을 질문할 때는 언어로 표현하게 한다.

<table>
<tr><td rowspan="1">7월
~
10월</td><td>놀이영역</td><td>· 교사와 함께 간단한 모방놀이를 한다.
· 끼워 맞추는 블록, 소꿉놀이 도구로 논다.
· 가사가 간단한 노래를 부르게 한다.
· 자연물(낙엽 등)을 줍고, 모으고 만지면서 논다.
· 동물들의 흉내를 내고 깡충깡충 뛰면서 논다.
· 다채로운 색채에 흥미를 가지면서 사용하는 색은 3색 정도가 고작이다.
· 리듬에 맞추어 몸을 움직이며 논다.
· 세발자전거를 타고 뒤로 돌릴 수 있다.
· 공을 던지고 받으며, 상자를 밀 수 있다.
· 물놀이, 모래밭 놀이를 한다.
· 흘리고 엎지르면서 혼자 먹는다.
· 변기에 앉혀 주고, 교사가 지켜봐 주면서 혼자 배변 할 수 있다.
· 대체로 정해진 시간에 낮잠을 잘 수 있다.
· 실외로 나가는 것을 좋아하나 넘어져서 흙투성이가 된다.
· 간단한 옷을 벗을 수 있다.</td></tr>
<tr><td rowspan="3">11월
~
12월</td><td>건강영역</td><td>· 세면, 코 닦기, 세수 등 일상생활이 가능하다.
· 흘리지 않고 혼자 먹을 수 있다.
· 울지 않고 건강 진단을 받을 수 있다.
· 겁내지 않고 예방 접종을 할 수 있다.
· 옷 벗기가 되고, 간단한 옷은 혼자 입는다.
· 계단 오르내리기가 익숙해진다.
· 위험한 장소, 위험한 놀이를 조금씩 이해한다.
· 혼자 화장실에 가서 배변이 가능해 진다.
· 교사가 도와주면 낮잠을 잘 수 있다.</td></tr>
<tr><td>사회영역</td><td>· 자기 생각을 말로 표현한다.
· 친구들과 지껄이면서 그림책을 보고, 다람쥐 같은 동물을 보면서 말을 주고 받는다.
· 집단 활동의 규칙이나 약속에 따를 수 있게 된다.
· 공동 유구로 노는 즐거움을 알게 되어 친구와 같이 노는 것이 혼자놀이보다 재미있다는 것을 알게 된다.
· 교사가 3,4세아와 친구를 만들어 주면서 같이 놀게 해 준다.</td></tr>
<tr><td>놀이영역</td><td>· 낙엽, 나무 열매, 자연물로 구성해 보기로 한다.
· 레코드로 음악을 몸에 익히며, 음악에 맞추어 리듬을 잡는다.
· 적목으로 여러 가지 모양을 구성한다.
· 가위와 풀에 흥미를 가져서 사용해 본다.
· 밖에 있는 그네를 혼자 탄다.
· 간단한 리듬 악기를 가지고 논다.
· 주위에 있는 물건의 수, 형태, 색이 틀리다는 것을 안다.
· 높은데 오르거나 뛰어내리기를 반복하면서 논다.
· 큰 친구들과 간단한 모방놀이나 게임을 한다.</td></tr>
</table>

2) 월간보육계획

연간보육계획을 토대로 한 달 동안 이루어지는 내용을 월간보육계획이라 하며, 월간보육계획은 상세히 계획하기보다는 한 달 전에 미리 안(案)으로 계획한다. 따라서 월간계획은 유아의 흥미, 요구, 지역사회의 여건 및 시설 환경에 따라 융통성 있게 변경될 수도 있다.

월간보육계획안은 별도로 작성하지 않고 연간보육계획안에 포함시키거나 주간계획안으로 대체되는 경우가 많으나, 월간보육계획 중에서 행사 등과 관계되는 중요한 일들을 중심으로 월간보육계획안을 작성할 수도 있다.

영아의 경우에는 월령에 따라 월간보육계획을 작성하며, 영아들은 대체로 한 가지 활동을 반복적이면서도 지속적으로 진행하므로 주제를 자주 바꾼다든지 새로운 놀이활동으로 자주 변화를 주기 보다는 활동은 1~2 주간 지속되고, 주제는 한 달 또는 두 달까지 같은 주제로 계획할 수도 있다. 계획은 점차 난이도의 단계를 높여 작성할 수 있으며, 영아들의 흥미나 관심, 요구에 대한 부분을 고려하여 작성한다. 만2세아 월간보육계획안 예시는 <표 4-3>과 같다.

<표 4-3> 만 2세아 월간보육계획안 예시

<table>
<tr><th colspan="3">월간지도 목표</th><th>어린이집 행사</th></tr>
<tr><td colspan="3">· 어린이집, 보육시설 생활에 적응시킨다.
· 안정감을 갖게 한다.</td><td>· 1일 : 3 · 1절
· 0일 : 입학일
· 0일 : 신체 측정</td></tr>
<tr><td rowspan="2">건강</td><td>목표</td><td colspan="2">· 가정에서 익힌 기본적인 습관이 어린이집, 보육시설 생활에 연결되게 한다.</td></tr>
<tr><td>유아 활동</td><td colspan="2">· 식사 : 혼자 먹기에서 어린이집 식사에 길들여져 친구들과 같이 먹는다.
· 배변 : 교사의 지시에 따라 혼자 눈다.
· 청결 : 도와주면 세수도 할 수 있다.
· 옷 : 교사가 입히고, 벗겨 주는 동안 친구들이 하는 것을 본다.
· 낮잠 : 하루 1~2회의 낮잠을 잔다.
· 운동 : 실외로 나가서 일광욕, 산책, 미끄럼틀 놀이, 그네타기, 계단 오르기, 달리기 등을 한다.</td></tr>
</table>

<table>
<tr><td>건강</td><td>지도</td><td colspan="3">· 젓가락도 잡아 본다.
· 편식이 시작되는 연령이므로 고루 먹게 한다.
· 실수하더라도 너무 나무라지 않는다.
· 입소 초에는 불안해하므로 천천히 한다.
· 침대를 싫어하는 아이는 바닥에 재운다.
· 때로는 실수할 때가 있으나 대체로 혼자 놀 수 있다.</td></tr>
<tr><td rowspan="3">사회</td><td>목표</td><td colspan="3">· 정서적 안정으로 불안감이 없게 한다.</td></tr>
<tr><td>유아 활동</td><td colspan="3">· 제자리와 소지품을 두는 장소를 안다.
· 친구 이름을 안다.
· 어린이집 생활에 익숙해진다.
· 그림책을 보면서 사물의 이름을 배운다.
· 타고 노는 유구, 인형, 적목, 소꿉으로 논다.
· 울음의 횟수가 적어지고, 우는 시간도 짧아진다.</td></tr>
<tr><td>지도</td><td colspan="3">· 아침에 맞아들이는 당번교사는 가급적 한 사람이 맡는 것이 좋다.
· 규칙을 적게 해서 자유롭게 놀게 한다.
· 제자리, 신발장, 옷걸이, 걸상에 익숙하게 한다(가급적 자주 변경하지 않는다).</td></tr>
<tr><td rowspan="3">놀이</td><td>목표</td><td colspan="3">· 흥미를 갖는 놀이, 실외놀이, 모래놀이를 즐기게 한다.</td></tr>
<tr><td>유아 활동</td><td colspan="3">· 실외놀이를 많이 한다.
· 교사와 함께 그림책 보기, 레코드 듣기, 음악에 맞춰 리듬 놀이를 한다.
· 작은 새, 작은 동물, 꽃에 물을 주거나 모이를 준다.</td></tr>
<tr><td>지도</td><td colspan="3">· 교사가 만든 것, 자연물, 폐품을 장난감으로 많이 준다.
· 신입 유아와 많이 놀아 준다.
· 실내에 들어가는 것을 꺼리는 아이는 아침부터라도 밖에서 놀게 한다.
· 잘 우는 아이는 그들끼리 놀게 한다(같이 우는 버릇이 들기 쉬우므로).</td></tr>
<tr><td>가정연락</td><td colspan="2">· 개개인의 장난감 기호를 파악한다(취원 전 집에서 좋아했던 장난감).
· 개개인의 식사량, 좋아하는 음식
· 소지품에 이름표 달기</td><td>안전관리 환경구성</td><td></td></tr>
</table>

3) 주간보육계획

주간보육계획은 1주 동안에 이루어지는 모든 활동들을 한눈에 조명하여 볼 수 있도록 세부적인 내용까지 포함시킨 계획이다. 주간보육계획은 다음 주간에 할 모든 활동에 대하여 구체적으로 생각하고 미리 준비할 수 있도록 하며, 요일별로 다양한 활동들이 자유선택활동 시간과 집단활동 시간에 균형 있게 분포되도록 작성하여야 한다. 또한 주간보육계획을 수립할 때에는 전 교직원이 함께 참여하는 것이 효과적이다. 교사들이 다음 주에 할 모든 활동에 대해 구체적으로 생각하고 준비할 수 있기 때문이다. 예를 들면, 자유선택활동 시간에 각 흥미영역에서 개별 또는 소집단으로 할 수 있는 활동을 선택하거나 이야기 나누기, 신체활동, 게임, 음악, 동시, 동화 등의 활동을 선정하여 적절한 환경구성을 할 수 있는 것이다. 주간계획에는 유아들이 할 활동 뿐 아니라 책임질 교사에 대해서도 구체적으로 기록한다. 교직원들이 계획을 늘 살펴볼 수 있도록 주간계획서를 교실 한쪽 게시판에 붙여 둘 수 있다. 주간교육계획은 생활의 주제와 유아의 요구, 흥미, 담임교사의 판단 등에 따라 같은 연령이라도 각 반이 조금씩 다르게 수립할 수 있다. 주간보육계획안 예시는 <표 4-4>와 같다.

4) 일일보육계획

일일보육계획은 어린이집에 머무는 시간 동안의 활동에 대한 계획으로 어린이집의 전체 하루 일과를 중심으로 계획한다. 기본적으로 어린이집의 보육목표 내에서 개별적인 생체 리듬 및 개인의 욕구를 고려하여 융통성 있게 구성되어야 한다.

일일보육계획은 효과적인 프로그램 운영에 영향을 끼치는 가장 중요한 요소들 중의 하나이다. 일일보육계획은 하루 동안 이루어지는 모든 활동들을 순서적으로 계획하며, 주간보육계획안에 기초하여 수립하여야 한다.

<표 4-4> 주간보육계획안 예시

<table>
<tr><td>생 활 주 제</td><td colspan="2">환경보호</td><td colspan="2">기본생활습관</td><td colspan="2">비누로 장난치지 않기</td></tr>
<tr><td>교 육 목 표</td><td colspan="6">주위 환경에 대해 관심을 가지며 아름다운 환경의 소중함을 안다.</td></tr>
<tr><td>날 짜
활동내용</td><td>11월 22일
월요일</td><td>11월 23일
화요일</td><td>11월 24일
수요일</td><td>11월 25일
목요일</td><td>11월 26일
금요일</td><td>11월 27일
토요일</td></tr>
<tr><td>자유선택활동</td><td colspan="6">역할영역 – 알뜰시장 놀이
쌓기영역 – 숲 속 꾸미기
언어영역 – 우유팩 글자(구름)
수/조작 영역 – 별을 달아 주세요. 바느질– 세모 모양
조형영역 – 우유곽을 이용하여 만들기
과학영역 – 흙 속에 있는 것 관찰하기</td></tr>
<tr><td>이야기 나누기</td><td>○○동
사무소 방문</td><td>아껴 쓸 수
있어요</td><td>깨끗한 물</td><td>아름다운
자연환경</td><td rowspan="4">뮤지컬관람
(콩쥐 팥쥐)</td><td rowspan="6">♧</td></tr>
<tr><td>동화/동시/동극</td><td>공기(동시)</td><td>지렁이
이야기 (동화)</td><td>등이 굽은
물고기
(막대동화)</td><td>영희와
수돗물
(동화)</td></tr>
<tr><td>음악 활동</td><td></td><td>아기새의
눈물
(새 노래)</td><td>울어요
(새 노래)</td><td></td></tr>
<tr><td>게 임 /
신체표현</td><td></td><td>다시 쓸 수
있어요
(게임)</td><td></td><td></td></tr>
<tr><td>코스별 활동</td><td>주말 경험
그리기</td><td>골판지 판화</td><td>구슬 그림</td><td>색종이
접기</td><td>뮤지컬을
보고 왔어요.</td></tr>
<tr><td>준 비 물</td><td>여벌옷
베갯잇</td><td></td><td></td><td>체육 /
체육복</td><td></td></tr>
</table>

일일보육계획안에는 생활주제, 보육목표, 활동명과 활동에 관한 각종 정보(소요시간, 준비물, 전개방법, 유의 사항 등) 및 평가를 기록한다. 일일보육계획 수립 시 고려할 사항은 다음과 같다.

① 일관성이 있어야 한다. 일관성 있는 활동은 영유아가 쉽게 이해 할 수 있어서 안정감을 가질 수 있도록 해 준다. 보육시설에서는 교실 입구에 하루 일과 활동표를 게시하도록 한다.

② 일과계획을 할 때는 화장실 가기, 간식 먹기 등 영유아의 신체적 욕구를 해결하는 시간을 배당해야 한다. 영유아는 놀이에 집중하게 하려면 배가고파 짜증을 내게 해서는 안된다. 따라서 일과계획에는 의도적으로 영유아의 신체적 욕구를 조절할 수 있도록 계획하여야 한다.

③ 교사는 미리 짜 놓은 일과계획에 유아들을 끼워 맞추려 하기보다는 먼저 아동의 흥미와 요구에 따라 의사결정을 하고 적극적으로 참여하도록 도와야 한다.

④ 일과활동 계획에는 활동의 내용과 순서에 있어 균형을 유지하여야 한다. 동적 활동/정적 활동, 실내활동/실외활동, 개별활동/대·소집단 활동, 교사 선택활동/유아선택 활동을 골고루 안배하도록 한다. 예) 이야기 나누기 활동 후에는 신체활동 또는 게임을 하도록 한다.

⑤ 일일활동 계획은 여러 가지 유형의 상호작용이 일어날 수 있도록 계획 한다. 자유선택활동 시간에는 교사와 유아의 상호작용, 유아와 유아와의 상호작용, 유아와 교구와의 상호작용의 기회를 골고루 제시하여야 한다.

⑥ 일일활동 계획은 융통성 있게 운영되어야 한다. 유아의 흥미, 날씨의 변화 등에 대비하여 대체활동을 조성하여야 한다. 게임 시 유아들이 흥미있어 할 때 활동을 마치는 것이 좋다. 유아들이 좋아한다고 해서 계속 게임을 한다면 유아는 곧 싫증을 느껴 그 다음에는 하고 싶어 하지 않는다.

⑦ 활동을 계획하고 실행한 후에는 반드시 평가를 한다.

영아에 대한 일일보육계획에 있어 영아 개인의 흥미 · 요구를 반영하여 자연스럽게 전개되도록 배려하여 영아의 발달에 적합한 보육 프로그램을 제공하여야 한다. 영아를 위한 활동은 일상생활이 이루어지는 모든 하루 일과를 통해서 이루어질 수 있으며, 쉬거나 잠자고 싶을 때 휴식하기와 배변 훈련, 화장실 사용법, 손 씻기, 바르게 식사하는 습관 갖기, 스스로 옷을 입고 벗기 등의 여러 가지 측면의 자조능력을 익히고 숙달되도록 계획하며, 위험 상황을 인식하고 안전하게 대처하고 생활하기 등을 통하여 기본 생활 습관의 올바른 형성과 감각기관을 활용하고, 대 · 소근육 활동하기 등의 신체 움직임을 통하여 기초 체력을 향상시킬 수 있는 활동을 선정한다. 또한 자신에 대하여 긍정적으로 인식하고 다른 사람과 즐겁게 생활하는 태도와 성인과 안정적으로 애착을 형성하고 또래와 긍정적으로 상호작용 하며, 새로운 상황과 변화를 수용하는 사회 정서적 태도를 기를 수 있도록 구성하고, 자연과 사물의 아름다움을 느끼고 정서적인 안정감을 가지도록 계획한다. 그리고 다른 사람의 말을 듣고 언어적 지시나 요구에 반응하며, 자신의 감정이나 요구를 표정, 동작, 언어 등으로 표현하여 필요할 때 다른 사람에게 도움을 청하며 성인 및 또래와 언어적 상호작용 즐기기 등을 통하여 일상생활에 필요한 기초적인 언어능력을 기르도록 계획하여야 한다.

일일보육계획안의 예시는 <표 4-5>, <표 4-6>과 같다.

<표 4-5> 만 5세아 일일보육계획안 예시

일일보육계획안

결재	담임		시설장

학 급 명		유아 연령	만 4 세	지도교사		일시	2006년 0월 0일 (수)
생활 주제	즐거운 어린이집			주 제	점심을 바르게 먹어요.		
목 표	· 점심을 먹는 이유에 대해 알고 바르게 먹는 방법에 대하여 알 수 있다.						
일일 시간표	~ 9 : 15 2코스 등원 9 : 15 ~ 9 : 30 인사 및 출석 카드 날짜 도장 찍기 9 : 30 ~ 10 : 30 자유선택활동 10 : 30 ~ 10 : 40 정리정돈 10 : 40 ~ 11 : 00 이야기 나누기 (점심을 바르게 먹어요) 11 : 00 ~ 11 : 20 빠르고 느리게 걷기 11 : 20 ~ 11 : 40 새 노래 (원가 배우기) 11 : 40 ~ 12 : 00 기본 생활습관 (식판을 바르게 들어요) 12 : 00 ~ 1 : 00 점심식사, 이 닦기 1 : 00 ~ 1 : 15 동화(예의 바른 옐리) 1 : 15 ~ 1 : 40 안전(체험: 의자를 바르게 들어요) 1 : 40 ~ 자유선택활동						

시간/활동명	활동목표	<활 동 내 용>	준비물
9:15~9:30 인사나누기		· 유아를 맞이하면서 유아의 상태(기분, 건강 등)를 점검한다. · 출석 카드에 도장을 찍는다.(오늘은 0월 0일 입니다.)	이름표 출석 카드, 도장, 스탬프
9:30~10:30 자유선택 활동	놀이하고 싶은 놀잇감을 선택 할 수 있다. 숫자의 개념을 익힌다.	**[역할영역]** 역할놀이 영역에서는 어떤 놀이를 할 수 있을까 · 역할놀이 영역의 자료를 충분히 살펴본다. (예: ~야 가방을 드니까 엄마처럼 보이네, 가방에는 무엇이 있을까?) · 혼자 놀이 또는 또래와 어울리며 활동한다. ※ 출처: 유치원교육활동 지도자료 2권 P 12~13 참조 **[수·조작 영역]** 수에 따라 분류하기 · 숫자판에 표시된 수에 맞게 분류한다. · 숫자를 읽을 수 없는 유아도 있으므로 숫자 외에 그림으로 수를 표시해 준다. ※ 출처 : 이화여대 자료집 1권 P 52 참조 자료 : 보육사	가방, 소꿉놀이, 가발 등 숫자판, 분류 모형

<table>
<tr><th>시간/활동명</th><th>활동목표</th><th colspan="2"><활 동 내 용></th><th>준비물</th></tr>
<tr><td></td><td>조형 활동을 촉진 시킬 수 있다.</td><td colspan="2">[조형영역] 조형영역에서는 어떤 놀이를 할 수 있을까?
· 조형영역 자료를 충분히 살펴본다.
· 조형활동을 촉진할 기본 자료를 준비해 준다.
(색도화지를 색깔별－노랑, 빨강, 파랑, 초록
모양별－ △○
색종이, 색연필, 사인펜, 가위, 풀 등을 제시)
※출처: 이화여대 자료집 1권 P 60 참조
[컴퓨터영역] 컴퓨터를 살펴보아요.
· 컴퓨터 끄고 켜는 방법을 익힌다.</td><td>색도화지
△○모양
색종이
색연필
가위,풀</td></tr>
<tr><td>10:30～10:40
정리정돈</td><td>정리를 할 수 있다</td><td colspan="2">· 정리하는 신호음을 들려준다.
(핸드벨을 흔들며 정리시간을 알려준다.
－정리시에는 가지고 놀던 놀잇감을 제자리에 놓는다).</td><td>핸드벨</td></tr>
<tr><td rowspan="2">10:40～11:00
이야기
나누기</td><td rowspan="2"></td><td>교 사</td><td>유 아</td><td rowspan="2">융판그림자료(손씻기, 식판받기, 인사후 먹기, 정리하기, 이 닦기 그림)
식판과 국그릇 실물자료</td></tr>
<tr><td>〈점심을 바르게 먹어요〉
－여러분은 어느 반 어린이이지요?
－옆에 있는 친구랑 인사 한번 하세요.
－여러분은 이제 1년 동안 ＊＊반 교실에서 함께 놀고 많은 놀이를 할거에요.
친구들과 놀이를 하다가 배가 고파요
어떻게 할까요?

－어린이집에서 점심을 먹을 거예요
점심은 어디에서 먹을까요?
－(점심 먹는 절차의 그림들 필요)
점심을 먹기 전에 무엇을 해야 할까요?

－(손 씻는 그림) 이 그림은 무엇을 하는 그림일까요?
왜 손을 닦을까요?
:손이 더러우면 병에 걸린다.
－손을 씻은 후 무엇을 해야 할까요?
줄을 선 후 식당으로 가요
－(식판에 음식을 담는 그림) 이 그림은 무엇을 하는 그림일까요?

－식사를 할 때 우리 인사를 하기로 해요
“감사합니다. 잘 먹겠습니다. 선생님 먼저 드세요” 인사를 하고 먹도록 해요
－밥을 먹을 때는 어떻게 하고 먹을까요?
입을 다물고 조용히 남기지 않도록.</td><td>－＊＊반이요.
－안녕

－밥 먹어요
간식 먹어요.

－교실이요,
식당이요
－손을 씻어요.
줄을 서요

－손을 씻어요.
－손이 더러워서요
깨끗하라고요.
－줄을 서요

－식판에 밥을 놓아요.

－떠들지 않아요</td></tr>
</table>

<table>
<tr><th rowspan="2">시간/활동명</th><th rowspan="2">활동목표</th><th colspan="2"><활 동 내 용></th><th rowspan="2">준비물</th></tr>
<tr><th>교 사</th><th>유 아</th></tr>
<tr><td></td><td></td><td>- (이닦는 절차의 그림)
밥을 먹은 후에는 어떻게 할까요?
이를 닦도록 하세요.
〈 이를 닦은 유아는 책을 보거나 퍼즐을 맞추는 등 조용한 영역에서 놀이한다. 〉
- 점심식사 때 지키도록 해요.</td><td>- 이 닦아요.</td><td></td></tr>
<tr><td></td><td></td><td colspan="2">※ 출처 : 이화여대 자료집 1권 P 97~99 참조
※자료 : 03-2-</td><td></td></tr>
<tr><td>11:00~11:20
신체활동</td><td>박자에 맞추어 몸을 움직여 본다.</td><td>〈 빠르고 느리게 걷기 〉
- 손을 모아 보세요.
- 소리에 맞추어 손과 얼굴을 움직여 보세요. (우드 블럭을 치는 방향으로 모은 손과 얼굴을 움직인다.)
- 박자에 맞추어 손으로 무릎 쳐보기, 발 굴러 보기 등을 한다.
- 이번에는 소리에 맞추어 걸어 볼 거예요. 한번 소리에 맞추어 앉아서 발을 움직여 보세요.
(큰 소리- 크고 무거운 걸음
작은 소리 - 작고 가벼운 걸음
빠른 소리 - 빠른 걸음
느린 소리 - 천천히 걷기)
- 의자에 앉아 있는 유아(카펫트에 앉아 있는 유아)만 나와서 소리에 맞추어 걸어본다.</td><td>- 손을 모은다.

- 발을 움직여 본다.</td><td>카펫트 주변을 색깔테이프로 둘러놓는다.
우드 블럭</td></tr>
<tr><td></td><td></td><td colspan="2">※ 출처 : 이화여대 자료집 1권 P 144 참조</td><td></td></tr>
<tr><td>11:20~11:40
새 노래</td><td>노래를 부를 수 있다.</td><td>〈원가〉
- 원가 노래를 들려준다.
(꽃, 새, 어깨동무 그림을 붙여준다.)
- 어떤 노랫말이 나왔나요?
- 음만 들어 보세요.
- 우, 라 로 불러본다.
- 가사판을 보며 노래를 부른다.</td><td>- 새요. 꽃이요.</td><td>가사판
카세트
녹음테이프
꽃, 새,
어깨동무
그림</td></tr>
<tr><td>11:40~12:00
기본 생활 습관</td><td>식판을 바르게 들 수 있다.</td><td colspan="2">〈식판을 바르게 들어요〉
-점심을 먹으러 갈 거예요.
-식당으로 가기 전에 한번 식판을 들어보도록 해요.
-(식판과 국그릇 실물) 한명씩 나와서 들어본다. 국이 뜨거우니까 조심해서 든다.
-세면대에 물을 받아 손을 깨끗이 닦는다.</td><td>식판과 국그릇
실물 자료</td></tr>
</table>

시간/활동명	활동목표	<활 동 내 용>	준비물
12:00∼1:00 점심식사 및 이 닦기	바르게 음식을 먹은 후 정리한다.	- 문 앞에 줄을 선다. - 식당으로 간다. - 식판을 받은 후 자리에 앉는다. - 인사를 한 후 먹는다. "감사합니다. 잘 먹겠습니다. 선생님 먼저 드세요" - 음식은 남기지 않고 먹는다. - 먹은 후 자리를 깨끗이 정리한다.	식당
12:00∼1:00 점심식사 및 이 닦기	바르게 음식을 먹은 후 정리한다.	- 문 앞에 줄을 선다. - 식당으로 간다. - 식판을 받은 후 자리에 앉는다. - 인사를 한 후 먹는다. "감사합니다. 잘 먹겠습니다. 선생님 먼저 드세요" - 음식은 남기지 않고 먹는다. - 먹은 후 자리를 깨끗이 정리한다.	
1:00~1:15 동화	동화의 내용을 이해하며 들을 수 있다.	〈예의 바른 코끼리 옐리〉 · 동화를 듣는다. · 동화의 내용을 생각하며 다시 한 번 그림만 본다. · 내가 가장 인상 깊었던 장면을 이야기한다. ※ 자료 : 동화	그림동화
1:15~1:40 안전교육		〈의자 바르게 사용하기〉 - 모일 때 앉는 방법에 대해 이야기한다. - 카펫트에 앉을 수도 있고 의자에 앉을 수도 있어요. 모일 때 자기가 앉을 의자는 누가 가지고 와야 할까요? - (안전하게 옮기는 모습 그림) 의자를 드는 방법에 대해 이야기한다. - 의자는 어떤 때 사용하는 것이지요? 어떻게 앉을까요? (허리를 등받이에 대고 똑바로 앉는다.) - 자기가 가지고 와요 - 앉을 때 요	의자(실물) 의자를 안전하게 들고 있는 모습의 그림
		※ 출처 : 이화여대 자료집 1권 P 94 참조	
1:40~ 평가 및 귀가		- 하루 활동 평가하기 - 출석 카드 나눠주기 - 자유선택활동	출석 카드
평 가			보육 일수 2/280

<표 4-6> 만2세아 일일보육계획안 예시

<table>
<tr><td colspan="2" rowspan="2">일 일 보 육 계 획 안</td><td rowspan="2">결
재</td><td>담당</td><td>주임</td><td>시설장</td></tr>
<tr><td></td><td></td><td></td></tr>
<tr><td>주 제</td><td colspan="2">탈것 연결하기</td><td colspan="3">10월 28일 금요일</td></tr>
<tr><td>목 표</td><td colspan="2">· 긴 것, 짧은 것을 비교해 본다.</td><td>보육일수</td><td colspan="2">193</td></tr>
<tr><td>활동시간</td><td colspan="3">활 동 내 용</td><td colspan="2">준비물 및
유의점</td></tr>
<tr><td>07:~9:00</td><td colspan="3">(등원 및 교육방송 시청)
· 인사하기 – "안녕하세요?" 라고 인사하기
· 영아의 건강상태 확인
· 가방 속에 있는 출석 카드와 준비물, 약 등을 꺼낸다.
· 영아가 자신의 가방을 사물함에 정리한다.
· 영아의 옷을 스스로 벗는다.
· 벗은 옷을 옷장에 넣는다.</td><td colspan="2">· 출석 카드
· 투약의뢰서</td></tr>
<tr><td rowspan="2">09:~10:40</td><td colspan="3">(화장실 가기 및 오전간식)
· 차례를 지켜 화장실에 간다.
· 바지를 내리고 속옷을 내린 후 배변을 한다.
· 소매를 걷어서 손을 씻는다.
· 핸드 타올로 물기를 닦는다.
· 식탁용 책상 앞에 아빠 다리를 하고 앉는다.
· 교사가 등원하여 준비된 영아에게 간식을 나누어 준다.
· 감사기도 후 간식을 먹는다.
· 다 먹은 후에 빈 통을 정리한다.</td><td colspan="2">· 좌변기
· 오전 간식
–흰우유
· 행주
· 핸드타올</td></tr>
<tr><td colspan="3">(자유선택활동)
· 맞이하기–기차, 비행기를 탈 때 기분이 어떤지 이야기하기
· 언어–그림 카드보고 이야기하기
· 쌓기–스폰지 블록으로 기차 만들기
· 도서–요술 비행기, 칙칙 폭폭 꼬마 기차</td><td colspan="2">· 그림 카드
· 스폰지 블록
· 도서</td></tr>
<tr><td>10:40~10:50</td><td colspan="3">(정리정돈 및 화장실 다녀오기)
· 자신이 활동했던 장난감을 "장난감을 치우자" 노래에 맞추어 제자리에 정돈을 한다.
· 영역별로 제시된 장난감의 사진이 부착된 바구니를 찾아 사진과 동일한 장난감을 담는다.
· 모두 정리된 것을 확인 한 후 교사가 왈츠를 연주한다.
· 연주를 시작으로 화장실 앞에 차례로 줄을 선다.
· 차례로 화장실에 가서 배변을 한다.</td><td colspan="2">· '장난감을 치우자' 악보
· 해당되는 사진이 부착된 장난감 바구니</td></tr>
</table>

10:50~11:10	**(자유선택활동 평가)** · 피아노 소리에 맞추어 모여 앉는다. · '건너가는 길' '간다 간다' '자동차' '악어떼' 노래를 부르며 주의를 집중 시킨다. · "안녕? 안녕?" 노래를 불러 친구와 교사, 서로 서로 인사를 한다. · 아침 자유선택활동 시간에 무엇을 하였는지 이야기를 한다. −어느 친구와 놀았니? −무엇을 하며 놀았니? −무엇이 재미있었니? −싸우거나 친구의 장난감을 빼앗은 친구는 없니? · 도서 '요술 비행기'를 읽어 준다. · 도서영역에 제시하여 준다.	· 이름 카드 · 도서 −요술 비행기
11:10~11:50	**(탐색)−탈 것 연결하기** · 찍찍이로 연결하는 기차를 각각 떼어 놓고 하나씩 움직여 본다. −칙칙 폭폭! 칙칙 폭폭! −기차가 왔습니다. −손님이 너무 많아 자리가 부족하네요. −○○이가 기차를 길게 연결해 줄 수 있니? · 벨크로 테이프 부분을 서로 맞붙여 기차를 길게 연결한다. −기차를 길게 연결해서 많은 손님이 탈 수 있겠다. −자, 손님 어서 타세요. −칙칙 폭폭, 칙칙 폭폭 땡. −손님이 다 왔습니다. 내려 주세요. −손님이 다 내려서 기차에 손님이 없으니까 짧게 만들어야겠다. · 연결된 부분을 떼어 낸다. −뒤에 있는 기차 공장으로 가세요.	· 벨크로 테이프로 연결한 기차
11:50~12:00	**(배변훈련)** · 차례로 이름을 부르면 화장실 앞에 줄을 선다. · 한 명씩 화장실에 들어간다. · 바지와 속옷을 내린다. · 변기에 소변을 본다. · 바지와 속옷을 입는다. · 소매를 걷고 손을 닦는다. · 핸드 타올을 이용하여 손의 물기를 닦는다. · 화장실에서 나오면서 신발을 가지런히 정리한다. · 소변을 잘 한 유아에게 격려를 한다.	· 좌변기 · 핸드 타올

12:00~13:00	(점심식사) · 배식 도우미 '김유민' '문경연' 이 행주로 식탁을 닦는다. · 교사가 배식차로 운반한 음식을 식판에 담는다. · 음식을 담은 식판을 배식 도우미에게 준다. · 배식 도우미가 손을 닦고 앉아 있는 친구들에게 나누어 준다. · 모두 받은 후에 감사 기도를 함께 한다. · "잘 먹겠습니다." 하고 인사를 한다. · 음식을 남기거나 흘리지 않도록 주의하며 맛있게 먹는다. · 다 먹은 후에 "잘 먹었습니다." 라고 인사를 한다. · 음식을 다 먹은 영아는 식판과 수저 포크를 분류하여 배식차에 정리한다.	· 고구마밥, 갈비탕, 고등어 구이, 청포묵무침, 깍두기, 배 · 행주 · 숟가락, 포크 · 식판 · 배식 차 · 도우미 머리띠 2개
13:00~13:10	(이 닦기) · 식사를 마치고 정리를 제일 먼저 한 영아가 양치도우미를 한다. · 양치 도우미는 세면대 옆에 의자를 놓고 앉는다. · 식사를 마친 영아에게 도우미가 칫솔에 치약을 짜준다. · 식사를 마친 영아는 세면대 앞에 차례로 줄을 선다. · 한 명씩 치약이 묻어있는 칫솔로 양치질을 한다. · 양치 컵에 물을 담아 입안을 헹군다. · 거울을 보고 얼굴에 묻은 치약을 닦는다. · 칫솔을 흐르는 물에 닦은 후 소독고에 정리한다. · 다른 친구들이 양치를 할 동안 교실 입구에 앉아서 기다려 준다.	· 칫솔 · 치약 · 양치 컵 · 도우미 머리띠 1개 · 소독고
13:10~13:30	.(유희실 활동) · 복도에 한 줄로 선다. · 계단의 왼쪽을 이용하여 한 손으로 벽을 집고 천천히 내려간다. · 유희실에 내려가서 자유로이 활동을 한다.	
13:30~14:00	(화장실 다녀오기 및 이부자리 펴기) · 한 명씩 화장실을 다녀온다. · 바지와 양말을 벗어서 사물함에 넣어 둔다. · 자신의 베개를 확인한 후 눕는다.	· 좌변기 · 베개 · 개인 이부자리
14:00~16:00	(낮잠 및 차량 하원) · 개인 이부자리에서 편하게 낮잠 및 휴식을 취한다. · 차량 1,2,3코스별로 하원한다.	· 고요한 음악CD
16:00~16:30	(잠자리 정리 및 화장실 가기) · 이불을 정리하고 양말과 바지를 입는다. · 화장실 다녀온 뒤 손을 씻는다.	

16:30~17:00	(간식) · 행주로 교사가 책상을 닦는다. · 손을 씻은 영아가 책상에 앉는다. · 준비된 간식을 나누어 준다. · "잘 먹겠습니다." 하고 인사를 한다. · 간식 기도 후 골고루 먹는다. · "잘 먹었습니다" 하고 인사를 한다. · 모두 먹은 간식 접시를 배식 차에 정리한다.	· 오후 간식 –단팥빵, 우유 · 접시, 컵, 포크 · 배식차 · 행주 · 핸드 타올
17:00~17:10	(보육활동 평가) · 오늘은 어떤 활동을 하였는지 이야기 한다. –오늘은 어떤 활동을 하였니? –여러 가지 탈것을 연결해 보았던 것이 기억나니? –어떤 것을 연결했었니? –어떤 활동이 가장 재미있었니? · 집으로 갈 때 약속을 이야기 한다. –집으로 갈 때 어린이집 차나 부모님의 차를 탈 때 차 안에서 일어나거나, 돌아다니지 않기로 하자. · 내일 어린이집에 올 때 할 약속을 정한다. –내일 어린이집에 올 때 기차나 비행기를 탈 때 기분이 어떨지 선생님께 이야기 해 줄 것을 생각해 오기로 하자	
17:10~18:00	(자유선택활동 및 개별 귀가) · 언어–그림 카드 보고 이야기하기] · 탐색–탈 것 연결하기 · 쌓기–스폰지 블록으로 기차 만들기 · 도서–요술 비행기, 칙칙 폭폭 꼬마 기차 · 인계자가 오시면 교사에게 "안녕히 계세요?" 하고 인사를 한다. · 친구들에게 "얘들아, 안녕? 내일 또 만나자!" 하고 인사를 한다. · 가방을 메고 하원을 한다.	· 겉옷 · 스폰지 블록 · 도서 · 그림 카드
18:00~	(시간외 연장 보육실로 이동) · 남은 영아들은 자신의 출석 카드를 찾아 가방에 넣는다. · 사물함에서 옷을 꺼내 가방 속에 넣는다. · 교실 문 앞에 한 줄로 선다. · 담임교사와 함께 연장 보육실로 내려간다.	

구분 / 아동별	배변 횟수	식사와 간식	우유	씻기	잠자는 시간	기분 상태	보호자 (인수자)	비고
모○○	4회	양호(간식)	100	1회	2시간	양호	어머니	화장실에 있는 불을 끄기 위해 까치발을 하고 손을 뻗으니, 키가 커져서 손이 스위치에 단다.
박○○	4회	양호(간식)	100	1회	1시간30분	양호	어머니	자유선택평가 시간에 무엇을 하였는지에 대한 질문에 자신이 한 활동을 정확하게 이야기를 한다.
임○○	4회	양호(간식)	100	1회	1시간30분	양호	차량	세탁한 베갯잇을 월요일에 가지고 와야 할 것을 이제야 가지고 왔다.
조○○	4회	양호(간식)	100	2회	2시간	양호	할아버지	점심 식사를 제일 마지막으로 해서 유희실활동에 참여하지 못하였다.
김○○	4회	양호(간식)	100	1회	1시간	양호	차량	교실을 뛰어 다니며 로봇 놀이를 하여서 교사에게 주의를 들었다.
양○○	4회	양호(간)	100	1회	2시간	양호	어머니	교구장에 있는 자동차들을 양치를 하다가 떨어뜨리자 "선생님 이거 봐요, 한비가 그랬어요." 하고 이야기를 한다.
김○○	3회	양호(간식)	100	1회	2시간	양호	어머니	화장실에서 배변을 하고 난 후에 바지를 올리지 않은 채로 교실로 들어왔다.
문○○	4회	양호(간식)	200	5회	2시간	양호	어머니	밥을 먹다가 밥풀을 머리와 바지, 웃옷, 얼굴 등에 묻혔다. 왜 그랬는지를 묻자 "장난했어요." 하고 이야기를 한다.
심○○	4회	양호(간식)	100	4회	2시간	양호	할아버지	낮잠을 자다가 일어나서 울었다. 교사가 "화장실에 갈래?" 하고 묻자 울음을 그치고 쳐다본다.
박○○	4회	양호(간식)	100	2회	2시간	양호	어머니	얼굴이 거칠어져서 창현이가 가지고 온 로션을 발라주자 좋아서 미소를 짓고 좋아한다.
박○○	4회	양호(간식)	100	2회	2시간	양호	할머니	할머니의 손을 잡고 등원하여서 가방을 정리하고는 친구들에게 달려가서 놀이에 참여한다. 할머니께서 "한비야, 이따가 봐!" 하고 이야기를 해도 쳐다보지도 않는다.
김○○	4회	양호(간식)	100	1회	1시간	양호	차량	오늘도 잠을 자지 않고 있다가 하원을 하였다. 아침에 친구와 싸워서 화해를 하도록 유도하였으나 "미안해" 하고 말하는 친구를 쳐다보지도 않는다.
임○○	2회	양호(간)	100	1회	1시간30분	양호	어머니	밥을 먹기 위해 식판을 받고는 훌쩍 운다. 이유를 묻자 아무 대답도 하지 않는다. "밥 먹기 싫어?" 하고 묻자 고개를 흔든다. "깍두기 때문에?" 하고 묻자 고개를 끄덕인다.
백○○	3회	양호(간식)	100	1회	1시간	양호	어머니	보드마카에 그림을 그리다가 동그라미를 여러 개 그리고는 그 위를 긁적거리면서 색칠을 한다. 무엇을 그렸는지 묻자 아무 대답을 하지 않는다.
김○○	4회	양호(간식)	100	1회	2시간	양호	차량 (큰 이모)	아침에 사촌 형아와 함께 일찍 등원을 하였다.
평가								

제2절 보육과정의 통합적 운영

1. 통합의 개념

통합(integration)의 사전적 의미는 '부분을 연결시켜 전체를 만드는 일', '다른 것들을 하나의 체제 속에 연결, 융화시키는 일'로 정의되고 있다. 통합의 의미는 인간의 경험이나 교육에서 중요한 개념의 하나로 볼 수 있으며 특히, 영유아들은 그들의 성장 및 발달에 있어 전인적이고 통합적인 성격을 띠고 있으므로 통합은 영유아 교육에 있어 중요하게 다루어지고 있다. 영유아 교육에 있어 통합성에 영향을 끼친 학자로는 프뢰벨과 듀이를 들 수 있다.

프뢰벨은 1826년에 쓴 그의 「인간교육」에서 신과 자연과 인간의 통일성을 주장함으로 영유아 교육에 있어 통합의 개념을 도입하였으며, 은물을 통해 통합의 개념을 실현하려고 하였다. 제1은물인 여섯 개의 털실공과 제2은물인 원기둥, 공 및 입방체는 프뢰벨이 말하는 통일성의 개념에 기초하여 창안된 것으로 제 1은물인 공은 통일성, 완전성, 및 전체성을 반영한 것으로 신과 자연과 인간의 통일성을 이해하게 될 수 있다고 하였다(임재택, 2003). 프뢰벨은 어린이들을 위해 1840년 봄에 '킨더가르텐'을 설립하였으며, 킨더가르텐은 '어린이의 정원'이라는 뜻으로 모든 식물이 건강하게 성장하듯이 생애 초기에 많은 가능성을 가진 어린이가 자연과 신과 조화하면서, 경험이 풍부한 정원사인 유아 교사의 돌봄을 받아 성장해야 한다는 의미를 갖고 있다. 자연과 유아로 하여금 서로 조화와 통일을 이루면서 성장하고 발달하도록 하는 내재적인 원천으로 자연성과 통일성을 주장하였다.

듀이는 인간의 삶의 근거를 '경험'으로 보고, '계속성'과 '상호작용'의 원리를 적용하여 경험의 구조를 설명하였다. 계속성의 원리란, 과거의 경험은 현재 및 미래의 경험과 밀접한 관련이 있고, 또 계속적으로 영향을 끼친다는 것이며, 상호작용의 원리란 인간은 주변 환경과 끊임없이 상호 교환을 하고 영향을 주고받는다는 것이다. 이는 교육내용이 학습자의 경험들을 통합하여 주며, 학습자의 실생활과 직결되는 것이어야 함을 의미한다.

보육과정에 있어 통합적 접근은 영유아의 전인적 성장을 보육목표로 세우고, 영유아의 경험을 통합시킬 수 있는 내용을 선정 · 조직하며, 교사와 영유아 모두 학습에 적극적으로 참여하도록 하는 것을 의미한다.

통합적 운영의 대표적인 예로써 영국 유아학교 및 초등학교의 통합된 일과에서 요구하는 통합의 대상은 다음과 같다(Brown & Precious, 1969).

- 어린이의 과거 경험과 현재의 요구 및 흥미와의 통합
- 어린이가 한계 내에서 원하는 곳에 자유롭게 갈 수 있다는 의미로 공간과 어린이와의 통합,
- 학교와 지역사회와의 통합
- 어린이의 흥미와 교재와의 통합
- 혼합된 사회를 위하여 어린이를 사회적으로 통합
- 다양한 연령 집단을 경험하도록 연령의 통합
- 교사 상호간 생활과 어린이 생활과의 통합
- 어린이의 가정생활과 학교생활과의 통합

즉, 보육과정의 통합이라는 것은 전인적 발달과 효율적 학습을 위하여 영유아의 경험, 흥미 및 요구와 보육내용을 통합하고 유아와 유아 주변의 인적 환경 및 물적 환경을 통합하며, 교과목들을 통합적으로 재조직하여 가르치는 방법으로 정의할 수 있다(교육부, 2000).

2. 통합적 운영의 필요성

영유아의 발달 특성상 통합적 학습경험이 필요하고 조화로운 전인발달을 위하여, 학습자의 흥미와 요구를 보육과정에 반영하기 위하여 영유아 보육과정에 있어 통합적 운영이 필요하다.

영유아는 발달 특성상 여러 부분들을 하나의 전체로 통합하는 특성을 지니고 있다. 따라서 보육과정에 있어서도 통합적으로 접근해야 한다. 영유아들은 발달 특성에 있어 인지, 언어, 사회성, 정서, 신체 등으로 분화되어 성장하고 발달하는 것이 아니라 학습내용과 학습활동이 통합된 놀이를 통해 이루어진다. 영유아의 발달영역은 상호 연결되어 있기 때문에 통합적 학습경험을 통하여 모든 영역에서 최적의 발달을 이룰 수 있도록 영역들간의 의미 있는 연결이 이루어져야 한다.

모든 인간은 전인적인 인격을 지닌 통합적 존재이다. 전인적이고 통합적 유기체인 인간을 발달영역이나 교과목별로 분절화 하여 지도할 수 없으며 본래 전인적인 인격을 지닌 통합적 존재인 영유아를 위한 보육과정은 당연히 통합적이어야 한다.

통합은 학습자의 흥미와 요구, 사회적 요구 등을 조화롭게 반영할 수 있는 방법이다. 보육과정에 있어 통합적 접근은 학습자의 경험과 생활 세계에 대한 흥미와 요구를 내용에 반영시키고, 보육과 생활 세계와 상호 관련성을 갖도록 할 수 있다.

또한 통합은 영유아보육의 효율성을 높일 수 있는 방법이다. 발달 영역별이나 교과 영역별 지도로 인한 내용 간의 중복을 피할 수 있다.

영유아 보육과정에 있어 통합적 접근이 주는 특징은 다음과 같다(이영석, 2000).

첫째, 영유아들의 이전 경험과 현재의 경험을 연결시켜 주며, 의미 있는 학습을 가능하게 한다. 영유아들은 단절되고 무의미한 기능을 배우기보다 의미 있는 내용, 지식, 기능을 획득한다.

둘째, 영유아들로 하여금 학습한 지식 및 기능을 일상생활에 폭넓게 적용할 수 있게 한다.

셋째, 오랜 시간 단위로 활동에 몰입할 수 있게 해 준다. 짧은 시간 단위로 교과목과 교과목을 분절시켜 활동을 제시하는 것은 오히려 영유아들의 신체적, 정신적 주의 집중을 방해 할 수 있다.

넷째, 영유아들에게 자신의 학습을 재검토하고 확장할 기회를 제공함으로 관심 및 흥미를 심화시키고 여러 가지 개념을 탐색하게 해준다.

다섯째, 영유아들의 내적 동기를 격려한다. 학습하고자 하는 내적 동기는 영유아들의 관심으로부터 비롯된 프로젝트나 활동에 오랜 시간 몰입함으로써 얻어진다.

3. 통합적 운영의 유형

포가티(Fogaty, 1991)는 통합을 교과 내 통합, 교과 간 통합 및 학습자 내부 통합으로 나누고 있으며, 교과 내 통합에는 단절형, 연관형, 동심원형으로 교과 간 통합에는 계열형, 공유형, 거미줄형, 이어진 유형, 통합형으로 학습자 내부 통합에는 몰입형, 네트워크형을 세분화하였다. 이러한 10가지 세부 모형 중에서 연관 통합 모형과 거미줄 모형은 영유아 보육과정 운영의 통합성을 잘 보여 준다. 거미줄 모형을 통하여 어린이집에서 가장 효율적으로 전개할 수 있는 것이 프로젝트 접근법과 주제 접근법이다(이기숙, 2000).

거미줄형 통합은 간학문적 통합으로써, 하나의 주제를 중심으로 교과들의 다양한 학습내용들을 통합적으로 재구성하는 것이다. 하나의 주제를 선정하면, 이 주제와 관련된 다양한 흥미영역을 계획하여 교실 환경을 통합적으로 운영하며, 자유선택활동 시간이나 집단활동 시간에도 다양한 활동과 교재 교구를 가지고 활동 할 수 있도록 통합적으로 구성해 준다.

보육시설의 보육실 환경은 다양한 흥미영역으로 구성되어지며, 흥미영역에는 주제와 관련이 있는 각종 교재 교구들이 제시되어, 영유아들이 자유롭게 놀이를 계획하여 폭 넓고 다양한 경험을 할 수 있는 기회를 가지도록 해 주어야 한다. 통합적 환경구성에 대한 예시는 [그림 4-1]과 같다.

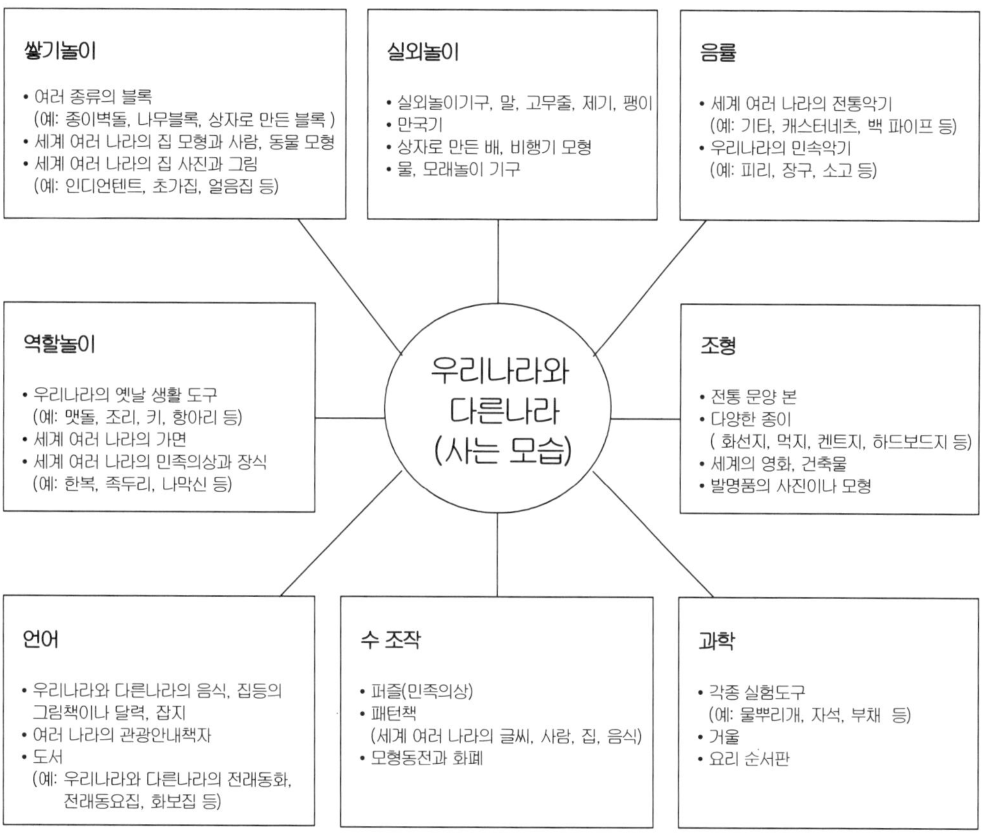

[그림 4-1] '우리나라와 다른 나라' 주제에서 통합적 환경구성

제3부

표준보육과정

제5장 표준보육과정

제1절 표준보육과정의 이해

1. 표준보육과정의 필요성

보육과정은 그 나라 보육의 방향을 규정하고, 나아가 미래의 국가 경쟁력인 능력 있는 민주 시민 양성의 초석이 되기 때문에 국가적 수준의 표준보육과정이 개발되었으며, 표준보육과정은 여성가족부령 제11호로 2006년 11월 10일에 여성가족부 장관에 의해 영유아보육법시행규칙 일부 개정령으로 공포하였다(표준보육과정의 개발과 내용, 2006).

(1) 법적 필요성

영유아보육법 제 29조 3항 '표준보육과정에 따라 영유아를 보육하도록 노력하여야 한다'라는 조항에 따라 국가 수준의 보육지침을 개발할 필요성이 있다.

(2) 시대적 · 사회문화적 필요

출생 후부터 어린 시기의 영유아가 무엇을 경험하고 어떻게 성장 발달할 것인가에 대한 한 국가의 믿음과 가치는 시대적, 사회문화적 환경에 따라 달라져 왔다. 최근 가족 구조의 변화 및 저 출산 고령화 사회로의 진입 등

이전 사회와는 다른 급격한 발전과 변화가 그 특징이라 할 수 있다. 이러한 우리 사회의 시대적 요구는 그동안에 바람직하다고 여겨오던 가치나 기술, 지식들의 재점검을 필요로 하고 있다. 특히 저 출산 사회에서 나라의 미래를 책임져나갈 영유아를 한명이라도 실패하지 않고 이들의 잠재력, 창의력 및 감성을 개발해 나가는 것은 국가적인 긴급한 과제라 할 수 있다.

(3) 어린이집의 보편적 보육목표에 대한 지침 필요

최근 15년 사이에 우리나라 보육시설은 급격한 양적 성장을 하여 왔다. 보육시설이 늘어나면서 일하는 여성의 사회경제적 지위 향상에는 커다란 기여를 하였으나 정작 그 보육시설에 재원하고 있는 영유아가 '과연 무엇을 경험해야 바람직한가'에 대한 보편적 지침을 합의하는 데는 노력을 기울여 오지 못한 것이 사실이다. 따라서 탁아 개념이 아니라 아동을 위한, 아동이 중심이 되는 총체적 경험에 대한 합의가 무엇보다도 필요하다.

(4) 발달이 급격한 영유아기의 세분화된 보육목표의 필요

영유아는 만 6세 미만의 취학 전 아동을 지칭한다(영유아보육법 제 2조 1항). 이시기의 영유아는 모든 발달영역에서 변화가 급격히 이루어지는 시기이다. 현재 다양한 보육시설이 늘어나고 종일제 어린이집의 특성을 포괄하는, 특히 만 3~5세 유아와 발달적으로 매우 차이가 나는 만 3세 미만 영아의 보육목표와 내용을 개발할 필요가 있다.

(5) 출생에서 만 6세미만 영유아기 경험의 연계성과 계열성 필요

어린이집에는 출생에서부터 만 6세 미만까지의 영유아가 생활하고 있어 이들에게 제공되는 내용들은 각 발달시기에 적합하면서도 그 다음 단계의 발달과 연계되어야 한다. 뿐만 아니라 영유아가 경험하는 지식과 기술은 계열성이 있어야 하며, 영아기에 습득되어야 할 발달과제나 경험은 유아기에 기초가 되고, 영유아기는 다시 생애 발달적 측면에서 그 이후의 삶에 누적적 영향을 미치게 되므로 중요하게 고려되어야 한다.

(6) 양육의 사회화에 대한 다양한 관점의 합의 필요

영유아를 사회에서 양육하는 일은 가족의 몫인 동시에 다양한 사회 구성원의 신념, 전문적 이론과 실천적 지식이 수렴되어야 할 필요성이 있다. 다양성이란 21세기 사회에서 중요한 가치이며 이들의 간학문적 의견을 수렴함은 궁극적으로 다양한 미래 인력을 키우는데 필수적 요소일 것이다.

(7) 영유아의 심신의 건강 및 더불어 살아가는 삶의 강조가 필요

복잡하고 불안전한 사회환경으로 인해 영유아는 자연이나 인간과의 상호작용 기회가 줄어들고 있다. 또한 핵가족이나 한 부모 가족, 취업모가 증가하면서 영유아는 과거보다 더 어린 시기부터 자신의 발달적 필요보다는 성인의 요구로 인해 집단생활을 경험하기도 한다. 이러한 아동을 둘러싼 생태학적 환경은 영유아의 심리적, 신체적 편안함과 즐거움을 위협하고 이기심이나 자율성 부족, 산만한 주의 집중력 등의 문제를 야기할 수 있으므로 미래 사회에 공헌하고 다른 사람과 함께 살아가는 성숙되고 창의적 인간으로 성장하기 위해서는 생의 초기인 영유아기부터 심신이 건강하고 더불어 사는 태도와 기술이 강조되어야 할 필요가 있다.

(8) 아동 중심으로 직접 체험을 통해 제공되는 총체적 경험 강조 필요

최근 우리 사회에서는 영어, 한글, 한자 등 초등학교 교과목식으로 분절하여 가르치고 교사 주도의 특기활동을 제공하는 어린이집이 많다. 이러한 경험들은 영유아가 스스로 지식을 구성하며 자신만의 독특한 흥미를 개발하는 과정을 무시함으로서 수동적이고 의존적이며 행동 통제를 못하는 아동으로 성장시킬 수 있다. 영유아는 자신의 학습 속도에 따라 직접 환경을 만지고 체험하되 신체, 언어, 사회, 정서, 인지의 총체적 측면을 고루 경험할 수 있도록 격려되어야 한다. 또한 연령별로 중요 발달과제가 다르므로 영유아에 대한 발달적 지식을 알고, 소집단이나 개별적으로 이들의 잠재력을 최대한 지원해주는 교사의 역할은 더욱 강조되어야 한다.

2. 표준보육과정의 보육목적 및 목표

(1) 보육과정의 목적

보육과정의 목적은 영유아의 전인적인 성장과 발달을 돕고 민주시민으로서의 자질을 길러 영유아가 심신이 건강하고 조화로운 사회 구성원으로 자랄 수 있도록 하는 데 있다. 보육과정을 통해 추구하는 인간상은 다음과 같다.

가. 자율적인 사람
나. 창의적인 사람
다. 다양성을 인정하는 사람
라. 민주적인 사람
마. 우리 문화를 사랑하는 사람

(2) 보육과정의 목표

보육과정의 목표는 다음과 같다.

가. 건강하고 안전하며 바르게 생활하는 태도와 습관을 가진다.
나. 자신의 신체에 대해 긍정적으로 인식하고 기본 운동 능력을 기른다.
다. 자신을 존중하고 다른 사람들과 더불어 생활하는 태도를 가진다.
라. 기초적인 언어능력을 기르고 바른 언어생활 태도와 습관을 가진다.
마. 주변 환경에 호기심을 가지고 탐구하는 능력과 태도를 기른다.
바. 자연과 예술작품의 아름다움에 관심을 가지고 창의적으로 표현한다.

3. 표준보육과정의 영역 및 대상

표준보육과정은 기본생활, 신체운동, 사회관계, 의사소통, 자연탐구, 예술경험의 6개 영역으로 구성되어, 영유아의 전인발달을 위해 필요한 지식, 기술, 태도를 포함하여야 한다.

표준보육과정의 대상은 만 2세아 이하를 영아기, 만 3세부터 만 5세에 이르기까지를 유아기로 구분하였으며, 각각의 연령에 맞게 영역별, 수준별 내용을 [그림 5-1]에서 제시하고 있다.

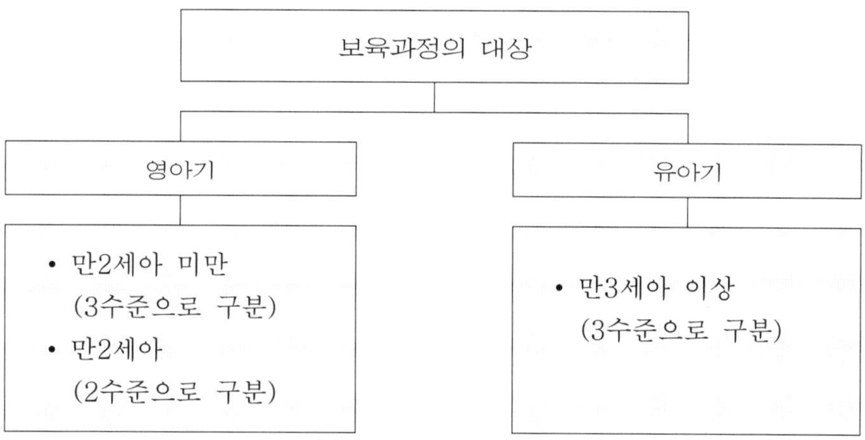

[그림 5-1] 보육과정의 대상

제6장 표준보육과정의 영역

제1절 기본생활

1. 목표와 연령별 내용체계

건강하고 안전한 생활습관을 길러 자신의 건강을 스스로 관리하고 위험으로부터 자신을 보호할 수 있는 능력을 기르고 바른 생활습관을 형성한다.

- 청결과 위생, 수면과 휴식, 바른 식생활, 의생활 및 심신의 건강을 바탕으로 발달을 촉진하고 건강을 증진한다.
- 위험한 요인과 상황에 대해 알고 안전하게 대처하는 능력을 길러서 자신과 타인을 보호한다.
- 일상 속에서 예절, 질서 및 절약을 생활화하여 즐겁게 생활한다.

기본생활은 크게 3가지 내용범주 즉, 건강한 생활, 안전한 생활, 바른생활로 구성되어 있으며 연령에 따른 구체적인 내용요소로 되어 있다.

2. 수준별 내용과 보육교사의 역할

기본생활의 내용은 만 2세미만 영아는 3수준으로, 만 2세 영아는 2수준으로, 만 3세~5세는 3수준으로 나누어 그 내용과 보육교사의 역할을 제시하고 있다.

<표 6-1> 기본생활 영역의 연령별 내용체계

내용 범주	만 2세 미만	만 2세	만 3~5세
건강한 생활	· 몸을 깨끗이 하기 · 즐겁게 먹기 · 적당한 잠자기와 휴식하기 · 즐거운 생활하기 · 건강한 배설습관 갖기	· 몸을 깨끗이 하기 · 올바른 태도로 먹기 · 적당한 잠자기와 휴식하기 · 즐겁게 활동하기 · 건강한 배설습관 갖기 · 스스로 옷 입고 벗기 · 건강에 관심 갖기	· 몸과 주변 환경을 깨끗이 하기 · 식생활을 바르게 하기 · 적당하게 잠자고 휴식하기 · 적극적으로 활동하기 · 건강한 배설습관 갖기 · 옷을 상황에 맞게 입기 · 건강에 관심 갖고 건강생활 실천하기
안전한 생활	· 놀잇감을 안전하게 사용하기 · 위험한 상황을 알기	· 놀이규칙에 따라 안전하게 놀이하기 · 위험한 상황을 알고 조심하기 · 탈것의 위험을 알고 안전하게 다니기	· 안전하게 놀이하고 타인의 안전을 배려하기 · 위험한 상황에서 안전하게 행동하기 · 교통안전 실천하기 · 안전교육의 중요성을 알고 참여하기
바른생활	· 예절 바르게 생활하기 · 질서 지키며 생활하기	· 예절 바르게 생활하기 · 질서 지키며 생활하기	· 예절 바르게 생활하기 · 질서 지키며 생활하기 · 아끼며 생활하기

1) 만 2세 미만 영아

(1) 수준별 내용

영아는 심신을 건강하게 하고 기본적인 안전 생활습관을 길러 최적의 발달을 하고 바른 생활습관을 형성한다.

- 청결과 위생, 수면과 휴식, 바른 식생활, 의생활 및 심신의 건강을 바탕으로 발달을 촉진하고 건강을 증진한다.
- 위험한 요인을 파악하고 이에 대한 기본적인 대처 능력을 길러 자신을 보호한다.
- 일상 속에서 기초적인 예절과 질서를 익혀 즐겁게 생활한다.

<표 6-2> 만 2세미만 영아의 수준별 내용 - 기본생활

내용범주	내 용	1수준	2수준	3수준
건강한 생활	몸을 깨끗이 하기	몸을 깨끗이 했을 때 기분이 좋음을 안다.		
		도움을 받아 손을 씻는다.		스스로 손 씻기를 시도한다.
			도움을 받아 이를 닦는다.	
	즐겁게 먹기	편안하게 안겨서 우유(모유)를 먹는다.	고형식에 적응한다.	제공된 음식을 골고루 먹는다.
				먹을 수 있는 음식을 안다.
				도구를 사용하여 정해진 자리에서 먹는다.
	적당한 잠자기와 휴식하기	수면 습관에 따라 충분한 수면을 취한다.		
		편안하게 쉰다.		
	즐거운 생활하기	익숙한 공간에서 안정된 마음을 갖는다.		
		하루 일과에 즐겁게 참여한다.		
	건강한 배설 습관 갖기		배설의 의사를 표현한다.	정해진 곳에서 배설한다.
안전한 생활	놀잇감을 안전하게 사용하기	놀잇감을 안전하게 탐색한다.		놀잇감을 용도에 맞게 사용한다.
	위험한 상황을 알기		위험하다고 알려주면 주의한다.	
바른 생활	예절 바르게 생활하기		만나고 헤어질 때 인사한다.	
	질서 지키며 생활하기			자기 순서를 안다.
			놀잇감이 있는 자리를 안다.	교사가 도와주면 놀잇감을 정리한다.

(2) 보육교사의 역할

내용범주에 따른 보육교사의 역할을 살펴보면 다음과 같다.

① 건강한 생활

· 영아는 자신의 욕구를 각자 자기 방식대로 적극적으로 표현한다는 것을 알아야 하며 교사는 영아가 보내는 신호에 민감해야 하며 영아의 신뢰감 형성을 증진시키기 위하여 욕구를 표현할 때 즉시 반응하고

해결해 주어야 한다.

- 교사는 영아의 청결, 영양, 배설, 수면 그리고 상호작용 등 기본적인 욕구를 적절하게 충족시켜주어야 한다.
- 영아기는 면역력이 약하고 생리적인 변화가 심하다는 것을 알고 질병에 걸리지 않도록 환경을 조절하고 영아의 상태변화를 민감하게 관찰하고 적절한 조치를 취하여야 한다. 특히 전염병이 있는 영아는 적절히 격리하여야 한다.
- 영아가 가정과 같이 편안함을 느끼고 교사와 안정된 신뢰관계를 형성하도록 해야 한다.
- 영아의 다양한 표현방식을 이해하고 격려해 주어야 한다. 또한 수유, 기저귀 갈기 등을 할 때 따뜻하게 대하고 영아를 칭찬하면서 진행한다.

② 안전한 생활

- 주변 환경에서 위험요소를 제거하여 안전한 보육환경을 구성한다.
- 위험한 물건이나 삼킬 염려가 있는 작은 이물질은 영아의 손이 닿지 않는 안전한 곳에 보관하고 안전 잠금장치를 한다.
- 뜨거운 물이나 화기로 인한 화상, 높은 곳에서의 추락의 위험성을 알려주고 가까이 가지 않도록 지도한다.
- 영아에게 응급상황이 발생되었을 때 가족 및 관련기관에 신속하게 연락을 취하고 적절한 조치를 취한다.

③ 바른생활

- 아는 사람에게 미소를 짓거나 간단한 인사를 하도록 유도한다.
- 놀이과정에서 순서에 대한 초보적인 개념이 이해되면서 순서를 기다릴 수 있도록 한다.
- 교구장 등에 사진이나 그림을 부착해 두어 영아들이 사용한 놀잇감을 스스로 정리할 수 있도록 한다.

2) 만 2세 영아

(1) 수준별 내용

영아는 건강하고 건전한 생활습관을 길러 자신의 건강을 보호하고 바른 생활습관을 형성한다.

- 청결과 위생, 수면과 휴식, 바른 식생활, 의생활 및 심신의 건강을 바탕으로 발달을 촉진하고 건강을 증진한다.
- 위험한 요인과 상황에 대해 알고 안전하게 대처하는 능력을 길러서 자신과 타인을 보호한다.
- 일상 속에서 예절, 질서 및 절약을 생활화하여 즐겁게 생활한다.

(2) 보육교사의 역할

내용범주에 따른 보육교사의 역할을 살펴보면 다음과 같다.

① 건강한 생활

- 교사는 영아가 식사, 수면, 배설, 청결 등에 긍정적인 기본 생활습관이 형성될 수 있도록 다양한 방법을 통해 지속적으로 지도한다.
- 영아의 의사를 존중하여 자존감을 높여주고 다른 영아들과 다툼이 일어나지 않도록 공간과 놀잇감 배분을 충분하고 적절하게 한다.
- 영아가 질병에 걸리지 않도록 예방에 힘쓰고 아플 때 적절하게 표현할 수 있도록 교육하며 영아가 표현할 때 따뜻하게 반응하고 적절한 조치를 취한다. 특히 전염병이 의심될 때 적절하게 격리 조치하고 보고한다.
- 영아 주변을 정돈하고 스스로 손 씻기, 이 닦기 등 기본적인 건강습관이 형성될 수 있도록 지도하고 영아가 수행했을 때 격려한다.
- 영아에게 예방접종, 청결 지도 등을 할 때 친절하게 설명해주고 영아가 수행했을 때 칭찬해 준다.

<표 6-3> 만 2세 영아의 수준별 내용 - 기본생활

<table>
<tr><th>내용 범주</th><th>내 용</th><th>1수준</th><th>2수준</th></tr>
<tr><td rowspan="14">건강한 생활</td><td rowspan="2">몸을 깨끗이 하기</td><td colspan="2">이를 닦는다.</td></tr>
<tr><td colspan="2">손과 얼굴을 씻는다.</td></tr>
<tr><td rowspan="3">올바른 태도로 먹기</td><td colspan="2">음식을 골고루 먹는다.</td></tr>
<tr><td colspan="2">먹을 수 있는 것과 먹어서는 안 될 것을 구분한다.</td></tr>
<tr><td colspan="2">식사에 즐겁게 참여하고 올바른 식사태도를 갖는다.</td></tr>
<tr><td rowspan="2">적당한 잠자기와 휴식하기</td><td colspan="2">일과에 따라 규칙적으로 잠을 잔다.</td></tr>
<tr><td colspan="2">정해진 시간에 적당하게 휴식한다.</td></tr>
<tr><td rowspan="2">건강한 배설 습관 갖기</td><td colspan="2">정해진 곳에서 배설한다.</td></tr>
<tr><td colspan="2">배설 후에 손을 씻는다.</td></tr>
<tr><td>스스로 옷 입고 벗기</td><td colspan="2">스스로 옷을 입고 벗기를 시도한다.</td></tr>
<tr><td rowspan="2">즐겁게 활동하기</td><td colspan="2">또래와의 놀이에 즐겁게 참여한다.</td></tr>
<tr><td colspan="2">하루 일과에 즐겁게 참여한다.</td></tr>
<tr><td>건강에 관심 갖기</td><td colspan="2">건강검진과 예방접종 등의 참여를 통해 건강에 관심을 갖는다.</td></tr>
<tr><td rowspan="7">안전한 생활</td><td rowspan="2">놀이 규칙에 따라 안전하게 놀이하기</td><td>놀이에 규칙이 있음을 안다.</td><td>규칙에 따라 놀이한다.</td></tr>
<tr><td colspan="2">놀이기구와 놀잇감을 안전하고 올바르게 사용한다.</td></tr>
<tr><td rowspan="3">위험한 상황을 알고 조심하기</td><td colspan="2">시설물로 인한 위험을 안다.</td></tr>
<tr><td colspan="2">화재의 위험을 알고 조심한다.</td></tr>
<tr><td colspan="2">위험물질(약품류, 세제류 등)을 알고 만지거나 먹지 않는다.</td></tr>
<tr><td rowspan="2">탈것의 위험을 알고 안전하게 다니기</td><td>탈것의 위험을 안다.</td><td>탈것의 위험을 알고 조심한다.</td></tr>
<tr><td>신호등의 의미를 안다.</td><td>신호등의 신호에 맞춰 성인과 함께 횡단보도를 건넌다.</td></tr>
<tr><td rowspan="6">바른 생활</td><td rowspan="3">예절 바르게 생활하기</td><td colspan="2">상황에 맞는 인사를 한다.</td></tr>
<tr><td colspan="2">바른 말을 사용한다.</td></tr>
<tr><td colspan="2">다른 사람을 방해하지 않는다.</td></tr>
<tr><td rowspan="3">질서 지키며 생활하기</td><td>자기 순서를 안다.</td><td>순서를 기다린다.</td></tr>
<tr><td colspan="2">물건을 제자리에 정리한다.</td></tr>
<tr><td colspan="2">간단한 약속을 지킨다.</td></tr>
</table>

② 안전한 생활

- 놀이 중 안전사고를 예방하기 위하여 지속적으로 영아를 관찰하고 영아가 위험한 행동을 하지 않도록 지도한다.
- 안전 점검표에 따라 정기적으로 실내외 시설물과 물품의 위험요인을 점검한다.
- 문에 손 끼임 방지장치, 뾰족한 가구 모서리에 보호대, 욕실바닥에 미끄럼 방지장치, 콘센트 안전덮개 등 안전설비를 하고 수시로 점검한다.
- 약물은 지시에 따라 복용하고 함부로 먹어서는 안 된다는 것을 알려주고, 위험물질(예: 약품류, 세제류)은 영아의 손이 닿지 않는 곳에 안전하게 보관한다.
- 정기적으로 교통안전교육, 약물 오남용 안전교육, 화재 대피훈련을 실시한다.
- 영아에게 응급상황이 발생되었을 때 부모와 관련 기관에 신속하게 연락하고 적절한 조치를 취한다.

③ 바른생활

- 아는 사람을 만났을 때 하는 언어적 인사법을 지도하고 영아가 수행했을 때 격려한다.
- 부모님과 웃어른께 존댓말을 사용하며 도움을 받았을 때 고마운 마음을 말로 표현하도록 유도한다.
- 다른 영아의 기분을 이해하고 놀이 시 놀잇감을 충분히 제공하여 다른 사람을 방해하지 않도록 한다.
- 식사시간이나 놀이시간에 자기 순서를 기다려야 함을 인식하게 하고 기다리는 동안 영아가 지루해 하지 않도록 다양한 활동을 마련한다.
- 놀잇감, 개인용품 등 물건에 이름을 써 주고 각 영아의 공간을 마련하여 영아가 정리 정돈할 수 있도록 한다.

3) 만 3세 이상 유아

(1) 수준별 내용

- 청결한 습관, 수면과 휴식, 바른 식생활 및 의생활을 통해 발달을 촉진하고 기초적인 건강관리를 실천하여 질병을 예방하고 건강을 증진한다.
- 심신의 건강을 바탕으로 여러 활동에 적극적으로 참여하고 즐겁게 생활한다.
- 위험한 요인과 상황에 대한 인식능력과 대처능력을 길러 자신과 타인을 보호하는 능력을 기른다.

(2) 보육교사의 역할

내용범주에 따른 보육교사의 역할을 살펴보면 다음과 같다.

① 건강한 생활

- 교사는 유아에게 건강의 중요성을 강조하고 기본적인 식사, 수면과 휴식, 배설, 청결 및 의생활 등이 건강에 미치는 영향을 하루의 일과로 계획하여 일관성 있게 지도하여 유아 스스로 건강한 태도와 습관을 형성할 수 있도록 돕는다.
- 유아가 스스로 청결, 식사량, 활동량 및 휴식량을 조절할 수 있도록 지도한다.
- 유아의 의사를 존중하여 자존감을 높이고 각 유아의 스트레스 원인을 파악하여 유아가 자신의 스트레스를 발산할 수 있도록 돕는다.
- 정기적인 건강검진과 예방접종, 적당한 운동, 바른 식생활의 중요성을 설명하여 유아가 건강에 관심을 갖도록 유도하고 적극적으로 참여할 수 있도록 한다.

<표 6-4> 만 3세 이상 유아의 수준별 내용 - 기본생활

<table>
<tr><th>내용 범주</th><th>내 용</th><th>1수준</th><th>2수준</th><th>3수준</th></tr>
<tr><td rowspan="21">건강한 생활</td><td rowspan="5">몸과 주변 환경을 깨끗이 하기</td><td colspan="2">이를 깨끗이 닦기를 시도한다.</td><td>스스로 이를 깨끗이 닦는다.</td></tr>
<tr><td>스스로 손을 씻는다.</td><td colspan="2">손 씻는 습관을 갖는다.</td></tr>
<tr><td>몸을 씻는다.</td><td>스스로 몸을 씻는다.</td><td>몸을 씻는 습관을 갖는다.</td></tr>
<tr><td colspan="2">더러워진 옷을 갈아입는다.</td><td>깨끗하게 옷을 입는다.</td></tr>
<tr><td colspan="2">주변을 깨끗이 한다.</td><td>주변을 깨끗이 하는 습관을 갖는다.</td></tr>
<tr><td rowspan="5">식생활을 바르게 하기</td><td>음식을 골고루 먹는다.</td><td colspan="2">적당량의 음식을 골고루 먹는다.</td></tr>
<tr><td colspan="3">영양이 건강에 중요함을 안다.</td></tr>
<tr><td colspan="3">감사하는 마음으로 음식을 소중히 여긴다.</td></tr>
<tr><td>안전한 음식을 안다.</td><td colspan="2">안전한 음식을 먹는다.</td></tr>
<tr><td colspan="2">올바른 태도로 식사한다.</td><td>식사 예절을 지킨다.</td></tr>
<tr><td rowspan="2">적당한 잠자기와 휴식하기</td><td colspan="3">규칙적으로 잠을 잔다.</td></tr>
<tr><td colspan="2">적당한 휴식이 필요함을 안다.</td><td>스스로 적당한 휴식을 취한다.</td></tr>
<tr><td rowspan="3">건강한 배설 습관 갖기</td><td>스스로 화장실에서 배변한다.</td><td colspan="2">배변 후 적절한 뒤처리를 한다.</td></tr>
<tr><td colspan="3">화장실을 깨끗하게 사용한다.</td></tr>
<tr><td colspan="3">배설 후에 손을 씻는다.</td></tr>
<tr><td rowspan="2">옷을 상황에 맞게 입기</td><td colspan="3">놀이에 적합한 옷을 입는다.</td></tr>
<tr><td colspan="2">날씨에 맞는 옷을 입는다.</td><td>때와 장소에 맞는 옷을 선택하여 입는다.</td></tr>
<tr><td rowspan="2">적극적으로 활동하기</td><td colspan="3">다양한 놀이에 적극적으로 참여한다.</td></tr>
<tr><td colspan="2">하루 일과에 즐겁게 참여한다.</td><td></td></tr>
<tr><td rowspan="2">건강에 관심을 갖고 건강생활 실천하기</td><td>건강에 관심을 갖는다.</td><td colspan="2">건강의 중요성을 안다.</td></tr>
<tr><td>건강검진과 예방접종의 중요성을 안다.</td><td colspan="2">건강검진과 예방접종의 중요성을 알고 적극적으로 참여한다.</td></tr>
<tr><td rowspan="7">안전한 생활</td><td rowspan="2">안전하게 놀이하고 타인의 안전을 배려하기</td><td>놀이기구나 놀잇감으로 안전하게 놀이한다.</td><td colspan="2">타인을 배려하면서 안전하게 논다.</td></tr>
<tr><td colspan="3">안전한 장소에서 놀이한다.</td></tr>
<tr><td rowspan="3">위험한 상황에서 안전하게 행동하기</td><td colspan="2">화재, 재난 및 사고의 상황을 인식한다.</td><td>화재, 재난 및 사고가 발생했을 때 안전하게 행동한다.</td></tr>
<tr><td colspan="3">시설물을 안전하게 이용한다.</td></tr>
<tr><td>학대, 성폭력 및 유괴상황을 인식한다.</td><td colspan="2">학대, 성폭력 및 유괴상황을 알고 주위에 도움을 요청하는 방법을 안다.</td></tr>
<tr><td rowspan="2">교통안전 실천하기</td><td colspan="3">교통규칙을 지켜서 안전하게 보행한다.</td></tr>
<tr><td colspan="3">탈것을 안전하게 이용한다.</td></tr>
</table>

<table>
<tr><td rowspan="2"></td><td></td><td colspan="3">차량 보호 장구를 올바르게 사용한다.</td></tr>
<tr><td>안전교육의 중요성을 알고 참여하기</td><td colspan="3">안전교육에 적극적으로 참여하고 안전한 행동을 실천한다.</td></tr>
<tr><td rowspan="9">바른 생활</td><td rowspan="5">예절 바르게 생활하기</td><td colspan="3">정직하게 행동한다.</td></tr>
<tr><td colspan="3">예절바른 언어를 사용한다.</td></tr>
<tr><td colspan="3">약속을 지킨다.</td></tr>
<tr><td colspan="2">실수에 대해 미안한 마음을 갖는다.</td><td>실수에 대하여 사과한다.</td></tr>
<tr><td colspan="3">타인의 도움과 친절에 고마운 마음을 표현한다.</td></tr>
<tr><td rowspan="2">질서 지키며 생활하기</td><td>공공규칙을 인식한다.</td><td colspan="2">공공규칙을 지킨다.</td></tr>
<tr><td>자신의 물건과 남의 물건을 구별한다.</td><td colspan="2">자신의 물건을 정리 · 정돈한다.</td></tr>
<tr><td rowspan="2">아끼며 생활하기</td><td>자원을 아낀다.</td><td colspan="2">자원을 아끼고 재활용 한다.</td></tr>
<tr><td colspan="2"></td><td>시간의 소중함을 안다.</td></tr>
</table>

- 질병과 사고는 예방이 최선이라는 점을 인식하고 유아에게 예방교육을 실시한다.
- 유아가 말로 표현하는 질병의 증상들을 주의 깊게 듣고 유아를 관찰하여 휴식을 취하게 하거나 적절한 치료를 받게 하고 전염병의 증상이 의심되면 적절하게 격리시키고 조치한다.

② 안전한 생활

- 유아의 활동영역에서의 위험요소를 확인하고 다양한 안전습관을 형성할 수 있도록 안전교육을 실시한다.
- 유아가 놀잇감이나 놀이기구의 사용법을 올바르게 인식하여 목적에 맞도록 사용하고 안전한 놀이규칙을 지키도록 한다.
- 유아에게 자신과 타인의 안전을 고려한 행동이 어떠한 것인지를 올바르게 판단하도록 도와주고 이를 실천하도록 격려한다.
- 유아는 운동능력과 지각 판단 능력이 미숙하여 놀이상황에서 자신과 타인에게 위험이 되는 행동을 할 수 있으므로 주의 깊게 감독한다.
- 유아가 학대나 유괴가 무엇인지를 알도록 하며 이에 대한 대처방법을 알도록 한다.

- 정기적으로 교통안전, 약물 오남용 예방, 화재 시 대피, 재난 등에 대한 안전교육의 중요성을 알고 교육에 적극적으로 참여하도록 격려한다.
- 교통수단의 이용에 따른 위험을 알고 안전하게 이용하도록 하며 차량 보호장구의 중요성에 대해 알도록 한다.
- 유아에게 응급상황이 발생되었을 때 부모와 관련 기관에 신속하게 연락하여 적절한 조치를 취한다.

③ 바른생활

- 유아에게 정직의 중요성을 강조하고 지켜야할 예절과 공공규칙을 예를 들어 설명하고 일과 중에 반복하며 실제 상황이 발생했을 때 강조한다.
- 일과 중에 순서를 기다리거나 놀잇감을 서로 바꾸거나 양보하는 상황에서 유아에게 질서의 중요성을 강조하고 유아가 잘 수행했을 때 칭찬한다.
- 자신의 물건에 이름을 써서 소중히 여기고 제자리에 정리정돈 하도록 지도한다.
- 자원을 아끼는 방법을 구체적으로 지도하여 절약을 생활화하고 자원을 재활용하는 방법을 교육하고 시간이라는 자원도 매우 소중한 자원임을 인식시킨다.

제2절 신체운동

1. 목표와 연령별 내용체계

신체운동 영역은 다양한 신체활동을 통하여 자신의 신체에 대한 긍정적 인식 및 일상생활에 필요한 기본 운동능력을 습득하게 함으로써, 영유아 자신의 행복한 삶을 위해 신체적 건강증진을 위한 것이다.

- 기본적 감각능력을 기르고, 자신의 신체를 긍정적으로 인식한다.
- 신체를 조절하고 기본 운동 능력을 기른다.
- 신체활동에 즐겁게 참여한다.

신체운동은 크게 3가지 내용범주 즉, 감각 및 신체 인식, 신체조절 및 기본 운동, 신체활동 참여로 구성되어 있으며 연령에 따른 구체적인 내용요소로 되어 있다.

<표 6-5> 신체운동 영역의 연령별 내용체계

내용범주	만 2세 미만	만 2세	만 3-5세
감각 및 신체 인식	·감각적 자극에 반응하기 ·감각기관을 통해 탐색하기 ·신체 탐색하기	·감각능력 기르기 ·감각기관 활용하기 ·신체를 인식하고 움직이기	·감각능력 기르기 ·감각기관 활용하기 ·신체를 인식하고 움직이기
신체조절 및 기본운동	·대근육 조절하기 ·소근육 조절하기 ·협응력 기르기 균형감 기르기 ·이동 운동 시도하기 ·비이동 운동 시도하기	·신체조절력 기르기 ·신체균형감 기르기 ·이동 운동하기 ·비이동 운동하기 ·조작 운동하기	·신체 조절 및 균형감 기르기 ·이동 운동하기 ·비이동 운동하기 ·조작 운동하기 ·움직임의 요소를 인식하고 움직이기
신체활동 참여	·몸 움직임 즐기기 ·기구를 이용한 신체활동 시도하기	·신체활동에 참여하기 ·기구를 이용한 신체활동 하기 ·안전하게 신체활동 하기	·자발적으로 신체활동에 참여하기 ·다양한 기구를 이용한 신체활동하기 ·안전하게 신체활동 하기

2. 수준별 내용과 보육교사의 역할

신체운동의 내용은 2세미만 영아는 3수준으로, 2세 영아는 2수준으로, 3세~5세는 3수준으로 나누어 그 내용과 보육교사의 역할을 제시하고 있다.

1) 만 2세 미만 영아

기본적 감각능력을 통하여 주변 환경을 탐색하고 자신의 신체를 긍정적으로 인식하며, 신체조절 능력을 획득한다.

- 감각기능이 발달되고 자선의 신체를 인식한다.
- 신체를 조절하고 기본 운동 능력을 기른다.
- 신체활동에 참여한다.

(2) 보육교사의 역할

내용범주에 따른 보육교사의 역할을 살펴보면 다음과 같다.

① 감각 및 신체인식

- 감각운동이 발달의 기초가 되는 시기임을 고려하여 영아가 다양한 감각적 경험을 할 수 있도록 시각, 청각, 촉각, 후각 등의 감각적 자극을 제공한다.
- 교사와의 신체활동을 통해 애착이 증진되고 심리적 안정감을 제공할 수 있도록 배려한다.

② 신체조절 및 기본 운동

- 물건 잡기, 밀고 당기기 등 손을 이용하는 다양한 활동과 놀잇감을 제공한다.
- 교사는 머리를 가누는 시기나 걷기 위하여 습득해야 할 균형감 등 영아기의 신체조절 및 운동발달 특성을 이해하고 개인차이가 많은 시기임을 고려한다.

· 다양한 감각기관과 신체놀이를 통해 운동능력 및 협응 능력이 발달할 수 있도록 돕는다.

③ 신체활동 참여

· 영아가 자유롭게 몸을 움직일 수 있도록 안전한 공간을 제공하고, 안전을 위하여 반드시 교사가 지켜보도록 한다.

<표 6-6> 만 2세 미만 영아의 수준별 내용 - 신체운동

<table>
<tr><th>내용 범주</th><th>내 용</th><th>1수준</th><th>2수준</th><th>3수준</th></tr>
<tr><td rowspan="4">감각 및 신체 인식</td><td rowspan="2">감각적 자극에 반응하기</td><td colspan="3">시각, 청각, 촉각, 후각, 미각 등 감각적 자극을 느낀다.</td></tr>
<tr><td colspan="3">시각, 청각, 촉각, 후각, 미각 등 감각적 자극에 반응한다.</td></tr>
<tr><td>감각기관을 통해 탐색하기</td><td colspan="3">감각기관을 통해 주변 환경을 탐색한다.</td></tr>
<tr><td>신체탐색하기</td><td>손과 발 등을 바라보며 탐색한다.</td><td>얼굴, 몸 등 신체부분을 탐색한다.</td><td>팔과 다리 등 신체 부분의 움직임을 탐색한다.</td></tr>
<tr><td rowspan="6">신체 조절 및 기본 운동</td><td>대근육 조절하기</td><td>목을 가눈다.
뒤집기 등 몸을 조절하여 위치를 바꾼다.</td><td>누웠다 앉기 등 몸을 조절하여 위치를 바꾼다.</td><td>허리를 굽혔다 펴기 등 몸을 조절하여 위치를 바꾼다.</td></tr>
<tr><td>소근육 조절하기</td><td>물체를 잡는다.</td><td>양손으로 물체를 잡거나 놓는다.
엄지와 검지로 물체를 잡는다.</td><td>간단한 쓰기 도구를 잡고 긁적인다.</td></tr>
<tr><td>협응력 기르기</td><td>보이는 물체에 손을 뻗는 등 눈과 손의 협응을 시도한다.</td><td>물체 쌓기 등 눈과 손의 협응을 시도한다.</td><td>물체를 끼우기 등 눈과 손의 협응을 시도한다.</td></tr>
<tr><td>균형감 기르기</td><td>앉혀 놓으면 앉는다.</td><td>붙잡고 서 있기, 혼자 서있기 등의 자세를 취한다.</td><td>안정되게 서기 등의 자세를 시도한다.</td></tr>
<tr><td>이동 운동 시도하기</td><td>배밀이 등 이동 운동을 시도한다.</td><td>기기, 붙잡고 걷기, 걷기 등 이동 운동을 시도한다.</td><td>걷기 등 이동 운동을 한다.</td></tr>
<tr><td>비이동 운동 시도하기</td><td>팔다리 뻗기 등 간단한 비이동 운동을 시도한다.</td><td>팔다리 흔들기 등 비이동 운동을 시도한다.</td><td>서있기 앉기 등 비이동 운동을 시도한다.</td></tr>
<tr><td rowspan="2">신체 활동 참여</td><td>몸 움직임 즐기기</td><td colspan="2">몸을 활발히 움직인다.</td><td>다양한 몸의 움직임을 시도한다.</td></tr>
<tr><td>기구를 이용한 신체활동 시도하기</td><td></td><td>밀고 끌기 등 기구를 이용한 신체활동을 시도한다.</td><td>간단한 기구를 이용한 신체활동을 시도한다.</td></tr>
</table>

2) 만 2세 영아

신체활동에 참여함으로써 기본적 운동수행 능력의 발달을 도모하여 기초 체력을 형성한다.

- 감각적 차이를 알고, 자신의 신체를 긍정적으로 인식한다.
- 신체를 조절하고 기본 운동능력을 기른다.
- 신체활동에 참여한다.

<표 6-7> 만 2세 영아의 수준별 내용 - 신체운동

<table>
<tr><th>내용
범주</th><th>내 용</th><th>1수준</th><th>2수준</th></tr>
<tr><td rowspan="5">감각
및
신체
인식</td><td>감각능력 기르기</td><td>감각적 차이에 반응한다.</td><td>다양한 감각적 차이에 반응한다.</td></tr>
<tr><td>감각기관
활용하기</td><td colspan="2">감각기관을 통하여 주변 환경을 탐색한다.</td></tr>
<tr><td rowspan="2">신체를 인식하고
움직이기</td><td>손, 발, 얼굴 등 기본적인 신체 명칭을 안다.</td><td>신체 각 부분의 명칭을 안다.</td></tr>
<tr><td colspan="2">신체 각 부분의 움직임을 탐색한다.</td></tr>
<tr><td rowspan="6">신체
조절
및
기본
운동</td><td>신체 조절력
기르기</td><td>팔, 다리의 움직임을 조절한다.</td><td>팔, 다리, 목, 허리 등의 움직임을 조절한다.</td></tr>
<tr><td>신체균형감
기르기</td><td colspan="2">안정된 자세를 시도한다.</td></tr>
<tr><td>이동 운동하기</td><td colspan="2">안정된 걷기 등 이동 운동을 한다.</td></tr>
<tr><td>비이동 운동하기</td><td>몸을 펴고 굽히는 등 간단한 비이동 운동을 시도한다.</td><td>팔과 몸통을 움직여 보는 등 간단한 비이동 운동을 시도한다.</td></tr>
<tr><td rowspan="2">조작 운동하기</td><td colspan="2">간단한 사물을 조작한다.</td></tr>
<tr><td>공 던지기 등 간단한 조작 운동을 한다.</td><td>공 차기 등 간단한 조작 운동을 한다.</td></tr>
<tr><td rowspan="4">신체
활동
참여</td><td rowspan="2">신체활동에
참여하기</td><td colspan="2">간단한 신체 활동에 참여한다.</td></tr>
<tr><td colspan="2">몸의 움직임을 다양하게 시도한다.</td></tr>
<tr><td>기구를 이용한
신체활동 하기</td><td>아기용 미끄럼틀 등 기구를 이용한 신체 활동을 시도한다.</td><td>아기용 세 발 자전거 등 기구를 이용한 신체 활동을 시도한다.</td></tr>
<tr><td>안전하게
신체활동
하기</td><td colspan="2">안전하게 신체활동에 참여한다.</td></tr>
</table>

(2) 보육교사의 역할

내용범주에 따른 보육교사의 역할을 살펴보면 다음과 같다.

① 감각 및 신체인식

· 영아의 감각적 차이에 대해 반응을 관찰하고 격려한다.
· 감각적 차이를 느낄 수 있도록 환경을 구성해 준다.

② 신체조절 및 기본 운동

· 영아용 정글짐이나 탈 것 등 대근육 발달이나 신체조절 및 균형 감각을 증진시킬 수 있는 놀이기구를 제공한다.
· 커다란 크기의 끼우기나 간단한 조작교구를 제공함으로써 영아들의 소근육 발달을 돕고 눈과 손의 협응력을 기르도록 격려한다.
· 교사는 안정된 걷기는 가능하나 동작기술이나 조절능력이 미숙한 영아기의 신체발달 특성을 이해한다.

③ 신체활동 참여

· 영아가 자유롭게 신체를 움직일 수 있도록 적절한 공간을 제공하고, 기본적인 신체운동을 할 수 있는 시간을 규칙적으로 제공한다.
· 교사는 영아의 신체 움직임에 적절히 반응함으로써 신체활동을 격려한다.
· 실내외 놀이기구를 안전하게 설치하고 관리함으로써 영아가 안전하게 신체활동을 할 수 있도록 배려한다.

3) 만 3세 이상 유아

(1) 수준별 내용

다양한 신체활동을 경험하고, 적극적으로 참여하여 신체운동 능력을 증진시킨다.

<표 6-8> 만 3세 이상 유아의 수준별 내용 - 신체운동

내용범주	내 용	1수준	2수준	3수준
감각 및 신체 인식	감각능력 기르기	감각적 차이를 구분한다.		미세한 감각적 차이를 구분한다.
	감각기관 활용하기	다양한 감각기관을 활용한다.		
		2가지 이상의 감각기관을 동시에 활용한다.		감각을 통해 대상이나 사물의 특성과 차이를 인식한다.
	신체를 인식하고 움직이기	신체 각 부분의 명칭을 안다.		신체 각 부분의 구조와 기능을 이해한다.
		신체의 각 부분의 움직임을 인식한다.	신체 각 부분의 특징을 알고 움직인다.	신체 각 부분의 특징을 활용하여 움직인다.
		자신의 신체 능력을 긍정적으로 인식한다.		
신체 조절 및 기본 운동	신체조절 및 균형감 기르기	안정된 자세를 취한다.	신체균형을 유지하면서 다양한 자세를 취한다.	
		신체 각 부분의 움직임을 조절한다.		
		바른 자세로 앉고 선다.		바른 자세로 걷는다.
	이동 운동 하기	빨리 걷기, 달리기 등 다양한 이동 운동을 시도한다.	안정된 자세로 달리기 등 다양한 이동 운동을 한다.	두 발로 뛰기, 빠르게 달리기 등 이동 운동을 능숙하게 한다.
	비이동 운동하기	팔과 몸통을 움직여 보는 등 비이동 운동을 한다.	몸을 흔들거나 꼬기 등 다양한 비이동 운동을 한다.	한 발로 균형 잡기 등 숙련된 자세의 비이동 운동을 한다.
	조작 운동하기	가위나 크레파스 등 간단한 도구를 사용해 본다.	그리기나 만들기 도구 등을 활용한다.	그리기나 만들기 도구 등을 능숙하게 활용한다.
		공을 던지거나 잡기 등 조작 운동을 한다.		도구를 활용하여 다양한 조작 운동을 한다.
	움직임의 요소를 인식하고 움직이기		동작의 크기나 빠르기 등 동작의 요소(공간, 시간, 흐름, 힘)를 인식한다.	동작의 크기나 빠르기 등 동작의 요소(공간, 시간, 흐름, 힘)를 활용하여 움직인다.
신체 활동 참여	자발적으로 신체활동에 참여하기	신체활동에 참여한다.	신체활동을 지속적으로 한다.	
		몸을 다양하게 움직인다.	새로운 신체활동과 기술을 시도한다.	
		다양한 종류의 신체활동을 시도한다.	다양한 신체활동에 골고루 참여한다.	집단으로 하는 신체활동에 적극적으로 참여한다.
				신체활동 시 책임감 있게 행동한다.
			자신과 다른 사람의 신체 운동 능력의 차이를 존중한다.	
	다양한 기구를 이용한 신체활동하기	다양한 기구를 이용하여 신체활동을 한다.		다양한 기구를 이용하여 신체활동을 능숙하게 한다.
	안전하게 신체활동 하기	안전하게 신체활동에 참여한다.		

- 기본적 감각능력을 기르고, 자신의 신체를 긍정적으로 인식한다.
- 신체를 조절하고 기본운동 능력을 기른다.
- 신체활동에 참여한다.

(2) 보육교사의 역할

내용범주에 따른 보육교사의 역할을 살펴보면 다음과 같다.

① 감각 및 신체인식
- 신체활동뿐 아니라 일상생활 속에서 자신의 신체에 대하여 자연스럽게 인식할 수 있도록 돕는다.
- 자신의 신체적 특징이나 다른 사람과의 차이를 긍정적으로 인식할 수 있게 한다.
- 교사는 매우 능동적이고, 활동적이며 몸을 빠르게 움직이는 것을 좋아하는 유아기의 신체운동 특성을 이해한다.

② 신체조절 및 기본 운동
- 신체활동을 위해서 교육적으로 풍부한 실내외 환경을 준비한다.
- 놀이기구나 시설을 이용한 신체활동 이외에도 다양한 신체놀이나 게임 등을 계획한다.
- 유아가 신체활동을 하면서 공간, 시간, 힘, 흐름 등 동작의 기본 요소를 인식하고, 그러한 요소를 반영하여 움직일 수 있도록 교사가 적극적으로 상호작용 해준다.

③ 신체활동 참여
- 유아기는 신체조절 능력이나 안전의식이 충분히 발달되지 못한 상태이므로 신체활동 시 교사가 유아 안전에 세심한 주의를 기울이고, 유아 스스로도 자신의 안전을 지킬 수 있도록 지도한다.
- 유아들이 다양한 신체활동을 할 수 있도록 일과 중에 충분한 신체활동

시간을 계획한다.

- 신체활동만큼 휴식도 중요하므로 활발한 신체활동 후에는 반드시 휴식하도록 한다.

제3절 사회관계

1. 목표와 연령별 내용체계

사회관계 영역은 영유아들이 자신에 대한 존중감을 기르고, 자신과 다른 사람의 정서를 인식하고 이를 사회적 관계에서 적절히 조절하여 활용할 수 있도록 하며, 가족과 또래, 그리고 지역사회와 긍정적인 관계를 형성하고, 유능한 사회 구성원으로 기능하기 위하여 필요한 사회적 지식을 획득하도록 하는 것이다. 우리나라 영유아들의 발달과 문화에 적합하게 구성되어 통합적으로 이루어지는 본 영역의 이러한 보육과정은 영유아들을 올바른 판단과 합리적인 결정을 할 수 있는 우리나라의 책임있는 민주시민으로 성장하도록 하는데 도움이 될 것이다. 이를 위한 하위 목표는 다음과 같다.

- 자신의 독특한 자아에 대해 인식하고 자신감과 독립심을 기른다.
- 자신과 타인의 정서를 이해하고 표현하며, 자신의 정서를 조절하고 활용한다.
- 다른 사람과의 관계를 이해하고 더불어 살아가는 능력을 기른다.
- 자신을 둘러싼 사회현상에 관심을 가지고 이해한다.

사회관계는 크게 4가지 내용범주 즉, 자기 존중, 정서인식과 조절, 사회적 관계, 사회적 지식으로 구성되어 있으며 연령에 따른 구체적인 내용요소로 되어 있다.

<표 6-9> 사회관계 영역의 연령별 내용체계

내용범주	만 2세 미만	만 2세	만 3 ~ 5세
자기 존중	·자신을 분리된 존재로서 인식하기	·자신을 다른 사람과 구별하기 ·자신에 대해 긍정적으로 생각하기 ·독립적으로 행동하기	·자신의 소중함을 알기 ·자신감과 독립심 기르기 ·성정체감 형성하기
정서인식과 조 절	·자신의 정서를 느끼고 표현하기	·자신의 정서를 적절하게 표현하기 ·다른 사람의 정서에 관심 가지기	·자신과 다른 사람의 다양한 정서 인식하고 표현하기 ·자신의 정서를 조절하고 활용하기
사회적 관 계	·다른 사람에게 관심 가지기 ·양육자와 애착 형성하기	·가족관계 이해하기 ·또래에게 관심 가지기 ·자신이 속한 집단 알기	·가족과 화목하게 지내기 ·또래와 사이좋게 지내기 ·공동체 정신 기르기
사회적 지 식			·지역사회에 관심 가지고 이해하기 ·우리나라에 관심 가지고 이해하기 ·세계와 여러 문화에 관심 가지기 ·경제생활에 관심 가지고 이해하기

2. 수준별 내용과 보육교사의 역할

사회관계의 내용은 만 2세미만 영아는 3수준으로, 만 2세아 영아는 2수준으로, 만 3세~5세는 3수준으로 나누어 그 내용과 보육교사의 역할을 제시하고 있다.

1) 만 2세 미만 영아

(1) 수준별 내용

다른 사람과 분리된 존재로서의 자신을 인식하고, 양육자와 긍정적인 애착을 형성하며, 슬픔, 기쁨, 분노, 놀람, 공포와 같은 기본 정서를 타인과의 관계 또는 주변 환경의 맥락 속에서 느끼고 표현한다.

- 나와 다른 사람을 분리된 존재로 인식한다.
- 분화된 정서를 느끼고 표현한다.
- 주변 환경을 탐색하고 주요 성인과 밀접한 관계를 형성한다.

<표 6-10> 만 2세 미만 영아의 수준별 내용 - 사회관계

<table>
<tr><th>내용
범주</th><th>내용</th><th>1수준</th><th>2수준</th><th>3수준</th></tr>
<tr><td rowspan="3">자기
존중</td><td rowspan="3">자신을 분리된
존재로서
인식하기</td><td colspan="3">거울 속의 자신을 보고 웃거나 알아본다.</td></tr>
<tr><td></td><td colspan="2">자신의 모습과 다른 사람의 모습을 구별한다.</td></tr>
<tr><td></td><td colspan="2">자신의 몸을 스스로 움직일 수 있음을 안다.</td></tr>
<tr><td rowspan="3">정서
인식과
조절</td><td rowspan="3">자신의 정서를
느끼고 표현하기</td><td colspan="3">다양한 얼굴표정에 반응한다.</td></tr>
<tr><td>다양한 음성과 소리를 듣고
반응한다.</td><td colspan="2">자신의 감정과 욕구를 다른 사람이 알게끔 표현한다.</td></tr>
<tr><td colspan="2"></td><td>자신에게 여러 가지 다양한
정서가 있음을 안다.</td></tr>
<tr><td rowspan="4">사회적
관계</td><td rowspan="2">다른 사람에게
관심 가지기</td><td>다른 사람과 시선을
맞춘다.</td><td colspan="2">다른 사람을 관찰하고 모방한다.</td></tr>
<tr><td>양육자의 목소리를
인식한다.</td><td colspan="2">친숙한 사람에게 애정을 표현한다.</td></tr>
<tr><td rowspan="2">양육자와 애착
형성하기</td><td colspan="3">양육자와 안정적인 애착을 형성한다.</td></tr>
<tr><td colspan="3">양육자와 친숙해지고 신뢰감을 형성한다.</td></tr>
</table>

(2) 보육교사의 역할

만 2세 미만의 영아를 위한 사회관계의 내용범주에 따른 보육교사의 역할을 살펴보면 다음과 같다.

① 자기 존중

- 자신을 인식할 수 있도록 개별적인 침대, 침구, 서랍장, 기타 개인 소지품에 영아의 얼굴 사진을 붙여주고 이름을 적어준다.

- 영아가 자신을 볼 수 있도록 거울을 제공한다.
- 영아에게 신체적 접촉과 언어적 표현을 통해 자주 애정을 표현한다.
- 영아와 일대일로 얼굴을 마주보며 상호작용을 한다.
- 간식시간, 기저귀 갈이나 낮잠시간 등의 일상생활 중에 대화하면서 영아들과 함께 하루일과를 진행한다.

② 정서인식과 조절

- 영아의 울음이나 몸 움직임은 영아의 주된 의사소통 방법임을 인식한다.
- 이 시기 영아는 부정적인 정서표현도 할 수 있음을 이해하고, 부정적 정서표현을 수용한다.
- 영아의 기본적인 욕구에 지속적이고 신속하게 반응함으로서, 영아로 하여금 자신을 돌보는 교사에 대해 신뢰감을 발달시키고 세상이 안전한 곳임을 알게 한다.
- 영아의 언어적, 비언어적 신호를 해석하여 민감하고 일관성 있게 대한다.
- 영아의 기질적 특성을 이해하고 반응속도와 생물학적 리듬을 파악하여 조화로운 관계를 유지한다.

③ 사회적 관계

- 영아는 낯가림을 할 수 있고, 낯선 사람보다 친숙한 사람과 활발하게 상호작용 한다는 것을 이해한다.
- 양육자와 안정적인 애착을 형성하고, 돌보는 교사와 신뢰로운 관계를 형성하는 것이 무엇보다 중요함을 안다.
- 부모와의 질 높은 상호작용의 중요성을 인식하고 부모에게 인정 애착 형성과 관련된 정보를 제공한다.
- 영아가 새로운 상황과 환경에 직면했을 때 안정감을 갖고 편안히 적응할 수 있도록 배려한다.

2) 만 2세 영아

(1) 수준별 내용

자아를 정확하게 확립하고 독립적으로 행동하며, 자신의 정서를 적절한 방법으로 표현하고 다른 사람의 정서를 이해한다. 또한 주변 성인 및 또래와 긍정적인 관계를 형성한다.

- 자기 존중감을 확고히 형성한다.
- 자신과 다른 사람의 정서를 인식하고 표현한다.
- 주변 환경에 반응하고 성인 및 또래와 사회적 관계를 형성한다.

<표 6-11> 만 2세 영아의 수준별 내용 - 사회관계

<table>
<tr><th>내용 범주</th><th>내 용</th><th>1수준</th><th>2수준</th></tr>
<tr><td rowspan="6">자기 존중</td><td rowspan="2">자신을 다른 사람과 구별하기</td><td colspan="2">자신의 신체 부분 명칭을 안다.</td></tr>
<tr><td>다른 사람이 자신을 부를 때 반응한다.</td><td>다른 사람과 구별되는 자신에 대해 안다.</td></tr>
<tr><td rowspan="2">자신에 대해 긍정적으로 생각하기</td><td colspan="2">자신의 생김새와 신체적 능력에 대해 긍정적인 느낌을 갖는다.</td></tr>
<tr><td>스스로 할 수 있는 일에 대해 즐거움을 갖는다.</td><td>자신이 노력해서 성취한 일에 대해서 자부심을 갖는다.</td></tr>
<tr><td rowspan="2">독립적으로 행동하기</td><td colspan="2">자신이 할 수 있는 일을 경험한다.</td></tr>
<tr><td colspan="2">혼자서 할 수 있는 일을 스스로 해본다.</td></tr>
<tr><td rowspan="4">정서 인식과 조절</td><td rowspan="2">자신의 정서를 적절하게 표현하기</td><td colspan="2">자신의 정서와 욕구를 인식한다.</td></tr>
<tr><td>자신의 감정을 동작과 언어로 표현한다.</td><td>긍정적 정서와 부정적 정서를 적절한 방법으로 표현한다.</td></tr>
<tr><td rowspan="2">다른 사람의 정서에 관심가지기</td><td colspan="2">다른 사람의 정서에 관심을 갖는다.</td></tr>
<tr><td></td><td>다른 사람의 정서를 인식하고 반응을 보인다.</td></tr>
<tr><td rowspan="6">사회적 관계</td><td>가족관계 이해하기</td><td>자신에게 가족이 있음을 안다.</td><td>가족 구성원을 안다.</td></tr>
<tr><td rowspan="3">또래에게 관심가지기</td><td colspan="2">다른 영아와 함께 지내는 것을 경험한다.</td></tr>
<tr><td></td><td>다른 영아와 의사소통을 한다.</td></tr>
<tr><td></td><td>다른 영아와 함께 놀이를 한다.</td></tr>
<tr><td rowspan="2">자신이 속한 집단 알기</td><td>자신이 속한 반과 교사를 안다.</td><td>자신이 속한 반과 어린이집에는 기본적인 규칙과 약속이 있음을 안다.</td></tr>
<tr><td>자신이 속한 반의 활동에 참여한다.</td><td>다른 사람에게 인사하고 고마움을 표시한다.</td></tr>
</table>

(2) 보육교사의 역할

만 2세 영아를 위한 사회관계의 내용범주에 따른 보육교사의 역할을 살펴보면 다음과 같다.

① 자기 존중

- 영아는 자신에 대해 긍정적인 느낌과 자아개념을 가지고, 타인에 대해 이해하기 시작한다.
- 영아 자신의 이름, 얼굴사진, 가족사진 등을 곳곳에 붙여준다.
- 영아의 성취에 대해 칭찬해 주고, 영아가 스스로 능력이 있다고 느끼고 자신을 조절할 수 있도록 도와준다.
- 영아가 친근한 물건이나 음식을 선호하고 친근한 사람들을 선택하는 것을 존중해 준다.

② 정서인식과 조절

- 정서를 표현하는 방법이 훨씬 다양해짐을 이해하고, 교사는 영아의 정서표현에 민감하게 반응한다.
- 영아가 다양한 방법으로 자주 정서를 표현할 수 있도록 교사는 영아의 정서표현을 격려하는 대화를 많이 해준다. (예: 기분이 무척 좋구나, 기분이 안 좋니? 화났구나.)
- 영아가 부정적 정서를 나타낼 경우 영아의 신체적, 심리적 원인을 파악하고 상황을 바꾸어 주거나 적절한 방법으로 표현할 수 있도록 알려주고 교사가 모델을 보여준다.

③ 사회적 관계

- 또래에 대해 관심을 가지나, 아직까지는 사물을 가지고 하는 놀이나 병행놀이 단계임을 이해한다.
- 영아는 좌절 상황에 대처할 수 있는 기술이 없기 때문에 공격적이 되고 다른 영아에게 상해를 입힐 수 있다는 것을 이해하고 사전에 대처

한다.

- 넉넉한 수의 놀잇감을 준비하고 똑같은 놀잇감을 여러 개 마련하여, 분쟁을 사전에 예방하도록 한다.
- 영아가 다른 친구들과 함께 놀이하고 생활하기 위해서 지켜야할 기본적인 규칙과 약속이 있다는 것을 알고 지킬 수 있도록 일관성 있게 지도한다.
- 동일한 놀잇감을 서로 소유하려고 싸울 때 교사는 인내심을 가지고 영아가 자신의 충동과 행동을 통제할 수 있도록 도와준다.

3) 만 3세 이상 유아

(1) 수준별 내용

자기 존중감을 기르고, 자신과 타인의 정서를 이해하고 표현하며, 다른 사람과 더불어 생활하고, 자신을 둘러싼 사회현상에 관심을 가지며 이해한다.

- 자신의 독특한 자아에 대해 인식하고 자신감과 독립심을 기른다.
- 자신과 타인의 정서를 이해하고 표현하며, 자신의 정서를 조절하고 활용한다.
- 다른 사람과의 관계를 이해하고 더불어 살아가는 능력을 기른다.
- 자신을 둘러싼 사회현상에 관심을 가지고 이해한다.

(2) 보육교사의 역할

만 3세 이상 유아를 위한 사회관계의 내용범주에 따른 보육교사의 역할을 살펴보면 다음과 같다.

<표 6-12> 만 3세 이상 유아의 수준별 내용 - 사회관계

<table>
<tr><th>내용
범주</th><th>내 용</th><th>1수준</th><th>2수준</th><th>3수준</th></tr>
<tr><td rowspan="7">자기
존중</td><td rowspan="2">자신의
소중함을 알기</td><td colspan="2">자신과 다른 사람의 같은 점과 다른 점을 안다.</td><td>자신과 다른 사람의 같은 점을 인식하고 차이점을 인정한다.</td></tr>
<tr><td colspan="3">자신에 대해 긍정적으로 생각하고, 자신의 소중함을 안다.</td></tr>
<tr><td rowspan="3">자신감과
독립심 기르기</td><td colspan="2">자신이 할 수 있는 일을 알고 실천한다.</td><td>자신이 할 수 있는 일을 혼자서 자신 있게 해본다.</td></tr>
<tr><td colspan="2">자신이 하고 싶은 일을 선택하여 한다.</td><td>자신이 하고 싶은 일을 계획하고 마무리 한다.</td></tr>
<tr><td colspan="2"></td><td>자신감과 독립심을 가지고 새로운 경험을 시도한다.</td></tr>
<tr><td rowspan="2">성정체감 ·
양성 평등하기</td><td>자신의 성별을 안다.</td><td>남자와 여자의 특성과 차이를 안다.</td><td>자신이 일생동안 같은 성을 가지며, 외모와 행동이 변해도 성은 변하지 않음을 안다.</td></tr>
<tr><td></td><td colspan="2">양성평등 의식을 갖는다.</td></tr>
<tr><td rowspan="5">정서
인식과
조절</td><td rowspan="2">자신과 다른
사람의 다양한
정서를
인식하고
표현하기</td><td colspan="2">자신과 다른 사람이 다양한 정서를 가질 수 있음을 인식한다.</td><td>자신과 다른 사람의 다양한 정서를 이해하고 공감한다.</td></tr>
<tr><td colspan="3">다른 사람과 상황을 고려하여 자신의 정서를 긍정적인 방법으로 표현한다.</td></tr>
<tr><td rowspan="3">자신의 정서를
조절하고
활용하기</td><td colspan="3">자신의 정서를 긍정적으로 조절한다.</td></tr>
<tr><td></td><td colspan="2">자신의 정서가 다른 사람에게 미치는 영향을 이해한다.</td></tr>
<tr><td colspan="2"></td><td>문제해결과정에서 적절한 정서를 활용한다.</td></tr>
<tr><td rowspan="8">사회적
관계</td><td rowspan="3">가족과
화목하게
지내기</td><td colspan="3">가족의 소중함을 안다.</td></tr>
<tr><td colspan="2">가족구성원을 안다.</td><td>다양한 가족구조가 있음을 이해한다.</td></tr>
<tr><td colspan="2">가족을 위하여 내가 할 수 있는 일을 한다.</td><td>가족이 행복해지기 위해서는 함께 노력해야 함을 이해한다.</td></tr>
<tr><td rowspan="3">또래와
사이좋게
지내기</td><td colspan="3">다양한 상황에서 또래와 놀이하는 것을 즐긴다.</td></tr>
<tr><td colspan="3">또래와 협동한다.</td></tr>
<tr><td></td><td>자신과 다른 사람의 의견에 차이가 있음을 안다.</td><td>또래와의 갈등을 다양한 방법으로 해결한다.</td></tr>
<tr><td rowspan="2">공동체 정신
기르기</td><td colspan="3">도움이 필요할 때 또래 및 성인과 도움을 주고받는다.</td></tr>
<tr><td colspan="2">자신이 속한 집단의 구성원으로서 소속감을 갖는다.</td><td>집단 구성원의 상호협조적인 관계를 이해하고 협력한다.</td></tr>
</table>

		어린이집, 가정, 사회에서 지켜야할 규칙에 따른다.		교실에서 필요한 규칙을 협의하여 만들어 지킨다.
		자신의 소유물과 다른 사람의 소유물을 구별한다.		자신과 다른 사람의 감정과 권리, 소유물을 존중한다.
사회적 지식	지역사회에 관심 가지고 이해하기	우리 동네의 이름을 안다.	우리 동네의 좋은 점을 안다.	
		우리 동네에 있는 익숙한 기관의 위치를 알아본다.		지도에서 자신에게 의미 있는 곳을 찾아본다.
				시간의 흐름에 따른 지역사회의 변화를 안다
	우리나라에 관심 가지고 이해하기	우리나라 명절과 풍습 등의 전통문화에 대하여 알아보고 경험한다.		
		우리나라를 상징하는 것을 안다.		국경일을 알고 기념한다.
			남북분단에 대해 관심을 갖는다.	통일에 대해 관심을 갖는다.
	세계 여러 문화에 관심 가지기	세계 여러 나라의 사람들에 대해 관심을 갖는다.		
			세계 여러 나라의 이름과 상징, 문화적 특징에 대해 관심을 갖는다.	
				평화를 위해 세계 여러 나라가 협력해야 함을 안다.
		다양한 능력과 문화를 존중한다.		
				자신과 다른 사람이 차이점 때문에 어려움을 겪을 때 적극적으로 대처한다.
	경제생활에 관심 가지고 이해하기	물건을 사기 위해서는 돈이 필요함을 안다.	돈의 가치를 안다.	돈의 소중함을 알고, 아껴 쓰며 저축한다.
			필요한 물건과 원하는 물건의 차이를 안다.	계획을 세워 물건을 구입해 본다.
		다양한 직업에 관심을 갖는다.	다양한 직업의 특성을 안다.	자신의 장래의 직업에 대해 관심을 갖는다.
			직업의 가치를 알고 다양한 직업에 종사하는 사람에게 고마운 마음을 갖는다.	

① 자기 존중

- 유아가 자기 자신에 대해 알아나가며 자아를 형성하는 과정에서 자신은 남과 다른 독특하고 소중한 존재임을 깨달을 수 있도록 한다.
- 훈육이 필요할 경우에는 유아가 사랑을 느낄 수 없는 체벌이나 벌은 피하고, 어떤 행동이 좋고 나쁜지를 토론하는 민주적인 태도를 갖게 하여 자신이 존중과 신뢰를 받고 있다고 느끼도록 한다.
- 가족은 유아의 자아 존중감에 절대적인 영향을 미치므로, 가정에서도 부모와 형제가 유아를 존중하고 독립된 존재로서 자신감을 갖게 도와줄 수 있도록 부모교육을 실시한다.
- 교사는 유아에게 항상 관심을 갖고 애정표현을 자주 해준다.
- 유아가 자신의 성을 명확히 알 수 있고, 일생동안 같은 성을 갖게 된다는 것을 이해하며 양성평등 의식을 가질 수 있도록 돕는다.

② 정서인식과 조절

- 유아가 자신의 정서나 감정을 정확하게 인식하고 이를 적절한 방법으로 표현하도록 돕는다.
- 유아가 해서는 안되는 일이나 행동을 하고 싶은 유혹에 대해 스스로 자제할 수 있도록 자기조절 능력을 키워준다.
- 상상놀이, 책보기, 다양한 예술적 경험 등을 통하여 유아가 감정에 대해 배우고 정서를 이해할 수 있는 기회를 자주 제공한다.
- 유아의 감정변화에 대하여 민감하게 반응해 주어 자신의 감정이 주변에 영향을 미칠 수 있음을 깨닫게 해준다.
- 유아의 감정을 언어로 표현해주어 유아가 다양한 정서 및 감정의 범주를 배우고 다른 사람의 감정에 대한 이해의 폭을 넓히도록 도와준다.
- 일상생활에서 '미안해', '고마워' 등의 사회적으로 바람직한 언어를 자주 사용하여 적절하게 감정을 표현하는 기회를 가질 수 있도록 한다.

③ 사회적 관계

- 유아가 독립적으로 또는 협동하여 활동할 수 있도록 실내와 실외 공간을 효율적으로 구성한다.
- 유아의 사회적 능력을 발달시키기 위해 집단토의, 역할놀이, 게임, 견학 등의 다양한 활동을 통합적으로 제공한다.
- 공동체의 구성원으로서 소속감을 갖도록 '나의 가족', '우리 교실의 친구들'이란 책을 만들어 본다.
- 유아에게 타인과 나누고, 협력하고, 문제해결을 할 수 있도록 다양한 공동작업의 기회를 제공한다.

④ 사회적 지식

- 기관과 지역사회 구성원으로서의 자부심을 갖도록 한다.
- 유아가 실내 · 외의 공간을 탐색하면서 환경과 공간의 방향에 대해 알아가고, 주변 세계 사람들의 삶의 변화에 대해 관심을 갖도록 돕는다.
- 유아들이 지리적 세계를 탐색할 수 있도록 교실 공간을 높은 곳과 낮은 곳, 개방영역과 반개방영역 등으로 다양하게 구성하고, 교실의 지도를 만들어 본다. 다양한 지도, 여행안내 책자, 다른 지역 엽서 등을 전시한다.
- 기념일이나 국경일과 관련된 활동을 하기 위해 관련 기관을 방문하거나 자원 인사를 교실에 초청한다.
- 세계 여러 나라에 대한 이해를 돕기 위해 신문이나 컴퓨터를 활용하여 여러 나라의 정치, 경제, 문화, 풍속 등에 대해 알아 볼 수 있도록 한다.
- 다양한 가족구조나 구성원이 있는 사진이나 그림 자료를 제공하여 각 가정 안에 다양한 문화와 가치, 태도가 있음을 이해하도록 돕는다.
- 경제교육을 위해 가정과 연계하여 부모들이 평소에 유아와 함께 물건을 구매할 계획을 세우고, 구매해 보는 경험을 하게 격려함으로써 소비자로서 권리와 책임을 갖도록 돕게 한다.

제4절 의사소통

1. 목표와 연령별 내용체계

의사소통 영역은 영유아가 듣고 말하는 것을 즐거워하고, 상황에 맞는 언어를 익히도록 하며, 기초적인 문해 능력과 바르고 즐거운 언어생활 태도를 가지도록 하고, 일상생활에 필요한 의사소통 능력을 기르기 위한 것이다.

- 다른 사람의 이야기를 주의 깊게 듣는 태도와 이해력을 기른다.
- 바른 태도와 정확한 발음으로 자신의 느낌, 생각, 경험을 말로 표현하는 능력을 기른다.
- 주위의 사람들과 대화하고 여럿이 함께 토론하며 서로의 의견을 나누는 경험을 갖는다.
- 글과 글자에 친숙해지는 경험을 통해 읽기와 쓰기에 흥미를 갖는다.

의사소통은 크게 4가지 내용범주 즉, 듣기, 말하기, 읽기, 쓰기로 구성되어 있으며 연령에 따른 구체적인 내용요소로 되어 있다.

2. 수준별 내용과 보육교사의 역할

의사소통의 내용은 만 2세 미만 영아는 3수준으로, 만 2세아 영아는 2수준으로, 만 3세~5세 유아는 3수준으로 나누어 그 내용과 보육교사의 역할을 제시하고 있다.

<표 6-13> 의사소통 영역의 연령별 내용체계

내용범주	만 2세 미만	만 2세	만 3~5세
듣기	· 소리 구분하여 듣기 · 경험과 관련된 말의 의미 알기 · 운율이 있는 말 듣기	· 말소리 구분하여 듣기 · 말소리 듣고 의미 알기 · 운율이 있는 말 듣고 즐기기	· 어휘의 발음 경청하기 · 낱말과 문장을 듣고 이해하기 · 이야기 듣고 이해하기 · 동요, 동시, 동화 듣기 · 바른 태도로 듣기
말하기	· 발성과 발음으로 소리내기 · 친숙한 사물의 이름 말하기 · 말소리와 몸짓으로 의사표현하기	· 바른 발음 시도하기 · 사물의 이름 말하기 · 자신의 느낌과 생각 말하기 · 행동에 맞는 말하기	· 바르게 발음하여 말하기 · 낱말과 문장으로 말하기 · 자신의 느낌, 생각, 경험 말하기 · 상황에 맞는 언어 사용하기 · 바른 태도로 말하기
읽기	· 읽어 주는 짧은 글에 흥미 가지기 · 그림책에 흥미 가지기	· 글자 모양에 흥미 가지기 · 읽어 주는 글 즐기기 · 그림책에 흥미 가지기	· 읽기에 흥미 가지기 · 동요, 동시, 동화 읽기 · 읽어 주는 글 이해하기 · 그림책 읽기를 즐기기
쓰기	· 긁적거리기를 시도하기 · 쓰기 도구에 흥미 가지기	· 긁적거리기 · 쓰기 도구에 흥미 가지기	· 낱말과 문장으로 쓰기에 흥미 가지기 · 자신의 느낌, 생각, 경험 쓰기에 흥미 가지기 · 쓰기 도구 및 매체 사용하기 · 말과 글의 관계 알기

1) 만 2세 미만 영아

(1) 수준별 내용

듣고 말하는 것을 즐거워하고, 상황에 따라 적절한 언어를 표현한다.

- 주변의 소리와 말소리를 듣고 좋아하며 반응한다.
- 몸짓과 소리로 의사를 표현하여 주고받기를 즐긴다.
- 그림책에 관심을 보이며, 긁적거리기를 시도한다.

<표 6-14> 만 2세 미만 영아의 수준별 내용 - 의사소통

<table>
<tr><th>내용 범주</th><th>내 용</th><th>1수준</th><th>2수준</th><th>3수준</th></tr>
<tr><td rowspan="5">듣기</td><td rowspan="2">소리 구분하여 듣기</td><td colspan="3">다양한 소리와 말소리 듣기에 흥미를 보인다.</td></tr>
<tr><td></td><td colspan="2">익숙한 목소리를 듣고 반응한다.</td></tr>
<tr><td rowspan="2">경험과 관련된 말의 의미 알기</td><td colspan="2">일상적인 행동과 말소리를 연결하여 듣는다.</td><td>행동과 관련된 말을 듣고 따른다.</td></tr>
<tr><td></td><td colspan="2">익숙한 사물의 명칭과 자신의 이름을 알아듣는다.</td></tr>
<tr><td>운율이 있는 말 듣기</td><td colspan="3">운율이 있는 짧은 말소리 듣기를 즐긴다.</td></tr>
<tr><td rowspan="5">말하기</td><td rowspan="2">발성과 발음으로 소리내기</td><td>다양한 소리를 내고, 옹알이를 한다.</td><td colspan="2">다양한 말소리를 낸다.</td></tr>
<tr><td colspan="2">옹알이와 말소리에 대해 말로 반응해 주면 모방하여 소리 낸다.</td><td>교사의 말을 모방하여 발음한다.</td></tr>
<tr><td>친숙한 사물의 이름 말하기</td><td colspan="2">친숙한 사물을 지칭하여 말하려 한다.</td><td>친숙한 사물의 이름을 말한다.</td></tr>
<tr><td rowspan="2">말소리와 몸짓으로 의사표현하기</td><td colspan="3">필요에 따라 소리와 몸짓을 사용한다.</td></tr>
<tr><td colspan="2"></td><td>말로 의사 표현을 한다.</td></tr>
<tr><td rowspan="3">읽기</td><td>읽어주는 짧은 글에 흥미가지기</td><td colspan="3">리듬감 있게 읽어 주는 말소리를 즐겨 듣는다.</td></tr>
<tr><td rowspan="2">그림책에 흥미 가지기</td><td colspan="2">그림책 속에 있는 친숙한 그림이나 사진을 본다.</td><td>이야기를 들을 때 그림을 알아본다.</td></tr>
<tr><td></td><td colspan="2">선호하는 그림책을 자주 본다.</td></tr>
<tr><td rowspan="3">쓰기</td><td rowspan="2">긁적거리기를 시도하기</td><td></td><td colspan="2">팔 전체를 사용하여 마음대로 긁적거린다.</td></tr>
<tr><td colspan="2"></td><td>자신의 긁적거리기에 관심을 갖는다.</td></tr>
<tr><td>쓰기 도구에 흥미 가지기</td><td></td><td colspan="2">종이와 쓰기 도구를 반복하여 탐색한다.</td></tr>
</table>

(2) 보육교사의 역할

내용범주에 따른 보육교사의 역할을 살펴보면 다음과 같다.

① 듣기

· 소리의 감각적인 자극에 관심을 가지고, 익숙한 말소리에 반응하며, 표

정과 몸짓을 통해 말의 뜻을 알아듣는 수준까지의 듣기 활동이 이루어지도록 한다.

- 영아가 언어로 상호작용하지 않더라도 많은 부분을 말로 반응하여 풍부한 언어적 자극을 제공한다.
- 자유롭게 만지고 흔들어서 소리 내는 놀잇감을 제공하고, 손뼉, 두드리기, 콧노래, 노래 등을 들려주어, 영아의 주의를 끌어보도록 한다.

② 말하기

- 다양한 소리와 옹알이를 시도하고, 말소리 내기를 즐기며, 말소리와 몸짓으로 자신의 의사를 교사와 주고받아 보는 수준의 말하기 활동이 이루어지도록 한다.
- 영아가 쿠잉과 옹알이로 소리 낼 때 말을 하는 것처럼 여기고 들어주며, 눈을 맞추고 정다운 목소리로 반응하여 교사의 말을 영아가 모방하여 말해보도록 한다.
- 인형이나 그림, 사진, 그림책 같은 다양한 자료를 구비하여 언어적 상호작용이 많이 발생할 수 있는 환경을 마련해 주고, 매일 매일 대화를 통해 영아가 새로운 말과 발음을 익히며 의사소통 기술을 증진시킬 수 있도록 한다.

③ 읽기

- 작은 그림책 들고 다니기, 그림 보기, 책장 넘기기 등 그림책이 가지고 있는 속성 자체에 대한 관심에서부터, 리듬감 있게 읽어주는 말소리를 즐기고, 좋아하는 그림책을 읽어달라고 요구하는 수준까지의 읽기 활동이 이루어지도록 한다.
- 넘기기 쉬운 딱딱한 종이책, 여러 가지 촉감을 느낄 수 있는 헝겊 책, 비닐책 등 다양한 책을 제공해 준다.
- 그림책을 읽어줄 때 "깡총 깡총, 토끼가 어디 있지?" 같이 물어보아, 이야기를 들으며 그림을 함께 보도록 해준다.

④ 쓰기

- 움직임을 통한 즐거움이나 그을 때마다 나타나는 흔적을 즐기는 수준까지의 긁적거리기 활동이 이루어지도록 한다.
- 딸랑이나 까꿍 놀잇감 등과 같이 간단한 손동작으로 작동되는 놀잇감을 이용하여, 손의 소근육을 사용하고 손과 팔을 의도적으로 움직여볼 수 있도록 해준다.
- 종이와 무독성 크레용 등의 쓰기 도구를 제공하여 마음껏 긁적거려 보도록 격려하고, 영아가 긁적거린 것에 관심을 보여준다.

2) 만 2세 영아

(1) 수준별 내용

듣고 말하는 것을 즐거워하고, 상황에 맞는 언어를 익힌다.

- 주변의 소리와 말소리를 듣고 좋아하며 반응한다.
- 생각과 느낌을 말로 주고받기를 즐긴다.
- 그림책에 관심을 가지며, 긁적거리기를 좋아한다.

(2) 보육교사의 역할

내용범주에 따른 보육교사의 역할을 살펴보면 다음과 같다.

① 듣기

- 사람의 말소리를 구분하여 듣는데서 부터 짧은 이야기와 노래에 담긴 운율 있는 말을 듣고 즐기는 수준으로 까지 듣기 활동이 이루어지도록 한다.
- 교사는 일상의 활동에서 “수돗물이야. 손 씻자. 물소리가 졸~졸 나네. 더 세게 ‘콸콸’ 해볼까?” 식의 말을 영아에게 들려주도록 한다.

· 교사는 영아에게 보통의 목소리, 큰 소리, 작은 소리, 귀에 속삭이는 소리 등으로 변화 있게 말해줌으로써 영아가 소리크기에 따른 감정을 느끼고 집중해서 듣는 태도를 기르도록 한다.
· 교사가 하고 있는 일이나 생각을 영아에게 짧은 이야기로 들려줌으로써 영아가 상황에 적절한 어휘와 표현을 익히도록 한다.

<표 6-15> 만 2세아 영아의 수준별 내용 - 의사소통

<table>
<tr><th>내용 범주</th><th>내 용</th><th>1수준</th><th>2수준</th></tr>
<tr><td rowspan="4">듣기</td><td rowspan="2">말소리 구분하여 듣기</td><td colspan="2">높낮이와 세기 등 말소리의 차이를 구분한다.</td></tr>
<tr><td></td><td>다양한 말소리에 담긴 감정을 느낀다.</td></tr>
<tr><td>말소리 듣고 의미 알기</td><td colspan="2">요구한 말에 따라 행동한다.</td></tr>
<tr><td>운율이 있는 말 듣고 즐기기</td><td>짧은 이야기와 노랫말 듣기를 즐긴다.</td><td>짧은 이야기와 노랫말을 듣고 따라한다.</td></tr>
<tr><td rowspan="6">말하기</td><td>바른 발음 시도하기</td><td colspan="2">바른 발음으로 말하기를 시도한다.</td></tr>
<tr><td>사물의 이름 말하기</td><td colspan="2">사물의 이름을 알아보고 말하기를 즐긴다.</td></tr>
<tr><td rowspan="2">자신의 느낌과 생각 말하기</td><td colspan="2">원하는 것을 말로 요구한다.</td></tr>
<tr><td></td><td>자신의 감정을 말로 표현한다.</td></tr>
<tr><td rowspan="2">행동에 맞는 말하기</td><td colspan="2">먹는다, 잔다와 같은 행동에 맞는 말을 한다.</td></tr>
<tr><td></td><td>고마워, 반가워 등 상황에 맞는 말을 한다.</td></tr>
<tr><td rowspan="5">읽기</td><td>글자 모양에 흥미 가지기</td><td>여러 가지 모양을 탐색한다.</td><td>글자의 기초가 되는 모양을 구분한다.</td></tr>
<tr><td rowspan="2">읽어 주는 글 즐기기</td><td colspan="2">읽어 주는 글에 관심을 갖는다.</td></tr>
<tr><td></td><td>글자를 읽는 흉내를 낸다.</td></tr>
<tr><td rowspan="2">그림책에 흥미 가지기</td><td colspan="2">그림책에 있는 그림과 내용에 관심을 갖는다.</td></tr>
<tr><td colspan="2">그림책을 보고 흉내를 낸다.</td></tr>
<tr><td rowspan="2">쓰기</td><td>긁적거리기</td><td>의도적으로 긁적거린다.</td><td>글자형태로 긁적거린다.</td></tr>
<tr><td>쓰기도구에 흥미가지기</td><td colspan="2">여러 가지 쓰기 도구를 가지고 논다.</td></tr>
</table>

② 말하기

- 말하는 것을 즐거워하는 데서부터 단순한 행동이나 상황에 적절한 말을 할 수 있도록 하는 수준까지 말하기 활동이 이루어지도록 한다.
- 말하고 싶은 것은 많으나 표현이 잘 안 되는 시기이므로, 교사는 영아가 천천히 말할 수 있도록 기다려주고 열심히 들어주도록 한다.
- 가작화 활동이 활발해지는 시기이므로 전화(마이크)놀이, 인형놀이 등을 통하여 혼잣말을 하거나 어른의 말투를 모방한 인형과의 대화놀이를 할 수 있도록 환경을 마련해준다

③ 읽기

- 책에는 그림과 글자가 있다는 것을 인식하는 데서부터, 교사가 읽어주는 글에 관심을 갖고 그림책을 읽는 흉내를 내는 수준까지 읽기 활동이 이루어지도록 한다.
- 이 시기에 들었던 많은 이야기들이 중요한 언어적 정보가 된다는 점에서, 교사는 그림책을 많이 읽어주고 일상과 관련된 이야기나 자연의 변화에 대한 감정표현 하기 등 언어적 자극을 제공하도록 한다.
- 천으로 된 그림책, 그림과 글자가 함께 있는 광고지, 영아의 사진이 들어있는 가족 앨범 등을 비치해 놓도록 한다.

④ 쓰기

- 긁적거리며 놀이하면서 손목의 힘이 길러지고, 자신만의 그림을 그리며, 글자와 유사한 모양을 그려내기도 하고, 긁적거림 속에 영아의 생각이 담기는 혼잣말을 하는 등의 쓰기 활동이 이루어지도록 한다.
- 교사는 영아에게 무해한 크레파스나 두꺼운 펜, 커다란 도화지, 신문지, 달력 뒷장 등을 제공 하도록 한다.

3) 만 3세 이상 유아

(1) 수준별 내용

일상생활에 필요한 의사소통 능력 및 기초적인 문해 능력을 기르고, 바른 언어생활 태도와 습관을 형성한다.

- 다른 사람의 이야기를 주의 깊게 듣는 태도와 이해력을 기른다.
- 자신의 느낌, 생각, 경험을 말로 표현하는 능력을 기른다.
- 바른 태도와 바른 발음으로 말하는 능력을 기른다.
- 주위의 사람들과 대화하고 여럿이 함께 토론하며 서로의 의견을 나누는 경험을 갖는다.
- 글과 글자에 친숙해지는 경험을 통해 읽기와 쓰기에 흥미를 갖는다.

(2) 보육교사의 역할

내용범주에 따른 보육교사의 역할을 살펴보면 다음과 같다.

① 듣기

· 유아의 듣기 활동은 어휘 각각의 발음에 주의를 기울여 듣는 수준에서부터 낱말과 문장, 이야기를 듣고 이해하는 수준에 이르기까지 유아의 듣기 활동이 이루어지도록 한다.

· 교사는 유아가 말소리와 이야기에 관심을 가지도록 동물, 우리가족, 주말지낸 이야기와 같이 유아가 좋아하는 주제의 이야기를 들려준다.

· 교사는 유아가 이해하기 쉽게 간단명료하게 말한다.

· 교사는 유아가 이야기할 때 무릎을 낮추고 유아의 눈을 주시하며, 유아의 이야기를 적극적으로 듣는다.

· 교사는 융판동화, 막대동화와 같은 다양한 종류의 동화 및 생활주제와 관련된 동화, 동시, 동요를 담고 있는 카세트테이프와 CD, 그리고 카세트레코더, CD플레이어, 헤드폰, 동요, 동시, 동화를 담고 있는CD-ROM, 컴퓨터, 프린터 등을 언어영역에 제공한다.

<표 6-16> 만 3세 이상 유아의 수준별 내용 - 의사소통

<table>
<tr><th>내용
범주</th><th>내 용</th><th>1수준</th><th>2수준</th><th>3수준</th></tr>
<tr><td rowspan="13">듣기</td><td rowspan="2">어휘의 발음 경청하기</td><td colspan="3">어휘 각각의 발음에 관심을 갖는다.</td></tr>
<tr><td colspan="3">유사한 발성의 어휘를 주의 깊게 구별하여 듣는다.</td></tr>
<tr><td rowspan="3">낱말과 문장 듣고 이해하기</td><td colspan="3">일상생활과 관련된 낱말과 문장을 듣고 의미를 이해한다.</td></tr>
<tr><td colspan="2">교사가 제시하는 사항을 듣고 따른다.</td><td></td></tr>
<tr><td></td><td colspan="2">주어진 질문에 적절하게 대답한다.</td></tr>
<tr><td rowspan="3">이야기 듣고 이해하기</td><td colspan="3">이야기를 듣고 내용을 이해한다.</td></tr>
<tr><td colspan="3">이야기를 듣고 기억하여 다시 말한다.</td></tr>
<tr><td></td><td colspan="2">이야기를 듣고 궁금한 것에 대해 질문한다.</td></tr>
<tr><td rowspan="2">동요, 동시, 동화 듣기</td><td colspan="3">동요, 동시, 동화를 다양한 매체를 통하여 듣는다.</td></tr>
<tr><td></td><td colspan="2">동화, 동시, 동요를 듣고 자신의 느낌을 다양하게 표현한다.</td></tr>
<tr><td rowspan="3">바른 태도로 듣기</td><td colspan="3">다른 사람이 이야기 할 때 주의 깊게 듣는다.</td></tr>
<tr><td rowspan="2"></td><td colspan="2">다른 사람의 이야기를 조용하게 눈을 맞추며 끝까지 듣는다.</td></tr>
<tr><td colspan="2">주의 깊게 듣고 있음을 나타내는 반응을 보이며 이야기의 내용을 이해하려 집중하여 듣는다.</td></tr>
<tr><td rowspan="13">말하기</td><td rowspan="2">바르게 발음하여 말하기</td><td colspan="3">여러 가지 어휘를 바르게 발음한다.</td></tr>
<tr><td></td><td colspan="2">정확한 발음으로 또렷하게 말한다.</td></tr>
<tr><td rowspan="3">낱말과 문장으로 말하기</td><td colspan="2">일상생활의 경험을 낱말과 문장으로 말한다.</td><td></td></tr>
<tr><td></td><td colspan="2">낱말과 문장을 문맥에 맞게 말한다.</td></tr>
<tr><td colspan="2"></td><td>여러 가지 상황을 다양한 어휘로 말한다.</td></tr>
<tr><td rowspan="5">자신의 느낌, 생각, 경험 말하기</td><td colspan="3">자신의 느낌, 생각, 경험을 다른 사람에게 말한다.</td></tr>
<tr><td></td><td colspan="2">경험한 것을 동시나 간단한 동화로 꾸며 말한다.</td></tr>
<tr><td></td><td colspan="2">주제를 정하여 함께 이야기를 나눈다.</td></tr>
<tr><td></td><td colspan="2">간단한 내용의 말을 듣고 다른 사람에게 내용을 전달한다.</td></tr>
<tr><td colspan="3">자신의 느낌, 생각, 경험을 다른 사람이 알아듣도록 말한다.</td></tr>
<tr><td rowspan="2">상황에 맞는 언어 사용하기</td><td rowspan="2">듣는 사람에게 적절하게 말한다.</td><td colspan="2">듣는 사람 및 때와 장소에 알맞게 말한다.</td></tr>
<tr><td colspan="2">듣는 사람의 생각과 느낌을 고려하여 말한다.</td></tr>
<tr><td>바른 태도로</td><td colspan="3">듣는 사람을 마주 보며 말한다.</td></tr>
</table>

<table>
<tr><td></td><td>말하기</td><td>말할 차례를 지켜 말한다.</td><td colspan="2">상대방을 향해 단정한 자세와 바른 태도로 차례를 지켜 말한다.</td></tr>
<tr><td rowspan="12">읽기</td><td rowspan="4">읽기에 흥미 가지기</td><td colspan="3">일상생활에서 자주 접하는 글자를 흥미를 가지고 읽어본다.</td></tr>
<tr><td colspan="3">다양한 읽기놀이를 한다.</td></tr>
<tr><td></td><td colspan="2">자신의 이름을 알아본다.</td></tr>
<tr><td></td><td colspan="2">주변에서 자주 보는 글자를 읽는다.</td></tr>
<tr><td rowspan="2">동요, 동시, 동화 읽기</td><td colspan="3">동요, 동시, 동화를 다양한 매체를 이용하여 읽어 본다.</td></tr>
<tr><td></td><td colspan="2">동요, 동시, 동화를 읽고 자신의 느낌을 다양하게 표현한다.</td></tr>
<tr><td rowspan="2">읽어 주는 글 이해하기</td><td colspan="3">읽어 주는 글의 내용에 관심을 갖는다.</td></tr>
<tr><td></td><td colspan="2">읽어 주는 내용에 대해 서로 이야기를 나눈다.</td></tr>
<tr><td rowspan="4">그림책 읽기를 즐기기</td><td colspan="3">책에 흥미를 가지고 그림책을 즐겨 본다.</td></tr>
<tr><td colspan="3">좋아하는 책을 자주 본다.</td></tr>
<tr><td colspan="3">책을 소중하게 다룬다.</td></tr>
<tr><td colspan="2">궁금한 것이 있을 때는 교사와 함께 책을 찾아본다.</td><td>스스로 다양한 주제의 그림책을 찾아 읽는다.</td></tr>
<tr><td rowspan="7">쓰기</td><td rowspan="3">낱말과 문장으로 쓰기에 흥미 가지기</td><td>낱말과 문장을 그림으로 표현하거나 긁적거린다.</td><td colspan="2">낱말과 문장을 글자와 비슷한 형태나 글자로 쓴다.</td></tr>
<tr><td></td><td colspan="2">글자를 보고 모방하여 쓰기를 한다.</td></tr>
<tr><td colspan="2"></td><td>자신의 이름을 쓴다.</td></tr>
<tr><td rowspan="2">자신의 느낌, 생각, 경험 쓰기에 흥미 가지기</td><td>자신의 느낌, 생각, 경험을 그림으로 표현하거나 긁적거린다.</td><td colspan="2">자신의 느낌, 생각, 경험을 글자와 비슷한 형태나 글자로 쓴다.</td></tr>
<tr><td></td><td colspan="2">다른 사람에게 하고 싶은 이야기를 그림이나 글자로 쓴다.</td></tr>
<tr><td>쓰기 도구와 매체 사용하기</td><td colspan="3">다양한 필기구와 종이 및 키보드나 마우스 등 기타 쓰기 관련 매체를 사용한다.</td></tr>
<tr><td>말과 글의 관계 알기</td><td colspan="3">유아의 말을 교사가 글로 받아 적을 때, 말이 글로 바뀌는 과정에 관심을 갖는다.</td></tr>
</table>

② 말하기

- 유아의 말하기 활동은 일상생활에 필요한 낱말과 문장을 자유롭게 말하는 수준에서부터 자신의 느낌, 생각, 경험을 문맥에 맞게 말하는 수준에까지 포함한다.
- 교사는 여러 가지 말소리를 편하게 발음하기부터 정확한 발음으로 또렷하게 말하는 수준에 이르기까지 유아의 말하기 활동이 이루어지도록 돕는다.
- 교사는 유아가 일상생활에서 접하는 여러 사물과 상황, 자신의 느낌, 생각, 경험에 대해 직접 언급할 수 있도록 개방적인 분위기를 조성하고, 다양한 질문을 하여 유아에게 말할 기회를 준다.
- 교사는 존댓말, 예삿말, 반말 등으로 듣고 있는 상대방과 상황에 적절하게 말할 수 있는 예절 및 관련된 어휘를 유아에게 들려준다.
- 교사는 생활주제와 관련된 수수께끼 카드, 화보, 손인형, 손가락 인형, 인형극 틀 등의 교구를 제공하여 유아의 말하기 활동을 지원한다.

③ 읽기

- 유아의 읽기 활동은 일상생활에서 접하는 글자에 관심을 갖는 수준에서부터 주변에서 자주 보는 글자를 읽는 수준까지 포함한다.
- 교사는 그림책에서 그림으로 책 내용을 이해하는 수준에서부터 자주 보는 그림책에서 아는 글자를 읽고, 궁금한 것에 대해 책을 찾아보는 수준에 이르기까지 유아의 그림책 읽기 활동이 이루어지도록 돕는다.
- 교사는 유아가 글씨를 서툴게 읽더라도 다시 한번 읽어주며 유아의 읽고자 하는 욕구를 격려한다.
- 교사는 다양한 인쇄물(신문, 안내책자 등)을 제공하고, 교실에 있는 사물, 영역 표시판, 친구이름, 옷장 이름표 등을 문자로 적어 게시한다.
- 교사는 언어영역에 생활주제와 관련된 동화 CD-ROM, 컴퓨터, 테이블동화, 자석동화와 같은 다양한 종류의 동화, 퍼즐, 읽기게임 교구 등을 제공하여 유아가 다양한 매체를 이용하여 읽을 수 있도록 한다.

· 교사는 발달에 적합한 다양한 주제 및 형식의 그림책을 제공하고, 개별 소집단 · 대집단으로 그림책을 읽어준다.

④ 쓰기

· 유아의 쓰기 활동은 유아가 낱말과 문장, 자신의 느낌, 생각, 경험을 그림으로 표현하는 수준에서부터 글자와 비슷한 형태, 맞춤법이 맞지 않는 글자 및 유아에게 친숙한 글자를 글자로 쓰는 수준까지 포함된다.
· 교사는 유아의 느낌, 생각, 경험을 유아가 하는 말로 받아 적어 주며, 글로 표현되는 과정을 보여준다.
· 교사는 맞춤법이나 예쁜 글씨체보다 유아의 쓰고자 하는 욕구 및 글의 내용에 초점을 맞춰 상호작용 함으로써 유아가 '쓴다'는 사실에 흥미를 가질 수 있도록 격려한다.
· 교사는 유아에게 "○○이의 생일인데 어떤 말을 해주고 싶니? 카드에 써볼까?" 등의 질문을 함으로써 자신의 생각을 자연스럽게 적을 수 있도록 편지쓰기와 같은 짧은 글 쓰기 또는 놀이 시 필요한 쓰기 활동(병원 놀이 시 병원 이름 쓰기, 차트 쓰기 등) 등을 글자나 글자와 비슷한 형태로 써보기를 격려한다.
· 교사는 색연필, 사인펜, 연필 등 필기도구와 다양한 종이나 모래 글자판, 컴퓨터, 프린터 등의 쓰기 도구를 제공하여 유아가 다양한 매체를 이용하여 쓰기 활동을 할 수 있도록 한다.

제5절 자연탐구

1. 목표와 연령별 내용체계

자연탐구 영역은 영유아들이 다양한 감각과 호기심으로 주변 사물과 자연환경의 특징을 지각하고, 탐색하며, 이러한 과정에서 발생하는 의문점을 탐구하고 해결하는데 필요한 기초 능력과 태도를 기르기 위한 영역이다.

- 주변의 여러 가지 사물과 자연환경에 대해 지속적으로 호기심을 가진다.
- 일상생활의 여러 상황과 문제를 수학적으로 이해하고 해결하기 위한 기초 능력을 기른다.
- 주변의 여러 가지 사물과 자연환경을 탐구하고 이해하는데 필요한 기초 능력을 기른다.

자연탐구는 크게 3가지 내용범주 즉, 탐구적 태도, 수학적 탐구, 과학적 탐구로 구성되어 있으며 연령에 따른 구체적인 내용요소로 되어 있다.

2. 수준별 내용과 보육교사의 역할

자연탐구의 내용은 만 2세 미만 영아는 3수준으로, 만 2세 영아는 2수준으로, 만 3세~5세는 3수준으로 나누어 그 내용과 보육교사의 역할을 제시하고 있다.

<표 6-17> 자연탐구 영역의 연령별 내용체계

내용 범주	만 2세 미만	만 2세	만 3세～5세
탐구적 태도	· 주변의 사물과 환경에 관심 가지기 · 탐색 반복하기	· 주변의 사물과 환경에 호기심 가지기 · 반복적인 탐색 즐기기 · 문제해결에 관심가지기	· 주변의 사물과 환경에 지속적으로 호기심 가지기 · 탐구과정 즐기기 · 기초 탐구기술 활용하기
수학적 탐구	· 수량 지각하기 · 주변 공간 탐색하기 · 비교하기 · 간단한 규칙성 지각하기	· 수량 인식하기 · 공간과 도형 인식하기 · 비교하기 및 순서 인식하기 · 간단한 규칙성 인식하기 · 구분하기	· 수 개념 형성하기 · 공간 및 도형 개념 형성하기 · 측정하기 · 규칙성 이해하기 · 자료 수집 및 분석하기
과학적 탐구	· 주변의 사물 지각하기 · 주변 생명체에 관심가지기 · 자연 현상 지각하기	· 물체와 물질의 특성 탐색하기 · 주변 생명체의 외적 특성 알기 · 자연 현상 인식하기 · 생활 속의 도구와 기계에 관심 가지기	· 물체와 물질의 기본특성 알기 · 생명체와 환경과의 관계 알기 · 자연 환경 이해하기 · 도구와 기계 활용하기

1) 만 2세아 미만 영아

(1) 수준별 내용

주변 사물과 환경에 대하여 관심을 가지고 시각, 청각, 촉각 등의 다양한 감각과 조작을 사용하여 지각하고 반복적으로 탐색한다.

- 주변의 사물과 자연환경에 관심을 가진다.
- 감각과 조작을 통해 수학적 경험을 한다.
- 주변의 사물과 자연환경을 감각적으로 지각하고 탐색한다.

(2) 보육교사의 역할

내용범주에 따른 보육교사의 역할을 살펴보면 다음과 같다.

① 탐구적 태도

- 표정, 몸짓, 의성어와 의태어가 섞인 언어표현을 이용하여 영아와 감각적, 조작적 경험을 공유한다.
- 영아의 기질과 성향에 따라 조용하고 미세한 탐색을 주로 하는 영아가 있는가 하면, 반경이 크고 행동 강도가 높은 탐색을 즐기는 영아도 있다는 점을 고려한다.
- 반복적으로 탐색하는 것은 지속적으로 탐구하는 태도를 기르기 위한 기초요소로서 매우 중요함을 이해한다.
- 빨기를 이용한 탐색 욕구가 강한 시기이므로 영아가 작은 물건을 삼키거나 비위생적인 물건을 빨지 않도록 주변을 세심하게 정리한다.

<표 6-18> 만 2세 미만 영아의 수준별 내용 - 자연탐구

<table>
<tr><th>내용범주</th><th>내 용</th><th>1 수준</th><th>2 수준</th><th>3 수준</th></tr>
<tr><td rowspan="2">탐구적 태도</td><td>주변의 사물과 환경에 관심 가지기</td><td colspan="3">주변의 여러 가지 사물과 환경에 관심을 가진다.</td></tr>
<tr><td>탐색 반복하기</td><td>주변의 사물을 보고, 만지고 빨기를 반복한다.</td><td colspan="2">관심 있는 사물을 반복하여 탐색한다.</td></tr>
<tr><td rowspan="7">수학적 탐구</td><td>수량 지각하기</td><td>있고 없는 상황을 지각한다.</td><td>'있다'와 '없다'를 구별한다.</td><td>'한 개'와 '많은 것'을 구별한다.</td></tr>
<tr><td rowspan="3">주변 공간 탐색하기</td><td colspan="3">주변 공간을 탐색한다.</td></tr>
<tr><td></td><td colspan="2">물체가 없어지는 상황에 관심을 가지고 찾는다.</td></tr>
<tr><td></td><td colspan="2">다양한 물체의 모양을 지각한다.</td></tr>
<tr><td rowspan="2">비교하기</td><td colspan="3">사물의 여러 가지 속성을 탐색한다.</td></tr>
<tr><td colspan="3">크기 관련 어휘를 사용한다.</td></tr>
<tr><td>간단한 규칙성 지각하기</td><td colspan="3">간단한 규칙성을 지각한다.</td></tr>
<tr><td rowspan="5">과학적 탐구</td><td rowspan="2">주변의 사물 지각하기</td><td colspan="3">주변의 여러 가지 자극에 반응한다.</td></tr>
<tr><td></td><td colspan="2">보고 만지고 듣고 맛보는 등의 감각적 행위를 통하여 사물을 지각한다.</td></tr>
<tr><td rowspan="2">주변 생명체에 관심 가지기</td><td colspan="3">주변 환경의 움직이는 생명체를 지각한다.</td></tr>
<tr><td colspan="3">자신과 주변 사람의 신체 부분을 탐색한다.</td></tr>
<tr><td>자연 현상 지각하기</td><td colspan="3">주변의 자연 현상(바람, 해, 비, 눈 등)이 주는 시각적, 촉각적 자극을 느낀다.</td></tr>
</table>

② 수학적 탐구

· 일상생활 속에서 '하나, 둘, 있다, 없다, 많다, 적다, 여기, 저기' 등의 어휘를 사용함으로써 영아들이 수학적 용어를 들어보도록 한다.

· 공, 블록, 소꿉 놀잇감, 한두 조각 그림 맞추기 등의 놀잇감을 제공하여 다양한 수학적 경험을 할 수 있도록 한다.

· 까꿍놀이, 숨기기 놀이, 짝짜꿍, 잼잼, 도리도리 등의 놀이를 제공하여 다양한 수학적 경험을 격려한다.

③ 과학적 탐구

· 일상생활 속에서 영아들이 다양한 감각적 경험을 할 수 있도록 시각, 청각, 촉각, 후각, 미각(빨기) 등의 감각적 자극을 제공한다.

· 영아들도 움직이는 곤충이나 떨어지는 나뭇잎, 열매 등에 관심을 보이는 경우가 많은데, 이 때 세밀히 관찰할 수 있는 기회를 제공하여 생명체에 대한 관심을 격려한다.

· 산책할 수 있는 기회를 충분히 줌으로써 자연의 변화를 느끼고 즐길 수 있게 한다.

· 비 소리나 바람 소리 등 자연의 소리를 직접 경험하게 하거나 녹음테이프를 들려주는 것도 적절하다.

2) 만 2세 영아

(1) 수준별 내용

주변 사물과 환경에 호기심을 가지고 다양한 방법으로 탐색하며 일상생활 속에서 충분한 수·과학적 경험을 한다.

- 주변의 사물과 자연환경에 호기심을 갖는다.
- 생활 속에서 수학적 경험을 한다.
- 주변의 사물과 자연환경을 다양한 방법으로 탐색한다.

<표 6-19> 만 2세 영아의 수준별 내용 - 자연탐구

<table>
<tr><th>내용 범주</th><th>내 용</th><th>1 수준</th><th>2 수준</th></tr>
<tr><td rowspan="3">탐구적 태도</td><td>주변의 사물과 환경에 호기심 가지기</td><td colspan="2">주변의 여러 가지 사물과 현상에 대해 호기심을 가지고 궁금해 한다.</td></tr>
<tr><td>반복적인 탐색 즐기기</td><td colspan="2">관심 있는 사물을 반복하여 탐색하기를 즐긴다.</td></tr>
<tr><td>문제해결에 관심 가지기</td><td colspan="2">시행착오를 통해 문제를 해결하고자 한다.</td></tr>
<tr><td rowspan="14">수학적 탐구</td><td rowspan="3">수량 인식하기</td><td>'하나, 둘' 정도의 수 이름을 말한다.</td><td>'하나, 둘, 셋' 정도의 수 이름을 말한다.</td></tr>
<tr><td>많고 적음을 구별한다.</td><td>'많다, 적다' 등의 수량 비교 어휘를 말한다.</td></tr>
<tr><td></td><td>물체가 더해지고 덜어내지는 것을 경험한다.</td></tr>
<tr><td rowspan="4">공간과 도형 인식하기</td><td colspan="2">익숙한 위치와 장소를 안다.</td></tr>
<tr><td colspan="2">물체의 위치 변화를 인식한다.</td></tr>
<tr><td colspan="2">위치와 방향 관련 어휘를 사용한다.</td></tr>
<tr><td colspan="2">물체의 모양에 따른 특성을 인식한다.</td></tr>
<tr><td rowspan="4">비교하기 및 순서 인식하기</td><td colspan="2">사물의 여러 가지 속성을 탐색한다.</td></tr>
<tr><td colspan="2">일상에서 두 물체의 크기와 길이 비교를 경험한다.</td></tr>
<tr><td colspan="2">용량, 크기, 길이, 시간 관련 어휘를 사용한다.</td></tr>
<tr><td colspan="2">일상의 간단한 순서를 인식한다.</td></tr>
<tr><td>간단한 규칙성 인식하기</td><td colspan="2">소리, 동작, 단어 등의 간단한 규칙성을 인식한다.</td></tr>
<tr><td rowspan="2">구분하기</td><td colspan="2">한 가지 속성에 따라 자료를 구분한다.</td></tr>
<tr><td colspan="2">비슷한 것끼리 짝을 짓는다.</td></tr>
<tr><td rowspan="8">과학적 탐구</td><td>물체와 물질의 특성 탐색하기</td><td colspan="2">물체와 물질에 대한 다양한 탐색을 적극적으로 시도한다.</td></tr>
<tr><td rowspan="4">주변 생명체의 외적 특성 알기</td><td>주변의 애완동물이나 작은 곤충 등의 특성을 지각한다.</td><td>익숙한 동물의 기본 특성(소리, 생김새, 움직임 등)을 변별한다.</td></tr>
<tr><td></td><td>주변 식물의 기본특성(색깔, 생김새 등)에 관심을 가진다.</td></tr>
<tr><td colspan="2">자신의 신체 각 부분의 특성을 안다</td></tr>
<tr><td colspan="2">주변 사람의 신체적 특징(목소리, 움직임)을 구분한다.</td></tr>
<tr><td>자연현상 인식하기</td><td colspan="2">다양한 자연현상(바람, 눈, 비, 낮, 밤 등)을 인식한다.</td></tr>
<tr><td rowspan="2">생활 속의 도구에 관심가지기</td><td colspan="2">쌓고 넣고 끼우는 등의 조작 놀잇감을 사용한다.</td></tr>
<tr><td colspan="2">주변의 간단한 기계와 시설(TV, 녹음기 등의 스위치, 문의 손잡이 등)을 조작한다.</td></tr>
</table>

(2) 보육교사의 역할

내용범주에 따른 보육교사의 역할을 살펴보면 다음과 같다.

① 탐구적 태도

- 일상생활의 여러 가지 경험을 통해 탐구심을 가질 수 있도록 다양한 사물과 현상을 탐색할 기회를 충분히 제공한다.
- '이게 뭐야?'라는 질문에 성실하게 대답하여 영아들의 호기심을 격려한다.
- 관심을 다른 곳으로 돌리기보다는 한 가지에 지속적으로 관심을 가질 수 있도록 유도한다.
- 영아가 관심을 가지는 문제에 대해 적극적으로 반응함으로써 호기심과 문제해결 의사를 격려한다.
- 직접적으로 지식을 전달하려하기 보다는 영아의 사고와 문제해결력 발달에 중점을 두고 지도한다.

② 수학적 탐구

- 일상생활 속에서 '하나, 둘, 셋, 많다, 적다, 높다, 동그라미, 네모, 크다, 작다' 등의 어휘를 사용한다.
- 영아들도 수학적 어휘를 적절하게 사용해 보도록 격려한다.
- 일상생활 속에서 '어느 것이 더 많아', '누가 먼저 가지고 있었니?' 등의 발문을 통해 수학적 사고를 하도록 격려한다.
- 일상의 간단한 순서를 알고 지키도록 격려한다.
- 구슬 꿰기, 블록, 자연물, 자동차, 인형 등의 놀잇감을 제공하여 다양한 수학 활동을 할 수 있도록 배려한다.
- 세어 보기, 목표물 맞추기, 점토놀이, 비교해 보기, 반복이 있는 노래나 율동, 비슷한 것끼리 짝짓기 등의 활동을 제공하여 다양한 수학적 경험을 할 수 있도록 한다.

③ 과학적 탐구

- 자기 의지가 형성되는 시기로서 사물과 자연에 관한 특별한 흥미와 집중력이 발달하는 적기임을 고려한다.
- 욕구가 다양해지고 대 · 소근육의 움직임이 더욱 용이해짐에 따라 호기심을 가지고 의도적인 탐구를 시작하는 시기임을 인식한다.
- 영아가 다양한 물건과 재료를 가지고 하려는 시도를 가능한 한 격려하여, 탐구적 행동이 허용될 뿐 아니라 가치 있는 것으로 인정된다는 점을 확인할 수 있도록 한다.
- 탐색의 반경이 커지고 때때로 위험한 탐구를 시도할 수 있으므로 안전에 유의한다.
- 다양한 사회적 상호작용을 시도하고 즐기기 시작하는 시기이므로 친구나 형들과 함께 탐구에 참여하도록 격려한다.
- 주변에서 동, 식물을 접할 수 있는 기회를 충분히 줌으로써 다양한 생명체가 있음을 인식하게 한다.
- 생활기기, 가구, 놀잇감 등 일상생활 속의 도구 탐색에 관심이 많아지므로 이를 적극 격려하고 여러 가지 기구를 활용해 볼 수 있도록 한다.

3) 만 3세 이상 유아

(1) 수준별 내용

사물과 자연환경에 대해 지속적으로 탐구하려는 마음과 탐구과정을 즐기는 태도 및 기초 탐구능력과 기초 지식을 확장한다.

- 주변의 사물과 자연현상에 대해 호기심을 가지고 지속적으로 탐구하는 태도를 기른다.
- 논리 수학적으로 사고하고 문제를 해결하기 위한 기초 능력을 기른다.
- 주변의 사물과 자연현상에 대한 기초 지식과 탐구능력을 기른다.

<표 6-20> 만 3세 이상 유아의 수준별 내용 - 자연탐구

내용범주	내 용	1 수준	2 수준	3 수준
탐구적 태도	주변의 사물과 환경에 지속적으로 호기심 가지기	관심 있는 사물과 현상에 대해 지속적으로 궁금해 한다.		
			궁금한 점이 무엇인지를 명료화한다.	
	탐구과정 즐기기	궁금한 점에 대해 지속적으로 알아가려는 태도를 가진다.		
		스스로 답을 찾는다.	스스로 답을 찾고 이를 적용해 본다.	자신의 답이 바뀔 수 있다는 태도를 갖는다.
				여러 사람의 서로 다른 의견을 존중한다.
	기초 탐구기술 활용하기	궁금한 점을 알 수 있는 방법(관찰, 실험, 질문 등)을 찾는다.	자신이 찾은 방법을 실천한다.	나타난 결과를 모으고 해석한다.
수학적 탐구	수 개념 형성하기	5개 정도의 물체를 헤아리고 수량을 이해한다.	10개 정도의 물체를 헤아리고 수량을 이해한다.	20개 정도의 물체를 헤아리고 수량을 이해한다.
		5개 정도 수량에서 '같다 / 더 많다 / 더 적다'의 관계를 안다.	10개 정도의 수량에서 '더 많다 / 더 적다 / 같다'의 관계를 안다.	20개 정도의 수량에서 '같다 / 더 많다 / 더 적다'의 관계를 안다.
			5개 정도 수량에서 부분과 전체를 안다.	10개 정도 수량에서 부분과 전체를 안다.
			물체를 가지고 합이 5개까지의 더하기를 한다.	물체를 가지고 합이 10개까지 더하기를 한다.
			물체를 가지고 5개에서 빼기를 한다.	
		첫 번째와 마지막을 안다.	다섯 번째 정도까지의 서수를 안다.	
			10 정도의 숫자 읽기와 쓰기를 한다.	
	공간 및 도형 개념 형성하기	익숙한 위치와 장소를 안다.		
		위치와 방향 관련 어휘를 사용한다.		
			단순한 지도를 만들고 사용한다.	
		물체의 모양에 따른 특성을 인식한다.	크기와 방향이 다양한 도형(입체, 평면)의 공통점과 차이점을 인식한다.	
			도형 옮기기, 뒤집기, 돌리기를 한다.	
				대칭을 찾는다.
			도형을 보거나 기억하여 그린다.	
				형태에 대한 설명대로 그리거나 만든다.
	측정하기	사물의 여러 가지 속성을 탐색한다.		
		길이, 무게, 용량, 크기, 시간 관련 어휘를 사용한다.		
		두 물체의 크기와 길이 비교를 한다.	길이, 무게, 용량, 면적, 시간의 속성에 따라 비교하고 순서짓기를 한다.	
		일상의 간단한 순서를	사건의 순서를 안다.	

<table>
<tr><td rowspan="11"></td><td rowspan="3"></td><td>인식한다.</td><td></td><td></td></tr>
<tr><td></td><td>길이, 용량, 시간을 비표준화 단위를 사용하여 측정한다.</td><td>길이, 용량, 시간, 무게, 면적을 비표준화 단위를 사용하여 측정한다.</td></tr>
<tr><td></td><td></td><td>어림하여 측정한다.</td></tr>
<tr><td rowspan="3">규칙성 이해하기</td><td>반복되는 규칙성을 인식한다.</td><td>반복되는 규칙성을 알고 다음에 올 것을 예측한다.</td><td>반복 및 확장되는 규칙성을 알고 다음에 올 것을 예측한다.</td></tr>
<tr><td colspan="2">소리, 동작, 단어, 문장 등의 간단한 규칙성을 즐긴다.</td><td>한 가지 유형의 규칙성을 다른 유형으로 바꾼다.</td></tr>
<tr><td colspan="2"></td><td>스스로 규칙성을 만들어 본다.</td></tr>
<tr><td rowspan="5">자료 수집 및 분석하기</td><td colspan="2"></td><td>필요한 정보나 자료의 수집 방법을 찾는다.</td></tr>
<tr><td rowspan="2">관계있는 것끼리 짝을 짓는다.</td><td rowspan="2">한 가지 속성에 따라 자료를 분류한다.</td><td>다른 속성을 사용하여 다시 분류한다.</td></tr>
<tr><td>두 가지 속성을 동시에 고려하여 분류한다.</td></tr>
<tr><td></td><td>구체물, 그림이나 사진을 사용해 그래프로 나타낸다.</td><td>기호나 숫자를 사용해 그래프로 나타낸다.</td></tr>
<tr><td colspan="2"></td><td>자료 수집의 결과를 설명한다.</td></tr>
<tr><td rowspan="15">과학적 탐구</td><td rowspan="5">물체와 물질의 기본 특성 알기</td><td colspan="3">여러 가지 물체와 물질의 기본 특성(색, 크기, 모양, 무게, 질감 등)을 다양한 방법으로 탐색한다.</td></tr>
<tr><td>주변의 여러 가지 물질의 상태를 관찰한다.</td><td colspan="2">주변의 여러 가지 물체와 물질의 상태를 비교한다.</td></tr>
<tr><td>물체와 물질의 변화에 관심을 가진다.</td><td colspan="2">물체와 물질을 변화시킬 수 있는 다양한 방법을 탐색 한다.</td></tr>
<tr><td>여러 가지 물체의 움직임을 관찰한다.</td><td colspan="2">물체의 여러 움직임을 비교한다.</td></tr>
<tr><td></td><td colspan="2">자신의 행위와 물체의 움직임과의 관계를 안다.</td></tr>
<tr><td rowspan="4">생명체와 환경과의 관계 알기</td><td>주변의 동, 식물의 탄생과 성장에 관심을 가진다.</td><td colspan="2">관심 있는 동물과 식물의 탄생, 성장, 죽음에 대하여 알아본다.</td></tr>
<tr><td colspan="2">주변 동, 식물의 기본 특성 (소리, 움직임, 색깔, 생김새 등)에 관심을 가진다.</td><td>성장과정에서의 필수조건(영양, 호흡, 배설 등)을 알아본다.</td></tr>
<tr><td colspan="2">나의 출생과 성장에 대하여 관심을 가진다.</td><td>나의 출생과 성장에 대하여 알아본다</td></tr>
<tr><td colspan="3">생명의 소중함을 알고 더불어 살려는 마음을 가진다.</td></tr>
<tr><td rowspan="6">자연환경 이해하기</td><td colspan="3">돌, 물, 흙 등 자연물의 탐색을 즐긴다.</td></tr>
<tr><td colspan="3">돌, 물, 흙 등 자연물의 특성을 비교한다.</td></tr>
<tr><td></td><td colspan="2">지구, 달 , 해, 별 등에 관심을 가진다.</td></tr>
<tr><td>계절의 변화에 관심을 가진다.</td><td colspan="2">계절의 변화와 규칙성을 안다.</td></tr>
<tr><td>하루에는 낮과 밤이 있음을 안다</td><td>낮과 밤의 차이점을 안다</td><td>낮과 밤의 변화와 규칙성을 안다.</td></tr>
<tr><td colspan="2">자신과 주변 환경과의 관계에 관심을 가진다.</td><td>우리가 살아가는 좋은 환경에 대해 안다.</td></tr>
</table>

		자연환경의 소중함을 알고 더불어 살려는 마음을 가진다.		
		환경보호에 관심을 갖는다.		환경보호의 방법을 안다.
			다시 쓸 수 있는 자원을 찾아보고 재활용한다.	
	도구와 기계 활용하기	주변의 간단한 도구와 기계를 활용한다.		
				필요에 따라 새로운 도구를 만든다.
		주변의 여러 가지 물건(적목, 상자 등)을 조립한다.		
		도구와 기계의 편리함에 관심을 가진다.		편리한 물건이 환경과 인간에게 해가 될 수 있음을 안다.

(2) 보육교사의 역할

내용범주에 따른 보육교사의 역할을 살펴보면 다음과 같다.

① 탐구적 태도

- 유아기에는 탐구적 태도가 수학적, 과학적 지식보다 중요시되어야 함을 이해한다.
- 유아들이 활동을 하는 과정에서 능동적이고 적극적인 태도를 가지고 참여할 수 있도록 지원한다.
- 주제를 여러 가지로 바꾸기보다는 관심 있는 한 가지 주제를 지속적으로 탐구하도록 한다.
- 수 · 과학 활동을 하는 과정에서 탐구심을 갖고 궁금한 점을 해결할 수 있도록 교육적으로 풍부한 자료와 충분한 시간을 제공한다.
- 혼자서 뿐 아니라 친구들과 함께 탐구하는 기회를 갖도록 한다.
- 자신의 생각을 주장함과 동시에 다른 사람의 생각을 받아들이는 태도를 격려한다.

② 수학적 탐구

- 일상생활 속에서 수세기를 경험할 수 있는 기회를 많이 제공하고, 실제적인 문제해결을 위해 더하거나 빼기, 동등한 양으로 나누기를 할

수 있게 한다.

- 다양한 위치와 방향으로 놓인 여러 유형의 도형에 접할 수 있게 하고, 도형의 속성을 탐색하도록 격려한다.
- 교사가 비교 용어 사용의 모델을 보이고, 동일한 대상을 서로 다른 임의단위를 사용해서 측정한 후 그 결과를 논의하도록 지도한다.
- 교육기관에 오기 전에 유아가 일상생활 경험을 통하여 자발적으로 수학에 대한 많은 비형식적 지식을 구성한다는 것을 고려한다.
- 교사의 개입 없이 이뤄지는 자발적인 수학 학습이나 우연히 발생하는 상황을 토대로 가르치는 비형식적 학습뿐만 아니라 교사가 계획하고 의도한 형식적 학습의 기회도 제공한다.
- 구체물의 조작 또는 놀이 그 자체만으로 수학학습이 자동적으로 이뤄지는 것은 아니며, 일상적인 활동들에 자연스럽게 내포된 수학적 개념을 유아에게 명확하게 드러내어 주는 것이 교사의 역할임을 인식한다.
- 주변 환경에서 여러 유형으로 나타나는 색, 모양, 수 또는 관계 등에 의한 패턴을 발견하도록 격려한다.
- 수집된 자료를 색, 크기, 모양 등의 속성별로 분류 및 조직하고 표나 그래프로 나타내도록 지도한다.

③ 과학적 탐구

- 물체와 물질을 탐색하기 위해서는 충분한 시간이 필요하므로 교사가 섣불리 개입하기 보다는 기다려주며 유아의 행동을 관찰한다.
- 유아들은 동시에 여러 가지 속성을 고려할 수 없으므로 탐구하고자 하는 하나의 속성으로 변인이 통제된 자료를 제시하여야 한다.
- 유아들이 흔히 하는 "왜 그래요?"라는 질문은 인과적인 답보다는 어떻게 그러한 결과가 나타났는지에 대한 현상적, 지각적 수준의 답을 요구하는 경우가 대부분임을 염두에 두고 답변한다.
- 유아들은 직접적으로 행위를 가하여 일어나는 변화에 많은 관심을 보이므로 다양한 변화를 만들어볼 수 있는 기회를 준다.

- 단순히 동, 식물을 길러보는 것에 머무르지 말고 생명체의 소중함을 인식하도록 이끌어준다
- 동·식물을 기르는 경우에 교사가 잘 보살펴주는 모델을 보이고 유아들도 이를 따르도록 지도한다.
- 낮과 밤이 있고, 날씨와 계절이 변화하는 것과 같이 일상생활 속에서 변화하는 것들을 인지할 수 있도록 격려한다.
- 자연현상에는 변화와 함께 규칙성이 있음을 이해하도록 한다.

제6절 예술경험

1. 목표와 연령별 내용체계

예술경험 영역은 주변 사물 및 환경에 있는 예술적 요소나 예술작품에 관심을 보이고 즐김으로써 심미감과 창의성을 기를 수 있도록 하는 것이다.

- 주변의 단순한 예술적 요소에서부터 점차 다양한 요소까지 관심을 보이고 탐색한다.
- 자신의 생각과 느낌을 극, 동작, 음악, 미술로 표현하는 것을 즐기며 점차 다양한 양식을 사용하여 창의적으로 표현한다.
- 생활 속에서 자연과 사물 및 예술작품들을 보고 즐긴다.

예술경험은 크게 3가지 내용범주 즉, 심미적 탐색, 예술적 표현, 예술 감상으로 구성되어 있으며 연령에 따른 구체적인 내용요소로 되어 있다.

<표 6-21> 예술경험 영역의 연령별 내용체계

내용 범주	만 2세 미만	만 2세	만 3~5세
심미적 탐색	· 소리, 움직임, 시각적 자료에 호기심 가지기	· 주변 환경의 예술적 요소 탐색하기	· 음악적 요소를 탐색하기 · 움직임과 춤 탐색하기 · 가작화 요소를 탐색하기 · 미술적 요소를 탐색하기
예술적 표현	· 리듬 있는 소리로 반응하기 · 몸동작으로 반응하기 · 모방행동 즐기기 · 단순한 미술 경험 시도하기	· 리듬 있는 소리, 노래, 춤으로 표현하기 · 모방과 단순한 가작놀이하기 · 단순한 미술활동 즐기기	· 리듬 만들기 · 노래 부르기 · 춤으로 표현하기 · 극놀이로 표현하기 · 미술활동 즐기기 · 다양한 미술재료 사용하기 · 통합적으로 표현하기
예술 감상	· 소리나 노래 즐겨듣기 · 주변의 아름다움 경험하기	· 주변 환경 속의 예술적 요소에 관심 갖고 즐기기	· 음악 감상하기 · 춤 감상하기 · 극놀이 감상하기 · 미술작품 감상하기

2. 수준별 내용과 보육교사의 역할

예술경험의 내용은 만 2세미만 영아는 3수준으로, 만 2세 영아는 2수준으로, 만 3세~5세는 3수준으로 나누어 그 내용과 보육교사의 역할을 제시하고 있다.

1) 만 2세 미만 영아

(1) 수준별 내용

주변 사물 및 환경에 있는 예술적 요소나 예술작품에 관심을 보이고 즐김으로써 심미감과 창의성 및 풍부한 감성을 기른다.

- 자신의 신체와 주변의 감각자극에 호기심을 갖는다.
- 모방행동을 즐기며 소리와 몸동작으로 반응하고 단순한 미술경험을 한

다.

- 친근한 소리나 노래, 사물의 형태를 즐겨 듣고 본다.

<표 6-22> 만 2세 미만 영아의 수준별 내용 - 예술경험

<table>
<tr><th>내용
범주</th><th>내 용</th><th>1수준</th><th>2수준</th><th>3수준</th></tr>
<tr><td rowspan="2">심미적
탐색</td><td rowspan="2">· 소리, 움직임, 시각적 자료에 호기심 가지기</td><td colspan="3">주위의 다양한 소리와 움직임에 호기심을 갖는다.</td></tr>
<tr><td>시각적 자료에 호기심을 갖는다.</td><td colspan="2">친근한 사물의 미술적 요소(색, 질감)에 호기심을 갖는다.</td></tr>
<tr><td rowspan="7">예술적
표현</td><td rowspan="3">· 리듬 있는 소리로 반응하기</td><td rowspan="2">좋아하는 소리에 반응한다.</td><td colspan="2">리듬과 음높이에 맞추어 소리를 낸다.</td></tr>
<tr><td></td><td>노래의 한 단어를 따라 부른다.</td></tr>
<tr><td></td><td colspan="2">주변의 사물이나 리듬악기로 간단한 소리를 만든다.</td></tr>
<tr><td>· 몸동작으로 반응하기</td><td colspan="2">간단한 손놀이와 몸 움직이기를 한다.</td><td>단순한 몸동작으로 반응한다.</td></tr>
<tr><td>· 모방행동 즐기기</td><td>소리나 얼굴표현, 몸동작 등을 모방한다.</td><td colspan="2">단순한 모방행동을 놀이처럼 즐긴다.</td></tr>
<tr><td rowspan="2">· 단순한 미술 경험 시도하기</td><td></td><td colspan="2">미술적 요소(색, 질감)가 담긴 감각적 경험을 한다.</td></tr>
<tr><td colspan="2"></td><td>긁적거리기를 해본다.</td></tr>
<tr><td rowspan="2">예술
감상</td><td>· 소리나 노래 즐겨듣기</td><td colspan="3">일상생활의 리듬 있는 소리와 노래를 관심 있게 듣는다.</td></tr>
<tr><td>· 환경의 아름다움 경험하기</td><td colspan="3">주변 환경이나 사물의 아름다움을 경험한다.</td></tr>
</table>

(2) 보육교사의 역할

내용범주에 따른 보육교사의 역할을 살펴보면 다음과 같다.

① 심미적 탐색

- 환경물(모빌)이나 소리 나는 놀잇감을 통해 영아의 시선을 서로 맞추고 소리를 변별하려는 시도를 격려하고 적극적으로 반응한다.
- 영아들이 사용하기 쉬운 작은 북, 리듬 악기나 사물들을 자유롭게 두드릴 수 있는 기회를 충분히 제공한다.
- 감각기관을 통하여 색과 질감 등의 탐색놀이를 할 수 있는 다양한 촉감 책이나 놀잇감을 준비한다.

② 예술적 표현

- 의성어, 의태어, 반복되는 부분이 많은 짧은 노래나 리듬 있는 운율을 자주 들려준다.
- 짝짝꿍이나 까꿍놀이처럼 영아와 간단한 손놀이를 하거나 리듬에 맞춰 몸을 움직여준다.
- 다양한 소리, 얼굴표현, 몸동작 등을 많이 보여준다.
- 하루일과에서 영아의 얼굴과 신체부위의 이름을 자주 말해주며 영아의 팔과 다리를 움직여 체조를 해준다.
- 자신의 신체와 일상생활 활동에 집중되는 영아의 자기 가작화 행동을 격려하고 반응해준다.
- 영아가 자신의 몸 전체를 비쳐볼 수 있는 커다란 거울을 준비해준다.
- 소근육을 사용하는 긁적거리기, 찢기, 스티커 붙이기 등의 단순한 미술활동을 많이 제공해준다.

③ 예술감상

- 동물의 소리에 관심이 많은 영아에게 동물의 소리가 녹음된 테이프를 들려주고, 동물의 소리를 흉내내는 것에 반응한다.
- 자연이나 친근한 사물의 조형적 요소에 영아가 반응하도록 반복적인 경험을 제공한다.

2) 만 2세 영아

(1) 수준별 내용

- 주변 환경에서 예술적 요소를 흥미롭게 탐색한다.
- 모방이나 단순한 가작놀이를 즐기고 간단한 리듬이나 노래 및 몸동작으로 반응하고 단순한 미술활동을 즐긴다.
- 주변의 환경과 자연에서 예술적 요소를 관심 있게 보고 즐긴다.

<표 6-23> 만 2세 영아의 수준별 내용 - 예술경험

<table>
<tr><th>내용
범주</th><th>내 용</th><th>1수준</th><th>2수준</th></tr>
<tr><td rowspan="2">심미적
탐색</td><td rowspan="2">주변 환경의
예술적 요소
탐색하기</td><td colspan="2">주변 환경에서 나는 다양한 소리와 움직임을 탐색한다.</td></tr>
<tr><td colspan="2">주변 환경에서 미술적 요소(색, 질감, 형태)를 탐색한다.</td></tr>
<tr><td rowspan="6">예술적
표현</td><td rowspan="3">리듬 있는 소리,
노래, 춤으로
표현하기</td><td colspan="2">신체, 악기, 사물을 이용하여 간단한 리듬과 소리를 만든다.</td></tr>
<tr><td colspan="2">친근한 노래를 즐겨 부른다.</td></tr>
<tr><td>노래나 리듬에 맞춰 춤추기를 즐긴다.</td><td>간단한 도구를 이용하여
몸 움직이기를 한다.</td></tr>
<tr><td>모방과 단순한
가작놀이하기</td><td>모방 행동을 놀이처럼 즐긴다.</td><td>일상생활에서 경험한 단순한
가작화 놀이를 즐긴다.</td></tr>
<tr><td rowspan="2">단순한 미술활동
즐기기</td><td colspan="2">그리기와 단순한 만들기를 자발적으로 한다.</td></tr>
<tr><td colspan="2">풀 등 미술재료와 도구를 다룬다.</td></tr>
<tr><td rowspan="2">예술
감상</td><td rowspan="2">주변 환경 속의
예술적 요소에
관심 갖고 즐기기</td><td colspan="2">자연과 생활의 소리나 움직임, 친근한 음악과 춤을 관심 있게 보고 듣는다.</td></tr>
<tr><td colspan="2">자연과 사물에서 미술적 요소(색, 질감)에 관심을 가지고 즐겨본다.</td></tr>
</table>

(2) 보육교사의 역할

내용범주에 따른 보육교사의 역할을 살펴보면 다음과 같다.

① 심미적 탐색

- 주변의 사물이나 간단한 리듬 악기(탬버린, 작은 북 등)를 이용하여 음악적 요소(강약, 빠르기)를 탐색하도록 한다.
- 일상생활에서 경험하는 낙엽 떨어지는 모습, 비 오는 것, 눈 내리는 모습, 꽃이 핀 것, 크리스마스 장식에서 빛이 반짝이는 것 등 자연스럽게 아름다움과 변화를 보도록 한다.
- 다양한 자연의 소리나 움직임, 변화를 보고 들을 수 있도록 실외활동을 자주 계획한다.

② 예술적 표현

- 악기를 이용하여 여러 가지 방법(치기, 흔들기, 문지르기)으로 다양한 소리를 자유롭게 내어보는 시간과 공간 및 분위기를 허락한다.
- 친근한 노래(전래동요)를 자주 들려주고 즐겨 부르도록 함께 불러준다.
- 하루일과에서 신체 각 부분의 이름과 움직임에 대한 단어를 자주 사용한다.
- 영아가 남을 방해하지 않고 안전하고 편안하게 움직임을 표현해 볼 수 있는 공간을 확보하고 헝겊 등의 도구를 가지고 자유롭게 움직여 보도록 격려한다.
- 다른 사람의 행동을 가작화하거나(예: 엄마처럼 마루닦기), 가작화를 다른 사람이나 놀잇감에 적용하는(예: 인형에게 우유먹이기) 가작화 행동을 격려하고 적극적으로 반응해준다.
- 일상생활에서 사용되는 실물과 유사한 소품을 많이 제공해주고 전신 거울을 준비해준다.
- 영아에게 기본적인 크레파스, 색연필, 밀가루 반죽, 풀 등의 미술 재료와 도구를 소개하고 풀칠하고 붙이기 등의 기술을 습득하도록 지원한다.
- 영아가 시도한 미술표현에 대해 적극적으로 격려한다.

③ 예술 감상

- 실내에서 들을 수 있는 다양한 소리(시계 소리, 전화기 소리)를 녹음하여 들려주고 일상생활에서 자연스럽게 여러 종류의 음악을 틀어준다.
- 실외놀이에서 자연환경의 색이나 형태, 움직임이나 변화에 대한 것을 보고 느끼도록 격려한다(예: 나뭇잎이 여러 색깔로 물들어서 나무가 예뻐졌네).

3) 만 3세 이상 유아

(1) 수준별 내용

- 극놀이의 가작화, 춤과 동작, 음악 및 미술적 요소에 관심을 가지고 자유롭게 탐색한다.
- 극놀이, 몸 움직임, 리듬, 노래, 미술활동에서 창의적으로 자신의 생각을 표현한다.
- 극놀이나 춤, 음악, 미술작품을 보고 즐기며 아름다움을 느낀다.

(2) 보육교사의 역할

내용범주에 따른 보육교사의 역할을 살펴보면 다음과 같다.

① 심미적 탐색

· 주위의 다양한 자극(소리, 음악, 움직임, 형태 등)에 대해 유아들이 주의를 집중하고 자발적으로 탐색하도록 시간과 공간, 관련 도구나 자료를 충분히 제공한다.

· 리듬 악기로 소리나 리듬을 탐색하도록 유아의 수를 고려하여 다양한 악기를 준비한다.

· 미술 재료와 도구의 사용법을 탐색하도록 격려하고 능숙하게 다룰 수 있도록 돕는다

· 일상생활 속에서 미술활동을 자연스럽게 탐색할 수 있도록 격려한다.

② 예술적 표현

· 유아의 연령, 흥미, 주제, 상황에 적합한 노래나 음악을 일상생활에서 자주 들려준다.

· 목소리, 신체, 악기, 사물들을 가지고 다양한 소리나 리듬을 만들도록 격려한다.

<표 6-24> 만 3세 이상 유아의 수준별 내용 - 예술경험

<table>
<tr><th>내용범주</th><th>내 용</th><th>1수준</th><th>2수준</th><th>3수준</th></tr>
<tr><td rowspan="5">심미적 탐색</td><td>음악적 요소 탐색하기</td><td colspan="2">음악적 요소(강약, 속도, 리듬)에 관심을 가지고 다양한 소리, 악기, 음악을 탐색한다.</td><td>음악적 요소(멜로디, 장단)에 관심을 가지고 다양한 소리, 악기, 음악을 탐색한다.</td></tr>
<tr><td>움직임과 춤 탐색하기</td><td colspan="2">움직임과 춤에 관심을 가지고 탐색한다.</td><td>움직임과 춤의 요소를 탐색한다.</td></tr>
<tr><td>가작화 요소 탐색하기</td><td>가상적 움직임과 목소리를 탐색한다.</td><td>역할, 사물, 행동이나 상황 등 가작화 요소를 탐색한다.</td><td>관객, 배우, 무대 등 극놀이의 기본적인 요소를 탐색한다.</td></tr>
<tr><td rowspan="2">미술적 요소 탐색하기</td><td colspan="3">자연과 사물에서 다양한 미술적 요소(색, 크기, 질감, 형태, 공간)를 적극적으로 탐색한다.</td></tr>
<tr><td>다양한 재료와 도구를 자유롭게 탐색한다.</td><td colspan="2">여러 상황에 필요한 재료와 도구를 적절하게 선택한다.</td></tr>
<tr><td rowspan="13">예술적 표현</td><td rowspan="2">리듬 만들기</td><td colspan="2">목소리나 신체, 여러 자료를 이용하여 다양한 소리(속도, 리듬, 셈여림)를 만든다.</td><td>즉흥적으로 리듬과 음악을 만든다.</td></tr>
<tr><td>리듬 악기를 이용하여 간단한 리듬을 만든다.</td><td colspan="2">노래에 맞추어 리듬 악기를 연주한다.</td></tr>
<tr><td rowspan="2">노래 부르기</td><td>간단한 노래를 듣고 따라 부른다.</td><td>노래를 다양한 방법으로 부른다.</td><td>자신의 생각과 느낌을 노래를 통해 표현한다.</td></tr>
<tr><td colspan="3">전래동요를 즐겨 부르며 이와 관련된 놀이를 한다.</td></tr>
<tr><td rowspan="2">춤으로 표현하기</td><td colspan="2">다양한 자극에 대해 느낀 것을 춤이나 움직임으로 자유롭게 표현한다.</td><td>간단한 춤을 만들어서 표현한다.</td></tr>
<tr><td colspan="3">도구를 활용하여 움직임을 창의적으로 표현한다.</td></tr>
<tr><td rowspan="2">극놀이로 표현하기</td><td>일상생활에서 경험한 내용의 역할놀이에 참여한다.</td><td>다양한 역할, 사물, 행동, 상황이 설정된 극놀이에 참여한다.</td><td>사전 계획을 세워 협동적으로 극놀이를 한다.</td></tr>
<tr><td>간단한 이야기나 상상한 것을 극화해 본다.</td><td>소품, 배경, 의상 등을 사용하여 극놀이를 해본다.</td><td>음악, 미술, 춤을 극놀이에 활용한다.</td></tr>
<tr><td rowspan="3">미술활동 즐기기</td><td colspan="3">미술을 통해 자신의 생각과 느낌을 독창적으로 표현한다.</td></tr>
<tr><td></td><td colspan="2">미술활동 작품을 활용하는 경험을 즐긴다.</td></tr>
<tr><td></td><td colspan="2">협동적인 미술활동에 참여하여 즐긴다.</td></tr>
<tr><td>다양한 미술재료 사용하기</td><td>미술활동의 재료와 도구를 적절히 사용한다.</td><td colspan="2">미술활동의 재료와 도구를 다양하게 사용한다.</td></tr>
<tr><td>통합적으로 표현하기</td><td colspan="3">다양한 소재에 대해 음악, 동작, 미술, 극놀이를 통합하여 표현한다.</td></tr>
<tr><td rowspan="2">예술 감상</td><td rowspan="2">음악 감상하기</td><td colspan="2">다양한 종류의 음악을 듣고 즐긴다.</td><td>좋아하는 음악을 집중하여 듣는다.</td></tr>
<tr><td></td><td colspan="2">음악을 듣고 자신의 생각과 느낌을 이야기한다.</td></tr>
</table>

	춤 감상하기	친근한 여러 종류의 춤을 보고 즐긴다.		
				다양한 춤을 보고 생각과 느낌을 서로 나눈다.
	극놀이 감상하기	극놀이를 보고 즐긴다.		극놀이를 보고, 생각과 느낌을 서로 나눈다.
	미술작품 감상하기	자연과 사물의 아름다움을 느낀다.	다양한 자연, 사물, 미술작품을 접하고, 생각과 느낌을 서로 나눈다.	
		자신과 다른 사람의 미술작품을 소중히 다룬다.		
		우리나라의 전통예술에 관심을 갖고 친숙해진다.		
				다른 문화의 미술작품에 관심을 갖는다.

- 유아가 즉흥적으로 만드는 리듬이나 노래, 춤을 주의 깊게 관찰하여 격려한다.
- 하루일과를 통해 춤과 동작활동을 매일 규칙적으로 즐기도록 기회를 제공한다.
- 움직임을 다양하게 경험할 수 있는 도구(예: 리본 테이프, 스카프)를 충분히 제공한다.
- 다양한 극놀이 주제를 위한 의상과 소품을 제공해주고 극놀이 주제를 활성화하기 위해 견학이나 새로운 사건과 인물 소개, 읽기 등의 경험을 제공한다.
- 하루일과 중 충분한 시간을 할애하여 유아들이 다양한 주제의 극놀이에 협동적으로 참여할 수 있도록 소품을 준비해주고 유아 스스로 소품을 만들어 사용하도록 격려한다.
- 교사는 유아의 미술작품에 대한 생각과 느낌을 존중해주는 언어적/비언어적(예: 미소, 고개 끄덕임) 표현으로 적절하게 반응해주고, 유아가 다른 사람의 미술작품에 대한 생각과 느낌을 자유롭게 표현하도록 격려해준다.
- 유아의 미술작품을 환경에 전시하기, 놀이에 사용하기 등 다양한 방법으로 활용한다.
- 유아가 발견한 미술재료를 다른 방법으로 사용하는 것을 격려한다.

· 여러 명의 유아가 역할을 분담하여 협동하는 미술활동을 계획한다.

③ 예술감상

· 주변 자연과 사물에서 들리는 소리나 움직임 및 미술적 요소(예: 색, 질감, 모양, 면, 선 등)들을 즐겁게 감상할 수 있는 시간과 장소를 충분히 제공한다.
· 우리나라와 다른 나라를 포함한 다양한 음악과 춤에 대해 즐길 수 있도록 관련 자료(예: 사진, 비디오, 공연 인쇄물)나 실제 관람의 기회를 제공한다.
· 관람자로서 자신과 다른 사람의 미술작품의 특성과 장단점 등에 관해 서로 이야기 나누어 볼 수 있는 기회를 제공해준다.
· 옛날의 미술작품들을 그리거나 만들어 보고, 그것들을 실내외 환경에 전시하거나 놀이에 활용한다.
· 다른 시대나 문화를 바탕으로 한 미술작품을 접하고 그것의 특징(예: 벽화, 사람 생김새, 건축물)에 대해 이야기 나누어 본다.

제7장 표준보육과정에 따른 활동의 실제

제1절 기본생활

1.만 2세 미만 영아 활동의 실제

1) 건강한 생활

내 용	활동명
몸을 깨끗이 하기	깨끗이 손 씻기
즐겁게 먹기	여러 가지 음식 먹기
적당한 잠자기와 휴식하기	낮잠 자기
즐거운 생활하기	인형 업어주기
건강한 배설습관 갖기	기저귀 갈기

활동명 **깨끗이 손 씻기**

생활주제

어린이집 돌아보기

준비물

위생 타올, 물비누

활동방법

1.영아와 함께 더러워진 손을 본다.

교사: - "○○야", 손에 뭐가 묻었네, 어떻게 하면 좋을까?

- 물로 깨끗이 씻자.

2. 영아와 같이 세면대로 간다.

교사: - 어떻게 하면 물이 나올까?

- 아! 수도꼭지를 내리면 물이 나오는 구나.
- 수도꼭지에 손바닥을 대고 깨끗이 씻자.
- 다음엔 어떻게 하지?

3. 교사가 영아의 손에 물비누를 묻히도록 도와준다.

교사: -"○○야" 손에 비누 묻히자. 두 손을 비벼보자.

- 수도꼭지에 손을 대고 거품이 없어지도록 닦아내자.
- 위생 타올로 물기를 닦자.
- 닦은 위생 타올은 휴지통에 넣자. 아! 개운해

※ 영아의 월령에 따라 처음에는 교사가 영아의 손을 잡고 같이 씻는다. 손을 씻는 방법이 익숙해지면 비누를 사용 하도록 한다. 영아가 혼자서 씻을 수 있도록 교사가 옆에서 언어적 상호작용을 계속 해 준다.

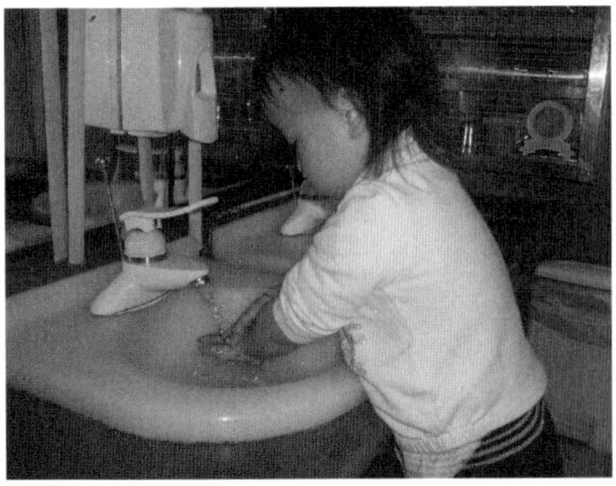

활동명 여러 가지 음식 먹기

생활주제

어린이집 생활

준비물

숟가락, 포크, 식판, 여러 가지 음식

활동방법

1. 간식시간이나 식사시간에 영아가 먹고 있는 음식에 대해 이야기 한다.
   교사: - "○○야" 지금 무엇을 먹고 있니?
   - 떡을 먹고 있구나, 어떻게 먹었니?
   - 맛이 어떠니?
   - 그래, 입으로 아 먹었어, 냠냠 맛있었어.
2. 여러 가지 음식의 이름과 맛을 이야기 한다.
   교사: - 또 어떤 음식이 있는지 볼까?
   - 감자도 있구나, 고기도 있네. "○○는" 고기 좋아하니?
   - 맛이 어떠니?
3. 영아가 좋아하는 음식에 대해 이야기를 나눈다.
   교사: - "○○는" 또 어떤 음식을 좋아하니?

※ 영아의 발달 특성상 음식을 먹는 동안 움직이거나 돌아다니는 것을 좋아한다. 이 경우 안전사고 유발 가능성이 있으므로 영아가 앉아서 음식을 다 먹도록 지도 한다.

활동명 낮잠 자기

생활주제

어린이집 적응하기

준비물

개인별 침구, 배게, 잠잘 때 듣는 음악(http://jr.naver.com)

활동방법

1. 교사는 영아가 낮잠을 잘 수 있도록 개인 침구와 베개를 준비 한다.

교사: - "○○야", 우리 여기 누워서 코~ 잘까?
- "○○가", 잘 자도록 노래 불러 줄게.
- "○○야", 눈을 감자.

2. 교사는 손으로 영아의 가슴을 토닥거리며 전래동요를 들려주거나 흥얼거림으로 불러주어 영아가 편안히 잠들도록 한다.

교사: - "△△야" 잘 자! 선생님이 자장자장 해 줄게.

※ 교사는 잠이 오지 않는 영아를 억지로 재우려 하지 말고 옆에서 나지막하고 부드러운 음성으로 자장가를 부르며 토닥거려 준다.

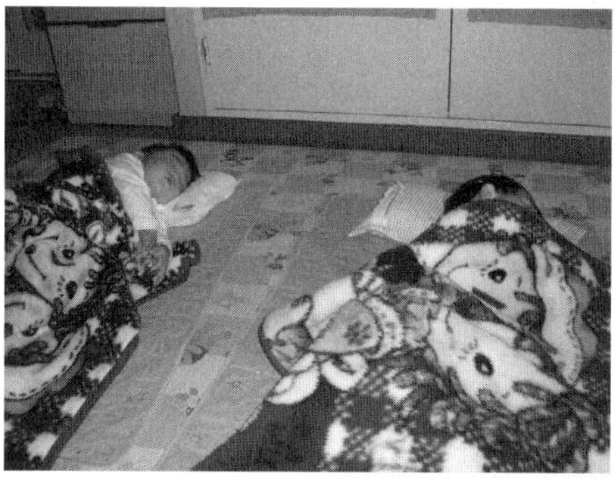

활동명 인형 업어주기

생활주제

혼자서 할 수 있는 것

준비물

아기 인형, 우유병, 영아용 포대기

활동방법

1. 영아가 아기 인형을 돌보아 주는 행동에 대해 적절히 반응해 준다.

   교사: - 아기가 울고 있구나. 왜 울까?
   - 아, 아기가 배고픈가 보다. 우유 먹여 줄까?
   - 아기가 업어달라고 하네.
   - "☆☆야" 아기를 업어주면 좋아하겠구나.

2. 교사가 아기 인형을 영아의 등에 업혀 준다.

   교사: - "○○야" 우는 아기 좀 업어주세요.
   - 아기를 업어주니까 울지 않네요. 고맙습니다.
   - 선생님은 잠깐 시장에 다녀올테니 그동안 우리 아기 잘 봐 주실 수 있겠어요? 금방 다녀올게요.

※ 영아가 아기인형 업어주기 활동이 자연스러워 지면 아기돌보기(우유먹이기, 기저귀 갈아주기, 목욕시키기, 인형 옷 빨기) 활동으로 확장할 수 있다.

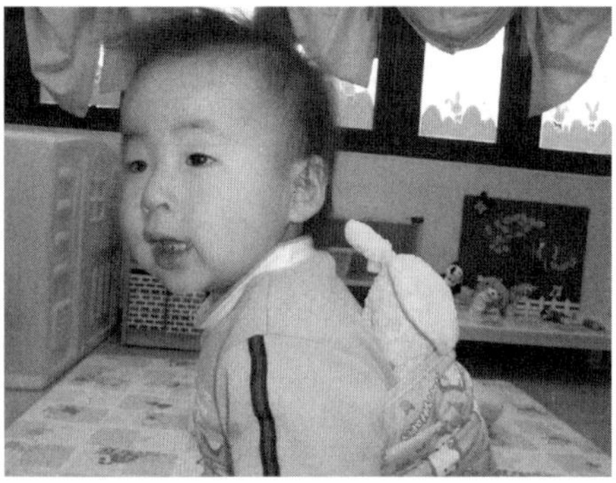

활동명 기저귀 갈기

생활주제

어린이집 생활

준비물

기저귀

활동방법

1. 영아 개인별 배변 습관에 따라 기저귀가 젖었는지 교사는 시간대별로 확인한다. 영아가 자신의 기저귀가 젖었음을 알리도록 한다.

교사: - "△△야" 기저귀 젖었나 보자. 선생님이 갈아줄게.

- "△△야" 기저귀 가져오자

2. 영아가 직접 기저귀를 가져오도록 한다.

교사: - "△△" 기저귀 갈자. 자, 누워 보세요

- 다리 한번 쭉쭉 펴볼까? 쭉쭉 잘도 자라네
- 아이 개운해, 뽀송뽀송, 기저귀를 갈고 나니까 기분이 좋지?

※ 기저귀를 갈아 줄때 교사는 영아와 눈을 맞추며 노래를 불러 주거나 이야기를 나누고 만져줌으로써 1:1의 상호작용을 통한 애착을 형성한다.

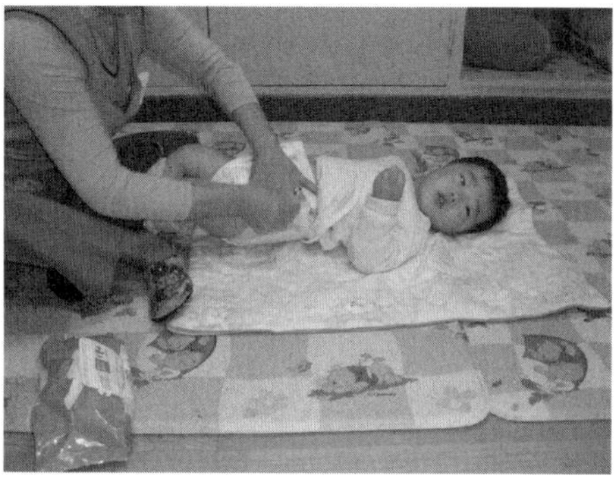

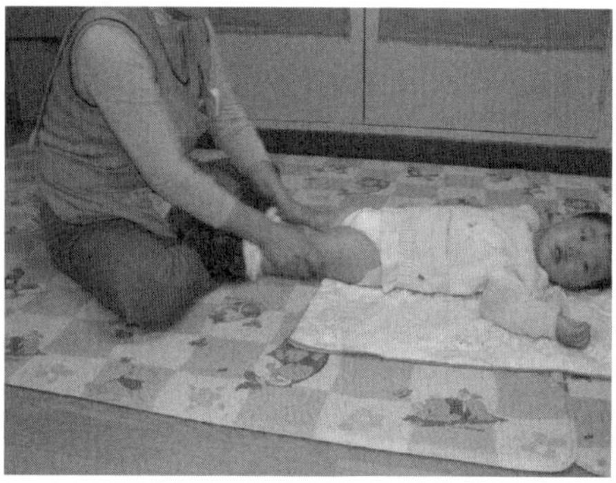

2) 안전한 생활

내용	활동명
놀잇감 안전하게 사용하기	여러 가지 음식 닦기
위험한 상황을 알기	전기 안전덮개 알기

활동명 여러 가지 음식 닦기

생활주제

재미있는 놀잇감

준비물

여러 가지 음식 모형, 큰 그릇, 수세미, 바구니, 마른 수건.

활동방법

1. 교사가 역할영역에 모형음식 놀잇감을 큰 그릇에 담아 영아와 함께 실외놀이터로 나간다.

교사: - 아, 배고파 점심을 차려 먹어야겠는데 음식이 더러워 먹을 수가 없네.

- 어떻게 해야 깨끗한 당근이랑, 오이랑 먹을 수 있을까?
- 여기 음식을 깨끗이 씻어서 먹을까?

2. 교사는 여러 가지 음식 모형을 담은 큰 그릇에 물을 넣고 수세미를 준비한다.

교사: - 여기 더러운 음식을 수세미로 닦아 줄 수 있겠니"

- "△△가" 깨끗이 닦아 주는 구나.
- 다 닦은 음식은 여기 바구니에 담아 주자.
- 교실로 들어가서 마른수건으로 물기를 닦아 주자

※ 영아가 물을 마음껏 다룰 수 있는 장소(세면실, 실외놀이터 등)에서 닦도록 한다. 영아가 입에 넣기 쉬운 놀잇감(인형, 블록 등) 세척 활동으로 확장할 수 있다.

활동명 전기 안전덮개 알기

생활주제

어린이집 돌아보기

준비물

안전덮개

활동방법

1. 교사는 보육실 콘센트에 안전덮개를 영아에게 알려 준다
   교사: - 이것이 무엇일까?
   - 이건 안전덮개라는 거야.
2. 영아가 덮개를 빼거나 만지지 않는 것이라고 알려준다.
   교사: - 이 덮개는 선생님이 만지는 거야.
   - 선생님이 카세트 틀때 덮개 이렇게 빼고 카세트 꽂을 거야.
   - "△△가" 만지면 손이 아프지. 만지지 않는 거야.

※ 영아에게 보육실내 안전보호대(모서리 방지대, 손끼임 보호대 등)를 영아가 손으로 뜯거나 빼지 않도록 수시로 설명한다.

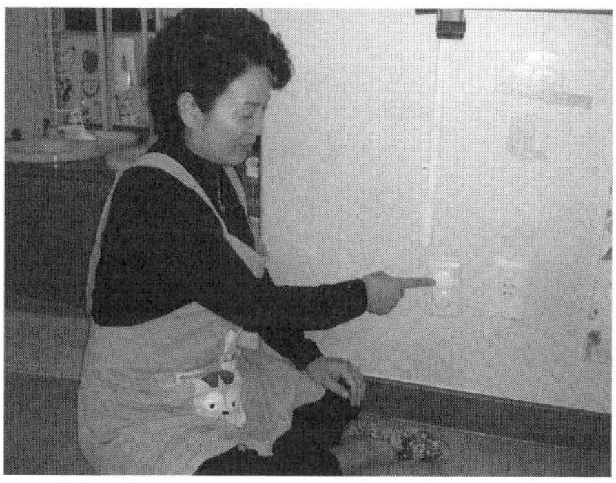

3) 바른생활

내 용	활동명
예절 바르게 생활하기	선생님을 ○○를 사랑해
질서 지키며 생활하기	내 차례를 기다려요

활동명 선생님은 ○○를 사랑해

생활주제

어린이집 돌아보기

준비물

『우리 모두 다 함께』 악보

활동방법

1. 교사가 『우리 모두 다 함께』 노래를 개사하여 영아의 이름을 넣어서 불러준다.

교사: - 선생님은 ○○를 사랑해∽ (영아와 악수하며)

- 선생님은 ○○를 너무너무 사랑해 ∽ (영아를 안아주며)

2. 교사가 『우리 모두 다 함께』 노래에 개사하여 교직원과 영아의 이름을 넣어서 불러 준다.

교사: - 토끼반 선생님은 ○○를 사랑해∽ (영아가 토끼반 선생님께 인사하며)

- 취사 선생님도 ○○를 사랑해∽(영아가 취사 선생님께 인사하며)

- "○○"도 , "△△를" 너무너무 사랑해∽(영아끼리 안아주며)

※ 영아가 교직원에게 자연스럽게 인사하도록 노랫말을 개사하여 불러준다. 영아들끼리도 자연스럽게 서로 악수하고 안아주도록 노랫말을 개사하여 불러준다.

활동명 내 차례를 기다려요

생활주제

재미있는 놀잇감

준비물

없음

활동방법

1. 점심 또는 간식 먹을 때 영아들이 차례로 손을 씻도록 지도 한다 .

   교사: - 간식을 먹으려면 어떻게 해야 할까?

   - 그래, 차례로 손을 씻자.
   - "○○야" 개수대에서 손 씻자 "△△야" 기다리자.

2. 영아들이 점심 또는 간식을 먹을 때 친구들이 다 받을 때까지 기다리도록 지도 한다.

교사: - "○○야 먼저 간식을 가져가자. 친구들과 같이 먹자 기다려 줄 수 있겠니?

- "△△도"간식 가져가자. 선생님과 친구들과 같이 먹자 기다리자.
- 다 같이 "잘 먹겠습니다" 인사하고 먹자.

※ 영아가 자기 차례 기다리기가 되지 않을 때 교사가 직접 영아의 손을 잡고 기다려준다. 점차 교사의 언어적 지시에 따라 차례를 기다리도록 한다.

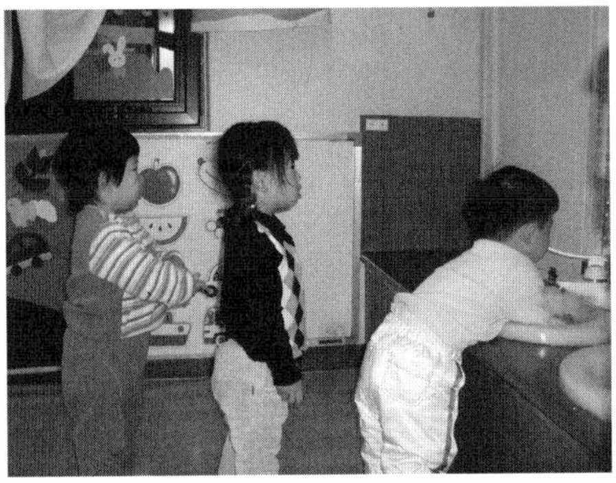

2. 만 2세 영아 활동의 실제

1) 건강한 생활

내 용	활동명
몸을 깨끗이 하기	이 닦기 지도
올바른 태도로 먹기	바른 태도로 식사하기
적당한 잠자기와 휴식하기	오전에 한일을 들으며 낮잠 자기
건강한 배설습관 갖기	혼자서 변기 사용하기
스스로 옷 입고 벗기	혼자서 옷 벗기
즐겁게 활동하기	나비가 되어 훨훨
건강에 관심 갖기	건강검진 받기

활동명 이 닦기 지도

생활주제
어린이집 생활

준비물
칫솔, 치약, 양치 컵, 소독고

활동방법
1. 교사는 점심식사 후 영아가 이를 닦도록 지도한다.
   교사: - "△△야" 점심을 다 먹으면 무엇을 해야 할까?
   - 그래, 이를 닦아야지
   - 소독고에서 칫솔을 꺼내자.
   - 칫솔에 치약을 묻혀보자.
   - 거울을 보고 입을 "아" 하고 칫솔로 윗니, 아랫니를 닦자.
   - 다음엔, "이" 하고 이를 위 아래로 닦자. "어"하고 혀를 내밀고 혀도 닦아볼까?
   - 입안에 치약 거품이 많아졌구나. 컵에 물을 받아서 입안을 헹구어 내자.
2. 교사는 영아의 칫솔과 컵을 닦아 소독고에 보관하도록 지도한다.
   교사: - "△△야" 이 닦으면 칫솔과 컵은 어떻게 해야 할까?
   - 그래, "△△가" 소독고에 넣어 볼래?

※ 교사는 영아가 이를 닦을 때 시범을 보이고 양치질을 모방하도록 지도한다. 양치질이 미숙한 영아는 충치 방지를 위하여 영아가 이를 닦은 후 교사가 조금 더 닦아준다.

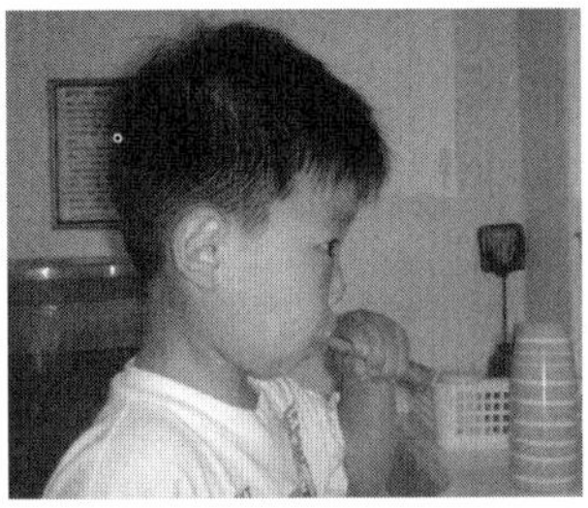  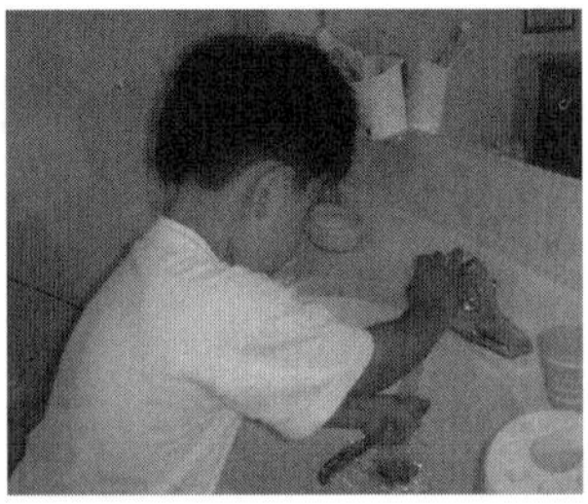

활동명 바른 태도로 식사하기

생활주제

어린이집 생활

준비물

점심식사, 수저, 식탁

활동방법

1. 교사는 점심식사 시 음식을 골고루 먹도록 지도한다.
   교사: - "△△야" 밥은 숟가락으로 떠서, 반찬은 포크로 찍어서 먹을 수 있겠니?
   - 그래, "△△야" 여기 숟가락이랑 포크가 있네?
   - 손으로 음식을 먹으면 손이 지저분해진단다.
   - "△△야" 밥과 국 반찬을 골고루 먹을 수 있겠니?
   - 김치가 맵니? 그러면 국에 씻어서 먹어볼래?
2. 음식을 앉아서 다 먹고 일어나도록 지도한다.
   교사: - "○○야" 음식을 교실에 흘렸네 어떻게 하면 좋을까?
   - "○○가" 휴지로 닦아줄래.
   - "○○야" 친구들이 다 밥 먹을 때 까지 앉아서 밥을 먹을 수 있겠니?

- "○○가" 밥을 먹지 않고 돌아다니면 다른 밥 먹는 친구에게 방해가 된단다.
- "○○가" 앉아서 밥을 다 먹으니깐 의젓하구나.

활동명 오전에 한 일을 들으며 낮잠 자기

생활주제
어린이집 생활 적응하기

준비물
개인별 침구, 베게, 잠잘 때 듣는 음악(http://jr.naver.com)

활동방법
1. 낮잠을 잘 때 쉽게 잠들지 못하는 영아의 정서를 달래준다.

   교사: - "△△야" 잘 자!
   - "△△는" 아까, 놀이터에서 미끄럼을 혼자서 타더라, 미끄럼틀 계단을 올라갈 때 무서워하지도 않던데.
   - 이젠 "△△가" 씩씩해져서 혼자서도 잘하는구나.
2. 교사는 영아의 가슴을 토닥거려 주며 오전에 한일들을 속삭여 준다.

※ 교사는 영아가 잠들면 음악을 작게 들려준다.

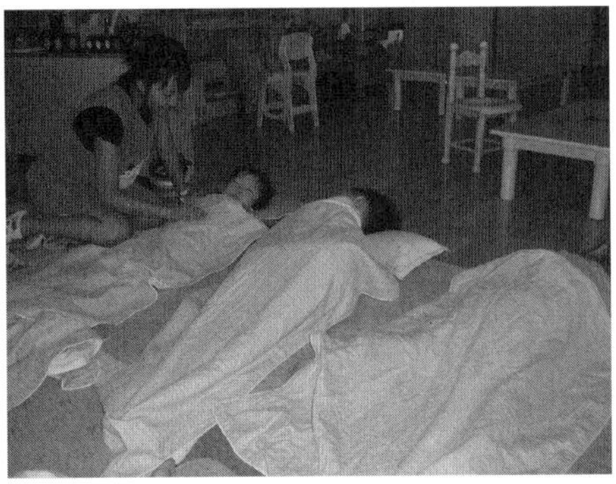 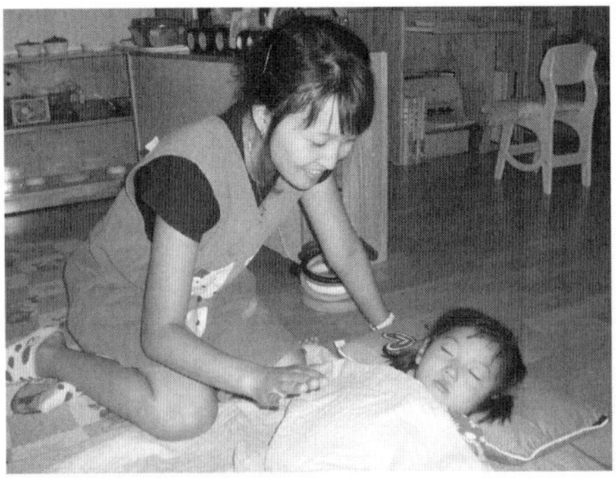

활동명 혼자서 변기 사용하기

생활주제
혼자서 할 수 있는 것

준비물
영아용 변기

활동방법
1. 놀이시간에 화장실 가고 싶은 영아는 교사와 함께 화장실로 들어간다.

   교사: - "○○가" 혼자서 변기 위에 앉을 수 있니?

   - 오늘도 "○○가" 혼자서 변기에 앉아 보자.

2. 영아가 하의를 내리도록 지도한다.

   교사: - "○○야" 바지를 발목까지 내려 볼까?

   - 엉덩이를 뒤쪽으로 놓고 변기에 앉아야겠다.
   - 다리를 붙여 앉아야겠다.
   - 오줌을 다 누었으면 "다 누었다고" 말하렴

   영아: - 선생님! 오줌 다 누었어요.

   교사: - 일어서서 옷을 입어보자. 팬티 먼저 올려 보자.

- 팬티를 올리지 못하면 “선생님 도와주세요” 라고 말하면 선생님이 도와줄게.

3. 변기를 사용한 후 물을 내리도록 지도한다.

교사: - “○○야” 변기를 사용했는데 어떻게 해야 할까?
- 그래, 변기에 손잡이를 눌러서 물을 내려 주어야겠다.

4. 용변 후 손을 씻도록 지도한다.

교사: - ○○야” 오줌을 누었으니깐 어떻게 하면 좋을까?
- 그래, 손을 닦고 화장실을 나오자.

※ 교사는 영아가 변기 사용에 익숙해질 때까지 지속적으로 언어적으로 지시를 해준다. 각 가정에는 입고 벗기에 편한 하의를 입고 올 수 있도록 협조를 구한다.

활동명 혼자서 옷 벗기

생활주제
혼자서 할 수 있는 것

준비물
자기 옷

활동방법
1. 하루일과 중 낮잠시간에 교사는 영아에게 옷을 혼자서 벗도록 한다.

교사: - "○○야" 낮잠을 자려면 옷을 벗어야 하는데, "○○는" 혼자서 옷을 벗을 수 있니?
- "○○야" 바지를 발목까지 내려 볼 수 있겠니?
- 그래, 이번에 바닥에 앉아서 발목까지 내려온 바지에서 발을 빼 보자.
- 웃옷에서 팔을 잡아당겨 보자. 팔을 당기지 못하면 "선생님 도와주세요"라고 말하면 선생님이 도와줄게.
- 마지막으로 웃옷을 머리위로 올려보자
- 벗은 옷을 바닥에 펴서 개보자.
- "○○가" 갠 옷을 사물함에 넣어보자.

※ 교사는 영아가 옷을 바르게 벗도록 반복적으로 연습한다. 이 활동이 익숙해지면 교사가 직접적으로 도움을 주기 보다는 언어적으로 활동을 도와준다.

활동명 나비가 되어 훨훨

생활주제
동물

준비물
나비 날개, 동물모형 모자(오리, 코끼리, 양, 곰 등)

활동방법
1. 교사는 영아가 어깨에 나비 날개를 달고 움직여 보도록 한다.
   교사: - "○○의", 어깨에 나비날개를 다니까, 예쁜 나비가 되었네.
   - 나비는 어떻게 날아다닐까? 나비처럼 움직여 볼까?
   - "○○야", 정말 나비같이 갈구나.
   - 선생님과 친구들이 노래 불러 줄께?
   - 나비야, 나비야, 이리 날아오너라.
   노랑나비 흰나비 춤을 추며 오너라.
2. 여러 가지 동물 모자를 머리에 쓴 후, 동물의 모습을 회상하여 움직여 보도록 한다.
   교사: - "△△야" 오리 모자를 쓰니까 오리 같구나.
   - 오리는 어떤 소리를 낼까?, 오리가 어떻게 다닐까?
   - 아, 오리는 꽥꽥 소리를 내며 걸어가는 구나.

 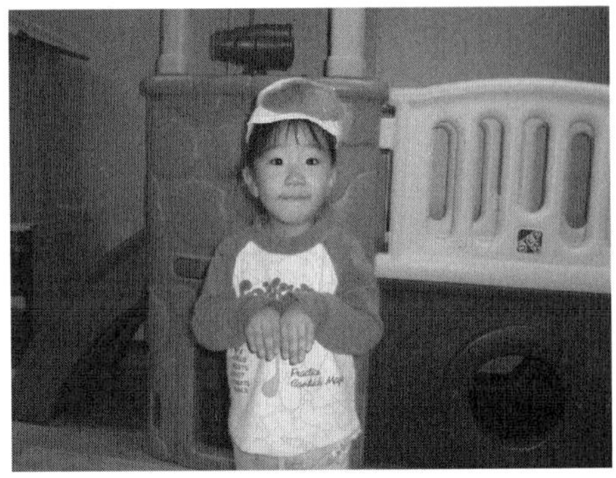

활동명 건강검진 받기

생활주제

나

준비물

건강검진 기구

활동방법

1. 사전에 병원에 예약하여 건강검진을 받을 수 있도록 준비 한다.

   교사: - "○○야" 병원에 가 본적 있니?
   - 왜 병원에 갔었니?
   - 병원에 가서 무얼 했니?
   - 오늘도 "○○가" 아픈지, 안 아픈지 살펴보는 검사를 할거야.

2. 영아가 간호사와 의사의 지시에 따라 건강검진을 받도록 교사가 도와준다.

   교사: - "○○야" 여기에 올라가서 키와 몸무게를 재어보자?
   - 이번엔 의사 선생님 앞에서 " 아" 하고 입을 벌려보자
   "○○"의 입속에 이를 아프게 하는 세균이 있는지 봐 주신대.
   - "○○의"소변을 여기에 담아서 병원에 보내자. 의사 선생님이

소변을 검사해 보시고 "○○가" 건강한지 알아보신대
- "○○는" 울지도 않고 건강검진을 잘 받는구나.

※ 교사는 영아의 개월 수에 따라 학부모의 동의를 받아서 채혈검사를 받도록 한다.

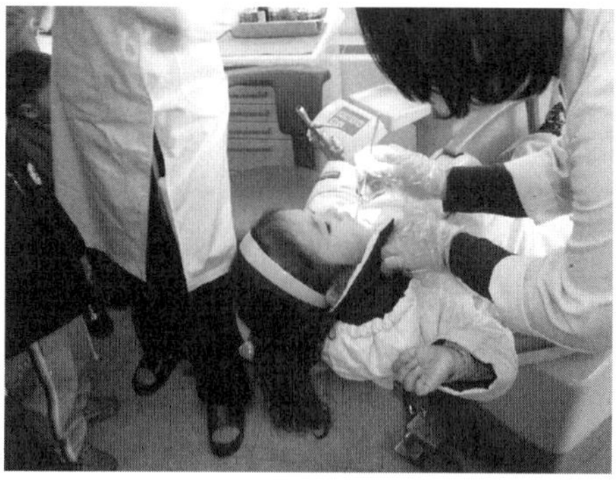

2) 안전한 생활

내용	활동명
놀이 규칙에 따라 안전하게 놀이하기	모래놀이 하기
위험한 상황을 알고 조심하기	소방대피 훈련
탈것의 위험을 알고 안전하게 다니기	신호등 놀이

활동명 모래놀이 하기

생활주제

느낌

준비물

모래놀이 기구

활동방법

1. 실외놀이터에 모래놀이 기구를 가지고 나간다.

   교사: - 오늘은 놀이터에서 모래놀이를 할거야
   - 어떻게 놀아야 할까?

2. 교사는 영아들과 함께 모래놀이 규칙에 대해 이야기 나눈다.

   교사: - 모래놀이 기구로 친구를 때리지 않는다.
   - 친구들에게 모래를 뿌리지 않는다.
   - 모래놀이 후에는 모래놀이 기구를 종류별로 바구니에 담아서 정리한다.

활동명 소방대피 훈련

생활주제
혼자서 할 수 있는 것

준비물
연막탄, 화재자동 탐지기, 여벌양말, 초시계

활동방법
1. 교사회의를 통하여 어린이집 원아 전체 소방대피 일정을 준비한다.
   * 훈련시간: 월 일 요일 오전 11시 10분
   * 화재장소: 2층 복도
   * 대피경로:
   * 역할분담: 경보기 작동, 비상대피, 화재신고, 의료, 연락담당을 정한다.

반 명	대피경로	대피장소
기린반	3층 복도계단 → 현관 출입구	①번 공영주차장 앞
팬더반	3층 비상계단	②번 공영주차장 앞
토끼반	2층 비상계단	③번 공영주차장 앞
다람쥐반	2층 비상계단	④번 공영주차장 앞
병아리반	1층 현관 출입구	④번 공영주차장 앞

구분	담당자	구분	담당자
유아 대피	각반 담임	발 화	유○○ 교사
화재 신고	문○○ 교사	소요시간 측정	장○○ 교사
다친 유아치료	한○○ 교사	최종 인원 점검	각반 담임
대피훈련 사진촬영	김○○ 교사	각층 인원 점검	최○○, 정○○, 문○○ 교사

2. 비상구에 불을 켜둔다.
3. 시간과 장소를 정하지 않고 갑자기 소방대피 훈련을 실시한다.
4. 불이 났을 때 대피 방법을 이야기 나눈다.

교사: - 불이 났을 때 우리는 어떻게 대피해야 할까?
- "불이야" 소리 지르며 선생님을 따라 안전한 곳으로 대피해야지요.
- 대피 할 때는 손이나, 웃옷으로 입을 막고 나가야 해요
- 불이 났을 때 어디에 전화를 해서 도움을 받아야 할까?

영아: - 119 아저씨요, 소방관 아저씨요.

활동명 신호등 놀이

생활주제

자동차

준비물

신호등 판, 횡단보도

활동방법

1.영아에게 신호등 판을 보여 준다.

교사: - 신호등에 빨간불이 켜졌네.

- 빨간 불일 때 "○○는" 어떻게 할까?
- 이번에는 초록불이 켜졌네.
- 초록불일 때 "○○는" 어떻게 할까?
- 횡단보도를 건너갈 때 손을 어떻게 해야 할까?
- "○○는" 손을 들고 길을 건너가니?

2. 신호등을 보고 길을 건너가 본다.

교사: - 선생님이 신호등을 할게. "○○가" 횡단보도를 건너가 볼래?

- 초록불이 켜졌네.
- 초록불이 깜빡이고 있어, 건너가야겠네.
- 빨간불이 켜졌어.
- 자동차가 달려요. 조심해야겠다.

3) 바른생활

내 용	활동명
예절 바르게 생활하기	사회적 언어 사용하기
질서 지키며 생활하기	줄서기

활동명 사회적 언어 사용하기

생활주제

사랑하는 가족과 친구들

준비물

문제상황 장면

활동방법

1. 교사는 영아의 문제행동이 발생되는 즉시 감정표현이 짧고 강하게 직접적으로 표현하도록 한다.

영아: - 앙~ 선생님 친구가 내 팔을 앙 물었어요.

교사: - "△△야" 친구 물면 아프지 "미안해" 라고 말하자.

영아: - 이건 내거야!, 내가 자동차 가지고 놀고 싶은데 왜 양보하래?

교사: - "△△야" 친구와 같이 가지고 놀자, 친구한테 "같이 놀자"라고 말할 수 있겠니?

- "○○야" 자동차 "같이 놀자고" 자동차 한대 나눠주네.
- "△△에게" "고마워" 라고 말하자.

※ 영아기는 영아가 교사와 친구들과의 사회적 관계를 맺는 기초가 되는 시기이다. 이 시기에 나타나는 문제행동을 적절하게 지도하지 않으면 유아시기에 문제행동이 더 나쁘게 진행된 형태로 나타나 친구 관계의 문제로 직결 된다.

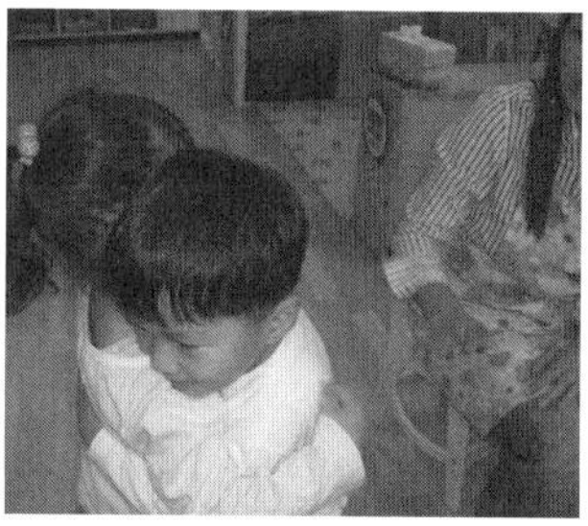

활동명 줄서기

생활주제
혼자서 할 수 있는 것들

준비물
장소를 이동할 때, 간식을 먹을 때

활동방법
1. 교사는 영아가 교사보다 앞질러 가지 않도록 한다.

   교사: - 실외놀이터로 갈 거야, 어떻게 가야 할까?
   - 그래, 차례로 줄서서 순서대로 내려가자.
   - 계단을 내려 갈 때 어떻게 가야 할까?
   - 그래, 벽면을 잡고 계단을 내려가자.

2. 간식을 먹을 때 차례로 줄을 서서 기다리도록 지도한다.

교사: - 간식을 먹으려면 어떻게 해야 할까?
- 그래, 차례로 줄을 서서 기다리자.
- 차례차례로 간식을 받아가자.

※ 교사는 영아들의 발달 특성상 단체생활을 할 때 줄서기 등 규칙과 질서를 지키기 어렵다는 것을 사전에 알고, 영아들이 모여서 이동하거나 자신의 차례를 기다릴 때 줄을 서도록 지도한다.

3. 만 3~5세 유아 활동의 실제

1) 건강한 생활

내 용	활동명
몸과 주변 환경을 깨끗이 하기	깨끗한 손, 더러운 손
식생활을 바르게 하기	많이 먹으면 안돼요
적당한 잠자기와 휴식하기	자장가 감상
건강한 배설습관 갖기	꽈당 넘어졌어요
옷을 상황에 맞게 입기	적절하게 옷 입기
적극적으로 활동하기	웃음놀이
건강에 관심을 갖고 건강생활 실천하기	예방주사

활동명 깨끗한 손, 더러운 손

생활주제
나와 어린이집

준비물
사진 자료, 색종이, 가위, 테이프, 색연필

활동방법
1. 사진을 보며 상황을 이야기 해 본다.

<바깥놀이 기구를 이용하는 사진>

<모래놀이를 하는 사진>

2. 사진과 같이 놀이를 하고 난 후 꼭 해야 할 일은 무엇인지 이야기를 해 본다.
   교사: - 이런 일들을 하고 난 다음 우리가 해야 할 일은 무엇일까?
3. 손을 씻지 않고 음식을 먹을 경우 어떤 일이 벌어질지 이야기 해 본다.
   교사: - 만약 손을 씻지 않고 음식을 먹을 경우 어떤 일이 생길까?
4. 종이 위에 손을 놓고 왼손과 오른손을 본떠서 그려본다.
5. 한 손에는 세균을 그려 더러운 손으로 만들고 다른 한 손은 깨끗한 손으로 만들어 준다.
6. 가위로 손 모양을 오려 깨끗한 손과 더러운 손을 완성한다.

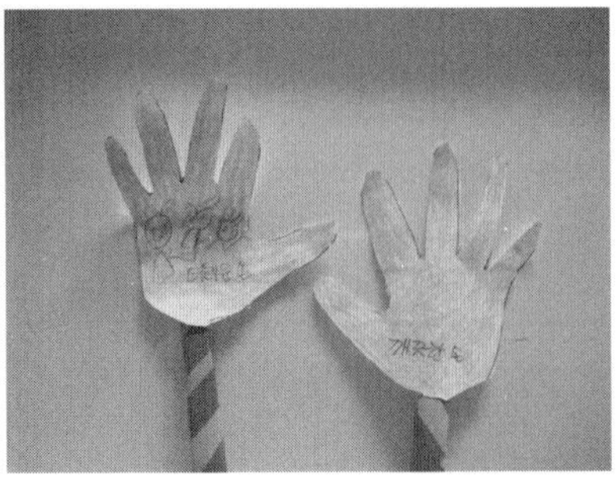

7. 종이에 손바닥 그림(게임판)과 세균 그림(유아들이 그린 것에 찍찍이 붙임)의 게임 자료를 소개한다.

< 세균 >

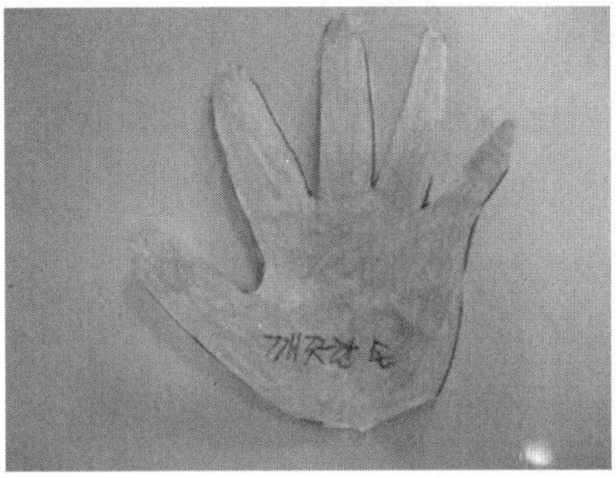

< 손 >

8. 유아들의 의견을 듣고 게임 방법을 정한다.

교사: - 손 모양의 게임판과 세균그림 조각을 이용하여 어떤 게임을 할 수 있을까?

(교사가 부르는 개 수 만큼 세균 붙이고 돌아오기, 세균 떼어오기)

9. 게임을 할 때 지켜야 할 규칙을 정해본다.

교사: - 우리가 게임을 하려면 어떤 규칙을 지켜야 할까?

10. 게임이 끝난 후 평가를 한다.

교사: - 어떤 점이 재미있었니?

- 아쉬운 점은 무엇이었니?
- 우리가 정한 규칙을 모두 잘 지켰니?

11. 평가를 한 후 교실로 돌아와 손을 씻은 후 카펫으로 모인다.

활동명 많이 먹으면 안돼요

생활주제
여름

준비물
파워포인트 동화(꿀꿀이의 아이스크림 가게), 동극 머리띠, 종이, 다양한 쓰기 도구(색연필, 크레파스, 연필), 찍찍이(깔깔이), 가위,

활동방법
1. 여름철에 우리가 먹는 음식들에 대해 이야기해 본다.
   교사: - 우리가 더운 여름을 시원하게 보내기 위해 어떤 음식들을 먹을까?
2. 꿀꿀이의 아이스크림 가게를 동화로 듣고 동극으로 표현하기로 한다.
3. 동화를 다 들려 준 후 동화 속의 내용과 대사를 회상해 본다.
4. 동극을 하려면 무엇이 필요한지 이야기 나누고 무대를 어떻게 꾸밀지 소품으로 무엇을 할지 유아들과 함께 의논한다.
5. 동극의 배역을 정하고 자기소개를 한 후 표현해 본다.
6. 교사가 해설을 한다.
7. 관람한 느낌을 듣고 평가한다.
   교사: - 꿀꿀이에게 어떤 일이 벌어졌니?
   유아: - 아이스크림을 많이 먹어 배탈이 났어요.
   교사: - 너희들도 꿀꿀이처럼 아파 본 적이 있니?
   유아: - 아니요, 저도 많이 먹어서 배 아픈 적 있었어요.
   교사: - 꿀꿀이처럼 아프지 않으려면 찬 음식을 어떻게 먹어야 할까?
   유아 - 조금만 먹어요. 아이스크림은 한 개만 먹어야 되요.
8. 새로운 배역을 정하고 평가를 참고로 재 공연한다.
9. 동극이 끝나 후 자리를 정돈한다.

교사: - 역할 영역에 동극 자료를 제시해 준다.

※ 동화를 듣고 꿀꿀이에게 어떤 일이 일어났는지 생각하여 다시 한번 이야기 해 보고 동극이 끝난 후에는 왜 찬 음식을 많이 먹으면 안 되는지 이야기 해 본다.

활동명 자장가 감상

생활주제

건강한 몸과 마음

준비물

슈베르트 자장가, 모짜르트 자장가, 전래동요

활동방법

1. 동화를 들려준다.

   "잠이 잘 오지 않는 어린이가 있었단다."
   이 어린이는 늦게 자고 아침에 일찍 일어나지 않아서 친구도 없고, 튼튼하지 않았대요.
   엄마는 생각했어요. 우리 아이가 잘 자고 좋은 꿈을 꿀 수 있는 방법이 없을까? 그래서 이런 음악을 틀어 주셨어요.

2. 음악을 들려준다.
3. 음악을 듣고 꿈속에서 어떤 일이 생길까를 그려보고, 느낌을 이야기 해 본다.

※ 일주일 동안 세 곡을 나누어서 들려준다.

활동명 꽈당 넘어졌어요

생활주제
나와 어린이집

준비물
화장실에서의 상황그림 자료

활동방법
1. 화장실에서의 상황그림 자료를 보며 이야기 나눈다.
   교사: - 화장실에 갈 때는 어떻게 갈까?
   - 화장실에서는 어떻게 서서 있을까?
   - 화장실에서 줄을 서지 않고 친구를 밀면 어떻게 될까?
   - 화장실에서 친구와 장난을 치다가 바닥에 미끄러지면 어떤 일이 생길까?
   - 화장실에서 친구와 싸움을 하게 되면 어떤 일이 생길까?
   - 화장실에서 소변을 보고 나서 손을 씻지 않으면 어떻게 될까
2. '산토끼' 노래를 개사하여 부른다.

> 화장실
>
> 기린반 친구들
>
> OO이가 화장실에서 콩 넘어졌어요.
> 화장실에서 뛰니까 미끄러졌잖아.
>
> OO야 OO야 얼마나 아프니?
> OO야 OO야 얼마나 아프니?

3. 교사가 피아노를 치며 유아들과 노래를 해본다.
4. 약속을 정한다.
   교사: - 화장실에 가서 지켜야 할 일은 무엇이 있을까?
   - 화장실에서 넘어지지 않으려면 어떻게 해야 할까?
5. 정한 약속을 회상하며 직접 화장실을 사용해 본다.

※ 화장실을 사용할 때 친구가 있는지 없는지 살펴본다.
※ 화장실 가는 일이 급하더라도 뛰어가지 않도록 조심시킨다.
※ 화장실에서 친구와 장난하는 것을 하지 않도록 이해시킨다.
※ 화장실의 슬리퍼를 끌며 다니지 않도록 이해시킨다.

활동명 적절하게 옷 입기

생활주제
건강한 몸과 마음

준비물
상황그림 자료, 계절에 맞는 여러 종류의 옷, 정리함

활동방법
1. 옷을 입는 이유에 대해서 이야기 나눈다.
   교사: - 왜 옷을 입을까? (몸을 보호하려고, 예뻐 보이기 위해서 등)
2. 상황에 따른 그림 자료를 보여주며 어떤 옷이 어울릴지 이야기 나눈다.
   - 운동할 때 : 운동복
   - 비 오고 바람 불 때 : 비옷, 바지
   - 더운 날씨 : 시원한 옷, 짧은 옷
   - 추운 날씨 : 따뜻하게 해 주는 옷

3. 때와 장소에 맞지 않은 옷을 입어 불편했던 경험을 이야기 한다.
4. 어린이집에 올 때의 옷차림에 대해 이야기 나눈다.
   교사: - 어린이집에서 즐겁고 편안하게 지내려면 어떤 옷을 입고 오는 것이 좋을까?
   - 어떤 옷이 불편할까?
   - 몇 명의 유아를 나오게 하여 지금 입고 있는 옷의 이름을 이야기 하게 한다(티셔츠, 바지, 치마, 원피스, 외투).
5. 정리함에서 옷을 꺼내 어느 계절에 입는 옷인지 물어본다.
   - 유아를 나오게 하여 직접 입어보게 한다.
   (옷을 개서 정리함에 넣어본다./ 계절별로 구분한다.)

※ 학부모에게 유아가 어린이집에 올 때 편안한 옷차림을 하도록 협조 편지를 보낸다.

활동명 웃음놀이

생활주제

나와 어린이집

준비물

녹음기, 공 테이프, 노래 테이프(이계석-웃음)

활동방법

1. 음률영역에 모여 앉아 상황에 따른 감정에 대해 이야기 나눈다.
   교사: - '하하하' 선생님이 왜 웃으셨을까?
   (기뻐서, 좋아서,.......)
   - 너희들이 웃을 때는 언제니?

2. 녹음한 웃음소리를 듣고 흉내 내어 본다.

교사: - 녹음기에서 나오는 웃음소리를 따라 소리 내어 웃어보자.
- 서로 간지럼을 태워 웃어보자.
- 친구가 웃으면 흉내 내어 함께 웃어보자.

3. 다양하게 웃어 본 것의 차이를 찾아본다.

교사: - 천천히 웃는 소리를 내어보자.
- 빠르게 웃는 소리는 어떻게 내면 좋을까?
- 높은 웃음소리(예: 언니의 웃음소리), 낮은 웃음소리(예: 할아버지의 웃음소리)를 흉내 내어 본다.

4. 울음에 대해서도 웃음과 같이 활동한다.

5. '웃음' 노래 테이프를 틀어 리듬에 따라 웃거나 몸을 움직여 본다.
- 이제 선생님이 음악을 틀어 주면 그 소리에 맞추어 웃어보자.

※ 교사가 웃음상황과 웃음소리를 알려주기 보다는 유아 스스로 웃을 수 있는 상황과 다양한 웃음소리를 찾아 볼 수 있도록 한다.

활동명 예방주사

생활주제

건강한 몸과 마음

준비물

동시판

활동방법

1. 동시 자료를 이용하여 동시를 들려준다.

예방주사

걷어라 걷어라,
팔뚝을 걷어라.
걷은 팔뚝 내밀고,
목 돌리고 먼 산 봐라.
맞으면 아프겠고,
안 맞으면 안 되겠고...
아프니 ?
안 아프니 ?
서로서로 돌아본다.
맞은 아인 아파 울고...
맞을 아인 겁나 울고...
모두 모두 우는데,
의사 혼자 껄껄 웃네.

2. 동시 내용에 대해 이야기를 나눈다.
교사: - 예방주사를 맞아 본 적이 있니?
- 예방주사를 맞을 때 느낌이 어땠니?
3. 동시 자료를 보며 함께 읊어 본다.
4. 동시를 재구성 해 본다.

2) 안전한 생활

내 용	활동명
안전하게 놀이하고 타인의 안전을 배려하기	실외놀이 안내
위험한 상황에서 안전하게 행동하기	화재안전 수칙 알기
교통안전 실천하기	자전거를 타요 (교통안전공원 현장학습)
안전교육의 중요성 알고 참여하기	색이 비슷해요

활동명 실외놀이 안내

생활주제

나와 어린이집

준비물

종이, 연필

활동방법

1. 유아들과 직접 실외에 나가서 놀이터를 같이 둘러본다.
   교사: - 놀이터에는 어떤 놀이 기구들이 있니?
   - 어떤 놀이 기구를 타고 싶니?
2. 놀이시설을 바르게 이용하는 방법을 알아본다.
   교사: - 이 놀이기구는 어떻게 타는 것일까?
   - 누가 타는 방법을 알려 주겠니?
3. 놀이시설을 잘못 이용했을 때 나타날 수 있는 여러 가지 위험한 상황을 유아들에게 제시해 주고 어떤 일이 생기게 될지 생각 해 본다.
   교사: - 만일 그네를 타고 있는 친구 앞으로 지나가면 어떻게 될까?
   - 미끄럼을 거꾸로 타면 어떤 일이 생길까?
4. 놀이기구를 바른 방법으로 타 본다.

※ 보조 교사가 있으면 소집단으로 나누어서 안내를 하는 것이 더 효과적이다.

※ 실외놀이 첫날은 시설물 중 1~2가지만 가지고 놀이를 하고, 며칠간에 걸쳐서 놀이영역을 점차 늘려 나가간다.

활동명 화재 안전수칙 알기

생활주제

겨울

준비물

불이 난 여러 가지 상황그림, 불이 난 장면의 자료 사진

활동방법

1. 화재가 날 수 있는 여러 가지 상황에 대해 이야기 한다.

교사: (담뱃불을 잘 끄지 않았을 때, 다리미를 끄지 않은 채 옷 위에 올려두었을 때, 성냥이나 라이터로 장난했을 때, 촛불을 켜고 잠이 들었을 때, 모닥불이나 산불, 방화로 인한 사고 등)

2. 뉴스에 소개된 정도의 큰 불도 있지만 우리 주변에서도 크고 작은 화재의 위험이 있음을 이야기 한다.

3. 실제 경험해 본 적이 있는 유아는 발표하도록 한다.

교사: - 엄마가 행주로 냄비를 잡다가 행주에 불이 붙었어요.
- 김을 구울 때 김에 불이 붙었어요.

4. 화재 시 안전수칙에 대해 이야기 나눈다.

교사: - 교사나 어른의 지시에 따른다.
- 화재 시 소지품을 챙기지 않으며 신발을 신지 말고 빨리 밖으로 대피한다.
- 불이 났을 때는 엘리베이터를 타지 않는다.
- 미처 빠져나가지 못했을 때에는 창가에서 수건이나 옷을 흔든다.
- 연기가 날 때 수건이나 옷을 물에 적셔서 코에 대고 숨을 쉰다.
- 옷에 불이 붙을 땐 멈춘다 - 엎드린다 - 구른다 방법으로 대처한다.
- 연기가 가득 찼을 때 몸을 20~30cm 높이로 낮추고 기어간다.

5. http://119fbn.fire.co.k(불이 나는 상황)등의 동영상을 보고 느낌을 이야기 나눈다.

6. 각 가정에 우리 집 비상대피로 만들기 활동지를 보내어 가정에서의 대피 경로를 작성해 보도록 한다.

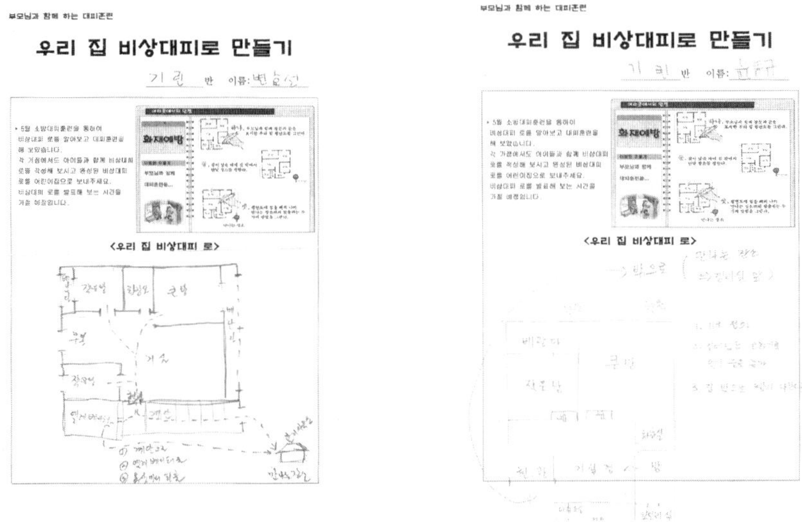

< 우리 집 비상대피로 만들기 >

활동명 자전거를 타요 (교통안전공원 현장학습)

생활주제

건강한 몸과 마음

준비물

자전거, 안전모, 팔꿈치 및 무릎 보호대, 교통안전공원(현장학습 장소), 현장학습 VTR

활동방법

1. 교통안전공원의 프로그램 중 자전거 타는 모습이 나오는 VTR을 시청 후 이야기 나누기를 한다.
2. 수수께끼를 내어 자전거에 대한 관심을 유발한다.

   교사: - 움직일 수 있어요!

   - 바퀴가 세 개 달렸어요?
   - 어린이집 옥상 놀이실에 있어요.
3. 자전거로 안전하게 타는 방법에 대해 이야기 한다.

   (운동화를 신고 타기, 한 방향으로 가기, 친구 자전거가 갈 때 기다리기 등)
4. 자전거를 탈 때 몸을 보호하기 위해 필요한 물건과 사용방법을 알아본다.
5. 자전거 탐색하기(운전대, 바퀴, 의자)

6. 자전거 타는 방법 이야기 나누기

   (앞으로 가는 방법, 뒤로 가는 방법, 방향 전환 등)
7. 자전거를 탈 수 있는 곳 이야기 나누기

   (집 앞마당, 어린이집 옥상 놀이터, 공원)

8. 자전거를 탈 수 없는 곳에 대하여 이야기 나눈다.
(차가 다니는 골목길, 도로)

9. 약속을 기억하며 자전거 타 보는 경험을 갖는다.

활동명 색이 비슷해요

생활주제
여름

준비물
가그린 용액, 워셔 액, 파랑색 음료 2종, 파랑색 식용 색소

활동방법
1. 우리 주변에서 볼 수 있는 파랑색 물건이나 음식을 알아본다.
교사: - 아이스크림, 바닷물, 하늘 …
2. 파랑색으로 만들어진 여러 가지 액체를 유아에게 소개한다.
교사: - 여기에 담긴 액체들은 무엇일까?
3. 용기에 담긴 액체들을 유아와 함께 먹을 수 있는 것과 없는 것으로 나누어 본다.
4. 각 액체의 올바른 사용법을 알아본다.

교사: - 가그린 : 구강 청결제

- 유리 닥스 : 유리 세정제

- 파워에이드, 팬돌이 ; 음료

5. 그 밖의 색이 비슷하지만 사용법이 다른 것들에 대해 이야기 한다.
6. 전단지나 잡지에 있는 그림 중에서 몸을 건강하게 해 주는 음료를 찾아 냉장고 안에 붙이거나 글씨로 써 본다.

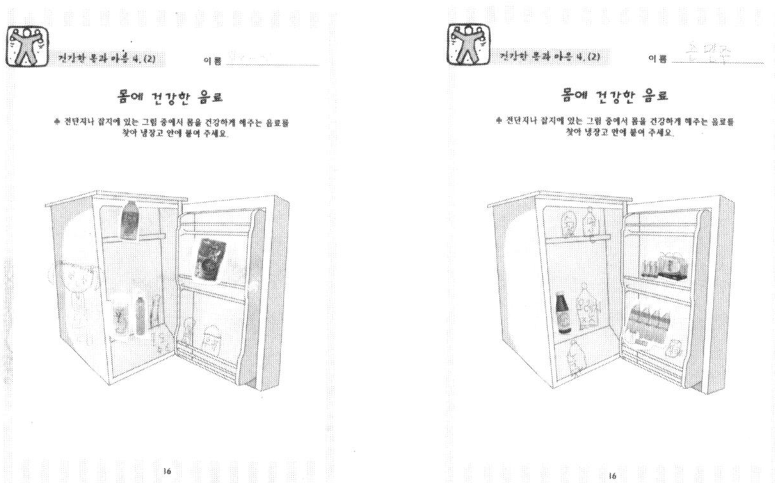

< 활동지>

※ 유아가 내용물을 먹어 보거나 만져 보는 일이 없도록 유의한다.

3) 바른생활

내용	활동명
예절바르게 생활하기	감사합니다(노래)
질서 지키며 생활하기	장난감을 찾아보자
아끼며 생활하기	알뜰시장 놀이

활동명 감사합니다 (노래)

생활주제

가족과 이웃

준비물

피아노, 그림과 글자가 혼합된 노래 자료

활동방법

1. 어버이날 아침에 어버이날의 의미를 이야기하면서 도입한다.

   교사: - 오늘은 무슨 날이니?
   - 어버이는 누구를 가리키는 말이지?
   - 어버이날은 무엇을 하는 날이니?
     (어머니, 아버지께 감사한 마음을 표현하는 날)
   - 왜 아버지, 어머니께 감사한 마음이 들까?
     (우리를 낳아 주셨고 길러 주신다./ 우리와 함께 놀아 주신다./ 우리를 돌보아 주신다./ 밥을 해 주신다./ 우리를 위하여 힘든 청소와 빨래도 해 주신다./ 다쳤을 때 약을 발라 주신다 등)

2. 유아들이 이야기 한 것과 같은 감사의 마음이 담긴 노래가 있음을 이야기하고, 교사가 노래를 불러 준다.
3. 노래를 들은 느낌에 대해 이야기를 나누거나, 부모님에 대한 감사의 마음을 이야기 하고 싶은 유아는 이야기 해 보도록 한다.
4. 피아노 소리로 노래의 음을 들어 본다.
   (오른손 반주로 멜로디만 들려준다.)
5. 반주에 맞추어 한 가지 소리(예:랄랄라)로 노래를 불러 본다.
6. 노래 자료를 사용하여 노래말을 들려준다.
7. 교사가 다시 노래를 들려준 후 유아와 나누어 노래를 불러 본다.

(쉬운 부분은 교사와 유아가 함께 부르고, 어려운 부분은 교사가 혼자 부르는 방법으로 나누어 부른다. 두 번째는 앞의 방법을 바꾸어서 부른다.)

8. 처음부터 끝까지 교사와 유아가 함께 노래를 부른다.

9. 만약, 뒤에 미술활동으로 연결한다면 유아들이 부모님께 달아 드릴 꽃을 만들기로 하면서 전이할 수 있다.

※ 어버이날의 유래에 대한 이야기 나누기와 연결하여 활동을 전개할 수 있다. 이 경우, 어버이날의 유래를 들려 준 뒤, 자연스럽게 이야기의 끝 부분에서 교사가 노래를 불러주고, 나중에 다시 노래 배우는 시간을 마련하여 배우게 할 수 있다.

활동명 장난감을 찾아보자

생활주제

나와 어린이집

준비물

각 영역의 놀잇감 한 가지씩(책, 가위, 크레파스, 블록, 퍼즐, 인형 등), 큰 바구니, 바구니를 덮을 수 있는 천, 낮은 책상

활동방법

1. 원이나 반원으로 앉는다. 교사 앞에 낮은 책상을 놓고, 바구니에 놀잇감을 담아 유아가 볼 수 없게 천으로 덮어 놓는다.

2. 'OO는 어디 있나'로 놀이영역을 찾아보도록 유도한다. 교사가 준비한 놀잇감을 책상 위에 하나씩 올려놓으면서 무엇인지 함께 이야기 한다.

교사: - 이것이 무엇이니?

- 우리 방 안 어디에 있지?

- 그 곳에는 또 어떤 것이 있니?

3. 교사가 한 가지씩 다시 보여 주면, 유아가 방 안에서 같은 물건을 찾아온다.
4. 유아 2~3명이 동시에 찾아올 수 있다.
5. 찾아온 물건이 같은 것인지 확인한다.
6. 유아들이 찾아온 장난감을 '☆☆는 어디에 있나' 노래를 부르는 동안 제자리에 정리한다.

교사: - ☆☆가 책을 어디에 정리했니?

※ 사물함 정리도 위와 같은 방법으로 지도하면 효과적이다.

※ 각 유아의 소지품을 어디에 보관하면 좋을까에 대해 이야기를 나누고, 보관할 곳이 어디에 있는지, 쉽게 찾는 방법은 무엇이 있는지 생각해 본다. 자기 사물함 자리를 찾는 게임을 할 수 있다.

활동명 알뜰시장 놀이

생활주제

가족과 이웃

준비물

집에서 사용하지 않는 물건들(장난감 자동차, 책, 인형, 문구류 등), 종이 쿠폰

활동방법

1. 진열된 장난감을 유아들이 자유롭게 탐색할 시간을 갖는다.
2. 알뜰시장 놀이를 한다.

교사: - 상자에 쿠폰을 넣고 자신에게 필요한 장난감으로 바꾸어 가져간다.

3. 알뜰시장 놀이가 끝나면 이야기나누기를 하며 평가한다.

교사: - 무슨 물건으로 바꾸었니?

- 어떤 점이 가장 재미있었니? 또, 속상했던 점은 무엇이었니?
- 물건을 바꾸어 본 느낌이 어떠니?
- 알뜰시장에서 내가 안 쓰는 물건들을 바꾸지 않았다면 그 물건들을 어떻게 했을까?
- 앞으로 필요 없는 물건이 생기면 어떻게 해야 할까?

※ 교사는 모두 유아들이 알뜰시장 놀이에 참여할 수 있도록 격려 한다.

※ 알뜰시장에 가져오는 물건은 고장 나지 않은 것으로 깨끗하게 세탁하여 가져오도록 한다.

제2절 신체운동

1. 만 2세 미만 영아 활동의 실제

1) 감각 및 신체 인식

내　용	활동명
감각적 자극에 반응하기	냠냠냠 맛있는 점심먹기
감각기관을 통해 탐색하기	실외놀이터 놀이
신체 탐색하기	내 몸

활동명 **냠냠냠 맛있는 점심먹기**

생활주제
어린이집 적응하기

준비물
다양한 음식(1식 3찬, 국)

활동방법
1. 점심식사 시간에 영아가 먹고 있는 음식에 대해 이야기 한다.
   교사: - 우리 점심밥 먹자? 오늘 반찬은 무엇이 있니?
   　　　- 그래, 감자도 있고 고기, 김치가 있네. 또 사과도 있네.
2. 영아가 먹는 음식의 맛에 대해 이야기 한다.

-“○○가” 감자를 먹고 있구나? 감자는 맛이 어떠니?
- 어! 김치도 있네. “○○야”김치 한 번 먹어볼래? 맛이 어떠니?
- 아! 매워 김치는 맵구나.

3. 영아가 좋아하는 음식에 대해 이야기 한다.

교사: - “○○는” 어떤 음식을 좋아하니?
- 그래, “○○가” 좋아하는 사과도 여기 있네.
- 사과 맛은 어떠니?

※ 교사는 점심식사 시간에 영아가 먹는 음식에 대해 이야기하여 음식을 골고루 먹는 습관을 기르도록 한다.

활동명 실외놀이터 놀이

생활주제

어린이집 돌아보기

준비물

실외놀이터

활동방법

1. 영아와 함께 실외놀이터에 나가서 종합 놀이터를 이용하도록 해 본다.
   교사: - 실외놀이터에 나가서 놀까?
   - 종합 놀이터 계단을 올라 갈 수 있겠니?
   - "○○야" 한 번 올라가 볼까? 선생님이 손잡아 줄게.
   - 아주 잘하는 구나. 하나, 둘, 셋
   - 이번엔 천천히 내려가 볼까? 한 발 또 한 발 내려오면 된단다.
   - 그래 아주 잘 하는 구나. 천천히 다시 한 번 해보자
2. 종합 놀이터의 미끄럼틀을 이용하도록 해본다.
   교사: - 우리 미끄럼틀을 타보자.
   - 엉덩이를 바닥에 대고 미끄럼틀을 내려올 수 있겠니?
   - "○○야" 한 번 내려와 봐. 선생님이 미끄럼틀 밑에서 잡아줄게.
   - 아주 잘 하는구나 또 한 번 해보자.

※ 영아들이 종합 놀이터를 혼자서 이용하도록 교사가 도움을 준다. 실외놀이터의 모래놀이를 병행하여 영아가 다른 놀이를 탐색 할 수 있도록 한다.

활동명 내 몸

생활주제

나

준비물

없음

활동방법

1. 영아의 각각의 신체 부위를 찾아보는 활동을 "~은 어디 있나? 노래를 부르며 짚어보도록 한다.

교사: - 눈은 어디 있나? 여기.

- 코는 어디 있나? 여기.

2. 노래를 반복해서 부르면서 신체의 부분들을 차례로 짚어보도록 한다.

- 손은 어디 있나? 여기.

- 배꼽 어디 있을까? 요기.

※ 영아의 월령에 따라서 얼굴 부위에서 신체의 다른 부위들을 짚어보도록 활동을 확장 할 수 있다.

2) 신체조절 및 기본운동

내　용	활동명
대근육 조절하기	동물 인형차 끌면서 걷기
소근육 조절하기	내 얼굴에 머리카락 붙이기
협응력 기르기	레고 블록 놀이
균형감 기르기	선생님 손잡고 평균대 걸어보기
이동 운동 시도하기	복도 계단 다니기
비이동 운동 시도하기	쎄쎄쎄 하기 『아침바람 찬바람』

활동명 동물 인형차 끌면서 걷기

생활주제

동물

준비물

동물 인형차

활동방법

1. 동물 인형차를 영아에게 끌어보도록 한다.

   교사: - 여기 움직이는 동물 인형차가 있네. 누가 한 번 끌어 볼래?

2. 영아가 자신의 걸음 속도에 맞추어 인형차를 끌고 활동실을 돌아보도록 한다.

   교사: - "○○야" 동물 인형차를 천천히 끌면서 걸어보자.
   - 동물 인형차를 끌면서 빨리 걸어 갈 수 있겠니?
   - 이번엔 동물 인형차 끌고, 친구들한테 가 보자.

활동명 내 얼굴에 머리카락 붙이기

생활주제

나

준비물

얼굴 그림, 길이가 다른 시트지

활동방법

1. 머리카락이 없는 영아의 얼굴을 준비 해 준다.
   교사: - 예쁜 아기들이 웃고 있네
   - 아기들에게 머리카락을 붙여주자.
2. 길이가 서로 다른 검은색 시트지 스티커를 붙여 보도록 한다.
   교사: - 여기 머리카락이 있네. 웃고 있는 아기들에게 붙여주자.
   - 색 테이프에 종이를 먼저 떼어보자. 선생님이 도와줄게
   - 종이를 떼어낸 테이프를 붙여보자.
   - "○○가" 잘하는 구나.
3. 완성된 얼굴그림은 영아의 이름을 표시하여 벽면에 게시하여 영아가 감상할 수 있도록 확장 한다

※ 영아의 월령에 따라서 시트지에 종이를 교사가 반 정도 떼어주고 나머지는 영아가 떼어서 사용하도록 한다. 점차적으로 여러 모양(동물, 꽃, 도형 등) 스티커를 이용하는 활동으로 확장 할 수 있다.

활동명 레고 블록 놀이

생활주제

재미있는 놀잇감

준비물

레고 블록

활동방법

1. 영아가 레고 블록 중에서 크기가 같은 것을 찾아보게 한다.

   교사: - 이 레고 블록과 크기가 같은 것을 찾아볼까?

   - 그래, 잘 찾았구나.
   - 레고 블럭으로 무엇을 만들 수 있을까?

2. 교사는 영아가 레고 블럭을 길게 끼우도록 유도한다.

교사: - "○○가" 기차를 만드는 구나. 기차타고 어디에 갈 수 있을까?
- 기차 한 개, 또 한 개 끼웠구나.
- 기차에 누구를 태워 줄까?
- 여기 친구 레고 블록이 있네. "○○가" 끼워볼래?
- 친구 블록이 안 들어가네. 블럭을 돌려서 끼워보자.
- 그래, 블록이 딱 맞았구나.

※ 영아의 월령을 고려하여 레고 블록의 크기가 큰 것에서 작은 것으로 준비해 준다.

활동명 선생님 손잡고 평균대 걸어보기

생활주제

이만큼 컸어요

준비물

평균대

활동방법

1. 유희실 매트 위에 평균대를 준비하고 교사가 시범을 보인다.

   교사: - 선생님이 평균대 위를 한 번 걸어 볼게. 이렇게 팔을 벌리고 떨어지지 않도록 중심을 잡고 조심조심 걸어 보자.
   - "○○가" 선생님 손잡고 한 번 걸어 볼래?
   - 두 팔을 벌리고 조심조심 걸어 보자.

2. 영아가 평균대 위를 걸어 나오면 칭찬과 격려를 해 준다.

   교사: - "○○가" 밑으로 떨어지지 않고 끝까지 잘 왔구나.
   - 정말 잘 하였구나.

※ 영아의 걷기와 계단을 안정되게 오르고 내리는 영아를 대상으로 진행한다.

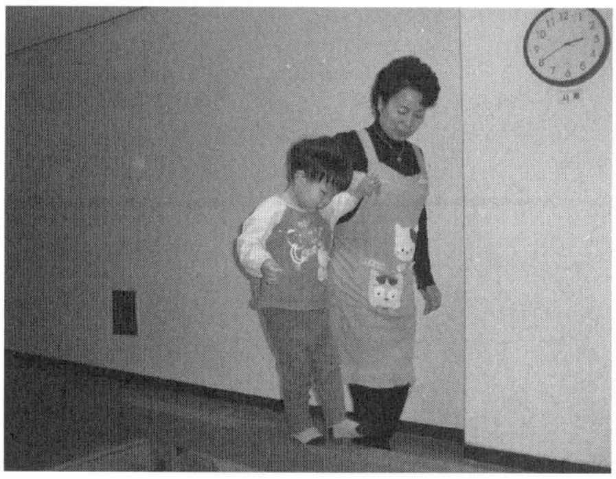

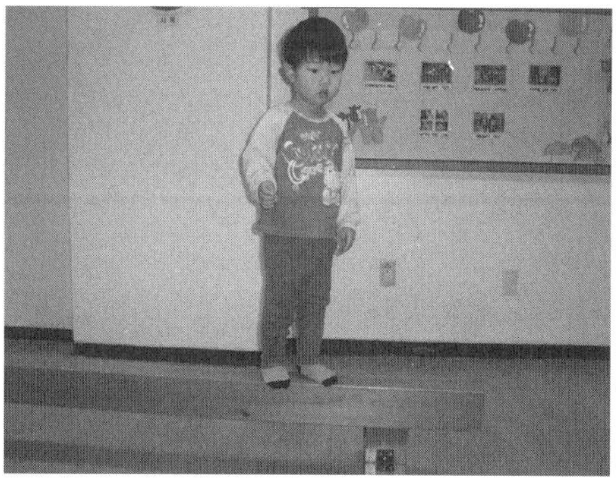

활동명 복도 계단 다니기

생활주제

어린이집 돌아보기

준비물

발바닥 모양의 스티커

활동방법

1. 영아가 복도 계단에 발바닥 모양의 색 시트지를 붙인 곳을 올라가 본다.

교사: - 여기 노란 발바닥이 있네. 우리 발바닥 따라 올라가 볼까?
- 선생님이 손잡아 줄게. 한 발 한 발 올라가 보자.

2. 영아가 발을 교대로 하여 계단에 있는 발자국 모양의 스티커를 밟고 내려간다.

교사: - 우리 내려갈 때는 무슨 색의 발자국을 밟고 내려갈까?
- 그래, 파란색 발자국을 한 발 한 발 밟고 내려가자.
- 계단을 내려갈 때 손은 벽면을 잡고 내려가자.
- 정말 잘하는구나! "○○는" 혼자서 발바닥을 따라 잘 내려오는구나.

3. 영아가 교사의 도움 없이 계단을 다니도록 해 본다.

교사: - 이번엔 "○○가" 혼자서 계단을 올라가 볼까?
- 선생님이 손잡아 주는 것 대신 복도의 벽을 잡고 올라가 보자.

※ 영아가 계단을 이용하여 어린이집의 다른 활동실을 다닐 수 있도록 한다.

활동명 쎄쎄쎄 하기『아침바람 찬바람』

생활주제
나

준비물
없음

활동방법
1. 영아와 교사가 2인 1조가 되어 서로의 손을 잡고 흔들면서 아침바람 찬바람 노래를 부르면서 손동작을 해 본다.

교사: - 아침바람 찬바람에(왼손 손바닥위에 오른손 검지를 찍으면서)
- 울고 가는(두 손을 눈에 대고 우는 흉내를 내며)
- 저기 저기(오른손 검지를 펴서 먼 산을 가리키며)
- 엽서 한 장 써 주세요, 한 장 말고 두 장이요.
- 두 장 말고 세장이요(왼손 손바닥위에 오른손 검지를 찍으면서)
- 구리구리구리구리(양손으로 물레방아 돌리면서)
- 가위, 바위, 보(영아와 교사가 왼손을 서로 잡아 머리위에 올린 상태에서 오른손으로 가위, 바위, 보를 한다)

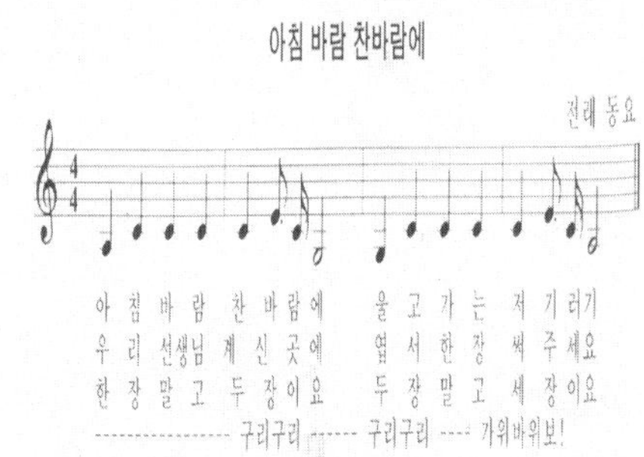

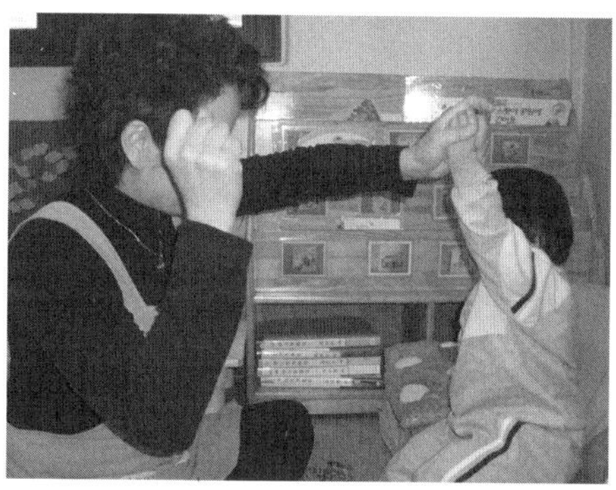

3) 신체활동 참여

내용	활동명
몸 움직임 즐기기	농장에서 공을 가지고 놀아요
기구를 이용한 신체활동 시도하기	자동차 타기

활동명 농장에서 공을 가지고 놀아요

생활주제

나

준비물

여러 가지 공

활동방법

1. 농장으로 현장학습을 나가 농장을 둘러본다.

   교사: - 농장을 둘러보자. 농장에 오니까 무엇이 보이니?
   - 나무와 풀, 모종도 보이네? 농장에는 흙도 많이 있네?
   - 농장에는 무엇이 있니? 그래, 토끼와 닭도 있구나.

2. 공을 바닥에 놓은 후 발로 차도록 한다.

   교사: - 여기 공이 있네? 가볍단다.
   - 또 어떻게 할 수 있을까? 손으로 공을 굴릴 수 있지 발로 찰 수도 있어.
   - 선생님이 먼저 공을 차 볼게.
   - "○○도" 선생님처럼 해 볼래
   - "○○가" 공을 차니까, 공이 떼굴떼굴 굴러가네.

- "○○가" 굴러간 공 잡을 수 있겠니?

※ 교사는 영아가 공차기를 할 때 몸의 균형을 잡도록 도와주고 칭찬 해 준다. 영아가 굴러간 공을 잡으러 다닐 때에도 몸에 균형을 잡고 걸어 다니도록 격려 해 준다.

활동명 자동차 타기

생활주제
자동차

준비물
여러 가지 자동차

활동방법
1. 영아들이 탈 수 있는 여러 가지 자동차를 제공 해 준다.

교사: - "○○야" 자동차 탈 수 있겠니? 자동차 타고 어디를 갈까?

- 빵빵 떠날 준비가 되었니?
- 자동차 타고 나들이 가니까 기분이 어떠니?

2. 영아가 좋아하는 친구들을 자동차에 태우고 활동실을 다니도록 한다.

교사: - "○○야", 이번에는 친구들을 태워줄까?

- 친구들과 어디를 갈까?
- 그래, 공원에 가자.
- 빵빵 떠날 준비가 되었니? 출발!

※ 자동차를 여러 대 준비하여 영아들끼리 다툼이 일어나지 않도록 한다.

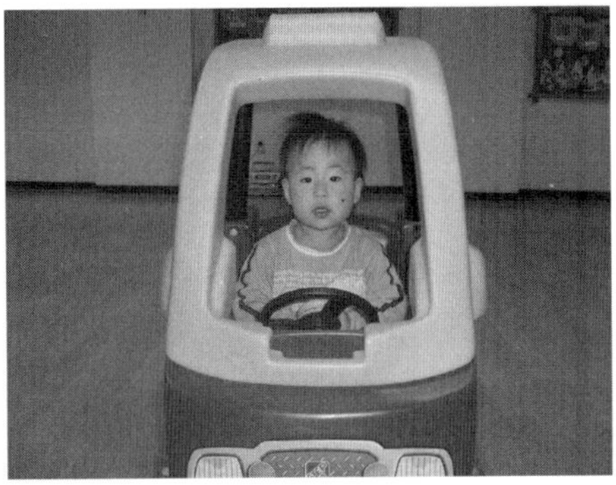

2. 만 2세 영아 활동의 실제

1) 감각 및 신체 인식

내용	활동명
감각능력 기르기	요리활동(토마토 주스 만들기)
감각기관 활용하기	농장에서 화분에 토마토 모종 심기
신체를 인식하고 움직이기	악어떼 음악에 맞춰 움직이기

활동명 요리활동(토마토 주스 만들기)

생활주제

사랑하는 가족과 친구들

준비물

재료 - 토마토, 설탕, 사이다, 얼음.

도구 - 주서기, 컵 , 국자, 빵 칼, 간식 접시, 넓은 그릇.

활동방법

1. 깨끗이 손을 씻는다.
2. 어떤 재료들이 준비되어있는지 살펴본다.

교사: - 여기에 무엇이 있니?

- 어떤 일을 할 때 사용하는 것일까?

(주서기의 사용방법 등에 대해 이야기를 한다.)

- 이 과일의 이름은 무엇일까?
- 이 과일은 어느 계절에 먹을 수 있을까?
- 토마토 이외에 여름에 먹을 수 있는 과일은 무엇이 있을까?
- 토마토를 가지고 어떻게 요리를 할까?

3. '토마토 주스'를 만들어 먹을 수 있음을 제시한다.
4. 요리 순서표를 보며 요리를 만들어 본다.

영아: - 토마토를 닦는다.

- 토마토를 적당한 크기로 썬다.
- 썬 토마토를 큰 그릇에 담는다.
- 큰 그릇에 사이다와 설탕을 넣고 썬 토마토를 섞는다.
- 주서기를 사용하여 간다.
- 컵에 담아 간식으로 먹는다.

5. 다 먹은 후 깨끗이 손을 씻는다.

※ 교사는 영아들이 요리활동을 할 때는 어린이용 위생장갑을 끼고 요리재료 들을 다루도록 한다.

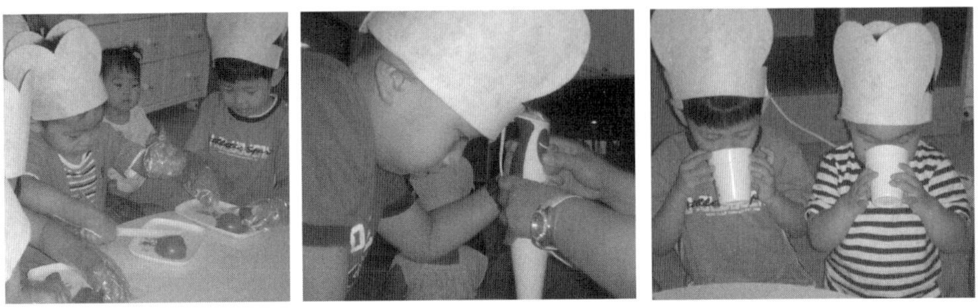

활동명 농장에서 토마토 모종 심기

생활주제

혼자서 할 수 있는 것

준비물

화분, 흙, 토마토 모종, 물, 물 조리개

활동방법

1. 농장으로 현장학습을 나가 농장을 둘러본다.

교사: - 농장을 둘러보자. 농장에 오니까 무엇이 보이니?

- 나무와 풀, 모종도 보이네? 농장에는 흙도 많이 있네?
- 농장에는 무엇이 있니? 그래, 토끼와 닭도 있구나.

2. 토마토 모종이 있는 곳으로 이동한다.

교사: - "○○야" 흙에서 어떤 냄새가 나는지 맡아볼까?

- 손으로 흙을 만져보자, 어떤 느낌이 드니?
- 이번에 화분에 흙을 담아보자
- 흙을 담은 화분에 선생님과 토마토 모종을 담고 다시 흙을 담아 보자. 손으로 꼭꼭 눌러주자.
- 마지막으로 물도 주자.

3. 토마토 모종을 심은 화분을 어린이집으로 가지고 온다.

교사: - 토마토가 잘 자라려면 어떻게 해야 할까?
- 그래, 물을 주어야지
- 화분을 햇볕이 잘 드는 놀이터 마당에 두도록 하자.

※ 영아들이 흙 놀이를 충분히 즐긴 후 화분에 흙을 담도록 한다. 화분에 토마토 모종을 심을 때는 교사가 도움을 준다.

활동명 악어떼 음악에 맞춰 움직이기

생활주제

동물

준비물

악어떼(http://jr.naver.com)

활동방법

1. 영아들이 음악을 들으면서 악어떼 노래를 익힌다.

교사: - 노래를 들어보자.

- 어떤 노래이니? 아! 악어떼 이구나.

교사: - 이번에는 노래 따라 불러 볼까?

- "○○가" 잘하는 구나.

2. 음악에 맞춰 동작을 움직여 본다.

교사: - 가만히 서서 팔만 움직여보자.

- 다리도 움직여 볼까? 살금살금, 엉금엉금

- 이번엔 온몸을 움직여 보자. 늪지대도 지나서 가보자.

※ 영아들이 보육실을 기어갈 때 서로 부딪치지 않도록 유의한다.

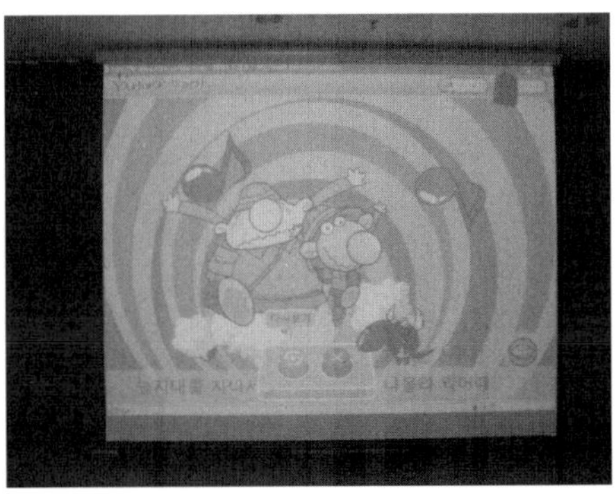

2) 신체조절 및 기본 운동

내 용	활동명
신체 조절력 기르기	암벽타기
신체 균형감 기르기	유니바 뛰어넘기
이동 운동하기	종합 놀이터 경사면 이용하기
비이동 운동하기	멋쟁이 토마토
조작 운동하기	구슬 끼우기

활동명 암벽타기

생활주제

나

준비물

볼풀장, 암벽타기

활동방법

1. 유희실 활동장소로 이동한다.

교사: - 벽면에 있는 것이 무엇일까? 그래, 암벽타기 하는 곳이야.
- 우리가 어떻게 할 수 있을까?
- 올라 갈 수 있겠구나.

2. 교사가 암벽에 올라가 본다.

교사: - 손으로 위에 별을 잡자. 발은 밑에 별을 밟자.
- "○○가" 선생님이 한 대로 해 볼래?
- "○○가" 잘하는 구나!

- 내려올 때는 밑에 볼풀장으로 뛰어보자.

※ 암벽타기를 볼풀장과 연결하여 안전하게 활동할 수 있도록 해 준다.

활동명 유니바 뛰어 넘기

생활주제

혼자서 할 수 있는 것

준비물

유니바

활동방법

1. 여러 개의 "유니바"를 50cm 간격을 두고 놓는다.

   교사: - 바닥에 있는 것은 무엇일까?
   - 이것은 "유니바"라고 해
   - "유니바"로 무엇을 할 수 있을까?

2. 영아가 "유니바" 위를 걸어서 넘어보게 한다.

   교사: - "○○야" 유니바 위를 걸어가 볼래?
   - "○○가" 잘 하는 구나.

3. 영아가 "유니바" 위를 두발 모아 뛰어 넘어보게 한다.
   교사: - 이번에는 "유니바" 위를 토끼처럼 깡총 뛰어넘어 볼래?
   - "○○야" 두발을 모아서 뛰어 넘어 보자.

※ 교사는 영아의 신체조절 능력에 따라서 "유니바"의 개수와 간격을 조절한다.

활동명 종합 놀이터 경사면 이용하기

생활주제

우리 동네

준비물

종합 놀이터

활동방법

1. 영아와 함께 실외놀이터에 나가서 종합 놀이터의 경사면을 탐색 해 본다.
   교사: - 실외놀이터에 나가서 놀까?
   - 종합 놀이터 경사면을 올라 갈 수 있겠니?

- 경사면을 올라갈 때 먼저 줄을 잡고 올라가자.
- "○○야" 한 번 올라가 볼까? 선생님이 손잡아 줄게.
- 아주 잘하는 구나. 하나, 둘, 셋

2. 경사면 위에서 안전하게 내려갈 수 있도록 선생님이 도와준다.

교사: - "○○야, 경사면 끝까지 다 올라왔구나
- 조심해서 내려가 보자 선생님이 도와줄게.
- 경사면에 발을 한 칸 밟아보자. 또 한 칸 밟아보자.
- 세 칸만 더 내려오면 땅에 내려올 수 있겠네.

※ 영아들이 경사면 오르기와 미끄럼틀로 내려오기, 교사와 손잡고 경사면 오르기 등 경사면과 친숙한 활동을 충분히 한 후, 영아가 혼자서 경사면에 오르고 내리는 활동을 실시한다.

활동명 멋쟁이 토마토

생활주제

나

준비물

『멋쟁이 토마토』 악보

활동방법

1. 교사와 영아가 함께 『멋쟁이 토마토』 노래에 맞춰 손동작을 해본다.

교사: - 멋쟁이 토마토 노래를 선생님과 같이 불러 볼까?

- 선생님 따라 손동작을 해 보자.

---- 멋쟁이 토마토 ----

* 울퉁불퉁 멋진 몸매에(두 검지손가락을 들어 곡선 모양으로 위에서 아래로 내린다)
* 빨간 옷을 입고(두 손으로 몸을 위에서 아래로 쓸어내린다)
* 새콤 달콤 향내 풍기는(손바닥을 코에 대며 냄새 맡는 흉내를 낸다)
* 멋쟁이 토마토(양 손은 교대로 머리카락을 튕겨준다)
* 나는야(두 엄지손가락을 지신을 향하여 두고 팔을 앞 · 뒤로 흔들어 준다)
* 케첩 될거야 /주욱 주욱(주먹 쥔 두 손을 수직으로 겹쳐 놓고 주무르는 흉내를 낸다)
* 주스 될거야/ 꿀꺽(양손으로 컵 모양을 만들어 마시는 흉내를 낸다)
* 춤을 출거야/ 헤이(디스코를 추듯이 손가락과 몸을 움직인다)
* 멋쟁이 토마토/ 토마토(양손은 교대로 머리카락을 튕겨준다)

활동명 구슬 끼우기

생활주제

감각

준비물

구멍이 뚫린 구슬, 끈

활동방법

1. 영아에게 여러 가지 색과 모양의 구슬을 제시 해 주고 탐색해 보도록 한다.
   교사: - 여기, 구슬들이 있네 어떤 모양이니? 어떤 색이 있니?
   - 그래, 여러 가지 색의 구슬들이 있네.
   - 여러 가지 색의 구슬 중에서 빨간색 구슬을 찾아볼까?
   - 빨간색 구슬이 몇 개인지 우리 세어볼까? 하나, 둘, 셋, 넷
   - 그럼 노란색 구슬도 찾을 수 있겠니?
   - 잘 찾았구나. 노란색 구슬이 몇 개인지 세어볼까? 하나, 둘, 셋, 넷
2. 구슬 끼우기 끈 한쪽 부분을 묶어서 제시하여 구슬을 끈에 끼워보도록 한다.
   교사: - "○○야" 빨간색 구슬들을 여기 끈에다 끼워볼 수 있겠니?
   - "○○야" 끈에다 구슬을 끼우니깐 길어졌네.
   - 이번엔 노란색 구슬을 끈에 끼워볼까?
3. 영아가 구슬을 끼운 모양을 말로 표현 해 보도록 한다.
   교사: - "○○는" 구슬을 길게 끼웠구나?
   - "○○는" 빨강, 파랑, 초록 구슬을 끼웠네.
   - "○○는" 네모 모양, 동그라미 모양 구슬을 끼웠네.

※ 교사는 끈에 구슬을 끼워보는 활동을 어려워하는 경우 영아의 손을 잡고 같이 끼워 본다. 익숙해지면 끈의 길이와 구슬의 수량을 더 늘려준다. 다

양한 용도(팔지, 목걸이 등)로 구슬 끼우기 활동을 확장 할 수 있다.

3) 신체활동 참여

내용	활동명
신체활동에 참여하기	꼬마야 꼬마야
기구를 이용한 신체활동 하기	어린이 신체기구 이용하기
안전하게 신체활동 하기	신체기구 이용 시 차례 지키기

활동명 꼬마야 꼬마야

생활주제

나

준비물

『꼬마야 꼬마야』(전래동화책, 테이프, 녹음기, 한국어린이육영회 참조)

활동방법

1. 영아에게 『꼬마야 꼬마야』 노래를 들려준다.

교사: - 『꼬마야 꼬마야』 노래를 선생님과 같이 불러 볼까?

- 이번에는 『꼬마야 꼬마야』 노래를 부르면서 손동작을 해 보자.

2. 교사와 영아가 함께 노랫소리에 맞춰 몸동작을 해 본다.

교사: - 선생님과 함께 음악소리에 맞춰 몸도 움직여 볼까?

- 『꼬마야 꼬마야』 부분에서는 토끼처럼 깡충깡충 뛰어볼까?
- 땅을 짚어라/ 두 손을 땅을 짚자
- 음악소리에 맞춰 계속 움직이니까 힘이 들지? 앉아서 쉬었다가 다르게 움직여 보자.

3. "꼬마야" 부분에 노래 말에 영아의 이름을 대신 넣고 동작의 노래 말도 바꾸어 영아들이 움직여 보도록 한다.

교사: - "○○야 ○○야" 엉덩이를 흔들어라.

- "○○야 ○○야" 악수를 하여라.

※ 실외에서 놀이할 때 다양한 신체활동 자료(줄, 훌라후프, 공 등)를 사용하여 지시대로 동작을 표현("○○야 ○○야" 줄을 넘어라, 공을 던져라 등) 하도록 놀이를 확장 할 수 있다.

활동명 어린이 신체기구 이용하기

생활주제

어린이집 돌아보기

준비물

어린이 신체기구

활동방법

1. 영아와 함께 유희실로 이동하여 어린이 신체기구를 이용해 본다.

 교사: - 유희실에 가서 어린이 신체기구를 타 보자.
 - 유희실에 어떤 신체기구가 있니?
 - "○○야" 자전거 탈래? 자전거에 올라 탈수 있도록 선생님이 손잡아 줄께.
 - "○○야" 자전거 페달을 밟아보자. 하나, 둘, 셋.
 - 이번엔 워킹 타 볼까? 한 발 또 한 발 걸으면 된단다.
 - 그래 아주 잘 하는 구나. 천천히 걸어보자.

2. 어린이 신체기구의 러닝머신을 이용하도록 한다.

 교사: - 러닝머신을 타보자.
 - 발을 발판에 올리고 손잡이를 잡고 걸어보자?
 - "○○야" 이번엔 뛰어보자.
 - 그래 아주 잘 하는 구나. 하나, 둘, 셋, 계속 뛰어보자.

※ 영아들이 혼자서 몸에 균형을 잡고 신체기구를 이용하도록 교사는 지속적으로 언어적 상호작용을 해 준다.

 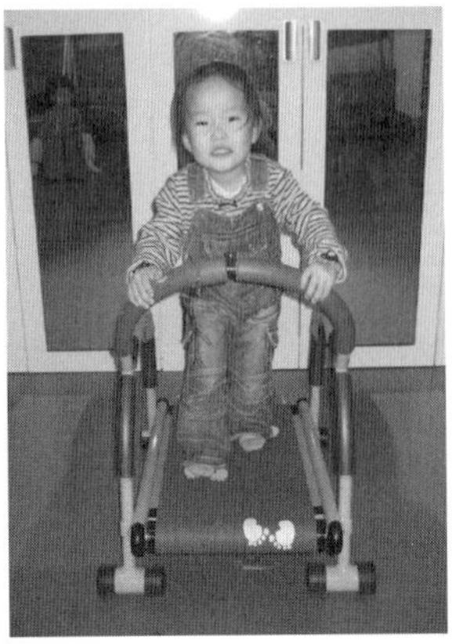 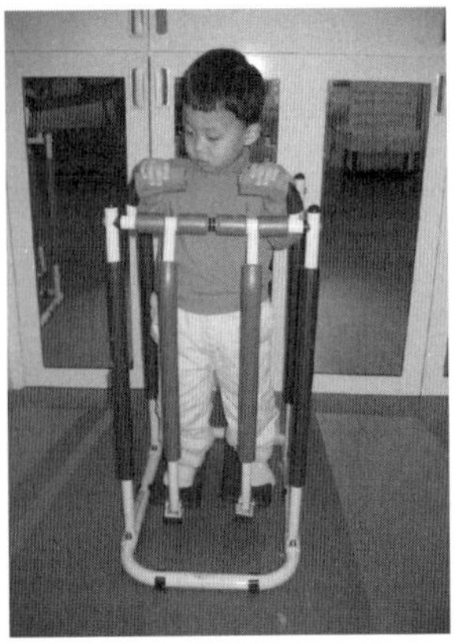

활동명 신체기구 이용 시 차례 지키기

생활주제
내가 좋아하는 장난감

준비물
자전거 타기, 몸 돌리기

활동방법
1.유희실로 이동할 때 서로 줄을 서도록 한다.

교사: - 유희실로 갈 때 어떻게 갈까?
- 그래, 차례로 줄을 서서 가야겠지
- "○○야", 앞에 가는 친구 등을 밀면 앞에 있는 친구가 어떻게 될까?
- 넘어져서 다친단다.

2. 유희실에서 신체기구를 차례로 이용하도록 줄을 서서 기다린다.

교사: - ○○가 자전거를 타고 있네. 다른 친구들을 어떻게 하면 좋을까?
- 차례를 정해서 기다려 줄 수 있겠니?
- 그럼, 자전거 앞에서 줄을 서서 기다리자

※ 교사는 영아들이 활동실을 이동할 때 조심해서 걸을 수 있도록 지켜본다. 신체기구를 한 명씩 이용하도록 순서와 차례를 지켜 기다리도록 지도한다.

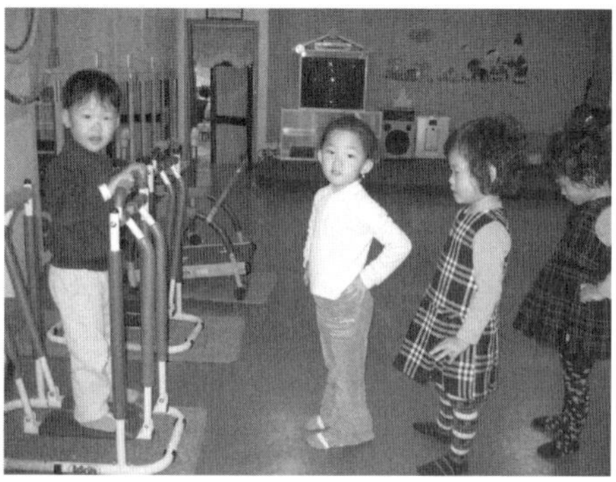

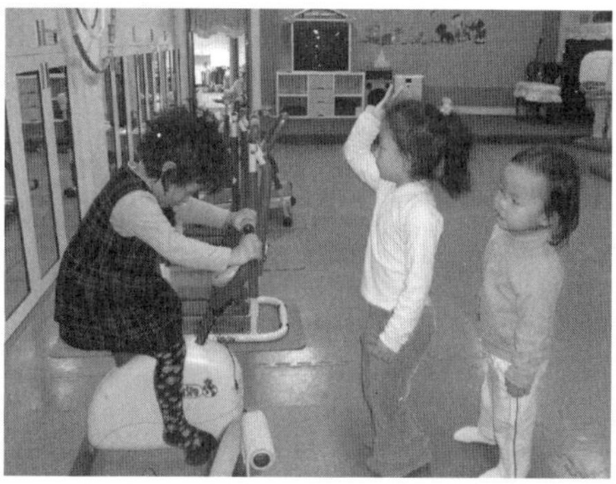

3. 만 3~5세 유아 활동의 실제

1) 감각 및 신체 인식

내용	활동명
감각능력 기르기	냄새를 맡아 보세요
감각기관 활용하기	여러 가지 여름 과일 관찰하기
신체를 인식하고 움직이기	빠르고 느리게

활동명 냄새를 맡아 보세요

생활주제

나와 어린이집

준비물

후각통(참기름, 식초, 고춧가루, ...)

활동방법

1. 유아들과 모여 앉으며 코로 교실환경을 탐색한다.
   교사: - 교실 안에 어떤 냄새가 나니?
   - 어디에서 이렇게 냄새가 나는 거니?
2. 유아들이 가져온 이야기 거리를 소개하고, 후각통의 냄새를 탐색한다.
   교사: - ☆☆의 후각통의 냄새는 어떠니?
   - 이것은 △△야, OO냄새가 나니?
   - 그 냄새를 맡은 기분이 어떠니?
3. 교사가 준비한 후각통을 돌아가며 맡아보고 이야기한다.
   교사: - 선생님도 이 통 속에 냄새나는 물건들을 가져왔단다.
   - 어떤 냄새가 나는지 맡아보자.
   - 어떤 냄새가 나니?
   - 이런 냄새가 나는 것은 무엇일까?
4. 향기로운, 매운, 고소한, 시큼한… 등의 표현을 해본다.
   교사: - 향기로운(매운, 고소한, 시큼한…) 냄새는 무엇 이었니?
   - 너희들의 기분을 좋게 하는 냄새는 어떤 것이니?
   - 너희들의 얼굴을 찡그리게 하는 냄새도 있니?
5. 코의 소중함에 대해 생각해 본다.
   교사: - 여러 가지 냄새가 나는 걸 어떻게 알 수 있었니?

- 만약 냄새를 맡을 수 없다면 어떤 점이 불편할까?
- 냄새를 맡는 것 말고 코가 하는 일은 무엇이 있을까?
- 우리에게 코가 없다면 어떻게 될까?

활동명 여러 가지 여름 과일 관찰하기

생활주제

여름

준비물

여름에 볼 수 있는 과일들(각 집단별로 3개씩), 칼, 쟁반, 흰색 접시

활동방법

1. 과일의 이름에 대하여 이야기를 나눈다.

   교사: - 이것은 이름이 무엇이니?
   - 이런 것을 모두 무엇이라고 부르니?

2. 과일의 모양 및 특징을 비교해 본다.

   교사: - 이것과 이것은 어떤 점이 다르니(같으니)?
   - 이것은 무슨 색이니?
   - 만져보면 어떤 느낌일까?
   - 만져보니까 어떤 느낌이 나니?
   - 이것은 어떻게 생겼니?
   - 이 중에서 제일 큰 것(작은 것)은 무엇이니?
   - 씨가 제일 큰 것(작은 것)은 어떤 것이니?

3. 과일의 속을 살펴본다.

   교사: - 속은 어떻게 생겼을까?
   - 속은 무슨 색일까?

- 자르니까 어떤 냄새가 나니?
- 속에는 무엇이 있니?
- 씨는 어떻게 생겼니? (무슨 모양이니? 무슨 색이니?)
- 이 과일들을 먹어 본 적이 있니?
- 어떤 맛이 날까?

4. 과일들을 자연탐구 영역에 놓아두고 자유롭게 관찰할 수 있도록 한다.

____________ 관찰

(년 월 일 요일) 이름 :__________

과일 속은 어떻게 생겼을까요?	과일 속을 관찰 했어요

활동명 빠르고 느리게

생활주제

건강한 몸과 마음

준비물

토끼 · 거북그림(7cm×10cm, 뒷면에 까슬이 부착) 각각 8개 여러 가지 리듬악기

활동방법

1. 활동을 소개한다.

교사: - (토끼, 거북 그림을 보여 주며) 무엇이 그려져 있니?
- 토끼와 거북이가 함께 길을 가고 있단다. 거북이는 어떻게 갈까?
- 토끼는 어떻게 갈까?
- 토끼와 거북이 중에서 어떤 것이 더 빠르게 갈까?
- 우리가 거북이(토끼)가 되어 손뼉을 친다면 어떻게 쳐야 할까?
- 손바닥을 서로 부딪쳐서 소리를 만들어 보았는데, 이번에는 우리 몸의 어디를 이용해서 소리를 만들어 볼 수 있을까?
(예: 손, 혀, 입술, 무릎, 발, 무릎과 손 등)

2. 친구와 함께 융판에 토끼와 거북 그림을 마음대로 붙여 가며, 토끼 그림이 붙여지면 빠른 소리를, 거북 그림이 붙여지면 느린 소리를 만들어 보는 활동이라는 것을 소개한다.
3. 친구와 함께 신체의 여러 부분을 이용하여 빠르고 느린 소리를 만들어 본다.
4. 한 친구는 융판에 그림을 붙이고, 다른 친구는 붙여지는 그림을 보고 빠른 소리, 느린 소리를 만들어 본다.
5. 그림을 붙이는 유아는 소리를 내는 유아가 소리를 낼 수 있는 시간을 충분히 고려하여 그림을 붙일 수 있도록 지도한다.
6. 소리를 만드는 친구는 신체의 다양한 부위를 이용하여 소리를 만들어 본다.
7. 역할을 바꾸어 해 본다.
8. 익숙해지면 여러 가지 리듬 악기를 이용하여 빠르고 느린 소리를 만들어 본다.

2) 신체조절 및 기본운동

내 용	활동명
신체조절 및 균형감 기르기	밀고 당기기
이동 운동하기	거인과 난쟁이처럼 걷기
비이동 운동하기	몸으로 모양 · 글자 만들기
조작 운동하기	떡 하나 주면 안 잡아먹지
움직임의 요소를 인식하고 움직이기	따라 움직여요

활동명 밀고 당기기

생활주제

도구와 기계

준비물

'밀고 당기기' 음악 악보 또는 음악 테이프, 녹음기

활동방법

1. 유아들과 무거운 물건, 가벼운 물건, 바퀴가 달린 물건 등을 밀고 당겨 본 경험에 대하여 이야기 나눈다.
   - 무거운 물건을 밀었을 때의 모습을 표현하기
   - 무거운 물건을 잡아당겼을 때의 모습을 표현하기
   - 가벼운 물건을 밀었을 때의 모습을 표현하기
   - 가벼운 물건을 잡아당겼을 때의 모습을 표현하기
   - 바퀴가 달린 물건을 밀었을 때의 모습을 표현하기
   - 바퀴가 달린 물건을 당겼을 때의 모습을 표현하기

2. 유아 2명이 서로 짝이 되어 한 사람은 물건이 되어 보고 (무거운 물건, 가벼운 물건, 바퀴 달린 물건 등), 다른 한 사람은 물건을 밀거나 들어 보는 역할을 맡는다.
3. 역할에 따라 신체표현을 하여 본다.
   교사: - ☆☆는 바퀴달린 물건을 쉽게 밀고 있구나!
   - ☆☆는 아주 무거운 물건을 당기느라고 땀을 흘리고 있구나!
   - ☆☆는 가벼운 물건이어서 쉽게 밀고 있구나!
4. 역할을 바꾸어 활동하지 않았던 유아들이 신체표현을 하여 본다.
5. 창의적으로 표현하였던 유아들의 표현을 다른 유아들이 함께 감상하는 기회를 가진다.
6. 전체 유아가 음악을 들으면서 표현활동을 하여 본다. 이 때, 무거운 물건을 밀고 당겼던 유아는 가벼운 물건이나 바퀴달린 물건을 밀어 보는 역할로 서로 바꾸어서 신체표현을 하도록 하여, 무게와 바퀴에 따라 밀고 당기는 힘이 다름을 고르게 경험할 수 있도록 한다.

활동명 거인과 난쟁이처럼 걷기

생활주제
나와 어린이집

준비물
거인(앞치마에 부직포로 거인을 만들어 붙여 동화구연 시 교사가 앞치마를 입고 직접 거인처럼 움직인다), 난쟁이 손가락 인형

활동방법
1. 유아에게 '거인과 난쟁이' 동화를 들려준다.
2. 동화를 들은 후 신체부분을 이용해 소리를 표현한다.

3. 몸을 이용하여 단계적으로 리듬과 강 · 약을 표현해 본다.
4. 동화를 다시 읽으면서 난장이와 거인이 걷는 모습을 상상하며 몸으로 표현한다.

> 거인과 난쟁이
>
> 1. 아주 아주 커다란 거인과
> 아주 아주 작은 난쟁이가
> 아주 아주 사이가 좋았대요.
>
> 2. 아주 아주 커다란 거인과
> 아주 아주 작은 난쟁이가
> 꼭꼭 점심을 같이 먹었대요.

※ 활동의 길이나 순서는 상황에 따라 바꿀 수 있다.

활동명 몸으로 모양 · 글자 만들기

생활주제

건강한 몸과 마음

준비물

모양이나 글자가 그려진 카드

활동방법

1. 유아와 함께 우리의 몸으로 어떤 모양을 만들 수 있는지 이야기를 나눈다.
   교사 : - 우리 몸으로 어떻게 하면 네모(세모, 동그라미 등)를 만들 수 있을까?

2. 유아 여러 명이 함께 만들면 어떻게 모양을 만들 수 있는지 이야기를 나눈다.
   교사: - 우리가 혼자서 모양을 만들어 보았는데 이번에는 2명씩 짝을 지어 어떤 모양을 만들 수 있을까? (계속해서 3명, 4명, 5명 등 숫자를 늘려 본다.)
3. 몸으로 글자를 만들어 본다.
   교사 : - 이번에는 몸으로 글자를 만들 수 있을까? 세 친구가 함께 '가'를 만들 수 있겠니? (바닥에 누워서 한명은 몸을 구부려 'ㄱ'을 만들고, 다른 한명은 'l' 다른 한명은 '一'를 만들어서 '가'를 만들 수 있다.
4. 다른 유아들도 함께 여러 가지 글자를 만들어 본다.

※ 몸으로 숫자를 만들어 볼 수 도 있고, 몸으로 만든 글자를 사진 찍어 의사소통 활동에 활용한다.

활동명 떡 하나 주면 안 잡아먹지

생활주제
우리나라와 다른 나라

준비물
전래동화(떡 하나 주면 안 잡아먹지), 팥 주머니 30개, 작은 바구니 2개, 호랑이 얼굴로 꾸민 상자 2개

활동방법
1. 떡 하나 주면 안 잡아먹지 동화를 듣는다.
2. 다 같이 모여 앉아 등장인물과 사건의 순서를 생각 해 본다.
   교사: - 할머니가 손주에게 주려고 만든 음식은 무엇이 있니?
   유아: - 떡이요, 감자요.

교사: - 손주의 집은 어디에 있니?

유아: - 고개 너머에 있어요.

교사: - 할머니가 고개를 넘을 때 무서움을 잊기 위해 어떻게 했니?

유아: - 노래를 불렀어요.

교사: - 할머니가 호랑이를 만난 곳은 몇 고개 넘을 때였니?

유아: - 세 고개를 넘은 후에 만났어요.

교사: - 호랑이가 할머니를 만났을 때 맨 처음 한 말은 무엇이었니?

유아: - 어흥 너를 잡아먹겠다.

교사: - 두 번째로 할 말은 무엇이었니?

유아: - 떡 하나 주면 안 잡아먹지

교사: - 할머니가 호랑이를 만났을 때 살 수 있는 방법은 무엇이었니?

유아: - 떡을 주면 살 수 있어요.

3. 활동을 위해 음률에 맞춰 노래를 익힌다.

"한 고개 넘어서 아이고 다리야, 두 고개 넘어서 아이고 다리야,
세 고개 넘어서 아이고 다리야"

4. 교사가 진행을 위해 해설을 맡는다.

5. 양 팀에서 한 명씩 나와 출발선에 선다.

6. 모든 유아가 함께 노래를 불러주고 할머니는 노래에 맞춰 한 고개씩 넘어가며 동작도 함께 표현하다.

'한 고개 넘어서'(깡충 뛰어 한 고개, 두 고개, 세 고개로 나아간다.)

'아이고 다리야'(정말 다리가 아픈 듯이 주저앉다가 일어선다)

7. 세 고개에 도착하면 앉아 있던 유아들이 호랑이 역할을 한다.

"어흥, 너를 잡아먹겠다." (두 손으로 발톱처럼 세우고 무서운 얼굴로)

(할머니는 무서운 듯이 싹싹 빈다)

"떡 하나 주면 안 잡아먹지" (모든 유아 합창)

8. 할머니는 앞에 있는 광주리에서 떡 하나를 집어 호랑이 입 속으로 던진다. 떡이 호랑이 입에 들어가면 자기 자리로 돌아오고 안 들어가면 대기 선에 가서 차례로 앉는다.

9. 게임이 끝나고 대기 선에 앉은 수로 승패를 가린다.
10. 역할을 잘했는지, 규칙을 잘 지켰는지 평가해 본다.

※ 나이가 어린 유아는 호랑이 입 앞에 가서 넣어도 무방함
※ 게임이 끝나면 호랑이 입 속에 들어간 팥 주머니의 수로 승부를 가릴 수 있다.

활동명 따라 움직여요

생활주제

나와 어린이집

준비물

팔 다리가 따로 움직이는 인형, 녹음기와 음악 테이프

활동방법

1. 학기 초 교사는 다양한 방법을 이용하여 유아들의 신체동작을 장려하고 긴장을 풀어 준다.
2. 음률영역에서 유아들과 둥그렇게 마주앉아 교사의 동작에 따라 움직여 보도록 한다.

교사: - 선생님을 잘 보고, 선생님이 움직이는 대로 따라서 움직여 보자.
- 이번에는 '머리 · 어깨 · 무릎 · 발' 노래에 맞추어 움직여 보자.

3. 교실에 있는 팔 다리가 자유롭게 움직이는 인형을 가지고 와 인형의 움직임을 따라 하게 한다.

교사: - 이 인형은 몸을 마음대로 움직일 수 있어요.
- 어떻게 움직일 수 있는지 보자.
- 우리도 이 인형처럼 움직여 볼 수 있을까?

4. '나처럼 해 봐요' 노래를 부르며 따라 움직여 보게 한다.
5. 유아들에게 자신의 몸을 다양한 방법으로 움직여 보게 한 뒤, 친구들에게 따라 하게 한다. '나처럼 해 봐요' 노래에 유아의 이름을 넣어 시범을 보일 유아를 지적한다.
6. 처음에는 앉아서 하다가 익숙해지면 일어나서 이동 동작으로 한다.
7. 동물 또는 교통기관처럼 흉내 내어 움직여 본다.

3) 신체활동 참여

내용	활동명
자발적으로 신체활동에 참여하기	고무줄 놀이
다양한 기구를 이용한 신체활동 하기	배드민턴 릴레이
안전하게 신체활동 하기	안전 체조

활동명 고무줄 놀이

생활주제
건강한 몸과 마음

준비물
고무줄 10m

활동방법
1. 고무줄을 연결하여 큰 원으로 묶어 놓는다.
2. 두 명의 유아가 고무줄을 붙잡거나 고무줄 안에 들어가 잡아당기기, 줄잡고 돌기 등을 해 본다.

교사: - 얼마만큼 당겨지니?
- 어떻게 될 것 같니?

3. 몇 명의 유아가 함께 고무줄 안으로 들어가서 여러 모양을 만들어 본다.

교사: - 세 명의 유아가 들어가 당기면 무슨 모양이 될까?
- 오각형을 만들려면 몇 명이 들어가야 할까?

4. 3~4명의 유아들이 고무줄을 몸에 끼우고 서 있으면 다른 유아들이 그 사이에서 깡총 뛰기, 앙감질 등의 동작을 해 본다.

활동명 배드민턴 릴레이

생활주제

건강한 몸과 마음

준비물

배드민턴 채 2, 셔틀콕 2, 반환점

활동방법

1. 배드민턴 채와 셔틀콕을 갖고 탐색해본다.
2. 배드민턴 채 위에 셔틀콕을 올려놓고 쳐본다.
3. 놀이 경험을 발표해본다.
4. 두 팀으로 나누어 실시한다.
5. 배드민턴 채를 이용하여 공을 튀기면서 반환점을 돌아오는 경기이다.
6. 공이 떨어지면 떨어진 장소에서 다시 시작하도록 하며, 한 사람이 반환점을 돌아 출발선에 도착했을 때 다음 사람이 출발한다.
7. 출발선과 반환점과의 거리는 20~30m 정도로 한다.

※ 배드민턴 공을 손에 쥐고 이동하는 일이 없도록 한다.

※ 배드민턴 채 이외의 다른 기구는 사용하지 않도록 한다.

활동명 안전체조

생활주제

여름

준비물

물놀이 상황그림, 캠프 테이프, 레코더

활동방법

1. '신나는 캠프'(작사 · 작곡 김성균) 노래를 부르며 주의 집중한다.

신나는캠프

김성균 작사
김성균 작곡

2. (물놀이 상황그림을 보여주며) 무엇을 하는 그림인지 이야기해 본다.
   - 바닷가, 수영장에 다녀온 이야기 해 보기
3. 바다에 가서 할 수 있는 여러 가지 놀이들을 알아본다.

- 수영, 조개잡기, 공놀이, 모래성 쌓기

4. 물속에 들어가기 전에 체조는 어떻게 하는 것이 좋을지 이야기 나눈다.
   - 몸이 너무 힘들지 않을 정도의 가벼운 체조를 하는 게 좋을 것 같아요
   - 우리 몸에 골고루 운동이 될 수 있도록 팔, 다리, 고개, 어깨, 손목, 발목 등을 움직이게 유아들과 물놀이 체조를 만들어 본다.
5. 노래에 맞추어 만든 체조동작을 만들어 본다.
6. 유아들과 음악에 맞추어 안전체조를 표현 해 본다.

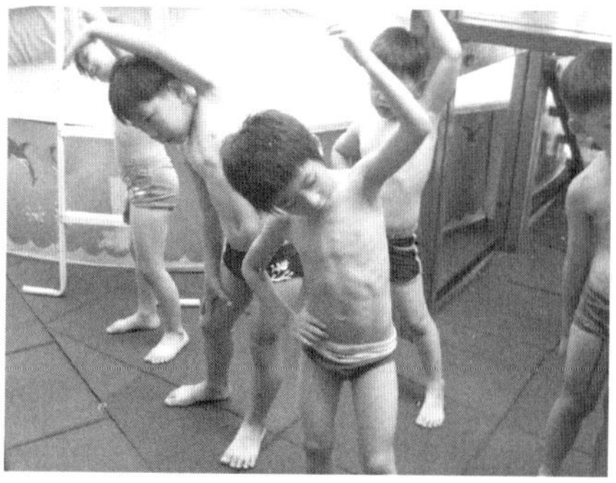

<안전체조를 하는 모습>

7. 활동 중에 가장 재미있는 부분을 이야기 해 본다.
8. 물놀이를 하기 전에는 안전수칙을 꼭 지킬 수 있도록 지도한다.

제3절 사회관계

1. 만 2세 미만 영아 활동의 실제

1) 자기존중

내 용	활동명
자신을 분리된 존재로서 인식하기	사진보고 자기 사물함 찾기

활동명 **사진보고 자기 사물함 찾기**

생활주제

어린이집 적응하기

준비물

영아사진, 영아 개인사물함

활동방법

1. 영아 개인사물함에 코팅된 영아의 사진과 이름을 붙여준다.

교사: - "이 사진은 누구일까"

- 아, "○○이구나". 이곳은 "○○의" 사물함이야.

교사: - 그럼 "☆☆야" 너 사진은 어디에 있니? 찾아볼까?

영아: - "여기"

교사: - 아주 잘 찾았어. 이곳이 "☆☆의"사물함 이야.
이제 "☆☆"의 기저귀랑 물건들은 여기에 넣자.

※ 교사는 영아의 신발장에도 영아의 사진을 붙여준다. 영아 스스로 찾아 신발을 신고 보관하는 활동으로 확장 할 수 있다.

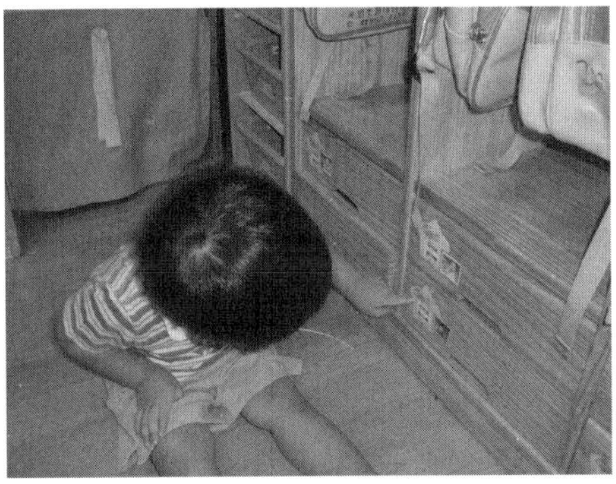

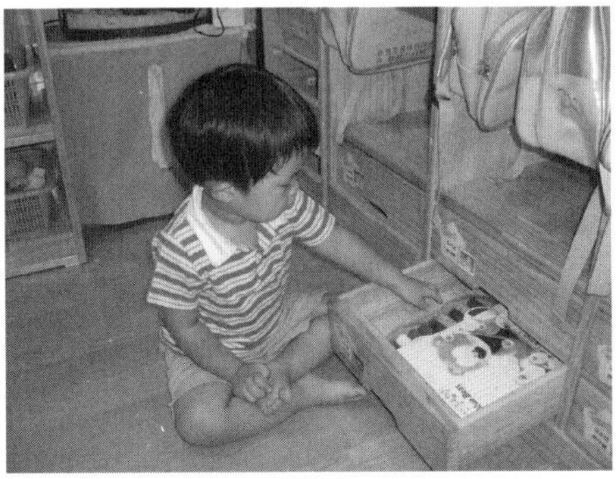

2) 정서인식과 조절

내 용	활동명
자신의 정서를 느끼고 표현하기	까꿍놀이

활동명 까꿍놀이

생활주제
나

준비물

보드레 천, 인형, 수건, 놀이기구

활동방법

1. 보드레 천으로 영아의 얼굴에 쓰고 교사가 "까꿍"하며 교사의 위치를 알린다.

   교사: - "△△야" 선생님 어디 있을까? 찾아볼래.

   - 까꿍, "△△" 뒤에 숨었네.

   - 까꿍, "△△" 옆에 숨었네.

2. 영아의 오른쪽, 왼쪽 등을 이용하며 머리를 숨기고 내밀면서 까꿍놀이를 한다.

   교사: - "△△야" 까꿍 .

   -"어! 어디 갔지? 여기 있지!

※ 교사는 다양한 자료와 방법(인형을 이용한 까꿍놀이, 보육실 안의 놀이기구를 이용한 까꿍놀이 등)을 이용하여 까꿍놀이를 확장할 수 있다.

3) 사회적 관계

내 용	활동명
다른 사람에게 관심 가지기	엄마와 안정되게 헤어지기
양육자와 애착 형성하기	전화하기

활동명 엄마와 안정되게 헤어지기

생활주제
어린이집 적응하기

준비물
없음

활동방법
1. 어린이집 생활에 적응을 하려면 엄마와 떨어지는 시간을 경험한다. 동시에 교사와도 "안녕 하십니까" "엄마! 다녀오세요!"라고 인사한다.

교사: - "△△야" "안녕 하십니까" 인사하자.
- "△△엄마", "△△금방 데리러 오세요"
- "△△엄마", "간식 먹고 좀 놀면 엄마 일찍 퇴근하고 오시죠?"

영아: - "엄마 다녀오세요" 인사한다.

※ 영아가 어린이집 현관에서 부모와 헤어지는 인사를 통하여 부모 외에 교사에게 애착이 형성되므로, 영아가 어린이집 생활에 완전히 적응할 때 까지 교사는 여유 있는 마음으로 기다려 준다.

활동명 전화하기

생활주제

어린이집 적응하기

준비물

전화기, 무선 전화기, 핸드폰

활동방법

1. 교사는 영아들에게 인기 있는 전화기를 종류별로 여러 개 준비한다. 이 시기에 영아들은 나눠 쓰기 개념이 아직 형성되지 않았기 때문에 놀잇감으로 인한 갈등을 최소화 한다.

교사: - "△△야" 전화 걸까? 누구한테 걸까?
- "△△가" 한번 걸어보자

2. 영아가 번호를 누를 때 마다 소리가 나도록 한다.

교사: - 여보세요? 전화 받은 사람 누구니? 엄마야?
- 나는 "△△"예요. 지금 친구랑 전화놀이 하면서 놀고 있어요.
- 이따가 데리러 오세요.
- 이제 끊을게요.

3. 영아의 전화하기 놀이를 통해 부모와 헤어져 있는 시간에 대한 불안감을 해소하고, 부모를 보고 싶어 하는 감정을 표출하도록 한다.

※ 이 시기의 영아는 수화기를 들고 통화하기 보다는 단순히 전화기 버튼을 누르는 활동에 더 관심이 많으므로 버튼을 누를 때 소리 나는 전화기를 제공하여 영아의 흥미를 지속시킨다.

2. 만 2세 영아 활동의 실제

1) 자기 존중

내 용	활동명
자신을 다른 사람과 구별하기	머리 어깨 무릎 발
자신에 대해 긍정적으로 생각하기	공 굴려 전하기
독립적으로 행동하기	혼자서 신발 신고 벗기

활동명 **머리 어깨 무릎 발**

생활주제

나

준비물

「머리 어깨 무릎 발」 악보

활동방법

1. 교사는 영아에게 "머리 어깨 무릎 발"의 노래를 익히도록 한다.

   교사: - 우리 노래를 들어보자.

   - 선생님과 함께 노래를 따라 불러보자.

2. 교사는 영아와 함께 노래에 맞춰 몸을 짚어 신체부위의 명칭을 익힌다.

   교사: - 머리 짚고 어깨는 어디 있니?

   - 어깨 짚고 무릎은 어디에 있더라?

3. 교사가 노래에 맞춰 몸을 짚어가는 것을 영아가 따라 해 보도록 한다.

   교사: - 그럼 무릎 짚고, 발 짚고

   - 노래에 맞춰 선생님 따라 해 보자

※ 교사는 영아가 "머리 어깨 무릎 발"의 노래에 익숙해지고 몸의 명칭 및 위치를 알도록 한다. 영아가 익숙해지면 노래를 빠르게, 반대로, 노래 없이 몸을 짚어보기 등 여러 가지 방법으로 변형하여 영아의 흥미를 지속시킨다.

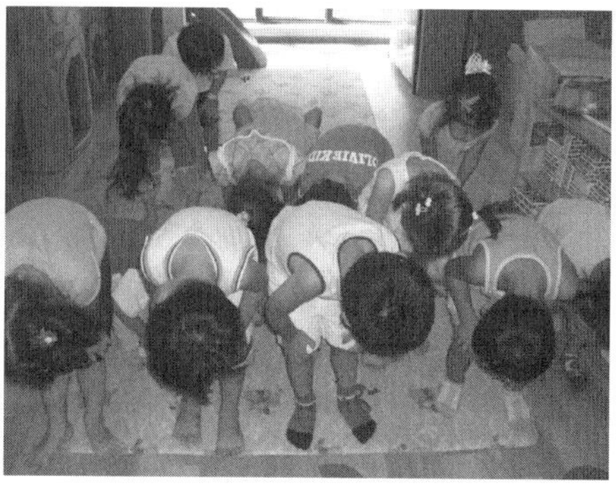

활동명 공 굴려 전하기

생활주제

내가 좋아하는 장난감

준비물

부드러운 공(탱탱볼, 헝겊공)

활동방법

1. 교사와 영아들이 원 대형으로 다리를 벌리고 앉는다. 공을 먼저 탐색 하도록 한다.

교사: - 여기 공이 있네 한번 두 손으로 들어볼까? 영차!!!

2. 교사는 영아의 이름을 부르면서 공 받을 준비가 되어있는 영아에게 공을 천천히 굴린다.

교사: - 이번에는 공을 굴려볼까?
- "○○야" 잘 잡아봐!

3. 받은 공을 누구에게 굴릴지 물어보고 이름을 불러준다.

교사: - "○○야", "◇◇에게" 공을 굴려 줄 수 있겠니?
영아: - "△△에게" 줄래요.
교사: - 그래, "△△에게" 공을 굴리자.
- "어! 공이 안 오네?", "세게 해야지!"

※ 교사는 영아들과 함께 길게 마주보고 앉아 공을 전달하다가, 점차 거리를 넓혀가면서 공을 굴리는 힘을 조절하는 능력을 길러준다. 마주 앉아 공굴리기가 익숙해지면 다양한 방법(예: 다리 벌리고 밑으로 보내기)으로 공굴리기를 하면서 친구들과 협동놀이의 즐거움을 알도록 한다.

활동명 혼자서 신발 신고 벗기

생활주제

혼자서 할 수 있는 것

준비물

신발장, 신발

활동방법

1. 영아가 실외놀이터를 나갈 때 현관 신발장 안에서 신발을 혼자서 꺼내서 신을 수 있도록 교사가 언어적으로 격려한다.

교사: - "○○" 신발이 어디에 있는지 찾아보자?
- "○○" 신발이 여기에 있구나.
- "○○가" 혼자서 신발을 신을 수 있니?
- 도움이 필요하면 "선생님! 도와주세요"라고 말하면 선생님이 도와줄게.
- 신발을 다 신은 친구들은 두 발을 붙여서 보여 줄래?
- "○○는" 신발을 바르게 신었구나.

- "△△는" 신발을 바꿔 신어야겠구나.

※ 교사의 도움을 요청하는 영아는 처음에 도움을 주고, 단계적으로 도움을 줄여나간다.

2) 정서인식과 조절

내 용	활동명
자신의 정서를 적절하게 표현하기	친구와 같은 표정 짓기
다른 사람의 정서에 관심가지기	친구의 기분은

활동명 친구와 같은 표정 짓기

생활주제

사랑하는 가족과 친구들

준비물

표정이 그려진 주사위(20cm X 20cm, 웃는 표정, 우는 표정, 화난 표정, 슬픈 표정, 놀란 표정)

활동방법

1. 주사위 놀이를 통하여 다양한 표현의 정서를 접해 본다.

교사: - 주사위 안에 누가 있니?
- "○○의" 친구 얼굴이 있구나.
- 친구가 어떤 표정을 하고 있니?
- 친구가 웃고 있네.
- 그런데 친구가 왜 웃고 있을까?

영아: - 나랑 같이 놀아서요.

교사: - 친구가 "○○랑"같이 블록놀이 해서 기분이 좋았겠구나.

2. 다양한 표현의 정서를 거울을 보며 표현 해 본다.

교사: - "○○야" 친구처럼 거울보고 웃어보자

3. 정서에 따른 영아들의 느낌도 자연스럽게 이야기 나누어 본다.

교사: - 이번엔 "△△가" 주사위를 던져보자.
- 친구의 어떤 표정이 나왔니?
- 친구가 울고 있네.
- 친구가 왜 울고 있을까?

영아: - 친구가 밀었어요.

교사: - 속상 하겠구나.
- "△△야" 친구처럼 거울보고 울어보자.
- 주사위에 있는 친구의 우는 표정과 △△의 표정이 똑같구나.

※ 주사위의 표정 그림이 정확하게 구분되는 그림으로 제작한다. 주사위 표정을 거울을 보면서 똑같은 표정을 지어보는 실제 활동으로 확장 해 본다.

활동명 **친구의 기분은?**

생활주제

사랑하는 가족과 친구들

준비물

디지털 캠코더, 디지털 캠코더 테이프, TV

활동방법

1. 교사는 영아들의 감정 상황을 캠코더로 찍는다. 찍은 필름을 영아들의 감정이 드러나는 장면으로 편집하여 TV로 재생하여 본다.

교사: - 선생님이랑 찍은 것 같이 보자
- "야 친구들이 모두 나오네."
- 왜 "△△"는 울지?
- 친구가 밀어서 넘어졌구나.
- 친구에게 뭐라고 말하면 좋을까?
- 그래, "미안해"라고 말해야겠구나.
- "○○"는 웃네! 왜 웃었어?, 그래서 기분이 좋았어!

※ 교사는 영아와 함께 장면을 보면서, 영아의 감정 상황과 행동에 대하여 다양한 상호작용을 한다.

3) 사회적 관계

내 용	활동명
가족관계 이해하기	가족 사진보며 가족 찾기
또래에게 관심가지기	무거운 놀잇감 친구와 같이 정리하기
자신이 속한 집단 알기	청소놀이

활동명 가족사진보며 가족 찾기

생활주제

사랑하는 가족과 친구들

준비물

벽면 게시용 가족사진

사랑하는 가족과 친구들

준비물

벽면 게시용 가족사진

활동방법

1. 각 가정에서 보내온 가족사진을 모두 벽면에 게시한다. 벽면에 게시된 사진을 보며 가족에 대한 개별적인 대화를 나눈다.

교사: - 우리 이 사진에서 엄마를 찾아볼까?
- 그래 여기에 엄마의 웃는 얼굴이 있네.
- 그런데 엄마 옆에는 누구지?
- 그렇구나, 엄마도 계시고 아빠, 할머니도 함께 계시는구나.
- "○○는" 엄마, 아빠, 할머니랑 놀이공원 갔었구나 .
- "○○는 모자를 쓰고 있네?
- 할머니가 안고 있는 여자 아기는 ○○의 동생이구나.

※ 각 가정에서 가족사진을 보내줄 것을 부탁한다. 다른 친구의 가족사진 중에서 등・하원 시 마주치는 낯익은 가족들은 영아의 흥미를 더 유발 시킨다.

활동명 무거운 놀잇감 친구와 같이 정리하기

생활주제
사랑하는 가족과 친구들

준비물
쌓기영역 놀잇감, 정리 바구니

활동방법
1. 쌓기영역의 놀잇감을 바구니 안에 담고 정리한다.
   교사: - "○○야" 정리하는 시간인데 여기 있는 레고 블록을 정리해 줄래?
   - 레고 바구니 안에 레고를 다 넣었구나.
2. 다소 무게가 있거나, 정리 바구니의 부피가 큰 것은 영아들이 친구와 같이 정리 하도록 한다.
   교사: - 레고 바구니를 교구장 안에 넣어야 할 텐데, "△△야" 같이 들어 줄 수 있니?
   - 영치기 영차, 아이쿠 ! 힘들어라, 바구니 안에 블록이 많아 무겁네.
   - "△△야" 어떻게 이 무거운 레고 바구니를 제자리에 갖다 놓을 수 있을까?
   - 다른 친구들에게 도와 달라고 부탁할까?
3. 영아가 친구에게 가서 도움을 요청하도록 한다.
   교사: - "△△야" 누구에게 도와 달라고 부탁하고 싶니?
   - "△△가" " ○○"에게 도와 달라고 부탁했구나.
   - "△△하고", " ○○가" 도와주어서 레고를 정리할 수 있었네 도와줘서 고마워!

활동명 청소놀이

생활주제

혼자서 할 수 있는 것

준비물

빗자루, 쓰레받이, 걸레, 휴지통

활동방법

1. 교사와 함께 청소 도구를 탐색 해 본다.

교사: - "○○야" 이 물건 이름이 무엇일까?
- 쓰레받이, 빗자루라고 해.
- 이 물건 누가 사용하는 걸까? 그래 엄마가 청소할 때 사용하지.
- 엄마가 쓰레받이 하고 빗자루를 어떻게 사용하시니?
- 그래, 엄마가 바닥에 더러운 먼지나 종이를 쓸어 담아서 쓰레기통 안에 버리시는구나.

2. 청소 도구를 사용해 본다.

교사: - "○○야" 엄마처럼 바닥을 쓸어볼까?

- "○○가" 바닥을 쓰니까 정말 엄마 같구나.
- "○○가" 빗자루로 모은 것을 쓰레받이에 담아 볼까?
- 쓰레기통에 버릴 수 있겠니? 아주 잘하는 구나.
- 이번에는 "△△가" 여기 바닥에 더러운 것이 묻었는데 물걸레로 닦아주자 .

※ 교사는 청소 도구를 정리해서 놓는 장소를 정해서 영아용 청소 도구를 비치해 준다. 영아가 놀이도중에 청소하는 활동으로 확장할 수 있다.

3. 만 3~5세 유아 활동의 실제

1) 자기 존중

내 용	활동명
자신의 소중함을 알기	거울로 본 내 모습
자신감과 독립심 기르기	내 물건 소개하기
성 정체감 · 양성평등 형성하기	내가 커서 되고 싶은 사람

활동명 거울로 본 내 모습

생활주제

나와 어린이집

준비물

전신거울, 모양 장식한 손거울.

활동방법

1. 과학영역에 전신거울을 걸어 두고, 유아의 흥미를 끌 수 있도록 거울 가장 자리에 모양 장식을 한 손거울을 제시한다.
2. 전신거울이나 손거울에 비친 유아의 모습을 보면서 이야기를 나눈다.
   교사: - 거울 속에 누가 보이니?
   - ☆☆의 눈은 어디 있니?
   - ☆☆는 어디가 제일 예쁘니?
3. 거울을 보면서 얼굴 표정과 몸짓을 다양하게 움직여 보도록 장려한다.
   교사: - ☆☆가 웃으니까 얼굴 어디가 변했지? 얼굴을 찡그리니까 눈이 작아졌네!
4. 거울을 통해 옆모습과 뒷모습을 관찰하게 한다.
   교사: - 몸을 옆으로 돌리면 어디가 보이니? 그래, 몸을 돌리니까 ☆☆의 뒷모습도 보이네.
   - 그럼 ☆☆의 뒷모습을 보려면 어떻게 해야 할까?
5. 전신거울 앞에서 손거울을 주고, 자신의 뒷머리가 보이도록 실험 해 본다.

※ 거울놀이를 하는 동안 교사는 유아의 장점을 지적해 주고 격려해 주어 유아의 긍정적 자아개념 형성에 도움을 준다.

활동명 내 물건 소개하기

생활주제
나와 어린이집

준비물
유아들이 집에서 가지고 온 물건

활동방법
1. 집에서 가지고 온 물건을 다른 친구에게 보여준다. 이 때 물건의 이름, 용도, 사용방법 등을 이야기할 수 있도록 하며, 특히 왜 그것을 좋아하는지 이유를 설명하도록 한다.
2. 발표한 친구의 물건에 대해 궁금한 것이 있는 경우, 유아들이 질문하도록 한다.

유아: - 무엇을 할 때 사용하는 것이니?
- 이 물건의 어떤 점이 좋으니?

3. 유아가 가지고 온 물건을 다른 친구가 놀고 싶어 하면 어떻게 할지에 대해 논의한다.

교사: - 이 물건을 가지고 놀 때 어떤 것을 조심했으면 좋겠니?
- 가지고 놀이한 다음에 정리는 어떻게 할까?

※ 교사는 이와 같은 활동을 위하여 부모통신을 통해 활동에 대한 목적, 내용, 일시 등을 알린다. 유아가 어렸을 때 사용한 물건이나 가장 좋아하는 물건, 소중하게 생각하는 물건을 집에서 가지고 올 수 있도록 알린다.

활동명 내가 커서 되고 싶은 사람 막대 인형 만들기

생활주제
나와 어린이집

준비물
막대, 직업 그림 본, 색연필, 테이프

활동방법
1. 수수께끼를 내어 맞히기를 한다.
   교사: - '불이 났어요.' 누가 도와줄까요?
   - 맛있는 음식을 만드는 일을 한답니다.' 누구일까요?
2. 직업 그림 자료를 보며 이야기를 나눈다.
   교사: - 어떤 일을 하는 사람들이 있니?
   - 이 그림들로 어떤 활동을 할 수 있을까?
3. 그림본에서 커서 되고 싶은 직업의 그림을 고른다.
   유아: - 고른 그림을 색칠하고 오린다.
   - 오린 그림에 막대를 붙여 막대 인형을 만든다.
4. 활동을 회상해 본다.
   교사: - 커서 어떤 직업의 막대 인형을 만들어 보았니?
   - 만든 막대 인형으로 어떤 놀이를 해 보았니?
   - 어디서 놀이를 하면 좋을까?

※ Ⅱ수준의 유아는 직업 그림본을 제시하지 않고 스스로 그림을 그린 후 막대 인형을 만들어 볼 수 있도록 지도한다.

※ 교사는 유아들이 만든 막대 인형을 의사소통 영역의 말하기 코너에서 놀이할 수 있도록 지도한다.

2) 정서인식과 조절

내 용	활동명
자신과 다른 사람의 다양한 정서를 인식하고 표현하기	블록 무너뜨리기
자신의 정서를 조절하고 활용하기	꾹 참았네

활동명 블록 무너뜨리기

생활주제

나와 어린이집

준비물

여자 아이의 블록을 남자 아이가 무너뜨리는 상황의 그림 자료, 종이, 연필, 지우개

활동방법

1. 그림 자료를 보며 어떤 상황인지 이야기를 나눈다.

교사: - 어떤 그림인 것 같니?

(남자 친구가 블록을 부셔서 여자 친구가 울고 있어요.)

- 울고 있는 여자 아이는 기분이 어떨까?

(속상해요, 슬퍼요, 기분이 나빠요, 화가나요 등)

- 왜 이런 일이 일어났을까?

(남자 친구가 장난을 쳐서요, 지나가는 길이 좁아서요, 모르고요, 블록을 부수는 게 재미있어서 등.)

2. 유아들은 어떤 상황에서 블록을 무너뜨리게 되었는지를 나름대로 추측하여 이야기를 해 본다.
3. 몇 개의 모둠으로 나누어 그림의 원인에 대하여 자유롭게 토의한 후 종이에 적어보는 활동을 한다.
4. 모둠별로 토의하여 적은 내용을 발표하는 시간을 갖는다.
5. 이러한 상황이 발생했을 때 어떻게 하면 좋을지 이야기를 나눈다.

교사: - 블록놀이를 하는데 친구가 모르고 부셨을 때엔 어떻게 이야기를 해 주면 좋겠니?
- 블록으로 집을 짓고 있는 친구 옆을 지나갈 때엔 어떤 것을 조심해 할까?

6. 블록놀이를 할 때 지켜야 할 규칙을 정하도록 한다.
7. 유아들이 정한 규칙을 쌓기영역에 붙여놓고 약속을 지키기로 한다.

<모둠별 토의 모습 사진자료>

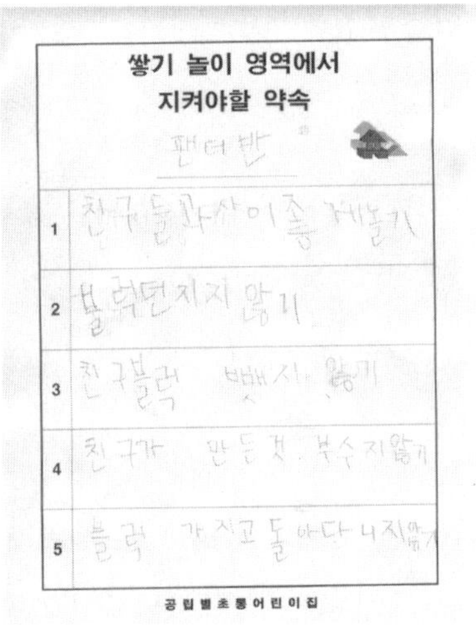

쌓기 놀이 영역에서 지켜야할 약속

팬더 반

1	친구들과 사이좋게놀기
2	블럭던지지 않기
3	친구블럭 뺏지 않기
4	친구가 만든것 부수지않기
5	블럭 가지고 돌아다니지않기

공립별초롱어린이집

<벽면 게시자료>

활동명 꾹 참았네

생활주제
나와 어린이집

준비물
그림 자료, 가사판

활동방법
1. 그림 자료를 보며 각 자료에 대하여 이야기를 나눈다.
   교사: - 친구와 싸운 적이 있니?
   - 싸웠을 때의 기분은 어땠니?
2. 블록으로 만든 집을 친구가 무너뜨렸을 때의 기분과 그 때 친구에게 하고 싶은 말이 무엇인지 이야기를 나누고, 유아의 이야기를 교사가 적는다.
   교사: - 만약에 내가 만든 블록을 친구가 지나가다가 모르고 부수었다면 어떻게 하면 좋을까?
3. '무너뜨렸네' 다음 노랫말을 접착식 메모지로 가렸다가 떼어낸 후, 유아의 대답과 비교해 본다.
4. 노랫말을 들어보고, 친구들을 생각하며 노래를 부른다.

꾹 참았네

친구가 내 곁을 지나가다가
내가 만든 집을 무너뜨렸네
'콩' 하고 싶지만 꾹 참았네
친구야, 친구야
다음부터 그러지 마라
다음부터 그러지 마라

3) 사회적 관계

내 용	활동명
가족과 화목하게 지내기	가족 신문 만들기
또래와 사이좋게 지내기	자기만 아는 바름이
공동체 정신 기르기	살기 좋은 우리 동네

활동명 가족 신문 만들기

생활주제

가족과 이웃

준비물

4절모조지, 색연필, 사인펜 등의 필기도구, 신문 만들기에 사용할 가족사진, 조각 종이, 풀, 가위, 자, 복사기, 일간지 견본 등.

활동방법

1. 원하는 유아들과 함께 신문 만들기를 상세히 계획한다. 유아 3~4명이 한 모둠이 되도록 한다.
2. 먼저 가족 신문에 싣고 싶은 것, 실을 수 있는 것이 무엇인지 개괄적으로 의논한다.

교사: - 신문에 어떤 것들을 실을 수 있을까?
(우리 가족의 특별한 일, 재미있는 일 등)
- 신문을 만들려면 가장 먼저 해야 할 일이 무엇일까?
(각자 집안의 소식을 알아 온다. 신문의 제목을 정한다. 몇 장으로

만들지를 결정한다. 사진을 모은다 등.)

3. 일간지 견본을 참고하여 신문의 구성 및 편집 형태 등을 살펴보고, 각자가 생각했던 의견들을 조정하고 확인한다.

4. 일간지 견본을 살펴보며 다른 아이디어를 찾아본다.

교사: - 우리들이 더 생각해 볼 것이 있니?

(쪽의 번호도 매겨야 한다, 광고도 실을 수 있다, 누구의 기사를 어디에 실을지도 결정해야 한다, 가장자리에 선을 긋고 기사 마다 칸을 그려 주면 훨씬 보기가 쉽다, 적당한 크기로 접어야 한다, 만화도 그려 넣을 수 있다 등.)

5. 지금까지의 의견을 모아 기본적인 사항을 확정하고, 신문의 기본 틀을 그려놓는다.

교사: - 제목을 정한다.(예: ☆☆반의 가족 신문)

- 신문의 기본 틀을 만들고(예: 외곽선 그리기, 제목 쓰기, 쪽번호 매기기 등), 알맞은 크기로 접는다.
- 신문의 구성 방법을 결정한다.
- 한 가족의 이야기를 얼마만큼 넣을까? (한쪽 정도)
- 사진은 어떤 것을 실을까?, 한쪽에 몇 장 정도 넣을까?
  (기사를 이해하는데 도움이 되는 사진을 싣는다. 꼭 필요한 사진을 넣는다, 그래야 글도 실을 수 있다 등)
- 사진을 어떻게 신문에 실을까? 사진을 망가뜨리지 않고도 신문에 넣을 수 있는 방법을 생각해 보자. (복사하여 싣는다, 복사하면 필요에 따라 사진을 크게, 또는 작게 할 수 있다.)
- 광고는 어디에 넣을까? (각 면의 아래쪽 등 유아들의 생각을 수용한다.)

6. 신문을 다 만든 다음에는 어떻게 할지, 이후에 할 일이 무엇인지 이야기를 나눈다.

교사: - 다 만든 신문은 어떻게 할까?

(친구들에게 보여 주고 집에 가져간다, 다른 반과 선생님께도 드린

다.)

- 그럼 여러 장이 필요할 텐데 어떻게 하면 되니?
  (집에 가져가는 것과 선생님 드리는 것은 다 만든 것을 복사한다, 어린이집 친구들끼리는 우리가 직접 만든 것을 돌려 본다 등)
- 이제 우리가 할 일은 무엇일까?
  (각자 자기 가족의 소식을 모은다, 필요한 사진이나 더 자세히 알아보아야 할 내용은 집에서 알아온다 등)

7. 각자 자신의 기사를 교사의 도움을 받아 별도의 종이에 기록해 보고, 그 기사의 완성을 위해 더 해야 할 일이 무엇이 있는지를 결정 한다. 또 각자의 기사 양이 적절한지도 생각해 보고, 기사를 더 찾아보거나 줄인다.
8. 유아들이 교사의 도움을 받아 작성한 기사는 유아가 다시 옮겨 적거나 그대로 오려서 신문 용지에 적당한 자리를 찾아 임시로 붙여 놓는다.
9. 이 날 귀가 후, 집에 가서 필요한 자료를 더 모아 오기로 하고 첫날의 작업을 마친다. 또, 오늘 어린이집에서 작성한 기사 외의 새로운 기사는 가정에서 부모님과 함께 작성하여 오기로 한다. 이를 위하여, 기사가 차지할 면적을 가늠하는 대, 중, 소 크기의 종이를 각 가정에 가져갈 수 있게 한다.
10. 다음 날, 집에서 모아 온 사진 및 기사를 바탕으로 어제 작성한 초안을 조정하고, 준비한 모조지 신문지에 기사와 복사한 사진을 옮겨 붙인다.
11. 적당한 자리에 유아가 다시 오려 적거나 그대로 오려 붙이고 테두리를 그린다. 또, 임시로 자리를 잡아 놓았던 기사도 자리를 확정한다.
12. 유아들이 광고로 싣기 원하는 것을 광고로 싣는다. (유아의 생일 축하 초대 광고, 친구의 가족과 함께 소풍을 가고자 하는 광고, 가정의 대청소 일자를 알리는 글 등)
13. 다시 한번 만들어진 신문을 읽어 보며, 고쳐야 하거나 덧붙일 것이 있는지 살펴보고 다듬는다.
14. 만들어진 신문은 필요한 부수만큼 복사하고, 원본은 학급 내에서 전시한 뒤 다른 반에도 돌려 보여 준다.
15. 복사 시에는 복사가 가능한 크기에 따라 A3 정도로 축소 복사할 수 있다.

※ 신문 만들기에 참여한 유아들이 자신들의 작업과정을 다른 유아들에게 설명하고, 결과물을 소개할 수 있는 시간을 마련한다.

활동명 자기만 아는 바름이

생활주제

나와 어린이집

준비물

그림 동화

활동방법

자기만 아는 바름이

바름이가 동무들과 소꿉놀이를 해요. “엄마 안 시켜 주면 난 안 할 테야.”
바름이가 심술궂게 말했어요.
바름이가 동무들과 술래잡기를 해요. 빙글빙글 재미있게 돌아요.
이번에는 바름이가 술래예요. “ 난 술래 하기 싫어.” 바름이가 토라져서 말했어요.
바름이가 동무들과 달리기를 해요. 모두 힘껏 달려요.
“난 처음부터 다시 뛸 거야.” 바름이가 돌아서면서 말했어요.
일 등을 못 했기 때문이에요.
동무들이 땅 따먹기 놀이를 하고 있어요. “바름이 넌 비켜.” 동무들이 바름이를 따돌렸어요. 동무들이 기차놀이를 해요. “칙칙폭폭, 비켜나세요.” 바름이만 혼자 외톨이가 되었어요.
“동무들이 나랑 안 논대.” 바름이가 울면서 말했어요.
“동무들에게 네 멋대로 해서 미안하다고 말해보렴.” 엄마가 말했어요.
동무들이 고무줄놀이를 하고 있어요. “내가 먼저 고무줄을 잡을게.” 바름이가 말했어요.

*출처: 이진아(1990), 자기만 아는 바름이, 웅진출판사

1. 동화를 들려준 다음, 동화에 대한 이야기를 나눈다.
   교사: - 이 동화에 어떤 아이가 나오니?
   - 바름이는 어떤 성격을 가지고 있니? 왜 그렇게 생각하니?
2. 친구들과 사이좋게 지내는 방법에 대해 이야기를 나눈다.
   교사: - 친구와 사이좋게 지내려면 친구에게 어떻게 해 주어야 할까?
   - 친구가 있어 좋은 점은 무엇일까?

활동명 살기 좋은 우리 동네

생활주제

가족과 이웃

준비물

동네에서 볼 수 있는 각종 기관들 사진 또는 그림 자료

활동방법

1. 유아들과 동네 돌아보기를 한 후, 사진, 그림 자료를 보며 이야기를 나눈다.
   교사: - 동네에는 어떤 곳이 있었니?
   - 이곳은 무엇을 하는 곳일까?
   - 이곳은 언제 갈까?
   (약국, 슈퍼, 병원, 등의 기능에 대해 이이야기를 나눈다.)
   - 우리 동네에 가까이 있어서 좋은 것은 무엇일까?
   - 우리 동네에 없어서 불편한 것은 무엇일까?
2. II 수준의 유아들과는 내용을 확장시켜 이야기 나누기를 한다.
   교사: - 만약에 우체국(경찰서, 시장 등)이 없다면 어떻게 될까?
   - 여기 있는 것 중 한 곳이라도 없으면 어떻게 될지 유아들의 이야기를 들어 본 후, 왜 동네에 이런 곳들이 모여 있는지에 대해서 이야기를

나눈다.

3. 그 밖에도, 동네에 사는 사람들이 편안히 살 수 있도록 도와주는 분들에는 누가 있는지, 그 분들께 어떤 마음이 드는지 유아들과 이야기를 나눈다.

4. 우리와 함께 사는 이웃과 잘 지내려면 어떻게 해야 하는지 유아들의 이야기를 듣는다.

교사: - 여러 가족이 함께 사는 집이나 아파트에 사는 경우는 어떻게 지내야 할까? (때와 상태에 맞게 적당한 소리로 이야기 하고, 알맞게 행동해야 한다.)

- 이웃과 화목하게 지내려면 어떻게 해야 할까? (솔직하게 잘못을 시인하고 다음에는 방해나 폐가 되지 않도록 행동한다.)

5. 어린이집에서 다른 반과의 관계를 통해 이웃 간의 예의를 실제 생활에서 연결 지어 본다.

6. 어린이집에서 다른 반과 서로 도와서 함께 할 수 있는 일들에 대해서도 생각해 보고, 실제 계획을 세워 실시한다.

※ 이 활동은 일회적으로 끝나는 것이 아니라 동네에서 우리를 도와주시는 분들과 유아들도 동네를 위해 했던 일, 이웃과 화목하게 지냈던 경험 등을 계속적으로 발표하는 기회를 제공하면 다른 친구의 간접 경험을 통해 자신도 직접 경험할 수 있는 활동으로 확장할 수 있다.

4) 사회적 지식

내 용	활동명
지역사회에 관심가지고 이해하기	동네 돌아보기
우리나라에 관심 가지고 이해하기	태극기 모래그림
세계와 여러 문화에 관심 가지기	서로 도우며 지내기
경제생활에 관심 가지고 이해하기	슈퍼마켓에서 물건 사오기

활동명 동네 돌아보기

생활주제

가족과 이웃

준비물

동네 그림(어린이집을 중심으로 유아들이 잘 알고 있는 건물이나 기관의 그림 또는 사진을 만든 것), 비상 약품, 신호 악기

활동방법

1. 교사는 동네 견학을 위한 사전 계획을 세운다.
   - 견학 코스를 정하고 사전 답사를 한다.
   - 견학 날짜와 시간을 정하고, 견학시의 옷차림 등을 가정에 알린다.
2. 교사는 준비한 동네 그림을 보면서 동네 견학에 대해 이야기해 준다.

   교사: - 어린이집 동네에는 어떤 곳이 있니?
   - 그 곳에서는 어떤 사람들이 일을 하지?
   - 어린이집을 출발해서 어떻게 돌아볼 것인지를 알려 준다.
3. 동네 견학 시 지켜야 할 주의 사항에 대해 유아들과 함께 이야기를 나눈다.
   - 선생님을 잘 따라서 걷는다.
   - 짝과 손을 잡고 다니며, 차가 다니는 길로는 가지 않는다.
   - 동네 사람들에게 방해가 되지 않도록 조용히 한다.
4. 견학을 가기 전에 화장실을 다녀온 후 출발한다.
5. 동네 견학을 한다. 이 때, 교사는 유아들이 여러 가지를 관찰할 수 있도록 적절히 이야기해 주며 길을 안내한다.
   - 길을 걸으면서 동네에서 어떤 집(기관), 가게들이 있는지 알아본다.
   - 사람들을 어떤 일을 하는지 살펴본다.
   - 갈 때는 어떤 것들이 있는지 살펴본다.

(예 : 인도와 차도, 신호등, 가로수 등)

- 집(기관)이나 가게 안으로 직접 들어가서 견학하는 곳에서는 주인의 안내와 설명을 잘 듣는다.

6. 어린이집으로 돌아와서 견학한 것에 대해 이야기를 나눈다.

교사: - 어디를 갔었지요? 무엇을 보았나요? 어떤 일을 하는 곳일까요?

- 떠나기 전에 정한 약속은 잘 지켰나요?

7. 교사는 유아들에게 우리 동네에는 우리가 살아가는 데 도움을 주는 많은 곳이 있음을 이야기해 주고, 일하시는 분들에게 감사한 마음을 가지도록 이야기한다.

※ 동네의 여러 기관 중 많은 유아들이 관심을 가지는 특정 기관 (예 :경찰서, 소방서, 우체국, 병원 등)은 따로 일정을 정해서 현장학습을 다녀온다.

※ 본 활동을 II 수준으로 계획할 때에는 유아들이 사전에 우리 동네에는 어떤 곳이 있는지를 예측해 보고, 예측표를 만들어 가지고 나가서 실제로 동네를 돌아보면서 확인해 보도록 할 수 있다. 현장학습을 마치고 어린이집에 돌아와서는, 예측은 못 했지만 볼 수 있었던 곳이나 우리 동네에도 있었으면 하는 곳에 대해서도 이야기를 나누는 시간을 가진다.

※ 현장학습 경험을 재구성하기 위해 '집 만들기', '동네 꾸미기' 등의 미술활동을 하거나, 쌓기놀이 영역에서 '동네꾸미기', 역할놀이 영역에서 '가게놀이'등의 다양한 역할 놀이로 연결할 수 있다.

활동명 태극기 모래 그림

생활주제

우리나라와 다른 나라

준비물

태극기 밑그림이 그려진 도화지, 물풀, 색 모래(빨강, 파랑, 검정)

활동방법

1. 태극기를 다른 나라 국기와 함께 게시해주고 유아와 이야기 해 본다.
   교사: - 우리나라 국기를 찾아볼 수 있겠니?
   - 우리나라 국기는 어떤 모양이니? 어떤 색깔이니?
2. 색 모래의 촉감을 느껴보고 사용방법을 알아본다.
   교사: - 색 모래의 느낌이 어떠니?
   - 색 모래는 어떻게 하면 종이에 붙을까?
   - 색 모래로 태극기를 만들어보자.
3. 밑그림의 4괘와 태극 모양에 풀칠을 하고 색 모래를 뿌려 태극기를 만들어 본다.
   교사: - 모래를 잘 눌러보자.
   - 모래가 잘 붙었으면 종이를 들고 휴지통에 대고 남은 모래를 털어보자.
   - 어떤 모양이 나왔니?

※ 풀이 마르면서 모래가 떨어지므로 세워서 전시하기보다는 눕혀서 전시해 주는 것이 좋다. 실외의 조용한 곳에서 실시하면 좋다.

활동명 서로 도우며 지내요

생활주제

우리나라와 다른 나라(함께 사는 세계)

준비물

눈가리개와 지팡이, 휠체어 또는 목발, 팔 부분이 없는 옷, 장애인들에 대한 그림 자료, 달력

활동방법

1. 그림 자료를 보며 장애인과 관련된 경험을 이야기 나눈다.

교사: - 이 사람은 왜 휠체어를 타고 있을까?

- 이 사람처럼 눈이 보이지 않아서 까만 안경을 쓴 사람을 본 적이 있니?
- 이 사람처럼 팔을 다친 사람을 본 적이 있니?
- 이 사람은 어떤 점이 불편할까?

*디자인 클립아트

2. 장애인들을 도울 수 있는 방법에 대해서 이야기 한다.

교사: - 앞이 보이지 않는 사람을 어떻게 도와 줄 수 있을까?

- 휠체어 탄 사람이 계단 앞에 있을 때 어떻게 도와 줄 수 있을까?
- 팔이 불편한 사람이 밥을 먹으려고 할 때 어떻게 도와줄 수 있을까?

3. 장애인 역할을 해 보는데 필요한 준비물을 살펴보고 장애인들이 어떻게 사용하는지 알아본다.
4. 하고 싶은 장애인 역할을 정하고 필요한 소품(지팡이와 안경, 휠체어와 목발 등)을 사용해 본다.
5. 놀이 후 자신이 한 역할에 대해서 이야기 한다.

교사: 어떤 점이 불편하였니?

※ Ⅱ수준 유아인 경우, 장애인을 어떻게 도와주어야 할지(시설면, 행동면)에 대해 소집단을 구성하여 토의해 볼 수 있다.

활동명 슈퍼마켓에서 물건 사 오기

생활주제
가족과 이웃

준비물
돈(학급 유아 수만큼의 500원짜리 동전), 간식 차림표(500원으로 살 수 있는 간식의 예를 보여 주는 표), 작은 나무 블록, 신호 악기

활동방법
1. 슈퍼마켓 견학을 가기 전에 다 함께 모여 이야기를 나눈다.

교사: - 슈퍼마켓에 가 본 적이 있니?
- 언제 가 보았니?
- 왜 가 보았니?

- 슈퍼마켓에는 어떤 물건이 있니?
- 물건을 살 때는 무엇이 필요할까?
- 오늘은 우리가 직접 슈퍼마켓에 가서 견학도 하고, 먹고 싶은 간식을 사 오면 어떨까? (유아들이 동의하면 한 사람이 간식비로 500원을 쓸 수 있음을 알려 준다.)

2. 간식으로 무엇을 사면 좋을지 계획한다. 이 때, 교사는 미리 답사를 해서 알아 온 적당한 간식 차림표를 보여 주어 유아들의 선택을 도울 수 있다.

으로 살 수 있는 간식

 야쿠르트와	 초코파이
 우유와	 미니 도너츠
 야쿠르트와	 빵

3. 물건을 살 때 지켜야 할 약속
(예 : 좋은 구매 태도)에 대해 이야기를 나눈다.

교사: - 슈퍼마켓에서 일하시는 분들께 인사한다.
- 다른 손님들에게 방해되지 않도록 한다.(떠들거나 뛰어다니지 않는다, 여러 명이 한꺼번에 서서 통로를 막지 않는다)
- 사지 않을 물건을 함부로 만지거나 꺼내지 않는다.
- 물건을 구경할 때는 손으로 만지지 않는다.
- 물건이 많이 쌓여 있을 때, 밑에 있는 것을 꺼내면 쌓여 있는 물건이 무너질 수 있으므로 위에 있는 물건을 집는다. (나무 블록으로 실험해

본다.)

- 가공 식품의 제조 일자와 유효 기간을 확인한다.
- 돈을 내고 계산을 하기 전에 미리 먹지 않는다.

4. 유아들이 직접 슈퍼마켓에 가서 간식을 산다.

교사: - 먼저 슈퍼마켓에는 어떤 물건들이 있는지 살펴본다.
- 물건을 살 때 지켜야 할 약속을 유념하면서 간식을 고른다.
- 계산대로 가서 돈을 낸다.
- 물건과 영수증을 받는다. (한 사람씩 각각의 영수증을 받기 어려우면 전체 가격의 영수증을 받는다.) 만약, 물건 값이 500원보다 싼 경우에는 거스름돈을 받는다.

5. 어린이집으로 돌아와서 간식을 사 본 것에 대해 이야기를 나눈다.

교사: - 슈퍼마켓에서 무엇을 보았니?
- 간식으로 무엇을 샀니? 얼마를 주고 샀니?
- 직접 간식을 사 보니 마음이 어떠니?
- 약속은 잘 지켰니?

6. 손을 씻고, 사 온 간식을 먹는다.

※ 많은 유아들이 각자 적은 돈을 가지고 간식거리를 사는 일은 슈퍼마켓 영업에 상당히 폐가 되는 일이다. 그러므로 교사는 반드시 사전에 본 현장 학습의 목적과 취지를 주인에게 알리고 협조를 구해야 한다.

※ 유아가 사고 싶은 간식이 500원을 초과할 경우에는 원하는 두 사람이 돈을 모아 함께 산 후 나누어 먹을 수도 있다.

※ 전체 학급을 소그룹으로 나누어 견학을 간다.

※ 유아들 각자의 간식을 사기보다는 단일 품목으로 정해서 유아 수만큼 산다.

제4절 의사소통

1. 만 2세 미만 영아 활동의 실제

1) 듣기

내 용	활동명
소리 구분하여 듣기	책속에 동물 사진 찾아보기
경험과 관련된 말의 의미 알기	냠냠 놀이
운율이 있는 말 듣기	자장가

활동명 책속에 동물 사진 찾아보기

생활주제
동물

준비물
동물 그림책, 동물 소리가 녹음된 테이프, 카세트, 동물 화보

활동방법
1. 교사는 영아에게 친숙한 동물 소리가 녹음된 테이프를 들려주고 영아가 어떤 동물 소리인지 책이나 화보를 통해 찾아보도록 한다.

교사: - 애들아, 우리 테이프를 들어보자.

- 어떤 동물의 소리일까?

2. 찾은 동물 소리와 동물의 특징을 흉내 내 본다.

교사: - 알아 맞췄구나 그래, 병아리 소리구나.
- "○○가" 병아리 소리 내 볼래
- 그럼, 병아리는 어떻게 걸어갈까? "○○가" 병아리처럼 해 볼래.

※ 교사는 영아가 특정 동물에 대한 고정된 소리를 연결짓기보다는 영아들이 다양한 소리를 변별하고 모방하도록 격려해 준다

활동명 냠냠 놀이

생활주제

재미있는 놀잇감

준비물

역할놀이 영역에 여러 가지 음식 모형, 그릇, 수저, 주방도구, 작은 식탁

활동방법

1. 교사는 영아들이 여러 가지 음식 모형을 주방 도구를 이용하여 먹는 역할놀

이 경험을 하도록 해준다.

교사: - 와! 여기 먹을 것이 많이 있네. 이것은 무엇일까?
- 그래, 빵이구나. 또 이건 무엇일까? 사과도 있구나.
- 접시에 담아야 하는데 어떻게 자르지?
- "○○가" 칼로 자르네

2. 영아가 수저를 사용한 경험으로 음식을 먹는 흉내를 내 본다.

교사: -"○○가" 만든 음식 어떻게 먹으면 좋을까?
- 아, 포크로 찍어서 먹어야겠구나.
- 아! 배고파, 우리 좀 먹을까?
- 냠냠 맛있다.
- 국도 먹어야 하는데. 어떻게 먹지?
- 숟가락으로 떠서 먹어야겠구나.

※ 이 시기의 역할놀이 영역은 교사의 활동하는 모습을 영아가 지켜보고 적절히 반응을 보이는 정도로 활동이 진행된다. 교사는 영아의 가정에서의 생활 경험을 회상하도록 교사가 언어적 상호작용을 한다.

활동명 자장가

생활주제

어린이집 적응하기

준비물

『자장가:전래동요 테이프』(전래동요 테이프, 한국어린이육영회) 인형, 카세트

활동방법

1. 교사는 "자장가" 음악을 틀어준다
   교사 : - 저기 카세트에서 나는 노래를 조용히 들어보자.
2. 영아가 아기 인형을 안고 음악소리를 조용히 듣게 한다.
   교사 : "○○가" 잘 자라고 노래를 불러주네.
3. 교사가 작은 목소리로 "자장 자장"하는 노랫말을 부르면서 영아의 등을 리듬에 맞춰 토닥거려 준다.
   교사 : - 자장자장, 우리아기 잘도 잔다.

전래동요 예시

자장자장 우리아기 / 잘도잔다 우리아기
멍멍개야 짖지마라 / 꼬꼬닭아 울지마라
우리대감 잘도잔다 / 내강아지 잘도잔다

※ 영아가 자장가를 자연스럽게 감상하도록 한다. 낮잠시간에 자장가를 틀어 주어 낮잠활동과 연계할 수 있다.

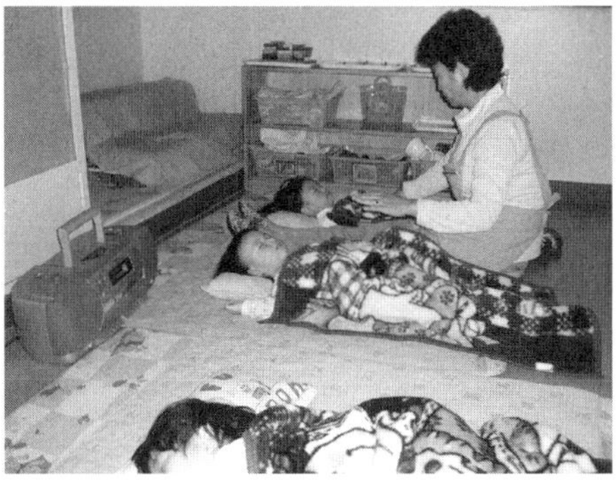

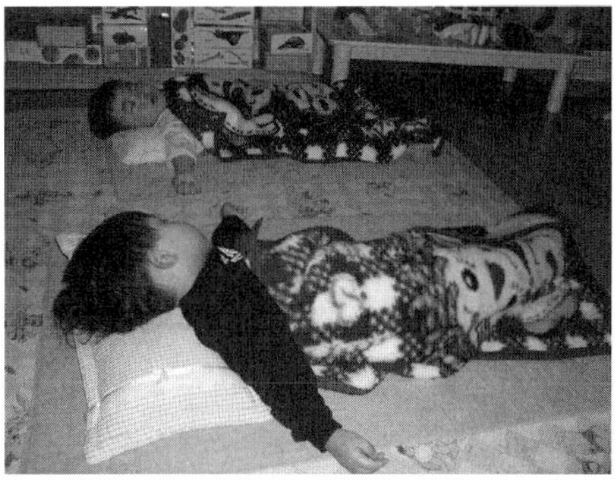

2) 말하기

내 용	활동명
발성과 발음으로 소리내기	그림책 보고 이야기하기
친숙한 사물의 이름 말하기	가방 속에는
말소리와 몸짓으로 의사 표현하기	인사나누기

활동명 그림책 보고 이야기하기

생활주제

재미있는 놀잇감

준비물

영아용 사물 그림책 (영아용 사물그림책. 한국어린이육영회 참조)

활동방법

1. 교사와 함께 그림책을 보며 이야기 한다.

교사: - "○○야" 여기 그림책에 무엇이 있니?

- 이것이 뭘까?

- 아, 풍선이 있구나

2. 영아가 교사의 발음을 따라 해 본다.
   - 선생님 보고 따라 해 보자.
   - 풍선.
   - 또 뭐가 있을까? 찾아보자.
   - 아, 우유도 있네.
   - 선생님 보고 따라 해 보자.
   - 우유

※ 교사는 영아가 주변에서 쉽게 접하는 사물 이름부터 시작하여 친숙한 사람들의 행동으로 확장한다(예: 아저씨는 무얼 하시니? 빠빵 운전하시죠, 취사 선생님은 무얼 하시니? 냠냠 간식 만드시죠, 언니들은 무얼 하니? 그림 그리죠 등)

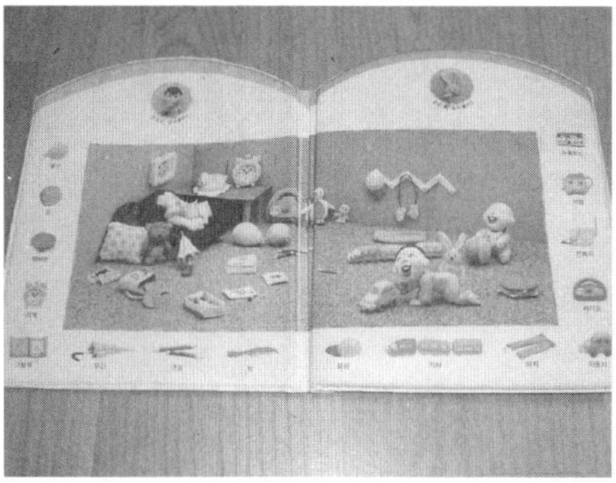

활동명 가방 속에는

생활주제

재미있는 놀잇감

준비물

가방, 실물(열쇠, 손거울, 수건, 칫솔, 휴대폰, 곰인형, 립스틱), 역할 놀이영역에 여러 가지 음식모형, 그릇, 수저, 주방도구

활동방법

1. 교사는 가방 속에 담긴 여러 가지 사물을 하나씩 꺼낸다.

 교사: - 이 가방 속에는 무엇이 들어 있을까?
 -"○○가" 꺼내 볼래?

2. 영아가 사물의 명칭을 말하고 사용해 본 경험을 교사와 함께 상호작용 해 본다.

 교사 : - 아, 열쇠구나. 만져보자
 - "○○야", 이 열쇠 어디에 사용하는 걸까? "○○가" 열쇠 사용해 볼까?
 - 아, 엄마가 문 열때 사용했구나.
 - "△△야" 가방 속에 또 무엇이 들어 있는지 꺼내 보자.
 - △△야 무얼 꺼냈니?
 영아 : - 칫솔이에요.
 교사 : - 어떻게 사용하는 걸까?
 영아 : - 저기(개수대를 가리키며) 치카 치카 해요(칫솔질을 흉내 낸다)

※ 교사는 가방 속에 영아가 생활 주변에서 직접 사용하는 물건으로 교체하여서 사용 경험을 표현하도록 확장 할 수 있다.

활동명 인사 나누기

생활주제

어린이집 적응하기

준비물

없음

활동방법

1. 교사는 영아에게 인사할 때는 "안녕하십니까" 라고 말하고 손은 배꼽위에 올리고 고개를 숙이며 교사가 인사하는 시범을 보인 후 영아가 하도록 개별적으로 언어적 상호작용을 한다.

교사: - "○○가" 어린이집에 왔구나.
- "안녕하십니까" (교사가 먼저 인사한다)
- "○○야", "안녕하십니까 " 인사말 해보자, 고개도 숙여보자.

2. 영아가 다른 교직원에게도 동일하게 인사를 하도록 한다. 친구를 만나면 "안녕"하고 말하면서 악수하거나 "반갑다"라고 말하면서 서로 안아준다.

교사: - "○○가", 인사를 잘하는 구나, 토끼반 선생님께도 인사드리자.

- 원장 선생님께도 인사드리자
- "○○야", 친구 "△△가"왔네 "안녕"하고 말하자
- 서로 악수하자, 오늘 우리 사이좋게 놀자고 서로 안아주자

※ 학기 초에 교사가 영아에게 말과 몸짓으로 먼저 인사하는 법을 시범을 보인다. 학기 중간에는 영아의 발음이 불분명하지만 언어와 몸짓으로 인사하도록 교사가 언어적 촉진을 해 준다. 학기 말에는 영아가 자발적으로 말소리와 몸짓으로 인사하도록 바른 자세를 잡아준다.

3) 읽기

내 용	활동명
읽어 주는 짧은 글에 흥미 가지기	여우야 여우야 뭐하니 전래동요 책 보기
그림책에 흥미 가지기	그림책 보고 이야기 하기

활동명 여우야 여우야 뭐하니 전래동요 책 보기

생활주제

재미있는 놀잇감

준비물

『여우야 여우야 뭐하니』(우리나라 전래동요 책. 한국어린이육영회 참조)

활동방법

1. 교사는 영아에게 여우야 여우야 뭐하니 동화책을 노랫말을 넣어서 들려준다.

교사: - 선생님이 "여우야 여우야 뭐하니" 동화책 읽어줄게.
- 여우야 여우야 뭐하니/ 잠잔다/ 잠꾸러기.
- 여우야 여우야 뭐하니/ 세수한다/ 예쁜이
- 여우야 여우야 뭐하니/ 이닦는다/ 반짝이

※ 교사는 동화책에 나오는 각 동작마다 부연 설명과 함께 시범을 보여주어, 영아들이 책에 나오는 지시에 익숙하게 따라 할 수 있도록 도와준다.

활동명 선생님과 함께 그림책 보기

생활주제

재미있는 놀잇감

준비물

영아용 그림책, 그림책을 비치한 책꽂이, 소파, 쿠션

활동방법

1. 보육실의 조용한 영역에 영아용 책꽂이, 큰 매트, 안락의자, 쿠션, 큰 인형 등을 준비 해 준다.
2. 영아가 직접 책을 고르게 하여 고른 책을 읽어준다.

교사: -"○○야" 어떤 책을 보고 싶니?
- 선생님과 함께 보자
- 선생님이 읽어줄게
- "○○도" 선생님한테 이야기 해 줄래? 아주 잘 하는구나.

※ 교사는 영아가 원할 때는 언제든지 교사와 함께 책을 보는 개별적인 시간을 가질 수 있도록 배려한다.

4) 쓰기

내 용	활동명
긁적거리기를 시도하기	친구와 함께 긁적거리기
쓰기 도구에 흥미 가지기	종이 탐색하기

활동명 친구와 함께 긁적거리기

생활주제

재미있는 놀잇감

준비물

전지, 크레용

활동방법

1. 보육실 바닥에 전지를 준비해 준다.

교사: - 교실 바닥에 큰 종이가 있네. 이 종이에 무엇을 하면 좋을까?
- 우리 그림을 그려볼까? 무엇으로 그려볼까?
- 아, 크레용으로 그려볼까?

2. 영아가 각자의 사물함에 보관한 크레용을 가져오도록 한다.

교사: - "○○야", 사물함에서 크레용 꺼내오자.

3. 영아가 원하는 크레용을 골라 그림을 그리게 한다. 교사도 같이 그리면서 영아의 그리기를 촉진시킨다.

교사: - "○○야", 무슨 색으로 그림을 그릴까? 빨간색 크레용을 집었구나.
- 무엇을 그릴까? 아주 잘 그리네.
- "○○가" 그린 것은 무엇이지? 사과를 그렸구나.

4. 친구들과의 그림과 비교해 보도록 언어적 상호작용을 한다.

교사: - "△△야" 무엇을 그렸니?

5. 활동이 끝나면 크레용을 정리하고 전지는 벽면에 게시해 준다.

※ 완성된 작품은 영아가 긁적거리기 한곳에 사진과 이름을 표시하여 벽면에 게시하여 준다.

활동명 종이 탐색하기

생활주제

재미있는 놀잇감

준비물

여러 종류의 종이(색종이, 은박지, 신문지, 골판지, 포장지 등), 바구니

활동방법

1. 여러 종류의 종이를 담은 바구니를 보육실의 활동영역에 준비해 준다.

교사: - 여기 바구니에 종이들이 있네. 어떤 종이들이 있는지 살펴볼까?

- 이 종이는 그림이 있네, 매끈매끈한 종이도 있네.

2. 영아들이 종이를 자유롭게 탐색하도록 한다.

교사: - "○○야", 종이를 흔들어 보자. 종이를 이렇게 구겨보자.
- 구긴 종이는 여기 바구니 안에 던져보자.
- 이번엔 찢어보자. 더 작게 찢어보자.
- 종이를 찢으니까 소리가 나네. 우리 찢은 종이를 뿌려보자. 하늘에서 눈이 오는 것 같네

3. 활동이 끝나면 종이를 바구니에 담아 정리하도록 한다.

교사: - 책상위에 종이들을 바구니에 담아보자. 깨끗하게 정리했구나.

※ 여러 질감의 종이를 만져보기, 구기기, 찢어보기, 던져 넣기, 뿌리기 등의 활동으로 확장 할 수 있다.

2. 만 2세 영아 활동의 실제

1) 듣기

내 용	활동명
말소리 구분하여 듣기	여러 가지 소리 듣고 맞추기
말소리 듣고 의미 알기	그대로 멈춰라
운율이 있는 말 듣고 즐기기	숲 속 작은집 창가에

활동명 여러 가지 소리 듣고 맞추기

생활주제

자동차

준비물

여러 가지 소리가 녹음된 테이프(자동차, 고양이, 전화벨, 강아지), 사물카드

활동방법

1. 교사는 여러 가지 소리가 녹음된 테이프를 들려주고 영아가 소리를 듣고 변별하도록 한다.

   교사: - 애들아, 우리 테이프를 들어보자.

   - 이 소리는 어떤 소리일까? 아, 자동차 소리이구나.

2. 소리에 알맞은 사물카드를 찾아보도록 한다.

   교사: - "○○가" 자동차 소리 들은 대로 소리 내 볼래?

   - 그림도 찾아볼래?

활동명 그대로 멈춰라

생활주제

나

준비물

그대로 멈춰라 악보, 그대로 멈춰라 녹음된 테이프, 카세트

활동방법

1. "즐겁게 춤을 추다가 그대로 멈춰라" 노래를 익힌다.
2. 영아가 즐겁게 춤을 추다가 움직이던 동작을 언어로 표현한다.

 교사: - 즐겁게 춤을 추다가 그대로 멈춰라.
 - 마음대로 움직이다가 멈춰 보세요.
 - "○○는" 뭐가 됐니?

 영아: - "난 꽃이요."

3. 노래가 익숙해지면 "그대로 멈춰라" 대신에 영아가 다양한 움직임을 행동하는 요구로 바꾼다.

 교사: - "즐겁게 춤을 추다가 의자에 앉아라."
 - "즐겁게 춤을 추다가 친구를 안아라."
 - "즐겁게 춤을 추다가 박수치며 웃어라."

4. 노래를 충분히 익히면 전이활동 시 움직임을 요구하는 행동으로 바꾼다.

 교사: - 우리 화장실 다녀오자.
 - "즐겁게 춤을 추다가 화장실 앞에서 멈춰라."
 - "즐겁게 춤을 추다가 신발장 앞에서 멈춰라."
 - "즐겁게 춤을 추다가 미끄럼틀 앞에서 멈춰라."

※ 영아들은 다양한 움직임이 포함되어 있는 노래를 즐겨 부른다. 특히 반복

적으로 자신의 신체를 노래에 맞춰 움직여보고 행동할 수 있어서 영아들이 이곡을 선호한다. 실내에서 충분히 익힌 다음 실외에서 이동할 때 활용하면 교사가 언어로 지시하는 것 보다 훨씬 수월하게 영아들과 함께 이동할 수 있다.

활동명 **숲 속 작은집 창가에**

생활주제

동물

준비물

노래 테이프, 카세트

활동방법

1. 숲 속 작은집 창가에 노래를 반복하여 들려준다.

교사: - 우리 노래를 들어보자

- 노래에 누가 나오니?
- 우리 따라 불러보자.

2. 노래를 듣고 충분히 익힌 후 직접 몸으로 표현해 본다.

교사: - 토끼가 어떻게 뛰어 왔을까?
- 토끼가 뭐라고 말했니?
- 포수가 무얼 하고 있었을까?
- 작은 아이는 토끼에게 어떻게 해 주었니?

※ 영아들이 노래를 충분히 익히면 음률영역에 다양한 악기를 준비해 주어 흔들고, 두드리며 연주하도록 확장 할 수 있다.

2) 말하기

내 용	활동명
바른 발음 시도하기	하루 일과책 보기
사물의 이름 말하기	누구의 것일까?
자신의 느낌과 생각 말하기	여행 다녀온 사진보고 이야기하기
행동에 맞는 말하기	「스팟이 유치원에 갔어요」 동화책 보기

활동명 하루 일과책 보기

생활주제

사랑하는 가족과 친구들

준비물

영아반 하루 일과를 찍은 사진, 사진의 상황을 소개하는 사진책

활동방법

1. 책보기 영역에 하루 일과를 찍은 사진을 책으로 만들어 미리 준비해 둔다.

 교사: - 친구들이 무얼 하고 있니?
 - "○○가" 간식을 먹고 있구나. 무얼 먹고 있니?
 - 그래, 야쿠르트를 먹고 있구나
 - " △△가" 친구들과 그리기를 하는 구나, 무얼 그리고 있니?
 - 그래, 사과를 그리는구나.

2. 하루 일과를 예측하는 질문을 한다.

 교사: - 친구들이 점심을 먹고 무엇을 할까?
 - 그래, 양치질 하는구나
 - 양치질 하고나서 무엇을 할까? 낮잠 준비하는 구나.

※ 처음에는 하루 일과 사진을 벽면에 낱장을 부착하도록 제시하여 준비해 준다. 영아들이 사진을 직접 떼었다, 붙였다 하며 이야기 하도록 하며 자연스럽게 교사의 정확한 발음을 따라 해 보도록 한다.

활동명 누구의 것일까?

생활주제

사랑하는 가족과 친구들

준비물

영아의 소지품, 보육실내 사물, 큰 바구니, 보자기

활동방법

1. 바구니 속에 여러 가지 물건을 넣어 보자기로 덮어 둔다

교사: - 이 안에 무엇이 있을까?
- "○○가" 한번 꺼내볼래?
- 이건 모자구나. 누구 모자일까?
- 맞아 이 모자는 ☆☆거야, 모자에 빨간 토끼가 그려져 있네
- 이번엔 "△△가" 꺼내보자
- 그래, 소방차 구나.
- 소방차가 어떻게 갈까? 어디에 가는 걸까?

※ 영아들이 평소에 잘 가지고 다니는 물건 알아맞히기 놀이로 시작하여, 교사가 사용하는 물건, 보육실에 있는 물건 등으로 확장하여 놀이를 진행한다.

활동명 여행 다녀온 사진보고 이야기하기

생활주제

물놀이

준비물

여행 다녀온 사진

활동방법

1. 교사는 영아들의 여행 다녀온 사진을 전시한다. 영아의 사진을 보며 이야기한다.

교사: - "○○는" 사진 속의 바닷가에서 무얼 하고 놀았니?
- 그래, 바닷가에서 조개도 줍고, 수영도 했구나?
- 참 재미있었겠구나.
- 누구랑 갔었니?

- 사진 속에 할아버지 할머니도 계시네, 할아버지 할머니도 같이 갔었구나.
- 바닷가에서 또 무얼 보았니?

※ 영아들이 자신의 경험을 이야기 하고 난 후에는 친구들의 사진을 보며 친구들의 경험한 것들을 들어보는 활동으로 확장 할 수 있다.

활동명 『스팟이 유치원에 갔어요』 동화책 보기

생활주제

어린이집 생활

준비물

『스팟이 유치원에 갔어요』 동화책

활동방법

1. 교사가 영아에게 『스팟이 유치원에 갔어요』 동화책을 읽어 준다.
2. 교사는 영아에게 동화의 내용을 질문하여 스팟의 행동을 말하도록 한다.

교사: - 스팟이 선생님과 친구들에게 뭐라고 했니?

그래, 인사를 하는 구나. 우리도 해볼까? "선생님 안녕하세요?"

- 스팟이 노래부르는 시간에는 어떻게 했니?
- 스팟이 무슨 놀이를 하였니?
- 스팟이 친구들에게 무엇을 보여주었니?
- 스팟은 놀이터에서 무엇을 하였니?
- 동화시간에 스팟은 어떻게 했니?
- 스팟에 유치원 생활은 어떠니?

※ 교사는 영아에게 반복적인 질문을 통하여 동화의 각 장면마다 스팟의 상황에 맞는 행동을 말해보도록 한다.

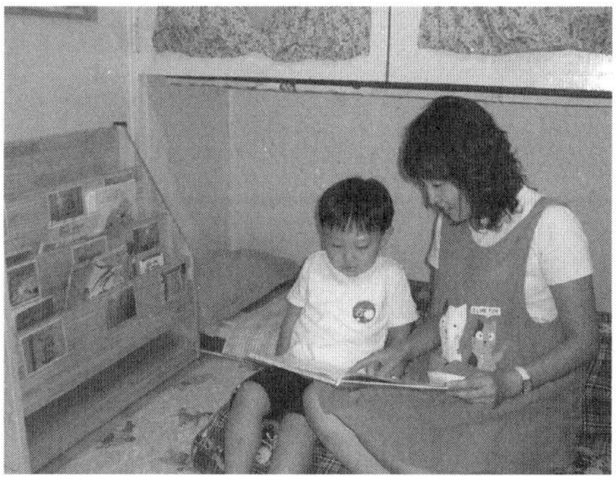

3) 읽기

내 용	활동명
글자 모양에 흥미 가지기	모양 색종이 붙이기
읽어주는 글 즐기기	그림책 보고 이야기하기
그림책에 흥미 가지기	촉감 그림책 보기

활동명 모양 색종이 붙이기

생활주제

감각

준비물

모양 색종이, 풀, 활동지

활동방법

1. 영아와 함께 다양한 모양 색종이를 살펴 본다
   교사: - "☆☆야" 이건 무슨 모양일까?
2. 영아가 활동지 위에 여러 가지 모양을 붙인다.
   교사: - "○○는" 세모 모양의 색종이를 붙였구나.
   - 네모도 한개 더 붙여 볼까?

※ 여러 가지 모양의 색깔과 크기가 서로 다른 것을 제시하여 영아의 창의적 사고를 확장 할 수 있다.

활동명 그림책 보고 이야기하기

생활주제

내가 좋아하는 장난감

준비물

책보기 영역에 그림책

활동방법

1. 책보기 영역에서 영아와 함께 그림책을 보면서 이야기 나눈다.

교사: - "☆☆야" 그림책을 보고 있구나, 선생님하고 같이 볼까?
- "☆☆야" 그림책에 친구가 뭐하고 있니?
- 또 한 장 넘겨보자. 이 그림은 뭐니?
- 다음 그림을 또 보자

2. 교사가 읽어준 그림책을 영아가 그림책을 보고 이야기를 꾸며보도록 제안한다.

교사: - 이번에는 "☆☆가" 선생님에게 그림책을 읽어 줄래?
- (그림책을 넘기면서) "☆☆야" 친구가 뭐하는지 읽어 줄래?

※ 영아가 그림책의 내용을 정확하게 표현하지 못하더라도 글을 읽는 흉내를 즐길 수 있도록 교사가 그림책의 내용을 같이 읽어준다.

활동명 촉감 그림책 보기

생활주제

혼자서 할 수 있는 것

준비물

촉감 그림책(영아용 촉감놀이 책. 한국어린이육영회 참조)

활동방법

1. 책 보기 영역에 촉감 그림책을 제시하여 교사와 한 장씩 넘기면서 여러 가지 촉감을 경험한다.

교사: - "☆☆야" 여기 양이 있네, 양의 몸을 만져볼까?
- 어떤 느낌이니? 부드럽구나
- "○○야" 코끼리 코를 만져보자
- 어떤 느낌이니? 까칠까칠 하구나.

※ 영아가 그림책의 촉감을 언어로 표현 해 보고 촉감을 경험했던 일들과 연관시켜 이야기를 확장 할 수 있다.

4) 쓰기

내용	활동명
긁적거리기	화이트보드에 긁적거리기
쓰기도구에 흥미 가지기	호일에 사인펜으로 긁적거리기

활동명 화이트보드에 긁적거리기

생활주제

나

준비물

화이트보드, 여러 가지 색 보드마카, 지우개

활동방법

1. 보육실 벽면에 화이트보드를 붙여준다.
   교사: - 여기 커다란 벽면이 있네. 여기에 무엇을 할까?
2. 교사가 영아의 그리는 모양을 언어로 표현 해 준다.
   교사: - "○○는" 동그라미를 그렸구나? 선생님도 빨간색 동그라미를 그려야지.
   - 이번엔 노란색 세모를 그려야지.
   - "☆☆는" 코끼리 코처럼 긴 줄을 그렸네.
   - "☆☆야" 그린 그림위에 선생님이 이름 써 줄게.
3. 완성된 그림에 영아의 이름과 그림 제목을 써 준다.
   교사: - "○○야" 무엇을 그렸니? 엄마 얼굴 그렸구나, 선생님이 이름 써 줄게

※ 영아가 그린 그림에 이름과 내용을 써서 여러 친구가 감상하는 활동으로

확장할 수 있다.

활동명 호일에 사인펜으로 긁적거리기

생활주제

나

준비물

호일, 사인펜

활동방법

1. 영아에게 호일을 탐색해 보도록 한다.
   교사: - 이 종이 이름이 무엇일까? 그래, 호일이야
   - 우리 만져보자
   - 어떤 느낌이니? 미끌미끌 하지.
2. 영아가 사인펜을 긁적거리는 모양을 언어로 표현 해 준다.
   교사: - 호일에 사인펜으로 그려보자.
   - "○○야" 무엇을 그리니? 아빠 머리를 그렸구나. 곱슬곱슬 하네

- 우리도 "○○아빠 머리처럼" 곱슬곱슬 그려보자 .
- 내 이름도 써보자.

4. 완성된 그림에 영아의 이름을 써서 벽면에 게시해 준다.

※ 영아가 사인펜을 입으로 가져가지 않도록, 아무곳에나(옷, 벽면 등) 긁적거리지 않도록 주의한다.

3. 만 3~5세 유아 활동의 실제

1) 듣기

내 용	활동명
어휘의 발음 경청하기	동문어 찾기
낱말과 문장 듣고 이해하기	땡/딩동댕
이야기 듣고 이해하기	왜 아팠을까?
동요, 동시, 동화 듣기	금붕어
바른 태도로 듣기	말로 해

활동명 동문어 찾기

생활주제

동물

준비물

그림 카드, 글자 카드

활동방법

1. '리'자로 끝나는 말 노래를 들려준다.
   교사: - "리 리 리자로 끝나는 말은 개나리, 보따리, 병아리, 잠자리, 유리 항아리."
2. 노래의 차례대로 그림 카드를 융판에 붙인다.
   교사: - 제시된 그림 카드를 읽어준다.
3. 어떤 글자가 똑같이 들어갔는지를 찾는다.
   교사: - 그림 카드 밑에 교사가 글자 카드를 붙여 준다.
   개나리, 보따리, 병아리, 잠자리, 유리, 항아리.
4. 교사가 손으로 짚어가면서 읽어주고 어떤 말이 똑같이 들어갔는지를 찾아 표시해둔다.
5. (그림 카드를 제시하며) 끝말이 다른 말을 찾아본다.
   - 잠자리, 코끼리, 병아리, 고양이.
   - 나비, 제비, 매미, 우비
6. 끝말이 다른 말을 듣고 찾아본다.(1수준과 같은 내용으로 하되 그림을 제시해주지 않고 듣기로만 한다.)
   - 잠자리, 코끼리, 병아리, 고양이.
   - 나비, 제비, 매미, 우비
7. 듣고 나서 유아가 그대로 말로 따라한 후에 차례대로 그림이나 글자 카드를

융판에 붙인다. 그 다음엔 다른 말을 찾아 지적한다.

※ 동문어 듣기는 주의 깊게 들을 수 있는 환경에서 하며, 말소리는 정확하게 들려준다.

활동명 땡/딩동댕

생활주제
세계 여러 나라

준비물
실로폰(또는 탬버린, 트라이앵글)

활동방법
1. 교사는 사물, 상황을 묘사하는 짧은 문장을 정확하게 들려준다.
2. 유아는 주의 깊게 들은 후 문장의 내용이 맞았는지를 생각해 본다.
3. 맞았을 경우에는 "딩동댕"하고 대답하고 틀린 경우에는 "땡"으로 대답하기로 약속을 정한다.
4. 교사는 문장을 말해주고 유아는 "딩동댕", "땡"으로 대답한다.

교사: - "가위로 머리를 빗습니다." → 땡
- "양말은 머리에 쓰는 겁니다." → 땡
- "수영복을 입고 스케이트를 탑니다." → 땡
- "시금치를 먹으면 몸이 튼튼해집니다." → 딩동댕
- "벌은 개미보다 큽니다." → 딩동댕

5. 말로 하는 대신 실로폰이나 탬버린 또는 트라이앵글로 한다.
- 실로폰(딩동댕→'미솔도'로 치기, 땡→한번 치기)
- 탬버린, 트라이앵글(딩동댕→트레몰로로 치기, 땡→한번치기)

6. 교사가 문장의 앞부분은 고정하고 뒷부분만 바꿔서 이야기 한다.

교사: - "난다 난다 난다 난다 새가 난다." → 딩동댕

- "난다 난다 난다 난다 사자가 난다." → 땡

- "난다 난다 난다 난다 비행기가 난다." → 딩동댕

- "맛있다 맛있다 맛있다 맛있다 지우개가 맛있다." → 땡

- "맛있다 맛있다 맛있다 맛있다 새우가 맛있다." → 딩동댕

7. 이 밖에 여러 가지 어휘를 사용하고 유아가 나와서 문장을 만들어 본다.
8. 문장의 앞부분을 두 가지 상황으로 묘사하고 문장의 뒷부분을 듣고 '딩동댕"과 '땡'을 결정한다.

교사: - "빠르다 느리다 빠르다 느리다 거북이가 빠르다." → 땡

- "무겁다 가볍다 무겁다 가볍다 쥐가 가볍다." → 딩동댕

※ 이야기에 집중해서 들을 수 있도록 그림 자료를 준비하지 않는다. 교사가 정확한 문장으로 들려주고 사물, 상황을 묘사하는 문장은 보편적이면서 너무 어렵지 않은 상식적인 것으로 선정한다.

활동명 왜 아팠을까?

생활주제

건강한 몸과 마음

준비물

아픈 상황에 대한 그림 카드 5장, 예방에 관한 그림 카드 5장

활동방법

1. 아파서 결석했던 유아의 이야기를 들어 본다.

교사: - 어디가 아팠니?

- 왜 아팠니?
- 어떻게 해서 병이 낫게 되었니?

2. 상황 그림 자료를 이용하여 아팠던 경험에 대해 서로 이야기한다.

교사: - 전에 아팠던 적이 있었니?
- 어디가 아팠었니?
- 왜 아프게 되었니?
- 이 그림의 어린이가 어디가 아픈 것일까?
- 왜 이렇게 되었을까?

*디자인 클립아트

3. 치료하는 방법에 대해 이야기를 나눈다.

교사: - 병에 걸렸거나 다쳤을 때는 어떻게 해야 할까?

4. 예방하는 방법에 대해 그림 자료를 보며 이야기를 나눈다.

교사: - 아프지 않으려면 어떻게 해야 할까?
(몸을 깨끗하게 씻는다. / 음식을 골고루 먹는다. / 위험한 곳에서 조심한다. / 일찍 자고 일찍 일어난다. / 예방 주사를 맞는다.)

5. 건강하게 생활할 수 있는 바람직한 생활 태도에 대해 이야기를 나눈다.

활동명 금붕어

생활주제
동물

준비물
동시 판, 자석 붙인 금붕어 인형, 자석 막대

활동방법
1. 동시를 들려주며 뒤에서 자석 막대를 조정해서 금붕어 인형이 움직이게 한다.
2. 유아들에게 내어 주어 동시를 읽으면서 금붕어를 움직이며 놀게 한다.

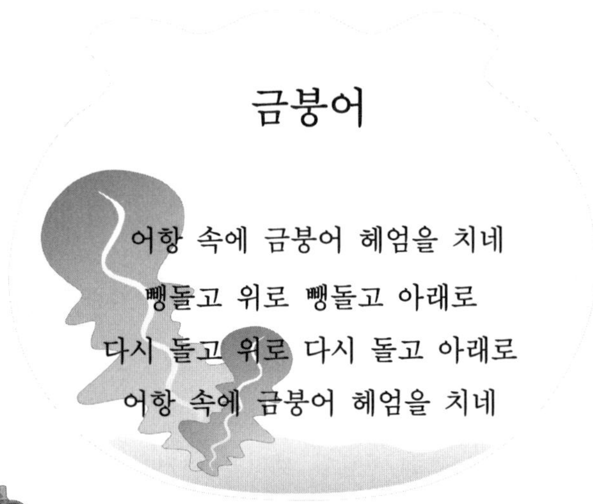

뒷면에 자석을 붙인다.

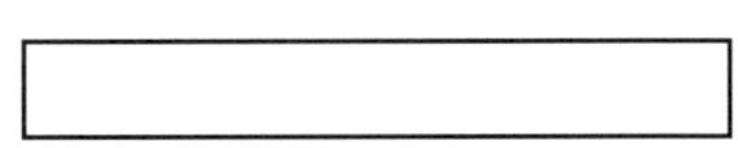

막대에 자석을 붙여 움직일 수 있도록 한다.

※ 금붕어 인형을 유아들이 직접 만들어서 사용하면 더 재미있다.

활동명 말로 해!

생활주제

나

준비물

커다란 공

활동방법

1. 유아들을 동그랗게 앉게 한다.
2. 유아들에게 공을 돌아가면서 받고 자신의 이름을 크게 말한 다음 옆 사람에게 공을 전해야 함을 알려 준다.
3. 머뭇거리는 유아가 있으면 교사가 적절히 도와준다.

※ 말하는 내용을 점차 변화시킨다.

예: (이름) 내 이름은 철수입니다.

(성과 이름) 내 이름은 김철수입니다.

(좋아하는 과일) 나는 딸기를 좋아합니다.

(내가 알고 있는 나라) 나는 프랑스를 압니다.

※ 활동을 확대한다.

공을 건네주는 유아가 질문을 하면 공을 받은 유아가 대답을 한다.

※ 활동의 종류에 따라 그룹의 크기를 변화시킨다.

※ 공 이외에 다른 물체를 이용할 수 있다(모자, 수건 등). 공을 이용하는 것은 공을 가진 유아에게 다른 유아들이 집중하도록 하고 공을 가진 유아가 이야기 하는 시간임을 서로가 인식하도록 하기 위해서이다.

2) 말하기

내용	활동명
바르게 발음하여 말하기	함께 말해요
낱말과 문장으로 말하기	엉뚱이와 야옹이
자신의 느낌, 생각, 경험 말하기	어떤 마음일까요
상황에 맞는 언어 사용하기	목소리 조절하기
바른 태도로 말하기	광고 방송을 어떻게 할까요?

활동명 함께 말해요

생활주제

건강한 몸과 마음

준비물

2 음절로 된 단어를 선택하여 그림과 글자가 같이 들어가는 카드를 만든다.

사  과

활동방법

1. 10~15명 정도가 소그룹으로 앉는다.
2. 술래를 정한다. (2명)
3. 술래가 된 2명이 앞으로 나와서 교사가 보여주는 카드를 본다.
4. 앉아있는 유아들이 "하나, 둘, 셋"하고 말한 후 2명의 술래는 동시에 자신이 맡은 글자를 크게 말한다.

(예): <사과>일 경우 한 명은 <사>를 다른 한 명은 <과>를 외친다.
5. 앉아 있는 유아들이 무슨 단어인지 알아 맞춘다.
6. 맞았는지 카드와 비교해 본다.

※ 처음에는 2음절 단어로 시작하여 활동에 익숙해지면 음절의 수를 늘릴 수 있으나 4음절 이상의 단어는 유아들에게 어렵다는 점을 고려한다.
※ 술래가 된 유아가 동시에 이야기 하도록 한다.
※ 소그룹으로 나누어 편 게임으로 해 볼 수 있다.

활동명 엉뚱이와 야옹이

생활주제
동물

준비물
반대어 그림 카드

활동방법
1. 반대어 그림 카드 1장을 보고, 그 내용과 반대되는 그림 카드를 찾는다.
   교사: - "이것과 반대되는 그림은 어느 것일까요?"
2. 그림 카드 내용을 완전한 문장으로 말하도록 격려한다.
3. 유아에게 그림 카드를 읽어 주면서 내용과 반대되는 행동을 하도록 한다.
   교사: - "야옹이가 의자에서 일어섰습니다." (앉는다)
   - "엉뚱이는 뚱뚱합니다." (날씬하다)
   - "야옹이는 춥습니다." (덥다)

※ 유아들이 두 명씩 짝을 지어, 한 유아는 이야기하고 다른 유아는 그 내용과 반대되는 행동을 하게 된다.

활동명 어떤 마음일까요?

생활주제

동물

준비물

이솝 우화 '학과 여우' 그림 자료

활동방법

1. 그림 자료를 보여 주며 '학과 여우' 이야기를 들려준다.
2. 그림을 보며 어떤 일이 생겼는지 이야기를 나눈다.
3. 각각 어떤 마음이 들었을까? 이야기를 나눈다.

교사: - 여우네 집에 간 학은 어떤 마음이 들었을까?
- 내가 학이라면 여우에게 뭐라고 이야기했을까?
- 여우는 학이 음식을 하나도 먹지 못했을 때 어떤 마음이었을까?
- 학의 집에 간 여우는 어떤 마음이 들었을까?
- 왜 이런 일이 생겼을까?

4. 우리에게도 이와 비슷한 일이 있었는지 알아보고, 그 때의 마음이 어땠는지 이야기를 나눈다.
5. 학과 여우가 모두 즐겁게 음식을 먹을 수 있는 방법에 대해 생각해 본다.

교사: - 여우네 집에서 학도 음식을 먹을 수 있는 방법은 무엇일까?
- 학의 집에서 여우도 음식을 먹을 수 있는 방법은 무엇일까?

※ '학과 여우'의 다음 이야기를 꾸며 본다.

활동명 목소리 조절하기

생활주제

나와 어린이집

준비물

소리 조절판, 상황 카드

활동방법

1. 주변에서 크게(작게) 들리는 소리를 찾아 큰(작은) 목소리로 흉내내어 본다.
 유아: - 큰 소리 : 사이렌 소리, 자동차 경적 소리, 개 짖는 소리 등
 - 작은 소리 : 손목시계 소리, 귀뚜라미 울음소리 등
2. 교사는 소리 조절판을 보여 주며 사용법을 설명하고 시범을 보인다.
 교사: "선생님이 '작은 소리'라고 쓴 왼쪽으로 화살표를 움직이면 목소리를 점점 작게, '큰 소리'라고 쓴 오른쪽으로 화살표를 움직이면 점점 크게 소리를 내보자."
3. 교사는 간단한 단어나 짧은 문장을 제시하면서 소리 조절판의 화살표를 조정하고, 유아는 화살표의 방향에 따라 크게 또는 작게 말한다.
4. 큰(작은) 목소리를 사용해야 하는 상황이 언제인지 이야기 나눈다.
 교사: - 큰 소리 : 남에게 위험을 경고할 때, 급하게 도움을 청할 때, 경기장에서 응원 할 때 등등
 - 작은 소리 : 병원에서 동생이 잠들었을 때 등등
5. 여러 가지 상황이 그려져 있는 그림 카드를 제시하며 어떤 크기의 목소리로 어떻게 말하는 것이 좋을지 생각해 보도록 하다.
 교사: - (예) "친구가 동화책을 보고 있었어. 다른 친구와 어제 어디를 갔었는지 이야기하려고 하는데 어떤 소리로 말해야 할까?"
 - 위험에 처해 있는 사람을 보았을 때 / 도움을 청할 때 /

- 병원이나 도서관에 있을 때 / 학교에서 공부할 때 /
- 우리가 비밀을 얘기할 때 / 멀리 있는 친구를 부를 때 /
- 장사꾼이 물건을 팔려고 사람들을 모을 때 /

활동명 광고 방송을 어떻게 할까요?

생활주제

기계와 도구

준비물

광고 방송 녹화한 테이프

활동방법

1. '텔레비전' 노래를 부르며 도입한다.

교사: - 텔레비전에서 어떤 광고를 보았니?
- 요즈음 텔레비전에서 본 광고들 중에서 어떤 것이 재미있었니?
- 왜 광고를 하는 걸까? (새로 나온 물건들이 어떤 것인지를 우리에게 알려주려는 것이다.)
- 광고를 보면 무슨 생각이 드니?

2. 유아들이 본 광고 중에서 좋아하는 상품(과자, 장난감)을 하나씩 골라서 그 것을 다른 친구들에게 광고하는 방법을 생각해 본다.

3. 녹화된 광고 방송을 보며 광고하고 싶은 것을 생각한다.

교사: - 어떤 것을 광고하고 싶니? (002, 007, 깜찍이소다, 둘리소다)
- 사람들에게 상품을 잘 알려주려면 어떤 말을 해야 할까?
- 어떤 방법을 사용해서 그 물건의 좋은 점을 잘 알려줄 수 있을까?
- 광고를 하는데 사람만 나와서 말로 이야기하는 것 말고 더 필요한 것은 무엇이 있을까?

- 표정은 어떻게 지을까?
- 목소리나 움직임은 어떻게 할까?

4. 소품, 배경 등은 어떻게 준비할까?

교사: - 가족별로 모여 소품 만드는 사람과 광고하는 사람으로 나누어 광고 방송을 준비해 보도록 하자.

5. 회상을 한다.

교사: - 가족별로 만든 광고를 소개하자.
- ☆☆가족이 만든 광고를 보고 어떤 것을 알 수 있었니?

3) 읽기

내 용	활동명
읽기에 흥미 가지기	이름 글자 놀이
동요, 동시, 동화 읽기	땡그랑 땡그랑 다앙그랑
읽어 주는 글 이해하기	외로운 반딧불이(동화)
그림책 읽기를 즐기기	좋아하는 책을 보았어요

활동명 이름 글자 놀이

생활주제

나와 어린이집

준비물

이름 카드(유아 전체), 매직펜, 흰 도화지

활동방법

1. 교사가 한 유아의 이름 카드를 보여주면서 누구의 이름인지 알아맞혀 보도록 한다.
2. 이름의 첫 글자와 끝 글자에 O표를 한다.

(김) 학 (선)

3. 유아들은 O표 속에 있는 글자가 들어가는 말을 말해 본다.
   (김밥, 김말이,......./ 선생님, 생선,.......)
4. 흰 도화지를 이름 양쪽에 붙이고 유아들은 O친 글자가 들어가는 말을 종이 위에 써보도록 한다.

김밥	김 학 선	선생님

5. 유아들의 이름을 바꿔가면서 언어영역의 벽면에 붙여 활동을 계속한다.

※ 이 활동을 통해 한 글자로 여러 가지 단어를 만든다는 것을 알도록 돕는다.

활동명 땡그랑 땡그랑 다앙그랑

생활주제

특별한 날들(설날)

준비물

동시판

활동방법

1. 유아들이 윷놀이에 익숙해져서 실제로 윷가락을 던지며 윷놀이를 하기 시작하면 화보가 그려져 있는 동시 판을 보며 교사가 동시를 소개해 준다.

> **땡그랑 땡그랑 다앙그랑**
>
> 까치 까치 설날에 함께 노는 윷놀이
> 둥글둥글 모여 앉아 함께 노는 윷놀이
>
> 꿀꿀이 '도'가 나올까?
> 멍멍이 '개'가 나올까?
> 높이 높이 던져보세
> 땡그랑 땡그랑 다앙그랑
>
> 엄마 편에 '윷'이 나올까?
> 아빠 편에 '모' 나올까?
> 높이 높이 던져보세
> 땡그랑 땡그랑 다앙그랑

2. 유아들에게 "땡그랑 땡그랑 다앙그랑"이 무슨 소리를 나타내는 것 같은지 물어본다. 그리고 유아들에게 윷가락 떨어지는 소리를 다르게 표현해 보도록 한다.
3. 유아들이 만들어낸 윷가락 소리를 넣어 다시 동시를 읽어본다. 유아들이 동시판을 보며 동시를 함께 읽는 것이 글을 아직 읽지 못하는 유아들에게 어려울 수 있으므로 유아들에게는 반복해서 나오는 부분(높이 높이 던져보세. - - - - -)만 다함께 소리 내어 읽게 한다.
4. 유아들에게 다르게 표현할 기회를 3, 4번 주어 그 소리를 넣은 동시에 읽으며 동시가 익숙해지도록 한다.
5. 자유선택활동 시간에 유아들과 실제로 윷놀이하는 기회를 만들어 그때 다시 함께 게임하는 유아들이 이름을 넣어 동시를 외워본다.

교사: - "정미 편에 '윷'이 나올까? 승환이 편에 '모'가 나올까? 땡그랑 땡그랑 다아그랑

활동명 외로운 반딧불이 (동화)

생활주제

동물

준비물

그림동화 자료, 반딧불이 막대 자료

활동방법

1. 그림동화 자료와 막대를 보며 동화를 듣는다.
2. 동화를 들은 후 동화 내용에 대하여 이야기를 나눈다.

	1. 해가 지자 작은 반딧불이가 태어났습니다. 반딧불이는 날개를 길게 뻗으며 어두운 하늘로 날아올라 갔습니다. 그러나 거기에는 아무도 없었습니다.
	2. 작은 반딧불이는 외로웠습니다. 그래서 다른 친구 반딧불이를 찾으려고 꽁무니에 불을 켰습니다.
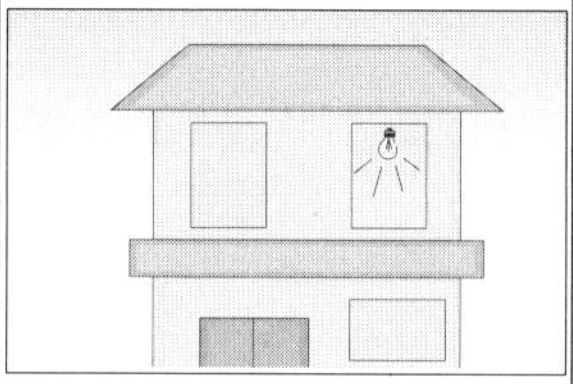	3. 그때 반딧불이는 저 멀리 반짝 반짝하는 불빛을 보았습니다. 그래서 그 곳으로 날아갔습니다. 그러나 그것은 친구 반딧불이가 아니고 방안을 환히 밝히는 전구였습니다.
	4. 반딧불이는 다시 친구들을 찾아 나섰습니다. 또 저 멀리서 불이 반짝 반짝 빛났습니다. 그래서 반딧불이는 그곳으로 날아갔습니다. 그러나 그것은 친구 반딧불이들이 내는 불빛이 아니고 밤을 밝히려고 깜박이는 촛불이었습니다.
	5. 반딧불이는 또 다른 깜박 깜박하는 빛을 보았습니다. 그래서 그 곳으로 또 날아갔습니다. 그러나 그것도 반딧불이가 내는 빛이 아니었습니다. 그것은 밤길을 밝게 하는 손전등 불빛이었습니다.
	6. 반딧불이는 다시 사방을 둘러보았습니다. 저 멀리에 불빛이 보였습니다. 그래서 작은 반딧불이는 그곳으로 날아갔습니다. 그러나 그것도 친구 반딧불이가 아니었습니다. 그것은 빛을 내는 호롱불이었습니다

	7. 그 때 또 다른 불빛이 반짝 반짝 하였습니다. 그래서 작은 반딧불이는 그 곳으로 날아갔습니다. 그러나 그것은 친구 반딧불이가 내는 빛이 아니고 밤에 반짝 거리는 개의 눈이었습니다.
	8. 반딧불이는 다시 사방을 둘러보았습니다, 저 멀리 불빛이 보였습니다, 그래서 작은 반딧불이는 그곳으로 날아갔습니다. 그러나 그것은 친구 반딧불이가 내는 빛이 아니고 고양이의 눈에서 나는 빛이었습니다.
	9. 반딧불이는 다시 친구들을 찾아 나섰습니다. 또 저 멀리서 불이 반짝 반짝 빛났습니다. 그래서 반딧불이는 그곳으로 날아갔습니다. 그러나 그것은 친구반딧불이가 내는 불빛이 아니고 부엉이의 눈에서 나는 빛이었습니다.
	10. 작은 반딧불이는 다시 사방을 둘러보았습니다. 저 멀리서 불이 반짝 반짝 빛났습니다. 그래서 작은 반딧불이는 그 곳으로 날아갔습니다. 그러나 그것은 친구 반딧불이가 내는 불빛이 아니라 밤에 길을 환히 비추는 자동차의 전조등 이었습니다.
	11. 작은 반딧불이는 친구를 찾아 다시 날아갔습니다. 저 멀리 밤하늘에 수많은 불빛이 보였습니다. 그래서 그 곳으로 가 보았습니다. 그러나 그곳에도 친구 반딧불이는 보이지 않았습니다. 외로운 반딧불이가 본 것은 밤하늘을 수놓고 있는 불꽃놀이의 꽃불이었습니다.
	12. 모두가 잠든 고요한 밤에 외로운 반딧불이는 밤새도록 꽁무니에 불을 밝히며 친구들을 찾아다녔습니다. 마침내 외로운 반딧불이는 지금까지 찾던 친구 반딧불이들을 보았습니다. 작은 반딧불이가 본 친구 반딧불이들은 모두 꽁무니에서 깜빡 깜빡 빛을 내며 작고 외로운 반딧불이게 손짓하고 있었습니다.

활동명 좋아하는 책을 보았어요

생활주제
나와 어린이집

준비물
책보기 영역에 있는 책들

활동방법
1. 등원하는 대로 책보기 영역에서 여러 가지 책들을 살펴본다.
2. 읽고 싶은 책을 선택한다.
3. 각자 책을 보는 시간을 갖는다.
4. 둥글게 모여 앉은 후에 재미있었던 책을 소개해 본다.(이때 모든 유아들의 참여가 불가능할 경우 일찍 등원하거나 원하는 유아들이 참여할 수 있다).

교사: - 누가 자기가 읽은 책을 소개해 주겠니?(제목, 이야기 줄거리, 기억에 남는 장면, 등장인물, 재미있는 부분 등을 이야기할 수 있도록 격려해 준다.)

5. 유아들이 소개한 책을 모두 함께 모아 놓은 후에 돌아가면서 '나는 OO책이 좋아요 왜냐하면~'의 문장으로 좋아하는 책에 대해 이야기 한다.
6. 각자 집에서는 어떤 책을 좋아하는지 이야기하고 가져와서 소개하기로 한다.

4)쓰기

내 용	활동명
낱말과 문장으로 쓰기에 흥미 가지기	명함 만들기
자신의 느낌, 생각, 경험쓰기에 흥미 가지기	칭찬카드
쓰기 도구와 매체 사용하기	따라 그리기
말과 글의 관계 알기	만화 그리기

활동명 명함 만들기

생활주제

나와 어린이집

준비물

명함 만들 종이(명함크기), 반명함판 사진 복사한 것, 필기도구

활동방법

1. 명함 만들 종이를 만들어 준다.
   (B5 용지에 6개 들어갈 정도로 그린 후 여러 장 복사해 준다.)
2. 반 아이들의 얼굴 사진을 동그랗게 오려서 A4용지에 붙인 후 여러 장 복사해서 나누어 준다.
3. 명함 종이를 오리고 자기의 복사된 사진을 오려 붙인 후 이름과 반 전화번호를 적어서 선생님이나 친구들에게 나누어 준다.

   교사: - 이름과 반, 전화번호를 쓰기 어려워하는 아이는 교사가 맨 첫 장을 써 준다.

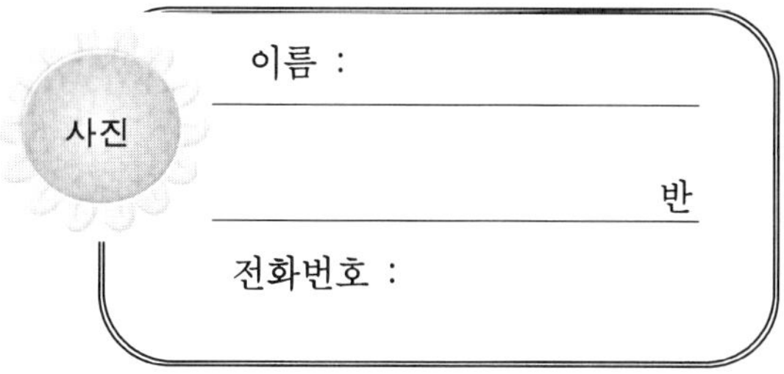

활동명 칭찬 카드

생활주제

나와 어린이집

준비물

칭찬 카드, 연필

활동방법

1. 유아들에게 칭찬 카드를 소개한다.

   교사: - 어린이집에서 생활하다가 고마움을 느끼게 한 친구가 있으면 언제, 어디서, 왜 그런지를 적어 상자에 넣도록 한다.

2. 놀이 평가 시간이나 하루의 일과를 평가하는 때에 상자에 모인 칭찬 카드를 꺼내어 함께 읽어본다.

3. 교사는 칭찬카드를 모아 책으로 묶어 읽기영역에 놓아준다.

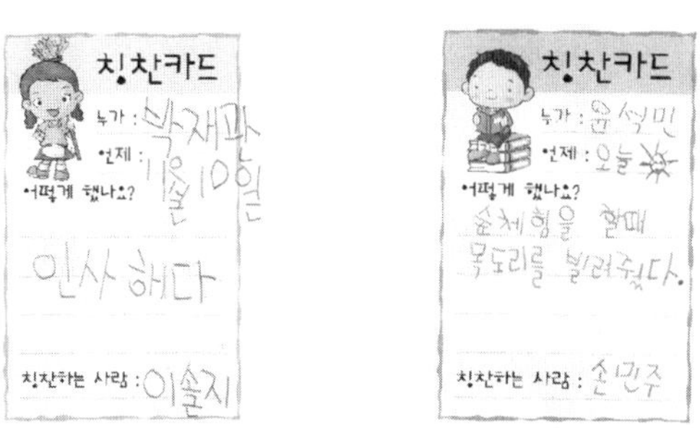

활동명 따라 그리기

생활주제
도구와 기계

준비물
종이, 연필, 크레파스, 칠판, 분필, 모양 카드(열리고 닫힌 모양)

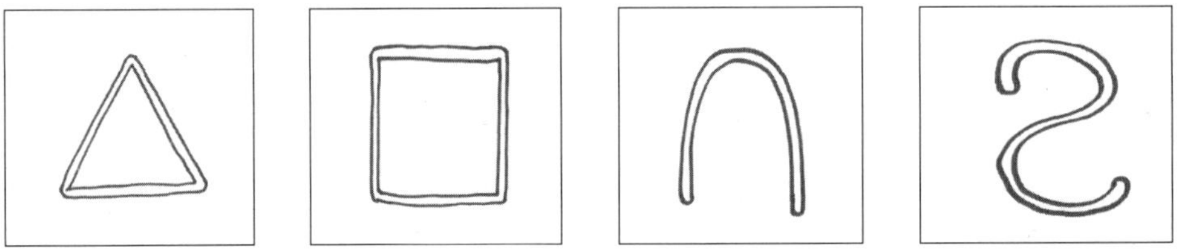

활동방법
1. 유아에게 열린 모양과 닫힌 모양에 대해 설명한다.
모양의 윤곽을 손가락으로 만져 보게 하여 열린 모양, 닫힌 모양을 느끼도록 한다.

교사: - "△, □와 같은 모양은 닫힌 것이고 ʢ과 ∩같은 모양은 열린 것이에요."

2. 모양 카드를 보고 모양을 본뜨거나 그리고 싶은 모양을 그린다. 칠판을 이용해도 좋다. "선희가 그린 것은 어떤 모양이지요?"
3. 아래 그림과 같은 여러 가지 모양 그림을 제시하여 크레파스로 선 따라 그리기를 하거나 색칠하기를 한다.

활동명 만화 만들기

생활주제

가을

준비물

만화 그림이 그려진 프린트물, 필기구

활동방법

1. 짧고 재미있는 만화를 선정하여 벽에 붙여 주거나 책으로 만들어 도서영역에 내주어서 만화에 대한 흥미를 갖도록 도와준다.
2. 만화 그리기를 해 본다.

교사: - 처음에는 그림으로만 그려본다. (4칸짜리 정도)
- 아동이 원하면 교사가 만화의 내용을 받아 써 준다.
- 아동이 직접 써 볼 수도 있다.
- 그림만 그려져 있고 대사가 빠진 여러 종류의 만화 그림을 복사해서 의사소통 영역에 내어준다.

< 만화 만들기 >

※ 아동의 수가 많아 교사가 받아 써 주기 어려울 때는 가정으로 프린트물을 보내 부모가 받아 써 주도록 할 수 있다

제5절 자연탐구

1. 만 2세 미만 영아 활동의 실제

1) 탐구적 태도

내 용	활동명
주변 사물과 환경에 관심가지기	곡식 담아보기
탐색 반복하기	모양 끼워 맞추기

활동명 **곡식 담아보기**

생활주제
느낌

준비물
크기가 다른 콩, 커다란 통, 컵, 숟가락, 크기가 다른 그릇

활동방법
1. 커다란 통에 크기가 다른 콩을 담고 숟가락, 컵, 크기가 다른 그릇들을 제공해 준다.

교사: - 통에 있는 것이 무엇일까? 그래, 콩이구나
- 콩을 잡아볼까? 느낌이 어떠니?

- 이번에는 콩을 손바닥 위에 올려볼까? 주루루 미끄러지네.
- "○○야" 손바닥위에 올려놓은 콩 다른 손으로 문질러 보자 .

2. 컵이나 숟가락을 이용하여 콩을 그릇에 담아보기, 쏟아보기 옮겨보기 등 다양한 경험을 하도록 한다.

교사: - 숟가락으로 콩을 퍼서 컵에 담아 볼까?
- 이번에는 쏟아보자. 옳지, 잘 하는구나.
- 선생님처럼 콩을 퍼서 다른 그릇으로 옮겨 볼까?

※ 2세 미만 영아의 경우 콩이 입이나 코로 들어가는 것을 방지하기 위해서 교사와 함께 활동한다.

활동명 모양 끼워 맞추기

생활주제

색과 모양

준비물

여러 가지 모양을 끼워 맞추기 놀잇감

활동방법

1. 영아에게 모양 끼워 맞추기 놀잇감을 소개하고, 탐색한다.

교사: - 여기 여러 가지 모양이 있네

- 동그라미, 네모, 별, 열쇠 모양도 있네
- "○○야" 네모 모양과 같을 것을 찾아볼래?

2. 영아들이 모양 조각을 틀에 맞추어 끼워보도록 한다.

교사: - "○○야" 동그라미 모양을 구멍에 넣어보자.

- 이것도 구멍에 넣어야 하는데 어디에 넣을까?
- 안 들어가네 모양을 돌려보자.

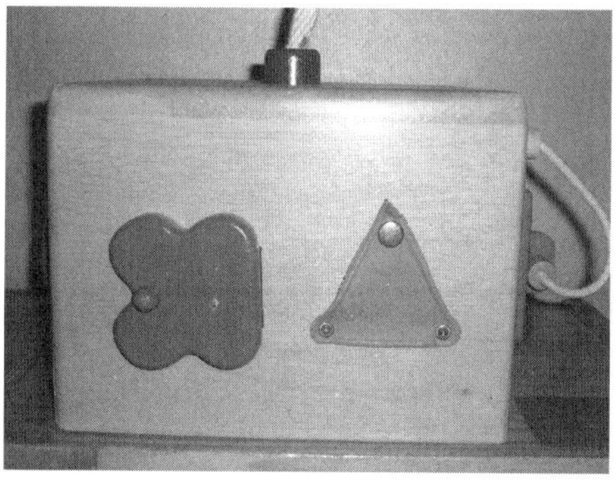

2) 수학적 탐구

내 용	활동명
수량 지각하기	과일조각 맞추기
주변 공간 탐색하기	블록길 걸어보기
비교하기	발바닥 대보기
간단한 규칙성 지각하기	코코코

활동명 과일조각 맞추기

생활주제

우리 동네

준비물

과일 조각 모형

활동방법

1. 영아에게 과일 조각을 제시한다.

   교사: - 여기 사과 반쪽이 있네, 또 반쪽은 어디에 있지?

   - "○○가" 찾아볼래?

   - 그래, 여기 있구나 만나보자, 이제 하나가 되었네.

2. 다른 과일 조각들도 같은 방법으로 활동해 본다.

   교사: - 참외도 반쪽뿐이네 "△△야", 참외 반쪽을 찾아볼래?

   - 잘 찾았구나, 참외끼리 만나 볼래? 이제 참외가 하나가 되었구나.

3. 완성된 과일을 세어본다.

   교사: - 과일들이 많이 있구나, 우리 세어볼까?

   - 참외 하나, 사과 하나, 딸기 하나, 딸기 또 하나....

※ 교사는 영아에게 여러 가지 과일, 동물 등 조각수가 4이하의 조각 퍼즐 맞추기 활동으로 확장 할 수 있다.

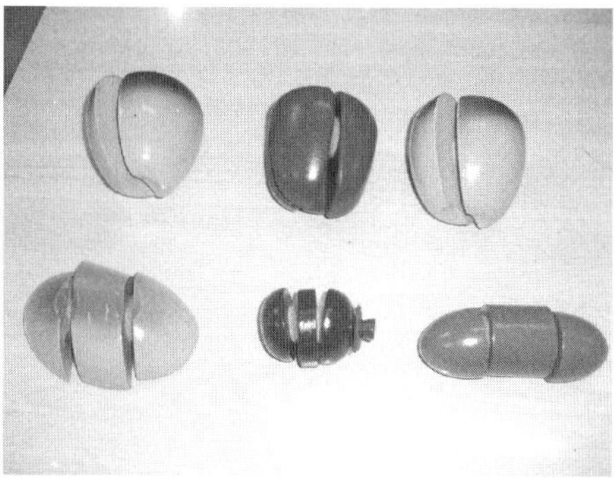 

활동명 블록 길 걸어보기

생활주제
재미있는 놀잇감

준비물
벽돌 블록

활동방법
1. 영아가 벽돌 블록을 이용하여 다양한 활동을 해 본다

 교사: - 벽돌 블록 길을 만들어 보자
 - 벽돌 블록 위를 올라가 볼 수 있겠니?
 - 벽돌 블록 위를 뛰어 올라가 볼까?
 - 이번엔, 벽돌 블록 길을 걸어볼 수 있겠니?
 - "○○가" 잘 걸어가는 구나,

2. 교사는 벽돌 블록 사이를 떼어놓은 후 영아가 그 사이를 걸어보도록 한다.

 교사: - 벽돌 블록 사이를 걸어가 보자.
 - "○○야" 조심조심 걸어가자.

활동명 발바닥 대보기

생활주제

내 몸

준비물

없음

활동방법

1. 영아에게 양말을 잡아당겨 벗어보게 하고 발을 탐색하도록 한다.

   교사: - "○○야" 양말을 잡아당겨 볼래? 발을 만져보자.
   - 발가락을 세어볼까? 하나, 둘, 셋, 넷, 다섯! 다섯 개네.

2. 영아에게 교사의 발을 보고 탐색하도록 한다.

   교사: - 선생님 발가락도 세어볼까?
   - 하나, 둘, 셋, 넷, 다섯! 다섯 개네.
   - 선생님이랑 ○○의 발가락이 똑같이 다섯 개네.
   - 그럼, 선생님이랑 ○○의 발바닥을 대보자.
   - 어! 선생님 발바닥에 더 크네, ○○의 발바닥이 작네

※ 교사는 영아의 손바닥, 손가락, 키 등 신체를 대어보는 등 크기를 비교해 보는 활동으로 확장 할 수 있다.

활동명 코코코

생활주제

내 몸

준비물

안전용 전신거울

활동방법

1. 영아에게 거울을 보며 신체부위 들을 지적해 보도록 제시한다.
   교사: - "○○의" 눈은 어디 있지?
   - "○○의" 입은 어디 있지?
   - "○○의" 귀는 어디에 있을까?
2. 영아에게 교사의 언어적 지시에 따라 신체부위를 짚어 보도록 한다 .
   교사: - "○○야" 선생님 따라 해 볼래?
   - 코코코코 코! "○○야" 코가 거기 있구나,

- 이번엔 코코코코 눈!
- 아, "○○의" 눈이 요기 있구나.

※ 교사의 규칙적인 리듬적 · 언어적 지시에 따라 영아가 신체부위를 짚어보는 활동으로 확장 해 간다.

3) 과학적 탐구

내용	활동명
주변의 사물 지각하기	인형 옷 빨기
주변 생명체에 관심 가지기	토끼 먹이 주기
자연현상 지각하기	바람개비 날려보기

활동명 인형 옷 빨기

생활주제

더워요

준비물

인형 옷, 물, 세숫대야, 비누, 비누통, 수건

활동방법

1. 실외놀이터로 나가서 인형 옷을 빨 수 있도록 물을 담은 세숫대야, 비누 등을 준비한다.

교사: - 인형 옷이 더러워졌네
- 인형 옷을 빨아야겠다. "○○야" 인형 옷을 빨려면 무엇이 있어야 할까?
- 그래, 물과 비누가 필요하지.
- 그럼, 어디서 인형 옷을 빨면 좋을까? 아! 실외놀이터 수돗가에서 빨아야겠다.

2. 영아들이 고른 인형 옷을 직접 빨아서 널어보게 한다.

교사: - "○○야", 인형 옷을 물에 담그자.
- 이번엔 비누를 묻혀서 손으로 꼭꼭 주무르자. 아! 비누거품이 나네.
- 이제, 비누 묻은 인형 옷을 깨끗한 물에 주물주물 하자.
- 인형 옷에 물기를 꼭 짜자.
- 물기를 꼭 짰으면 이제 놀이터 담에 널어보자, 선생님이 도와줄게.
- 따뜻한 햇님이 ○○가 빤 옷을 잘 말려 줄거야.

※ 영아의 월령을 고려하여 비누를 사용한다. 빨래를 한 후 물놀이로 연계하여 활동을 확장 할 수 있다.

활동명 토끼 먹이주기

생활주제

동물

준비물

당근

활동방법

1. 농장에 견학을 나갈 때 당근을 썰어서 준비해 간다.

교사: - 농장에 어떤 동물이 살고 있니?

- 그래, 토끼, 닭, 오리가 있지.
- 토끼는 어떻게 다니니?
- 그럼, 토끼는 무엇을 먹을까? 그래, 당근을 먹는구나.

2. 영아들이 직접 먹이를 줄 것이라고 제안한다.

교사: - "○○야" 토끼에게 당근을 줄 수 있겠니?

- ○○가 주는 당근을 토끼가 어떻게 먹었니?
- 그래, 토끼가 당근을 앙~ 먹었구나.

※ 교사는 영아가 손에 쥘 수 있도록 먹이를 잘게 준비해 준다. 먹이를 먹는 동물의 모습을 영아가 관찰하도록 교사가 언어적 상호작용을 해 준다.

활동명 바람개비 날려보기

생활주제

느낌

준비물

바람개비

활동방법

1. 바람이 부는 날 바람개비를 들고 실외놀이터로 나간다. 영아가 바람을 느껴보도록 유도한다.

교사: - 가만히 서 보자. 바람이 솔솔 불어오네.
- "○○도" 바람이 부는 것이 느껴지니?

2. 바람개비를 주고 날려 보고 바람개비의 움직임을 살펴보도록 한다.

교사: - "○○야", 바람개비를 입으로 불어보자. 어! 바람개비가 돌아가네.
- 이번엔, 입으로 세게 불어보자, 선생님도 같이 불어볼까?
- 아, 바람개비 빨리 돌아가는 구나.
- 그럼, 바람개비를 바람이 부는 쪽으로 들고 서 있어 보자.
- "○○야", 어떠니? 그래, 바람개비가 돌아가는 구나.
- 바람개비를 들고 뛰어갈 수 있겠니?
- "○○가", 바람개비를 들고 뛰니깐 바람개비가 더 빨리 돌아가는구나.
- "○○야", 바람개비를 들고 미끄럼틀 위에 올라가 볼까?
- 바람개비가 어떠니? 아! 높은데 올라오니깐 바람개비가 돌아가는 구나.

※ 막대에 방울 달아서 날리기, 나뭇잎 날리기, 스카프 날리기 일상생활에서 바람을 느껴보는 활동으로 확장 할 수 있다.

2. 만 2세 영아 활동의 실제

1) 탐구적 태도

내 용	활동명
주변 사물과 환경에 호기심 가지기	모래 속에 있는 놀잇감 찾기
반복적인 탐색 즐기기	밀가루 반죽 가위로 자르기
문제해결에 관심 가지기	벗은 옷 바르게 개기

활동명 모래 속에 있는 놀잇감 찾기

생활주제

내가 좋아하는 놀잇감

준비물

모래놀이 놀잇감, 모래놀이터

활동방법

1. 교사가 영아들이 보는 앞에서 모래놀이 놀잇감을 모래 속에 감춘다.

   교사: - "○○야" 모래 속에 숨어 있는 숟가락 찾아 줄래?

   - 이쪽에도 숨겼는데 잘 찾아보렴.
   - "△△가" 모래 속에서 레고 놀잇감을 찾았구나
   - 선생님을 숟가락을 찾고 싶은데 누가 찾아줄 수 있겠니?
   - "○○가" 숟가락을 찾아 주었네. 고마워.

2. 어떤 놀잇감들이 감추어 있었는지 찾아서 친구들에게 소개한다.

   교사: - 모래 속에 다른 물건도 숨겨져 있는데 찾아볼래?

   - "○○야" 모래 속에서 무엇을 찾았니?
   - "○○가" 찾은 것 친구에게 보여 줄래.

※ 영아가 놀잇감을 모래 속에 숨겨놓고, 다른 영아들이 찾아보는 활동으로 확장 할 수 있다.

활동명 밀가루 반죽 가위로 자르기

생활주제

내가 좋아하는 장난감

준비물

밀가루 반죽, 안전 가위

활동방법

1. 교사가 영아들이 다양한 방법으로 밀가루 반죽놀이를 탐색하도록 한다.
   교사: - "○○야" 밀가루 반죽을 꼭꼭 눌러볼까?
   - 두 손으로 납작하게 밀어보자
   - 납작한 반죽에다 모양틀을 찍어보자.
   - 바나나가 되었네, 그래 사과도 만들었구나. 그릇에 담아보자.
2. 밀가루 반죽을 길게 밀어 안전 가위로 잘라보게 한다.
   교사: - 이번엔, 우리 손으로 반죽을 길게 밀어보자.
   - 밀가루 반죽이 뱀처럼 길어졌네.
   - ○○야, 안전 가위로 길어진 반죽 잘라볼까?

※ 영아에게 다양한 색깔의 반죽을 제공하여 영아의 흥미를 지속시켜 준다.

활동명 벗은 옷 바르게 개기

생활주제

나

준비물

자기 옷

활동방법

1. 하루일과 중 낮잠시간에 교사는 영아에게 옷을 혼자서 벗어 보게 한다.
   교사: - "○○야" 낮잠을 자려면 옷을 벗어야 하는데, "○○는" 혼자서 옷을 벗을 수 있니?
   - "○○는" 혼자서도 옷을 잘 벗는구나.
2. 벗은 옷을 교사의 지시에 따라 개어 보도록 한다.
   교사: - "○○야" 벗은 옷을 바르게 개어서 사물함에 넣어보자.
   - 어, 팔이 거꾸로 뒤집혔네, 이렇게 손을 넣고 옷소매를 잡고 뒤집어 보자.
   - 옷을 바닥에 펴 놓아 보자
   - 이제, 팔과 팔이 만나도록 악수해 보자.
   - 몸을 숙여서 "안녕하세요"라고 인사해 보자. 그리고 반을 또 반을 접으면 "○○의" 옷이 바르게 다 갰네
   - "○○가" 갠 옷을 사물함에 넣어보자.

※ 교사는 옷을 바르게 개는 모습을 반복적으로 보여 준다. 이 활동이 익숙해지면 교사가 직접적으로 도움을 주기 보다는 언어적으로 활동을 도와준다.

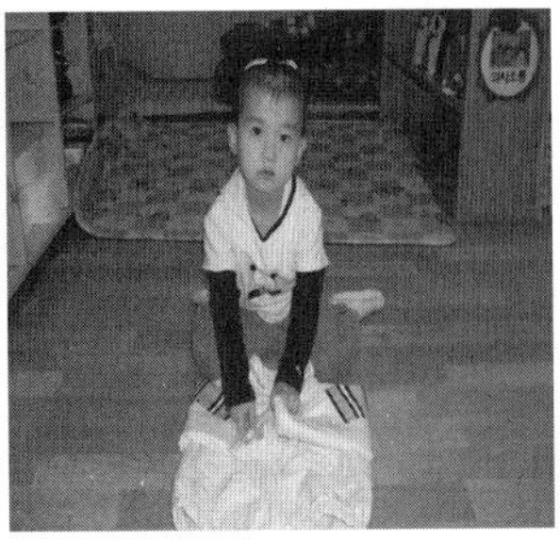

2) 수학적 탐구

내용	활동명
수량 인식하기	친구따라 벽돌 블록 쌓기
공간과 도형 인식하기	찍찍이 공 던지기
비교하기 및 순서 인식하기	똑같아요
간단한 규칙성 인식하기	북소리에 맞추어 걸어보기
구분하기	놀잇감 제자리에 정리하기

활동명 친구따라 벽돌 블록 쌓기

생활주제

내가 좋아하는 장난감

준비물

여러 색의 벽돌 블록

활동방법

1. 교사가 영야들에게 블록을 나누어 갖자고 제안한다.

   교사: - "○○야" 친구하고 블록 쌓기 놀이 해 보자.

   - 그러면 친구와 블록을 똑같이 나누어 가져볼까?
   - "○○도" 한개, "△△도" 한개
   - "○○야" 또 한개, "△△야" 또 한개
   - 이번엔, ○○야 두개, "△△야" 두 개

2. 영아들이 나누어 가진 블록을 쌓아보도록 한다.

   교사: - "○○야", 너 키 만큼 블록을 쌓았네

   - "△△도" 블록을 쌓을 수 있겠니?
   - 먼저 밑으로 두개 놓고 또 위로 한개 더 올려보자.
   - "△△야", " ○○와" 똑같이 블록을 쌓았구나.

※ 교사는 영아가 구성한 구성물에 대해 자신감을 갖고 친구들과 즐기도록 언어적 격려를 해 준다.

활동명 찍찍이 공 던지기

생활주제

동물

준비물

찍찍이 공, 펠트천의로 만든 동물 모양의 과녁, 바구니

활동방법

1. 교사가 영아들에게 동물 과녁을 향해 공을 던지도록 제안한다.
   교사: - "○○야" 벽에 동물 아저씨가 서 있네.
   - 우리 동물 아저씨 만져볼래? 느낌이 어떠니? 그래, 부드럽구나.
   - 여기, 바구니 안에 찍찍이 공이 있는데 만져볼래? 그래, 까칠하구나.
   - 이 찍찍이 공을 벽에 서있는 동물 아저씨에게 던져볼까?
   - 선생님이 먼저 던져 볼게, 어! 던진 공을 동물 아저씨가 받았네.
   - ○○야, 공을 던져 볼래?
2. 영아가 공을 동물 과녁에 붙일 수 있도록 거리를 조절하여 준다.
   교사: - ○○가, 던진 공을 동물 아저씨가 받았네.
   - △△도, 동물 아저씨에게 공을 던져 볼래?
   - △△가 너무 멀리서 던져서 동물아저씨가 못 받았네, 좀 더 앞으로 와서 던져 볼까?

※ 교사는 볼풀공에 까칠이를 붙여서 과녁공을 제공한다. 영아가 여러 방향과 거리에서 던지는 활동으로 확장한다.

활동명 똑같아요

생활주제

내가 좋아하는 장난감

준비물

『똑같아요 악보』, 『 똑같아요』 노래가 녹음된 테이프, 카세트

활동방법

1. 영아들이 『똑같아요』 노래를 익힌다.
   교사: - 카세트에서 나오는 노래를 들어보자.
   - 선생님과 함께 불러보자.
2. 영아의 신체부분 중에서 두 눈, 발, 다리를 넣어서 불러 본다.
   교사: - "○○야", 얼굴에서 똑같이 두 개 있는 것이 무엇일까?
   - 그래, 눈이 두개, 귀가 두개 있구나.
   - 그럼, 이번엔 똑같아요 노래를 부를때 젓가락 대신 눈을 넣어서 불러 보자.
   - 똑같아요 노래 부를때 젓가락 대신 발을 넣어서 불러보자.

3. 교실에서 똑같은 물건을 찾아서 노랫말을 바꿔 불러 본다.

교사: - 교실에서 똑같은 것이 무엇이 있을까?.

- 그래, "○○와", "△△의" 가방, "○○와", "△△의" 칫솔이 똑같구나
- 똑같아요 노래를 다시 부를 때 젓가락 대신 친구의 가방을 넣어서 부르자.

※ 『똑같아요』 노래를 영아들이 수시로 들을 수 있도록 음률영역에 제공해 준다. 활동이 익숙해지면 타악기에 맞추어 노래를 불러보는 활동으로 확장한다.

활동명 북소리에 맞추어 걸어보기

생활주제

우리 동네

준비물

북, 북채, 색 테이프.

활동방법

1. 교사가 보육실 바닥에 색 테이프로 직선 길, 지그재그 길 곡선 길을 만든다. 영아가 출발선에 선다.

교사: - 바닥에 무엇이 있니? 빨간색 길이 있구나, 구불구불한 길도 있구나.
- 색깔 길을 걸어보자. 천천히 한발씩 걸어보자.
- 이번에 구불구불한 길이 나왔네, 거북이처럼 천천히 기어서 가자.
- 직선길이 나왔네, 토끼처럼 깡충깡충 뛰어서 가보자.

2. 영아에게 북소리를 들려주고, 북소리의 박자에 맞추어 걷도록 한다.

교사: - 이번엔 북소리에 맞추어 걸어보자.
- 북소리에 맞추어 천천히 걸어보자.
- 북소리가 빨라지네, 빠르게 걸어보자. 다시 북소리가 느려지네 천천히 걸어보자.

※ 교사는 바닥의 선을 색테이프 외에 여러 가지 소재(골판지, 모래종이, 올록볼록한 포장비닐, 우드락 등)를 사용하여 여러 모양(직선 길, 곡선 길, 지그재그길 등)을 만들어 영아의 흥미를 확장 시킨다. 친구들의 부딪침을 방지하기 위하여 영아가 도착점에 도착확인 후 출발선에서 출발하도록 한다.

활동명 놀잇감 제자리에 정리하기

생활주제

혼자서 할 수 있는 것

준비물

놀잇감 사진이 붙은 교구 바구니, 동일한 사진을 부착한 교구장

활동방법

1. 영아들이 다른 영역으로 이동하기 전에 놀잇감을 정리하도록 한다.

   교사: - ○○야, 가지고 놀던 장난감 누가 정리하면 좋을까?
   - 그래, ○○가 가지고 놀았던 놀잇감이니까, ○○가, 정리해야지.
   - ○○가, 놀았던 놀잇감 정리 바구니에 담아 볼 수 있겠니?
   - 그래, 잘 담았구나. ○○는, 놀잇감 바구니 자리가 어디인지 알고 있니?
   - ○○가, 바구니를 제자리에 갖다 놓자.

2. 영아의 교구 바구니 사진이 부착된 교구장에 직접 정리하도록 한다.

   교사: - ○○가 놀던 바구니를 교구장에 정리하니까, 다른 친구들이 바구니를 꺼내 놀 수 있겠다.

※ 학기 초 영아들이 놀잇감의 자리를 모를 때 교사가 영아의 손을 잡고 놀잇감의 자리를 찾아 정리한다. 점차 교사는 언어적 지시로 장난감을 정리한다. 영아들이 놀잇감을 영역별 이동을 하지 않도록 한다.

3) 과학적 탐구

내용	활동명
물체와 물질의 특성 탐색하기	자동차 바퀴 찍기
주변 생명체에 외적 특성 알기	고추 수확하기
자연현상 인식하기	수영장에서 물놀이 해요
생활 속의 도구에 관심 가지기	칫솔, 양치컵 소독고에 정리해요

활동명 자동차 바퀴 찍기

생활주제

자동차

준비물

자동차(바퀴 모양이 다양한 것), 물감패드, 모조지 전지, 종이벽돌 블록

활동방법

1. 교사는 보육실 바닥에 깔개를 깔고 모조지 전기 2장을 깔개 위에 부착한다. 깔개 옆쪽으로 종이벽돌로 담을 쌓아 준비한다. 먼저 자동차 바퀴를 탐색한다.

교사: - 자동차 바퀴를 손으로 만져보자. 어떤 느낌이니?

- "○○야", 자동차 바퀴에 묻힐 색을 정할래?. 바퀴에 물감이 골고루 묻도록 물감패드에 선생님처럼 여러번 굴려보자.
- 도화지 위에 자동차를 굴려보자, 무슨 모양이 나올까?
- "△△야" 다른 자동차에 물감 묻혀 굴려보자.

2. 도화지 위에 자동차 바퀴 모양을 언어로 표현해 본다..

교사: - 자동차 바퀴가 지나간 자리에 어떤 그림이 생겼니?

- 이번엔 자동차 바퀴를 이리저리 굴려보자.
- 다른 자동차 바퀴도 살펴보자

※ 교사는 자동차 바퀴 모양 구별이 확실한 것을 제시하여 영아들이 모양의 차이를 쉽게 변별하도록 한다.

활동명 고추 수확하기

생활주제

우리 동네

준비물

농장견학

활동방법

1. 농장으로 현장학습을 가서 고추 수확을 한다.
   교사: - 농장 나오니까 참 좋지?
   - 무엇이 보이니?
   - 나무도 풀도, 돌도 많이 있구나.
   - 토끼도, 닭도 있네.
2. 농장에서 고추밭으로 이동한다.
   교사: - "○○야" 고추밭에서 어떤 냄새가 나는지 맡아볼까?
   - 고추모종이 참 많이 자랐지?
   - 선생님처럼 고추모종에 달린 고추를 따자.
   - 딴 고추는 봉투에 담자, 집에 가져가서 엄마 드리자.
3. 고추밭에서 기념 촬영을 한다.

활동명 수영장에서 물놀이 해요

생활주제
물놀이

준비물
물놀이 수영장, 수영복, 물총, 물놀이 용품

활동방법
1. 교사는 영아와 물놀이시 준비사항에 대해 이야기 한다.
   교사: - 날씨가 어떠니? 그래, 덥지
   - 어떻게 하면 시원하게 놀 수 있을까?
   - 아! 수영장 안에 들어가서 수영을 하자
   - 수영장에 들어가려면 어떻게 해야 할까? 그래. 먼저 수영복을 입자.
2. 수영복을 갈아입고 준비운동을 한다.
   교사: - 수영복을 갈아입었으니까, 선생님을 따라 준비운동을 하자
   - 하나, 둘, 셋, 팔을 올려서 굽혔다, 폈다.
   - 하나, 둘, 셋, 무릎을 굽혔다, 폈다.
   - 수영장에 들어가기 전에 발에 다리에 손에 배에 물을 묻히자.
   - 마지막으로 가슴에 물을 묻히고 물속으로 들어가자.
3. 교사는 다양한 물놀이 기구를 제공해 준다.
   교사: - 와! 비가 온다.(물호스로 물을 뿌리며...)
   - 우와! 차가워(물을 영아에게 뿌리며....)
   - 우리 그릇에 물을 담아볼까? 이번엔 쏟아보자, 뿌려보자.
   - 우리 공을 물속에 쏙 넣어보자. 큰 그릇에 담아보자.

※ 교사는 영아들이 물놀이 시 처음에는 물이 차갑다고 가만히 서있거나 물을

무서워하거나 두려워하기도 한다. 활발한 물놀이를 위하여 분무기, 역할놀이 소품, 볼풀공을 제시하여 물놀이를 확장 해 준다.

활동명 칫솔, 양치컵 소독고에 정리하기

생활주제
혼자서 할 수 있는 것

준비물
칫솔(영아 이름이 표시된 것) 양치컵(영아 이름이 표시된 것), 소독고

활동방법
1. 교사가 영아에게 칫솔과 컵, 칫솔과 컵이 보관된 소독고 사용법을 소개한다.
   교사: - ○○의, 양치컵과 칫솔이 어디 있을까? 소독고에서 찾아보자.
   - 먼저 소독고 문을 열자.
   - 소독고에서 ○○의 이름을 찾아 칫솔과 컵을 꺼내자.
   - 다음에는 소독고 문을 닫자.
2. 영아가 칫솔에 치약을 묻혀 거울을 보여 이를 닦도록 지도한다.
   - ○○야, 이를 닦자, 컵에 물을 담아 이를 헹구자.
   - 사용한 칫솔과 컵을 닦자. 그래, 잘했구나.
   - 칫솔과 컵을 소독고에 담아보자.

※ 교사는 영아들이 소독고를 자유롭게 사용하도록 개별지도를 한다.

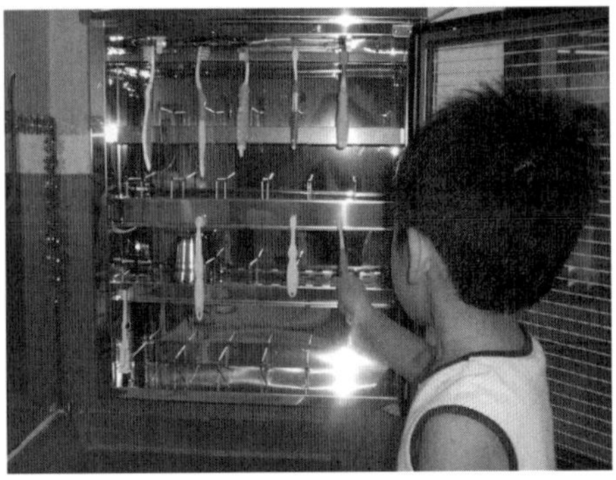

3. 만 3~5세 유아 활동의 실제

1) 탐구적 태도

내용	활동명
주변의 사물과 환경에 지속적으로 호기심 가지기	비 내리는 날
탐구과정 즐기기	물에 뜨는 것과 가라앉는 것
기초 탐구기술 활용하기	나만의 식물도감 만들기

활동명 비 내리는 날

생활주제

봄

준비물

비 소리 테이프, 비 오기 직전의 하늘 모습 사진, 비 오는 날 상황 그림

활동방법

1. 비가 오기 직전의 하늘 모습을 보여주며 이야기를 나눈다.
   교사: - 이런 하늘을 본 적이 있니?
   - 언제 보았니?
   - 어떤 일이 일어날 것 같니?
   - 비가 올 때는 어떤 기분이 드니?
2. 비가 올 때 경험을 이야기 나눈다.
   교사: - (집 안에 있을 때 비가 오는 것을 바라보는 장면 그림을 보여주며) 어떤 그림인 것 같니? (빗소리를 들려주며)
   - 집 안에 있을 때 비가 오는 것을 본 적이 있니?
   - 집에서 비가 오는 것을 볼 때 어떤 느낌이었니?
   - 그럼 비가 올 때 밖에 나가 본 친구가 있니?
   - 어떤 일이 있었니?
   - 유아들의 경험을 미술영역에서 그림으로 그린다.
3. 자연의 신비함을 느낀다.
   교사: - 비가 다 내린 후의 하늘을 본 적이 있니?
   - 어떤 느낌이 들었니?
   - 비가 올 때의 하늘과 어떻게 다르니?
   - 하늘의 모습이 이렇게 여러 가지인걸 보니 어떤 생각이 나니?

활동명 물에 뜨는 것과 가라앉는 것

생활주제

여름

준비물

어항, 유리 주전자, 물, 분류 쟁반 2개, 작은 수건 2개, 접시 2개, 여러 가지 물체(가위, 돌, 조개, 칫솔, 공, 빨대, 동전, 숟가락, 솔방울, 지우개, 크레파스, 우레탄 블록 등), 뜨는 것, 가라앉는 것을 나타낸 그림

활동방법

1. 유아들(9~10명)이 반원 형태로 모여 앉는다.
2. 빈 어항에 물을 2/3정도 담는다.

   교사: - 빈 어항을 제시하고 그 속에 무엇을 넣을 것인지 생각해 본다.
   - 교사와 유아 한명이 함께 어항에 물을 붓는데, 이 때 물이 떨어지는 소리, 물방울, 물거품이 생기는 것 등을 관찰하고 이야기 나눈다.
3. 준비된 여러 가지 물체들을 하나씩 보여 주며 이름, 본 경험 등에 대해 이야기 나눈다.
4. 물이 든 어항과 여러 가지 물건들로 무엇을 할 수 있을지 예측한다. (물건들을 물 속에 넣는다.)
5. 교사가 먼저 하면서 유아들과 이야기 한다.

   교사: - 교사가 물에 뜨는 것, 가라앉는 것을 한 가지씩 골라 물에 넣으면 어떻게 될지 유아들에게 예측해 보도록 하고 물에 넣어 본다.
   - 물에 넣었던 것이 어떻게 되었는지를 이야기하며, '뜬다', '가라앉는다'는 어휘 사용을 격려한다.
   - 수건을 준비하여 물에 넣어 본 것들을 물기를 닦은 후 뜨는 것, 가라앉는 것을 나타낸 그림이 붙어 있는 쟁반에 분류해 놓는다.

6. 유아가 한 명씩 차례로 나와서 실험, 분류한다.

교사: - 교사가 한 가지 물건을 제시하면 유아들이 어떻게 될지 예측해 보고 한명이 나와서 실험한 후 분류 쟁반에 분류해 놓는다.

- 또는 유아가 나와서 여러 물건 중 한 가지를 직접 선택하여 예측, 실험, 분류해 본다.
- 앉아서 관찰하는 유아들은 예측에 참여하거나, 앞에 나온 유아가 바르게 분류했을 때 손뼉을 치는 등 활동에 같이 참여한다.

7. 실험이 끝난 후에는 뜨는 물건이 있는 쟁반에는 어떤 것들이 있는지, 가라앉는 물건이 있는 쟁반에는 어떤 것들이 있는지 살펴본다.

※ '뜬다', '가라앉는다' 등의 어휘는 교사가 일방적으로 설명하기보다 유아들로 하여금 활동을 통해 스스로 아는 것을 끌어낼 수 있게 한다.

※ 앞에 나와 실험을 하는 유아는, 앉아 있는 유아들의 관찰을 방해하지 않는 곳에 위치하도록 한다.

※ 물이 세게 튀었을 때는 옷, 바닥 등이 어떻게 되었는지 이야기 하고 물건을 바르게 넣는 방법에 대해서도 이야기 나눈다.

활동명 나만의 식물도감 만들기

생활주제

계절(봄 · 가을)

준비물

도화지, 그림 카드, 접착제, 줄, 집게

활동방법

1. 답사를 통해 발견할 수 있는 식물들을 그림 카드로 만든다.

2. 그림 카드를 바탕으로 주변에 있는 나뭇잎을 수집하여 분류해가며 붙인다.
3. 관찰활동이 끝나면 모둠별 활동 도화지를 집게로 줄에 매단다.

교사: - 왜 나뭇잎마다 모양이 다를까요?
- 나뭇잎은 어떤 역할을 하나요?

4. 올바로 과제를 수행했는지 비교하면서 설명한다.

2) 수학적 탐구

내용	활동명
수 개념 형성하기	해저탐험
공간 및 도형 개념 형성하기	데칼코마니
측정하기	측정하기 및 조사하기 (내 키보다 큰(작은) 물건은 무엇인가요?)
규칙성 이해하기	누구의 자리일까?
자료 수집 및 분석하기	집에서 기르는 동물 그래프

활동명 해저탐험

생활주제

여름

준비물

바다 속 그림 게임판, 여러 가지 해조류 및 물고기 그림 자료, 주사위

활동방법

1. 바다 속 그림 게임판에 여러 가지 해조류 및 물고기를 붙여 제시하고 이야기한다.

교사: - 이곳은 어디일까?
- 무슨 그림들이 있니?

2. 활동 방법에 대해 이야기하고 게임을 시작한다.

교사: - 게임판을 이용하여 재미난 게임을 해보자

★ 놀이규칙

① 순서를 정한다.
② 주사위를 던져서 나온 숫자만큼 물 밑으로 내려간다.
③ 끝까지 내려오면 해조류를 1마리 잡고 올라와 빈 요플레 통에 담는다.
④ 해조류나 물고리가 없어지면 게임이 끝난다.

3. 각자 가져온 물고기나 해조류의 수를 세어보고 비교해 본다.

- 각자 잡은 물고기를 세어보자.
- 누가 더 많이 잡았니? 몇 개 더 잡혔을까?

< 교구 사진 >

활동명 데칼코마니

생활주제

동물

준비물

연필, 도화지, 물감

활동방법

1. 데칼코마니에 대한 경험을 나눈다.

   교사: - 데칼코마니를 해 본 적이 있니?

   - 데칼코마니는 어떻게 하는 것일까?

2. 데칼코마니를 하는 방법을 알아본다.

   ① 종이의 뒷면에 이름을 쓴다.

   ② 종이를 반으로 접는다.

   ③ 원하는 색깔의 한쪽 면에만 물감을 짜놓는다.

   ④ 반으로 다시 접에 손으로 문지를 후 펴 본다.

   ⑤ 데칼코마니 한 것을 말린다.

   ⑥ 다 마른 후에 색연필과 사인펜을 이용하여 꾸며준다(예: 동물 꾸미기).

활동명 측정하기 및 조사하기

생활주제

나와 어린이집

준비물

조사 종이, 리본 테이프(유아의 키를 잰 것), 칼라펜

활동방법

1. 유아들의 키를 잰 후 키와 같은 길이로 리본 테이프를 준비하여 한쪽 벽면에 붙여 놓는다. 리본 테이프는 떼었다 붙였다 할 수 있도록 찍찍이를 사용하고 각 유아의 리본 테이프에도 이름이나 사진으로 표시를 한다.
2. 길이를 재어보고 싶은 물건을 정한 후 유아 자신의 키보다 클지 작을지 예측해 본다.

   교사: - 어떤 것을 재어 볼까?
   - 너의 키보다 클까/작을까?
3. 키를 잰 리본 테이프를 이용하여 주위 물건들의 길이와 비교해 본다.

   교사: - 어떻게 알 수 있을까?
   - 어디부터 재야 하니?
   - 어떻게 재야할까?
   - 너의 키보다 크구나(작구나, 같구나)
4. 다양한 물건들의 길이를 재어본 후 조사 종이에 기록한다.
5. 조사한 종이를 보며 이야기를 나눈다.

   교사: - 길이를 잰 물건 중에서 너의 키보다 큰(작은) 것은 몇 개나 되니?
   - 너의 키보다 큰(작은) 것은 무엇이 있었니?
   - 어떤 것이 너의 키와 같니?
   - 길이가 같은 것이 몇 개나 있니?

※ 여러 가지 길이의 물건(예: 긴 블록, 30cm 자, 실내화, 색연필 등)을 이용하여 교실에 있는 물건의 길이를 측정해 본다.

활동명 누구의 자리일까?

생활주제

가족과 이웃

준비물

ABA? AB? 형의 패턴자료

AB? ABC? C 형의 패턴자료

ABCDABCD? BCD 형의 패턴 자료

활동방법

1. 유아들의 상황에 따라 난이도를 적절하게 조정하여 밑판 2~4장 정도를 한 쟁반에 담는다. 또, 준비한 밑판에 해당하는 조각 그림도 작은 접시에 담아 큰 쟁

반 안에 넣는다. 준비된 교구를 조작놀이 영역의 선반에 비치한다.
2. 유아는 교구 쟁반을 책상 위나 카펫 위에 가져다 놓고 그림을 살펴본다.
3. 밑판 중에서 원하는 것에 먼저 적절한 조각 그림을 찾아 배치한다.
   교사: - 교사는 ? 자리의 의미 이해를 돕기 위하여 유아와 언어적 상호작용을 하며, 익숙해지면 유아들끼리 또래 교수를 할 수 있다.
   - 쉬운 유형부터 시작하도록 유도한다.
4. 준비된 판의 유형을 모두 완성해 본다.
5. 활동을 끝낸 후, 교구를 쟁반 위에 정리하고 교구장에 가져다 놓는다.

※ 이 교구 중의 일부를 집단활동 시간에 전이 자료로 활용하여 모든 유아가 방법을 이해할 수 있는 자연스러운 기회를 제공하거나, 계획 시간 등에 직접 해 본 유아의 경험을 바탕으로 교구 사용법을 안내 할 수 있다.

활동명 집에서 기르는 동물 그래프

생활주제
동물

준비물
흰색 전지, 모양 스티커나 작게 자른 색종이와 풀, 매직, 낮은 책상

활동방법
1. 각자 집에서 기르고 있는 동물을 이야기해 본다.
   교사: - 어떤 동물을 기르고 있니?
   - 같은 동물을 기르고 있는 친구도 있구나.
   - 누가 어떤 동물을 기르고 있는지 알아보려면 어떻게 해야 할까?
2. 동물 그래프를 소개한다.

3. 각자 집에서 기르고 있는 동물에 스티커를 붙여 표시하고 이름을 쓴다.
4. 모두 표시가 되면 그래프를 보는 방법에 대해 이야기하고, 가장 많이 기르는 동물, 가장 적게 기르는 동물이 무엇인지 알아본다.

교사: - 우리가 집에서 기르는 동물을 그래프에 표시했는데, 가장 많이 기르는 동물과 잘 기르지 않는 동물이 무엇인지 어떻게 알 수 있을까?
- 어느 동물의 표시가 가장 높이 올라갔니?
- 표시가 가장 적게 붙은 동물은 무엇이지?

5. 각 동물의 표시 수를 세어 숫자로 쓴다.

8						
7						
6						
5						
4						
3						
2						
1						
수 / 동물	강아지	고양이	물고기	거북이	토 끼	새

<좋아하는 동물 그래프 사진>

3) 과학적 탐구

내 용	활동명
물체와 물질의 기본 특성 알기	바퀴 끼우기
생명체와 환경과의 관계 알기	나무 관찰하기
자연환경 이해하기	나무에서 떨어진 자연물 찾기
도구와 기계 활용하기	기계는 편리해요

활동명 바퀴 끼우기

생활주제

교통기관

준비물

여러 가지 종류의 모형 바퀴, 유닛 블록을 이용해서 만든 경사로, 철사나 빨대 등을 이용하여 만든 바퀴 축, 여러 가지 바퀴모양 화보

활동방법

1. 여러 가지 바퀴의 모습을 관찰하고 같은 모양의 바퀴를 찾아본다.
   교사: - 바퀴들의 모양이 어떤 것 같니?
   - 다른 점은 무엇일까? 같은 점은 무엇일까?
2. 바퀴를 바퀴 축에 끼워 본다.
   교사: - 2개의 바퀴를 함께 굴러가게 하려면 무엇이 필요할까?
   - 바퀴에 맞는 바퀴 축을 찾아볼 수 있겠니?
   - 크기가 다른 두 개의 바퀴를 바퀴 축에 끼워서 굴리면 어떻게 될까?
3. 경사로에서 바퀴를 굴려 보고, 어떤 바퀴가 가장 빨리 구르는지 비교해 본다.
   교사: - 어떤 바퀴가 가장 빨리 굴렀니?
   - 바퀴를 빨리 굴러가게 할 수 있는 다른 방법은 없을까?

※ 경사로의 종류를 다양하게 하여 경사로에 따른 속도의 다름을 비교해 볼 수 있다.

활동명 나무 관찰하기

생활주제

봄

준비물

여러 종류의 나무 그림, 나무에 관한 책, 줄자, 리본 끈, 가위, 카메라, 필름 , 슬라이드 필름, 도화지, 크레파스

활동방법

1. 실외놀이 시간에 다양한 방법으로 나무를 관찰한다.
   교사: - 나무의 모습을 그리고, 날짜를 기록한다.
   - 슬라이드 필름과 일반 필름으로 나무의 모습을 찍는다.
   - 줄자와 리본 끈을 이용하여 나무의 높이, 둘레 등을 잰 날짜와 함께 측정 결과를 기록한다.
   - 나뭇잎을 주워 모은다.
   - 나무 주변을 깨끗이 청소한다.
2. 관찰할 내용에 대해 이야기를 나누고 기록한다.
3. 나무의 이름을 짓는다.
4. 이름표를 만들어서 나무에 달아 준다.
5. 기록이 모이면 책자로 꾸미도록 한다.

※ II 수준의 경우, 변하는 나무와 변하지 않는 나무를 선정하여 비교하며 관찰해 본다.

※ 가을과 겨울의 나무가 변화한 다음, 그 동안 유아들이 관찰하여 작업한 것들 (공동 작업한 사진, 그림 등)을 하나로 묶어 '반 나무 관찰하기'라는 제목으로 묶어 준다.

활동명 나무에서 떨어진 자연물 찾기

생활주제

가을

준비물

흰 천

활동방법

1. 각자 나무에서 떨어진 것들을 5가지씩 주워와 흰 천에 펼쳐 놓는다.
2. 모둠별로 흰 천 주위를 둘러싼다.
3. 교사가 그 가운데 한 가지를 설명하면, 유아들은 그것을 찾아서 든다.

   교사: - 색깔이 같은 것은 무엇인가요?

   - 크기가 같은 것들은 무엇인가요?
   - 자연물을 통해서 알아본 숲에는 누가 살까요?
4. 찾아온 자연물들을 모두 합쳐서 같은 종류끼리 분류한다.
5. 교사는 각각이 자연물과 관련된 질문을 하고 함께 찾아본다.

   교사: - 갉아 먹힌 솔방울과 그냥 솔방울을 찾아보고 비교해 보세요.

   - 잎의 색깔들을 비교해 보세요.
6. 활동이 끝나면 주워온 자연물들을 다시 제자리에 갖다 놓는다.

활동명 기계는 편리해요

생활주제

도구와 기계

준비물

16절 크기의 먹지, 도화지, 클립, 연필 또는 볼펜

활동방법

1. 먹지를 보여 주며 함께 이야기를 나눈다.

   교사: - 이런 종이를 본 적이 있니?

   - 종이 사이에 먹지를 끼우고 그림을 그리거나 글씨를 쓰면 어떻게 될까?

2. 한 유아를 앞으로 불러내어, 먹지를 댄 종이 위에 간단한 그림을 그리게 한다.

   교사: - OO는 어디에 그림을 그렸었니? 그런데 그림이 또 1장 그려졌네! 어떻게 된 것일까?

3. 한 번 그린 그림이 2장이 되어 나오면 어떤 점이 좋은지 이야기 나눈다.
4. 그림을 1장만 그려서 똑같은 그림이 여러 장 나오게 할 수 있는 방법에 대하여 알아본다.
5. 만약 내가 발명가라면 어떤 기계를 만들지 생각하여, 언어 또는 그림으로 표현하여 본다.
6. 유아들에게 복사기를 소개하고 사용해 본 뒤, 복사기와 먹지의 차이점에 대하여 이야기를 나눈다.

※ 유아들이 복사기를 이용하여 의사소통 영역에서 사용할 편지지를 만들거나 학급신문을 만들어 볼 수도 있다.

제6절 예술경험

1. 만 2세 미만 영아 활동의 실제

1) 심미적 탐색

내 용	활동명
소리, 움직임, 시각적 자료에 호기심 가지기	신나게 북을 쳐요

활동명 신나게 북을 쳐요

생활주제

재미있는 놀잇감

준비물

여러 가지 모양의 북

활동방법

1. 여러 가지 모양의 북을 제시하고 탐색해 보도록 한다.
   교사: - 여기에 있는 것은 북이야, 어떤 소리를 낼까?
   - 소리를 들어보자.
2. 영아가 원하는 북을 두드려 소리를 들어 보도록 한다.
   교사: - "○○야", 선생님처럼 북을 두드려 볼까?

- 어떤 소리가 나니? 그래, 쾅쾅쾅 소리가 나는구나.

3. 영아가 여러 가지 방법으로 북을 치며 소리를 들어보도록 한다.

교사: - "○○야", 북을 살살살 쳐 보자. 어떤 소리가 나니?

- 이번엔, 천천히 쳐보자. 어떤 쇠가 나니?

4. 『곰세마리』 노래를 부르면서 영아와 함께 북을 두드려 본다.

교사: - 『곰세마리』 노래를 부르며 북을 쳐 보자.

※ 교사는 영아들이 북을 손이나 막대로 두드려 보며 소리의 차이를 경험하도록 할 수 있다. 일상생활 용품 (분유통, 냄비, 후라이팬 등...)을 두드려 소리의 차이를 경험하는 활동으로 확장 할 수 있다 .

2) 예술적 표현

내용	활동명
리듬 있는 소리로 반응하기	생활용품 악기 놀이
몸 동작으로 반응하기	토끼 되어 걸어 보기
모방행동 즐기기	엄마 놀이
단순한 미술경험 시도하기	놀이터 담벼락에 긁적거리기

활동명 생활용품 악기놀이

생활주제
느낌

준비물
여러 가지 생활용품(숟가락, 포크, 후라이팬, 냄비뚜껑 등..)

활동방법
1. 여러 가지 생활용품을 제시하고 탐색해 보도록 한다.
   교사: - 여기에 있는 것이 무엇일까?
   - 이것으로 무엇을 하며 놀까?
2. 영아가 다양한 방법으로 두드려 소리를 들어 보도록 한다.
   교사: - 우리 손으로 한번 쳐 보자.
   - 퉁! 소리가 나네.
   - 이번에는 막대로 한 번 쳐 볼까?
   - 쨍! 소리가 나네. 손으로 쳤을 때와 소리가 다르네.
3. "나비야" 노래를 부르면서 악기를 두드리도록 한다.
   교사: - 선생님이랑 『나비야』 노래를 부르면서 두드려 보자.

※ 영아들이 여러 가지 막대를 이용하여 두드려 보도록 한다. 막대의 종류에 따라 달라지는 소리를 경험하고 표현하도록 확장 할 수 있다.

활동명 토끼 되어 걸어보기

생활주제

동물

준비물

동물 그림책, 동물 화보

활동방법

1. 토끼 화보나 그림책을 보고 이야기 한다.

 교사: - 토끼가 걷는 것을 보았니? 그래, “○○는” 농장에서 보았구나

 - 토끼가 어떻게 걸을까? 깡충깡충 뛰어 가네.

2. 영아가 깡충깡충 뛰는 교사를 보고 따라 해 보게 한다.

 교사: - 아까 보았던 토끼처럼 뛰어볼까?

 - 선생님이 토끼처럼 뛰어가 볼게. 토끼처럼 보이니?

 - 그러면 깡충깡충 소리를 내면서 뛰어가 보자.

3. 영아가 바닥에 표시된 색 테이프를 따라 걸어가도록 한다.

 교사: - ○○야, 토끼처럼 뛰어서 초록색 테이프 끝까지 가보자?

 - 와! 정말 토끼 같네. 잘 하는구나

※ 교사는 영아들이 여러 동물(나비처럼 훨훨, 곰처럼 엉금엉금, 오리처럼 뛰뚱뛰뚱 등..)의 움직임을 표현해 보는 활동으로 확장 할 수 있다.

활동명 엄마놀이

생활주제

사랑하는 우리가족

준비물

엄마가 사용하는 물건(핸드백, 립스틱, 메니큐어, 물휴지 종이, 손거울)

활동방법

1. 엄마가 사용하는 물건을 탐색 해 보고 발라 본다.

교사: - 엄마가 사용하시는 화장품이야, 어떻게 바르시니?(립스틱을 들며)

- 그래, 거울을 보시며 입술에 바르시는구나.
- 엄마처럼 우리도 발라 볼까? "○○가" 립스틱 바르니깐 엄마 같네.
- 이건 무엇일까?(가방을 들며)
- 엄마가 언제 사용하시니? 그래, 엄마가 회사 가실 때 메고 가시는 구

나.
- "○○도" 엄마처럼 가방 메고 회사 갈 수 있겠니?
- 엄마! 회사 다녀오세요

※ 역할놀이 영역과 엄마가 사용하는 소품(지갑, 콤펙트, 구두 등...)을 비치하여 엄마를 모방해 보는 놀이로 확장할 수 있다.

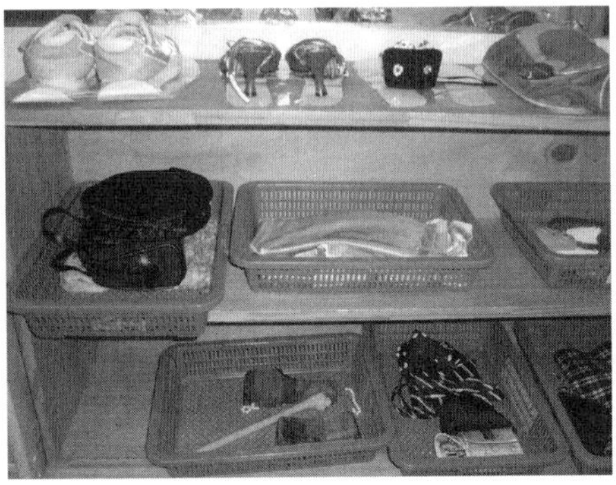

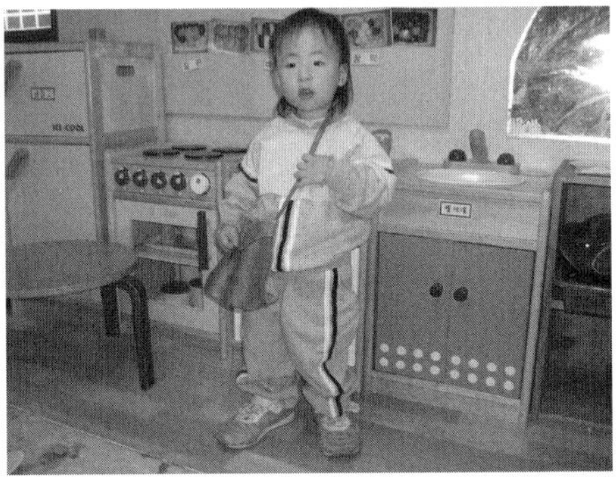

활동명 놀이터 벽면에 긁적거리기

생활주제

느낌

준비물

여러 가지 붓, 물감

활동방법

1. 영아가 여러 가지 붓을 골라 그림을 그려보도록 한다.
   교사: - 오늘은 놀이터에서 물감으로 그림을 그릴 거야.

- 여러 가지 붓이 있네.
- "○○야" 어떤 붓으로 그림을 그리고 싶니?

2. 영아가 그린 그림에 대해 이야기 하고 다른 색 물감과 붓을 이용하여 그려 보도록 한다.

교사: - "○○는" 무엇을 그렸니?
- 다른 색 물감을 묻혀서 그려볼까?
- 이번엔 다른 붓으로 그려볼까?

※ 교사는 붓에 물감과 동일한 색 테이프를 붙여서 같은색의 물감을 제공해 준다.

3) 예술 감상

내용	활동명
소리나 노래 즐겨 듣기	컴퓨터 동요 듣기
환경의 아름다움 경험하기	공원 산책하기

활동명 컴퓨터 동요 듣기

생활주제

느낌

준비물

동요 사이트(http://jr.naver.com)

활동방법

1. 영아가 동요를 듣도록 컴퓨터를 시동해 준다.

 교사: - 노래를 들어보자.

 - 어떤 노래일까? 아! 『곰세마리』이구나.

2. 영아가 동요를 따라 부르도록 한다.

 교사: - 이번에는 노래 따라 불러 볼까?

 - "○○가" 잘하는 구나.

 - 아빠곰, 엄마곰, 아기곰 흉내도 내보자

※ 교사는 영아가 노래를 들으며 자연스럽게 몸동작을 할 수 있도록 한다.

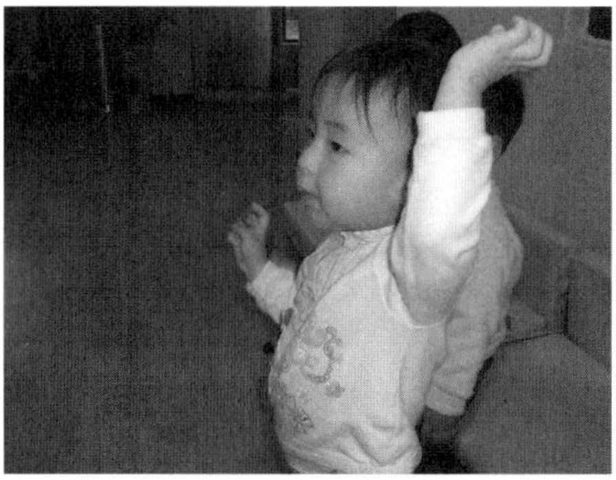

활동명 공원 산책하기

생활주제

느낌

준비물

휴지, 물, 바구니

활동방법

1. 어린이집 근처 공원으로 산책을 나간다.

   교사: - 밖에 나오니까 참 좋지?
   - 무엇이 보이니?
   - 나무와 꽃들을 둘러보자

2. 공원 주변에서 볼 수 있는 것들에 대해 살펴보고 이야기 나눈다.

   교사: - "○○야" 꽃에서 어떤 냄새가 나는지 맡아볼까?
   - 나무도 냄새가 나니?
   - 야! 여기 땅에는 개미가 있구나.
   - 개미가 어떻게 다니니?

3. 공원에서 본 것들을 주워 어린이집으로 가져올 수도 있도록 한다.

   교사: - 여기 떨어져 있는 꽃봉투에 담아가자.
   - 돌도 담아 갈까?

※ 산책을 하는 동안 물 등 간단한 음료수를 준비하여 벤치나 나무 밑에서 쉬는 시간을 가질 수 있도록 한다. 공원 주변에서 들리는 새소리나 하늘 등을 보며 함께 이야기 나누는 시간을 가진다.

2. 만 2세 영아 활동의 실제

1) 심미적 탐색

내용	활동명
주변 환경의 예술적 요소 탐색하기	낙엽 밟기

활동명 낙엽 밟기

생활주제
느낌

준비물
나뭇잎, 낙엽 쌓인 공원

활동방법
1. 어린이집 근처 공원으로 산책하며 여러 모양의 낙엽을 밟아 본다.

교사: - 여기 공원에 낙엽이 참 많이 있구나.
- 낙엽을 밟아 볼까? 무슨 소리가 나니?
- 그래, 바삭바삭 소리가 들리는 구나
- 이번에 낙엽 위를 뛰어 볼까? 느낌이 어떠니?
- 아! 푹신푹신 하구나.
- 우리 낙엽위에 누워 볼까?
- 무엇이 보이니?
- 하늘도 보이고, 구름도 보이고, 저기! 비행기도 지나가네.

※ 산책을 하는 동안 나뭇잎을 직접 주워 와서 나뭇잎 꾸미기, 나뭇잎 왕관 만들기 등의 활동을 전개할 수 있다.

2) 예술적 표현

내 용	활동명
리듬 있는 소리, 노래, 춤으로 표현하기	나 따라 해봐라
모방과 단순한 가작놀이 하기	자동차 놀이
단순한 미술활동 즐기기	비밀 그림 그리기

활동명 나 따라 해봐라

생활주제

노래

준비물

『나 따라 해봐라』 악보, 『나 따라 해봐라』 녹음된 테이프, 카세트

활동방법

1. 『나 따라 해봐라』 노래를 익힌다.

   교사: - 노래를 불러 볼까? 그래, 잘 부르는구나.

2. 영아는 노랫말에 맞춰 교사의 단순한 동작(예: 손뼉 치기)을 따라한다. 다음 단계로 복합된 동작(예: 두발을 움직이면서 손뼉 치기)으로 유도한다.

   교사: - "선생님 따라 해봐요 이렇게(교사가 손뼉을 치며)....."

   - "나 따라 해봐요 이렇게(교사가 걸어가면서 손뼉 치며)......."

3. 다른 영아의 움직임을 보고 따라하도록 한다. 앞에 나와서 동작을 시범 보이는 영아에게 칭찬과 격려로 자신감을 심어준다.

   교사:- 이번에는 누가 앞에 나와서 해볼까?

   - "○○처럼" 해봐요 이렇게?

※ 교사는 영아의 월령차를 고려하여 단순하고 쉬운 반복적인 동작으로 시작하여 익숙해진 후 복합동작을 따라해 보도록 한다.

활동명 자동차 놀이

생활주제
자동차

준비물
운전놀이

활동방법
1. 영아와 함께 종이 벽돌로 버스를 만들어 본다.
   교사: - 아빠랑 놀이공원에 놀러갈 때 어떻게 가니?
   - 벽돌 블록으로 자동차를 만들어 타고 갈까?
2. 종이 벽돌로 만든 버스 안에 들어가서 운전자의 흉내를 낸다.
   교사: - 놀이공원 가는 사람 타세요.
   - 안전벨트를 잘 맺는지 확인해 주세요.
   - 자! 출발합니다. - 운전 아저씨 천천히 가세요.
   - 와! 터널속이다. 캄캄해요 운전 조심 하세요.
   - 공원에 도착하면 알려 주세요

※ 교사는 영아가 종이 벽돌로 자동차의 형태로 만들도록 도움을 준다. 자동차의 핸들을 소품으로 준비해 주어 영아의 흥미를 유발시킨다.

활동명 비밀 그림 그리기

생활주제

사랑하는 우리가족

준비물

전지, 흰색 크레파스, 붓, 물감 , 신문지, 걸레

활동방법

1. 전지를 바닥에 깔고 흰 크레파스로 그림을 그리도록 한다.

교사: - 큰 종이가 있네, 여기에 무얼 그릴까?
- 흰색 크레파스로 그리니깐 어떠니?
- 어!, 안보이네

2. 전지에 물감을 칠해 보도록 한다.

교사: - "○○야" 여기 종이에 물감을 칠해 볼 수 있겠니?
- 붓으로 칠한 곳이 어떻게 되었니? 종이에 그림이 나타났네.
- 무엇일까? 엄마가 숨어있었네.
- "△△"가 종이에 물감을 더 칠해보자.

※ 바닥에 물감이 묻지 않도록 전지 밑에 신문지를 깔아 준비 해 준다. 영아들이 물감을 칠하다가 흘릴 경우를 대비하여 걸레를 준비해 둔다.

3) 예술 감상

내 용	활동명
주변 환경 속의 예술적 요소에 관심 갖고 즐기기	공원으로 현장학습 가기

활동명 공원으로 현장학습 가기

생활주제

느낌

준비물

휴지, 물, 물고기 먹이

활동방법

1. 공원으로 현장학습을 나가 둘러본다.

교사: - 공원을 둘러보자. 공원에 무엇이 보이니?

- 나무와 꽃들을 둘러보자
- "○○야" 꽃에서 어떤 냄새가 나는지 맡아볼까?
- 나무도 냄새가 나니?

2. 공원 시설물을 살펴보고 이용한다.

교사: - 공원에 나오니 참! 좋지. 공원에 무엇이 있니?

- 저기! 큰 연못이 있네? 우리, 가보자
- 연못에 무엇이 있니? 물고기가 많이 있네.
- 물고기가 어떻게 다니니?
- 물고기는 무엇을 먹을까? 과자도 먹네
- 우리 물고기 과자를 던져 줄까?

※ 공원 주변에서 들리는 새소리나 하늘 등을 보며 함께 이야기 나누는 시간을 가진다.

3. 만 3~5세 유아 활동의 실제

1) 심미적 탐색

내 용	활동명
음악적 요소 탐색하기	자연의 소리
움직임과 춤 탐색하기	바람이 불어요
가작화 요소 탐색하기	나무가 되어보자
미술적 요소 탐색하기	나뭇잎 무늬찍기

활동명 자연의 소리

생활주제

봄

준비물

봄 동산 돌아보기에서 수집한 자연물들, 녹음기, 카세트테이프, 다양한 재질의 통

활동방법

1. 수집한 자연물 중 무엇으로 소리를 만들 수 있으며, 어떻게 소리를 낼 수 있는지 생각해 본다.
2. 자연에서 얻은 것들로(예: 나뭇가지, 돌멩이, 풀잎 등) 두드리거나 입으로 불고, 두개를 서로 비벼 가며 다양한 소리를 내어 본다.

3. 나뭇가지로 연주하는 다양한 방법을 생각해 본 후 소리 내어 본다.

   교사: - 딱딱한 바닥에 위 아래로 쳐서 소리내기
   - 깡통 또는 다양한 재질의 통을 두드려 소리내기
   - 두 개의 리듬 막대를 서로 부딪쳐 소리내기

- 매끄럽거나 울퉁불퉁한 바닥에 문질러 소리내기
- 두 개의 리듬 막대를 서로 비벼서 소리내기

4. '숲속을 걸어요' 노래에 맞추어 다양하게 자연물을 연주해 본다(86년 MBC 창작동요제 금상곡 참조).
5. 자연물을 이용한 다양한 소리를 녹음하여 들어 본다.

※ 수집한 자연물로 악기를 만들어 본다(나뭇가지, 리듬 막대, 마라카스 등).

활동명 바람이 불어요

생활주제

지구와 환경

준비물

바람소리 녹음테이프, 배경음악 테이프(비빌디 사계 중 가을) 보자기나 스카프

활동방법

1. 바람 소리 녹음테이프를 듣는다.

교사: - 무슨 소리처럼 들리니?
- 바람이 부는 것을 본 적이 있니?
- 바람에 나무가 흔들리는 것을 생각해 보자.

2. 음악을 듣는다.

교사: - 음악을 들으니 어떤 느낌이 드니?

3. 음악을 들으면서 나무가 된 느낌을 윗몸만 움직여 본다.

교사: - 누가 나무를 표현할까?
- 바람은 누가 할까?

4. 몸으로 표현해 본 느낌을 이야기 해 본다.

※ 유아의 표현이 구체적으로 나타날 수 있도록 언어적 자극을 준다.
(바람이 점점 세게 불어요/ 나뭇잎이 떨어지려 해요)

활동명 나무가 되어보자

생활주제
지구와 환경

준비물
경쾌한 음악

활동방법
1. 실외에서 나무 안아보기 활동을 해 본다.
2. 나무에 대하여 이야기를 나눈다.

교사: - 나무는 우리에게 어떤 도움을 줄까?
- 우리가 어떻게 해 주면 나무는 기분이 좋아질까?
- 나무는 기분이 좋을 때 어떻게 할까?
- 우리가 어떻게 하면 나무는 기분이 나쁠까?
- 나무는 기분이 나쁠 때 어떻게 할까?
- 우리가 나무라면 어떻게 표현할 수 있을까?

3. 이야기나누기를 한 후 나무가 되어서 그 느낌을 자유롭게 몸으로 표현해본다.

나는 커다란 나무예요. 나는 튼튼한 줄기와 커다란 나뭇잎의 가지를 가지고 있답니다. 나의 많은 잎들은 그늘을 만들어 주어 사람들이 쉬어 갈 수 있어요.

지금은 햇볕이 따뜻하게 내려쬐어서 참 기분이 좋아요. 날이 점점 더워지고 있어요. 내 몸에 달린 나뭇잎들도 뜨거운 햇볕에 지쳐서 축 늘어지고 있어요. 목이 너무 말라요. 누가 물을 조금 주었으면 좋겠어요.

그런데 저 멀리에서 커다란 트럭이 오더니 내 앞에 와서 시커먼 연기를 내뿜고 지나갔어요. "캑캑캑." "어유" 숨을 쉴 수가 없어요. 그 때, 갑자기 하늘에서 검은 구름이 몰려와서 캄캄해지더니 벼락과 함께 천둥이 치고 있어요.

너무 목이 말랐는데 소나기가 와서 물을 먹을 수 있게 되었어요. "야! 시원하다." 물이 참 맛있어요. 깨끗하게 목욕도 했답니다. 그런데 비가 점점 세차게 내려서 나의 나뭇잎들이 비에 맞아 마구 어지럽게 흔들리고 있어요. 바람이 점점 더 세게 부네요. 세게 불던 바람과 비가 차차 멎어서 나뭇잎들이 조용해졌어요. 비가 멎자 아이들이 놀러 나왔어요. 그 중 한 아이가 나에게 기어 올라와 가지를 마구 흔들어서 가지가 그만 뚝 부러지고 말았어요. 어떤 아이는 나에게 돌을 던지기도 했답니다. "아야, 아야." 너무 아팠어요.

그 때 마음이 착한 아이가 다가와 아픈 내 몸을 어루만져 주었어요. 참으로 기분이 좋았어요.

4. 신체표현을 한 후 나무가 되었던 느낌을 이야기 해 본다.
5. 창의적인 표현에 대하여 격려하고 칭찬해 준다.

활동명 나뭇잎 무늬찍기

생활주제
지구와 환경

준비물
점토, 밀대, 여러 종류의 나뭇잎

활동방법
1. 실외놀이 활동에서 여러 종류의 나뭇잎을 모은다.
2. 점토나 찰흙을 밀대로 밀어서 면이 평평하게 만든다.
3. 점토에 나뭇잎의 앞면이 위로 올라오도록 나뭇잎을 놓는다.

4. 나뭇잎의 무늬와 모양이 점토에 선명하게 나오도록 밀대로 눌러 밀어준다.
5. 나뭇잎을 떼어 낸 후 점토를 그늘에 말린다.
6. 점토에 찍힌 여러 종류의 나뭇잎 모양과 무늬를 서로 비교하여 관찰한다.

※ 점토에 잎맥이 선명하게 나올 수 있도록 잎맥이 뚜렷하고 두꺼운 나뭇잎으로 준비한다.

2) 예술적 표현

내 용	활동명
리듬 만들기	곡식 마라카스로 연주하기
노래 부르기	대문놀이
춤으로 표현하기	따라 해 보세요
극놀이 표현하기	과일가게
미술활동 즐기기	우유곽 의자 만들기
다양한 미술재료 사용하기	헝겊으로 프랭카드 만들기(공동작품)
통합적으로 표현하기	검피 아저씨의 뱃놀이(동극)

활동명 곡식 마라카스로 연주하기

생활주제

가을

준비물

곡식(콩, 쌀, 말린 옥수수 등), 여러 종류의 통, 셀로판테이프, 다양한 모양의 스

티커, 유성 매직 사인펜

활동방법

1. 가을의 곡식에 대하여 이야기 한다.
2. 실제 곡식을 보며 생김새를 관찰한다.
   교사: - 곡식의 이름, 생김새(크기, 색)를 알아본다.
   각 곡식의 크기 및 색을 비교해 본다.
3. 곡식의 소리를 들어 본다.
4. 곡식을 이용해 만들 수 있는 악기를 생각해 본다.
   교사: - 어떤 악기를 만들 수 있을까?
5. 악기 만드는 방법을 설명한다.
   교사: - 원하는 통에 곡식을 넣는다.
   - 곡식이 흘러나오지 않도록 뚜껑을 덮거나 셀로판테이프로 붙인다.
   - 통의 겉면에 유성 매직, 사인펜으로 그림을 그리거나 스티커를 꾸민다.
   - 원하는 경우에 막대를 붙인다.
6. '어느 날' 노래에 맞추어 마라카스 연주를 해 본다.

활동명 대문놀이

생활주제

우리나라와 다른 나라

준비물

그림 자료, 노래를 녹음한 테이프

활동방법

1. 그림 자료를 보며 노래의 내용을 이야기로 듣는다.
2. 녹음한 테이프로 노래를 여러 번 듣는다.
3. 교사를 따라 노래를 불러 본다.
4. 유아가 한 명씩 나와 그림 자료를 조작하며 함께 불러본다
5. 역할을 나누어 문답식으로 불러 본다.

※ 실외영역에서 두 유아가 손을 맞잡아 대문을 만들고, 나머지 유아들이 노래를 부르면 지나가는 놀이를 해 본다.

※ II 수준 유아의 경우, 장구나 소고를 치며 노래를 불러 본다.

활동명 따라 해 보세요

생활주제

우리나라와 다른 나라

준비물

다양한 춤 동작 그림 막대(한국 북춤, 스페인 춤, 아프리카 춤)

활동방법

1. 다양한 춤 동작 그림 카드를 보며 춤 동작에 대해 이야기 해 본다.

교사: - 어느 나라 춤일까?
- 무엇을 들고 춤을 추고 있니?
- 북춤을 추는 사람은 두 팔을 어떻게 하고 있니?

2. 춤 동작 그림 카드를 보며 동작을 따라 해 본다.
3. 활동방법에 대해 알아본다.
4. '그대로 멈춰라' 노래를 불러본다.
5. 원 모양으로 둘러서서 '그대로 멈춰라' 노래에 맞추어 마음대로 춤을 춘다.
6. 노래 가사 중 '그대로 멈춰라', '움직이지 마' 부분에서 교사가 한 가지 춤동작 카드를 들어 보이면 그 동작을 똑같이 따라 한다.
7. 유아들이 그림 카드와 같은 춤 동작을 취하고, 멈춰 있을 때 유아들의 몸짓에 대해 구체적으로 격려해 준다.

교사: - ☆☆는 정말 멋지게 추는구나.
- ☆☆는 팔 모양이 조금 다르게 되었네.
- ☆☆처럼 모두 똑같이 따라해 볼까?

8. 유아들이 익숙해지면 교사 대신 한 유아가 그림 카드를 뽑는 역할을 한다.

※ II 수준 유아인 경우, 멈춤 동작 이후 그 나라의 동작으로 춤을 출 수 있다.

활동명 과일 가게

생활주제
가을

준비물
가을의 과일 모형 또는 유아들이 만든 과일, 계산기, 봉투, 바구니, 과일을 진열한 상자 또는 선반, 간판, 저울

활동방법

1. 과일 가게에 대한 경험을 이야기 나눈다.
   교사: - 어떤 과일이 있었니? 어떤 과일을 사 먹어 보았니?
2. 과일 가게 놀이에 필요한 물건과 소품, 역할에 대해 이야기한다.
   교사: - 준비할 것과 역할을 정한다(가게 주인, 일하는 사람, 손님, 과일, 저울, 계산기 등)
3. 소품을 만들거나 교실에서 활용할 수 있는 것들을 찾아본다.
4. 과일 가게를 꾸민다.
5. 역할 순서표에 이름을 적은(붙인) 후 놀이한다.

※ 유아들이 좋아하는 과일들을 조사하여 그래프 활동을 한다.

활동명 우유곽 의자 만들기

생활주제

지구와 환경

준비물

빈 우유곽(1000ml) 24개, 셀로판테이프, 밀가루 풀, 두꺼운 종이, 가위, 한지, 색상지, 순서도

활동방법

1. 유아들과 이야기나누기를 통하여 무엇을 만들 수 있는지 이야기를 나눈다.
   교사: - 무엇을 만들 수 있을까?
2. 우유곽으로 의자를 만드는 방법을 소개한다.
   교사: - 오늘은 우유곽으로 의자를 만들어 보자.
   - 어떤 의자를 만들면 좋을까?

- 우리들이 앉을 수 있는 의자를 만들어 보자.

3. 우유곽으로 의자 만들기를 원하는 유아는 조형영역에 모여 앉는다.
4. 의자를 만드는 방법에 대하여 이야기를 나눈다.
5. 의자를 만든다.
6. 의자가 완성되면 어떻게 꾸미는 것이 좋을지 결정한다.
7. 한지, 색종이, 색상지 등을 이용하여 의자를 꾸민다.
8. 의자는 통풍이 잘 되는 곳에 말렸다가 니스를 칠한다.

※ 의자를 다 만들고 난 후의 느낌에 대하여 이야기를 나눈다

활동명 헝겊으로 프랭카드 만들기(공동 작품)

생활주제

가을

준비물

광목천, 크레파스

활동방법

1. 준비물을 제시해 주고 활동방법에 대해 생각해 본다.
   교사: - 어떤 것들이 준비되어 있는가?
   - 무엇을 할 수 있을까?
2. 어떤 것들이 들어가야 할지 정해본다.
   - 제목, 날짜, ...
3. 프랭카드를 만들기 위하여 역할을 분담하여 만들어 본다.

< 프랭카드를 만드는 모습 >

활동명 검피 아저씨의 뱃놀이(동극)

생활주제

동물

준비물

자석 동화 자료, 동극용 머리띠, 자석판

활동방법

1. 반원으로 모여 앉는다.
2. 동극 할 동화를 듣는다.
3. 동화 내용을 회상한다.
4. 등장인물이 누구인지 모두 몇 명인지 알아본다.
5. 필요한 소품을 준비하고 무대를 꾸민다.

   교사: - 어떤 물건들이 필요할까?

   - 무대는 어디에 어떻게 꾸밀까?
6. 배역을 정하고 동극용 머리띠를 쓴 후에 자기소개를 한다.

교사: - 검피 아저씨 역은 누가 할까?
- "저는 검피 아저씨를 맡은 ☆☆☆입니다."라고 자기소개를 한다.

7. 동극을 한다.
교사: - "지금부터 ☆☆반 어린이들의 '검피 아저씨의 뱃놀이' 동극을 시작하겠습니다."

8. 동극이 끝난 후 인사를 하고 자리로 돌아간다.

9. 동극에 대한 평가를 한다.
교사: - 어떤 점이 재미있었니?
- 어떻게 하면 더 재미있게 할 수 있을까?

10. 유아들이 계속 하기를 원하면 배역을 정하고 위와 같은 방법으로 한 번 더 동극을 한다.

※ 동극용 머리띠와 소품을 역할놀이 영역에 비치하여 극놀이를 계속할 수 있게 한다.

※ 동극용 머리띠를 유아들이 만들 수 있다.

3) 예술감상

내 용	활동명
음악 감상하기	은파(silvery waver-A. P. wyman곡)
춤 감상하기	탈춤 동시 짓기
극 놀이 감상하기	뮤지컬 감상하기(현장학습)
미술작품 감상하기	이야기가 있는 조각품

활동명 은파(Silvery waver-A. P. Wyman) 곡

생활주제

여름

준비물

음악 테이프, 녹음기, 밀가루, 풀, 파란색 · 흰색 등 바다 느낌이 나는 물감, 작업 가운, 달력 종이

활동방법

1. 여러 가지 상황의 바다 그림을 보며 이야기를 나눈다.
   교사: - 이 그림은 바다의 어떤 모습을 나타낸 것일까?
2. 음악을 듣는다.
   교사: - 어떤 악기로 연주하는 음악일까?
   - 어떤 풍경을 표현한 음악일까?
3. 곡에 대한 소개를 한다.
   교사: - 이 곡의 제목은 '은파'로 A. P Wyman이 작곡한 곡이다.
4. 음악을 듣고 난 후 느낌에 대해 이야기를 한다.
   교사: - 듣고 난 후 느낌이 어떠니?
   - 어떤 풍경이 생각나니?
5. 음악을 들으며 생각나는 바다의 모습을 풀로 그려 본다.
6. 파도가 움직이는 바다의 색깔을 골라 섞어 본다.
   교사: - 바다는 어떤 색일까? 파도가 칠 때는?
   교사: - 바다가 어떻게 움직이고 있을까?
7. 여러 가지 색깔의 물감을 섞어 다양한 모습의 바다를 표현해 본다.

※ 휴식시간이나 간식시간에 음악을 자주 들려주어 유아들이 음악에 친숙해 질 수 있게 한다.

활동명 탈춤 동시 짓기

생활주제

우리나라와 다른 나라

준비물

탈춤에 관한 비디오, 여러 가지 탈, 큰 종이, 필기 도구, 탈춤에 적합한 음악 카세트테이프, 녹음기

활동방법

1. 탈춤에 관한 비디오를 함께 보고 이야기 나눈다.
   교사: - 탈춤을 추고 나면 기분이 어떨까?
   - 어떤 탈을 쓴 사람들이 있었니?
   - 어떤 탈이 가장 마음에 드니?
   - 누가 가장 멋있게 탈춤을 추었다고 생각하니?
2. 탈을 보며 이야기 나누고 춤을 추어 본다.
   교사: - 이 탈을 쓰고 어떻게 춤을 추면 좋을까?
3. 춤을 추어 본 느낌에 대해 이야기 나눈다.
   교사: - 춤을 추고 나니 기분이 어떠니?
4. 유아들의 반응을 녹음해 놓는다.
5. 유아들의 반응을 녹음한 것을 들려주며 함께 동시를 짓는다.
   교사: - 이중에서 어떤 말을 동시에 넣으면 좋을까?
   - 그 말들 그대로 동시에 넣을까? 아니면 조금 다르게 해서 넣을까?
6. 완성된 동시를 듣고 어울리는 제목을 붙여본다.

※ 동시판에 유아들이 그림을 그려 넣어 꾸미고, 완성된 동시판을 언어영역에 전시해 두어 유아들이 계속 읽어 볼 수 있도록 한다.

활동명 뮤지컬 감상하기(현장학습)

생활주제

동물

준비물

응급처치 동의서, 비상약, 카메라

활동방법

1. 뮤지컬에 대한 경험을 나누어본다.

   교사 : - 뮤지컬을 본 적이 있니?
   - 어떤 뮤지컬을 보았니?
   - 뮤지컬을 보고 난 후의 느낌은 어땠니?

2. 감상할 뮤지컬을 소개한다(일곱 마리 아기 염소와 늑대).
3. 뮤지컬 감상을 할 때 주의해야 할 것들에 대하여 이야기 나눈다.
   (앉아서 본다. 떠들지 않는다. 앞 사람의 의자를 차지 않는다....)
4. 뮤지컬 관람 장소로 이동하여 화장실을 다녀온다.
5. 자리에 앉아 뮤지컬을 감상한다.
6. 뮤지컬 감상 후 기억에 남는 것을 그림으로 그려 서로의 느낌을 나눈다.

활동명 이야기가 있는 조각품

생활주제

우리나라와 다른 나라

준비물

세계 여러 나라 조각품 사진, 실물 환등기

활동방법

1. 실물 환등기를 사용하여 세계 여러 나라의 조각품을 감상한다.
   교사: - 조각가는 무엇을 생각하며 이 작품을 만들었을까?
2. 한 작품씩 보며 이야기 나눈다.

교사: - 무엇을 하고 있는 걸까?
　　- 이 조각의 사람은 어떤 생각을 하고 있을까?

※ 조각품을 감상한 후 찰흙이나 지점토, 쿠킹 호일 등으로 입체 작품을 구성해 본다.

※ 미술관, 조각 공원 등에 현장 견학을 갈 수 있다.

참고문헌

공계순 외(2006). **아동복지론**. 서울 : 창지사.

교육부(1996). 유아언어교육 활동자료.

교육부(1998). 유치원교육과정 해설서.

교육부(2000). 「유치원 교육활동 지도 자료, 1」. 총론.

교육부(2000). 「유치원 교육활동 지도 자료, 2」. 나와 유치원.

교육부(2000). 「유치원 교육활동 지도 자료, 3」. 가족과 이웃.

교육부(2000). 「유치원 교육활동 지도 자료, 4」. 계절.

교육부(2000). 「유치원 교육활동 지도 자료, 5」. 건강한 몸과 마음.

교육부(2000). 「유치원 교육활동 지도 자료, 6」. 동물.

교육부(2000). 「유치원 교육활동 지도 자료, 7」. 지구와 환경.

교육부(2000). 「유치원 교육활동 지도 자료, 8」. 교통기관.

교육부(2000). 「유치원 교육활동 지도 자료, 9」. 도구와 기계.

교육부(2000). 「유치원 교육활동 지도 자료, 10」. 우리나라와 다른나라.

교육인적자원부(2003). 유아 도덕성 함양을 위한 토의자료.

김은권 · 이경영 편역(1998). **세계도회(J. A. Comenius원저)**. 서울 : 교육과학사.

김정환(1995). **페스탈로찌의 교육철학**. 서울 : 고려대학교 출판부.

김종서(2001). **최신교육학개론**. 서울 : 교육과학사.

노상우 · 신병준(2003). 코메니우스의 교사상 연구한독교육학연구 제8권 제2호.

김희진, 홍희란, 김언아(2004). **영아를 위한 프로그램의 실제**. 서울 : 창지사.

덕성여대 유아교육 연구소(1991). **상호작용이론에 기초한 유아교육과정**. 서울 : 창지사.

류지후 외(2000). **5세 주제접근 통합교육과정**. 서울 : 양서원.

류지후 외(2001). **3 · 4세 주제중심 통합교육과정**. 서울 : 양서원.

문교부(1989). 유치원 교사를 위한 유아교육 지도 자료집.

명지전문대학 부속 명지유치원(2000). **주제접근 통합교육과정**. 서울 : 양서원.

박찬옥 외(2002). **유치원 교육과정에 기초한 생활주제 교육계획-나**. 서울: 창지사.

박찬옥 외(2002). **유치원 교육과정에 기초한 생활 주제 교육계획-방송국**. 서울 : 창지사.
박찬옥 외(2002). **유치원 교육과정에 기초한 생활 주제 교육계획-책**. 서울 : 창지사.
박찬옥 외(2002). **유치원 교육과정에 기초한 생활 주제 교육계획-하늘**. 서울 : 창지사.
방인옥(1999). **유아교육과정의 동향**. 서울 : 정민사.
백혜리 외(2006). **보육과정**. 서울 : 창지사.
보건복지부(2002). 표준보육과정.
보건사회부(1991). 보육사업지침.
보건사회부(1992). 보육사업지침.
보건사회부(1993). 보육사업지침.
보건사회부(1994). 보육사업지침.
보건복지부(1995). 보육사업지침.
보건복지부(1996). 보육사업지침.
보건복지부(1997). 보육사업지침.
보건복지부(1998). 보육사업지침.
보건복지부(1999). 보육사업안내.
보건복지부(2000). 보육사업안내.
보건복지부(2001). 보육사업안내.
보건복지부(2002). 보육사업안내.
보건복지부(2003). 보육사업안내.
보건복지부(2004). 보육사업안내.
삼성복지재단(1998). **삼성어린이집 유아프로그램 Ⅱ**. 서울 : 교육과학사.
삼성복지재단(2004). **삼성어린이집 유아프로그램 4세**. 서울 : 다음세대.
삼성복지재단(2005). **삼성어린이집 영아 프로그램 2세**. 서울 : 다음세대.
서영숙 외(2000). **프로젝트 중심 통합적 유아교육과정**. 서울 : 양서원.
여성부(2003). 영아보육모형.
여성가족부(2005). 표준보육과정 연구.
여성부(2005). 보육사업안내.

여성가족부(2006). 보육사업안내.

오춘희(1988). **코메니우스, 위대한 교육사상가들**. 연세대학교 교육철학연구회 편. 서울: 교육과학사

이기숙(2000). **유아교육과정**. 서울 : 교문사.

이숙재 외(1997). **유아를 위한 언어교육의 이론과 실기**. 서울 : 창지사.

이숙종(1996). **코메니우스의 교육사상**. 서울 : 교육과학사.

이순형 외(2006). **보육과정**. 서울 : 학지사.

이순형 외(2005). **보육학개론**. 서울 : 학지사.

이영석(1997). **유아교육론**. 서울 : 형설출판사.

이영석(1978). **교육과정**. 서울: 문종서관.

이영석 외(2000). **유아교육과정**. 서울 : 작은 곰자리.

이정환 외(1995). **3세 어린이를 위한 유치원 교육과정 운영의 실체 6**. 서울 : 교문사.

이정환 외(1995). **3세 어린이를 위한 유치원 교육과정 운영의 실체 9**. 서울 : 교문사.

이태영·황영자 공저(2003). **0세아 보육론**. 서울 : 양서원.

이태영·황영자 공저(2003). **1세아 보육론**. 서울 : 양서원

이태영·황영자 공저(2003). **2세아 보육론**. 서울 : 양서원

인천광역시 보육정보센터(2006). 표준보육과정의 개발과 내용.

임미혜 외(2005). **영유아 건강 및 안전교육**. 서울 : 양서원.

임재택(1995). 유아교육기관 운영관리 : **유치원과 보육시설**. 서울 : 양서원.

임재택(1997). **현대유아교육과정**. 서울 : 양서원.

정봉구 역(1987). **에밀**. 서울 : 범우사.

중앙보육정보센타(2006). 평가인증조력 프로그램 영역 3 보육과정.

코메니우스(1991). **The Great Didactica(대교수학)**. 정확실 역. 서울 : 교육과학사.

황해익(2000). **유아교육평가**. 서울 : 양서원.

Arnord, W.(1987). Lexikon der Psychologie. Freiburg : Herderbücherei.

Barow-Bernstorff.E.(1988). Beiträge zur Geschichte der Vorschulerziehung. Berlin : Volkseigener Verlag.

Böhm, W.(1984). Maria Montessori Texte und Gegenwartsdiskussion. Regensburg : Klinkhardts.

Comenius, J. A.(1898). Informatorium der Mutterschul. Langensalza.

Comenius, J. A.(1991). Pampaedia. Neu-Übersetzung von K. Schaller. Sankt August : Academia Verlag.

Flitner, A.(1986). Konrad, sprach die Frau Mama. München/Zürich.

Flitner, W.(1982). Friedrich Fröbel : Die Menschenerziehung. Stuttgart : Klett-Cotta.

Fogarty,R.(1991) **「교사를 위한 교육과정 통합의 방법」**. 구자억 구원회 역 원미사, 1998.

Fröbel, H./ Pfaehler. D.(1982). Friedrich Fröbels Mutter-und Koselieder. Mitteldeutsche Verlagsgesellschaft. Bad Neustadt a. d. Saale.

Guidelines for appropriate curriculum content and assessment in programeserving children ages 3 through 8. Young children, 30, 21_67.

Heiland, H.(1982). Friedrich Fröbel : Vorschulerziehung und Stuttgart : Klett Cotta.

Keatinge, M.W.(1917). The Great Didactic London : Part I. A., & c. Black Ltd.

Locke(1880). Bürgerliche Gesellschaft und Staatsgewalt. Hrsg. von H. Klenner. Leipzig.

Locke(1883). Gedanken über Erziehung, übersetzt und erläutert von E. V. Sallwürk. Langensalza.

Montessori, M.(1991). Das Kreative Kind. Freiburg : Herder.

Schmutzler, H-J.(1997). Fröbel und Montessori. München : Kösel Verlag.

Seitz, M. (1996). Montessori oder Waldorf ? München : Kösel Verlag.

Tyler, R.W.(1949). Basic principles of curriculum and instruction.

Watson, J. B.(1926). Behaviorism. NY : Norton.

부 록

영유아보육법(개정 2005.12.29 법률 제7785호)
영유아보육법시행령(개정 2006.4.13 대통령령 제19446호)
영유아보육법시행규칙(개정 2006.11.10 여성가족부령 제11호)

영유아보육법

제정 1991. 1.14 법률제4328호
개정 1997. 8.22 법률제5358호(사회복지사업법)
1997.12.13 법률제5453호
1997.12.13 법률제5454호
1997.12.24 법률제5472호
1999. 2. 8 법률제5845호
1999. 9. 7 법률제6024호(국민기초생활보장법)
2001. 1.29 법률제6400호(정부조직법)
전문개정 2004. 1.29 법률제7153호
개정 2004. 3.11 법률제7186호(정부조직법)
2004.12.31 법률제7302호
2005. 3.24 법률제7413호(정부조직법)
2005.12.29 법률제7785호

제1장 총 칙

제1조 (목적) 이 법은 영유아를 심신의 보호와 건전한 교육을 통하여 건강한 사회성원으로 육성함과 아울러 보호자의 경제적·사회적 활동을 원활하게 함으로써 가정복지 증진에 기여함을 목적으로 한다.

제2조 (정의) 이 법에서 사용하는 용어의 정의는 다음과 같다.

1. "영유아"라 함은 6세 미만의 취학전 아동을 말한다.
2. "보육"이라 함은 영유아를 건강하고 안전하게 보호·양육하고 영유아의 발달특성에 적합한 교육을 제공하는 사회복지서비스를 말한다.
3. "보육시설"이라 함은 보호자의 위탁을 받아 영유아를 보육하는 시설을 말한다.
4. "보호자"라 함은 친권자·후견인 그 밖의 자로서 영유아를 사실상 보호하고 있는 자를 말한다.
5. "보육시설종사자"라 함은 보육시설에서 영유아의 보육, 건강관리 및 보호자와의 상담 그 밖에 보육시설의 관리·운영 등의 업무를 담당하는 자로서

보육시설의 장 및 보육교사와 그 밖의 종사자를 말한다.

제3조 (보육이념) ①보육은 영유아의 이익을 최우선적으로 고려하여 제공되어야 한다.

②보육은 영유아가 안전하고 쾌적한 환경에서 건강하게 성장할 수 있도록 하여야 한다.

③영유아는 자신 또는 보호자의 성·연령·종교·사회적 신분·재산·장애 및 출생지역 등에 따른 어떠한 종류의 차별도 받지 아니하고 보육되어야 한다.

제4조 (책임) ①모든 국민은 영유아를 건전하게 보육할 책임을 진다.

②국가 및 지방자치단체는 보호자와 더불어 영유아를 건전하게 보육할 책임을 진다.

③시장·군수·구청장(자치구의 구청장에 한한다. 이하 같다)은 영유아의 보육을 위한 적정한 보육시설을 확보하여야 한다.

제5조 (보육정책조정위원회) ①보육정책에 관한 관계부처간의 의견을 조정하기 위하여 국무총리소속하에 보육정책조정위원회(이하 "보육정책조정위원회"라 한다)를 둔다.

②보육정책조정위원회는 다음 각호의 사항을 심의·조정한다.

1. 보육정책의 기본방향에 관한 사항
2. 보육관련 제도개선과 예산지원에 관한 사항
3. 보육에 관한 관계부처간 협조사항
4. 그 밖에 위원장이 부의하는 사항

③보육정책조정위원회는 위원장을 포함한 12인 이내의 위원으로 구성하되, 위원장은 국무조정실장이 되고 위원은 다음 각호의 자가 된다. <개정 2005. 3.24>

1. 교육인적자원부차관·보건복지부차관·노동부차관·여성가족부차관 및 기획예산처차관
2. 제1호의 위원이 추천하여 위원장이 위촉하는 보육계·유아교육계·여성계·사회복지계·시민단체 및 보호자를 대표하는 자 각 1인

④보육정책조정위원회의 구성 및 운영 등에 관하여 필요한 사항은 대통령령으로 정한다.

제6조 (보육정책위원회) ①보육에 관한 각종 정책·사업·보육지도 및 시설평가사항 등을 심의하기 위하여 여성가족부에 중앙보육정책위원회를, 특별시·광역시·도(이하 "시·도"라 한다) 및 시·군·구(자치구에 한한다. 이하 같다)에 지방보육정책위원회를 둔다. 다만, 지방보육정책위원회는 그 기능을 담당하기에 적합한 다른 위원회가 있고 그 위원회의 위원이 제2항의 규정에 의한 자격을 갖

춘 경우에는 시·도 또는 시·군·구의 조례가 정하는 바에 따라 그 위원회가 지방보육정책위원회의 기능을 대신할 수 있다. <개정 2004.12.31, 2005.3.24>

②제1항의 규정에 의한 중앙보육정책위원회 및 지방보육정책위원회(이하 "보육정책위원회"라 한다)의 위원은 보육전문가, 보육시설의 장 및 보육교사 대표, 보호자 대표 또는 공익을 대표하는 자, 관계공무원 등으로 구성한다.

③보육정책위원회의 구성·기능 및 운영 등에 관하여 필요한 사항은 대통령령으로 정한다.

제7조 (보육정보센터) ①보육에 관한 정보의 수집·제공 및 상담을 위하여 여성가족부장관은 중앙보육정보센터를, 특별시장·광역시장·도지사(이하 "시·도지사"라 한다) 및 시장·군수·구청장은 지방보육정보센터를 설치·운영하여야 한다. 이 경우 필요하다고 인정하는 경우에는 영아·장애아 보육 등에 관한 보육정보센터를 별도로 설치·운영할 수 있다. <개정 2004.12.31, 2005.3.24>

②제1항의 규정에 의한 중앙보육정보센터 및 지방보육정보센터(이하 "보육정보센터"라 한다)에는 보육정보센터의 장과 보육에 관한 정보제공 및 상담업무 등을 담당하는 보육전문요원 등을 둔다.

③여성가족부장관, 시·도지사 및 시장·군수·구청장은 보육정보센터를 보육관련법인·단체 등에 위탁하여 운영할 수 있다. <개정 2004.12.31, 2005.3.24>

④보육정보센터의 설치·운영 및 기능, 보육정보센터의 장과 보육전문요원의 자격 및 직무, 보육정보센터의 위탁 및 위탁의 취소 등에 관하여 필요한 사항은 대통령령으로 정한다.

제8조 (보육개발원) ①여성가족부장관은 보육에 관한 연구와 정보제공, 프로그램 및 교재개발, 평가척도 개발 및 종사자 연수 등의 업무를 위하여 보육개발원을 설치하거나 당해 업무를 관련 연구기관 등에 위탁할 수 있다. <개정 2004.12.31, 2005.3.24>

②제1항의 규정에 의한 보육개발원의 설치·운영 및 위탁 등에 관하여 필요한 사항은 대통령령으로 정한다.

제9조 (보육실태조사) ①여성가족부장관은 이 법의 적절한 시행을 위하여 보육실태조사를 5년마다 실시하여야 한다. <개정 2004.12.31, 2005.3.24>

②제1항의 규정에 의한 보육실태조사의 방법·내용 등에 관하여 필요한 사항은 여성가족부령으로 정한다. <개정 2004.12.31, 2005.3.24>

제2장 보육시설의 설치

제10조 (보육시설의 종류) 보육시설의 종류는 다음 각호와 같다.

1. 국·공립보육시설 : 국가 또는 지방자치단체가 설치·운영하는 보육시설
2. 법인보육시설 : 사회복지사업법에 의한 사회복지법인(이하 "법인"이라 한다)이 설치·운영하는 보육시설
3. 직장보육시설 : 사업주가 사업장의 근로자를 위하여 설치·운영하는 보육시설(국가 또는 지방자치단체의 장이 소속공무원을 위하여 설치·운영하는 시설을 포함한다)
4. 가정보육시설 : 개인이 가정 또는 그에 준하는 곳에 설치·운영하는 보육시설
5. 부모협동보육시설 : 보호자들이 조합을 결성하여 설치·운영하는 보육시설
6. 민간보육시설 : 제1호 내지 제5호에 해당하지 아니하는 보육시설

제11조 (보육계획의 수립 및 시행) ①여성가족부장관, 시·도지사 및 시장·군수·구청장은 보육사업의 원활한 추진을 위하여 여성가족부장관의 경우에는 중앙보육정책위원회, 그 밖의 경우에는 각 지방보육정책위원회의 심의를 거쳐 보육시설 수급계획 등을 포함한 보육계획을 수립·시행하여야 한다. <개정 2004.12.31, 2005.3.24>

②여성가족부장관, 시·도지사 및 시장·군수·구청장은 제1항의 규정에 의한 보육계획의 수립·시행을 위하여 필요한 경우에는 보육시설, 보육관련 법인 또는 단체 등에 대하여 자료제공 등의 협조를 요청할 수 있으며, 그 요청을 받은 보육시설·보육관련 법인 또는 단체 등은 정당한 사유가 없는 한 이에 응하여야 한다. <개정 2004.12.31, 2005.3.24>

③제1항의 규정에 의한 보육계획의 내용·수립시기 및 절차 등에 관하여 필요한 사항은 대통령령으로 정한다.

제12조 (국·공립보육시설의 설치 등) 국가 또는 지방자치단체는 국·공립보육시설을 설치·운영하여야 한다. 이 경우 국·공립보육시설은 제11조의 규정에 의한 보육계획에 따라 도시저소득주민밀집주거지역 및 농어촌지역 등 취약지역에 우선적으로 설치하여야 한다.

제13조 (국·공립보육시설외의 보육시설의 설치) ①국·공립보육시설외의 보육시설을 설치·운영하고자 하는 자는 시장·군수·구청장의 인가를 받아야 한다. 인가받은 사항중 중요사항을 변경하고자 하는 경우에도 또한 같다.

②제1항의 규정에 의한 인가에 관하여 필요한 사항은 여성가족부령으로 정한다. <개정 2004.12.31, 2005.3.24>

제14조 (직장보육시설의 설치 등) ①대통령령이 정하는 일정규모 이상의 사업장의 사업주는 직장보육시설을 설치하여야 한다. 다만, 사업장의 사업주가 직장보육시설을 단독으로 설치할 수 없을 때에는 사업주 공동으로 직장보육시설을 설치·운영하거나, 지역의 보육시설과 위탁계약을 체결하여 근로자 자녀의 보육을 지원하거나 또는 근로자에게 보육수당을 지급하여야 한다.

②제1항의 규정에 의한 보육시설의 설치·위탁계약 및 보육수당의 지급에 관하여 필요한 사항은 여성가족부령으로 정한다. <개정 2004.12.31,2005.3.24 >

제15조 (보육시설 설치기준) 보육시설을 설치·운영하고자 하는 자는 여성가족부령이 정하는 설치기준을 갖추어야 한다. <개정 2004.12.31, 2005.3.24>

제16조 (결격사유) 다음 각호의 1에 해당하는 자는 보육시설을 설치·운영할 수 없다.

1. 미성년자·금치산자 또는 한정치산자
2. 정신질환자
3. 마약·대마 또는 향정신성의약품중독자
4. 파산자로서 복권되지 아니한 자
5. 금고 이상의 실형을 선고받고 그 집행이 종료(집행이 종료된 것으로 보는 경우를 포함한다)되거나 집행이 면제된 날부터 3년이 경과되지 아니한 자
6. 금고 이상의 형의 집행유예 선고를 받고 그 유예기간중에 있는 자
7. 제45조의 규정에 의하여 보육시설의 폐쇄명령을 받고 1년이 경과되지 아니한 자

제3장 보육시설종사자

제17조 (보육시설종사자의 배치) ①보육시설에는 보육시설종사자를 두어야 한다.

②제1항의 규정에 의한 보육시설종사자의 배치기준 등에 관하여 필요한 사항은 여성가족부령으로 정한다. <개정 2004.12.31, 2005.3.24>

제18조 (보육시설종사자의 직무) ①보육시설의 장은 보육시설을 통할하고 보육교사 그 밖의 종사자를 지도·감독하며 영유아를 보육한다.

②보육교사는 영유아를 보육하고 보육시설의 장이 불가피한 사유로 직무를 수행할 수 없을 때에는 그 직무를 대행한다.

제19조 (보육시설종사자의 임면 등) ①시장·군수 또는 구청장은 보육시설종사

자의 권익보장과 근로여건 개선을 위하여 보육시설종사자의 임면 및 경력 등에 관한 사항을 관리하여야 한다.

②보육시설의 장은 여성가족부령이 정하는 바에 의하여 보육시설종사자의 임면에 관한 사항을 시장·군수·구청장에게 보고하여야 한다. <개정 2004.12.31, 2005.3.24>

제20조 (결격사유) 다음 각호의 1에 해당하는 자는 보육시설에 근무할 수 없다.

1. 제16조 각호의 1에 해당하는 자
2. 제46조 또는 제47조의 규정에 의하여 업무가 정지되거나 자격이 정지중인 자
3. 제48조의 규정에 의하여 자격이 취소된 후 1년이 경과되지 아니한 자

제21조 (보육시설의 장 또는 보육교사의 자격) ①보육시설의 장은 대통령령이 정하는 자격을 가진 자로서 여성가족부장관이 검정·수여하는 자격증을 받은 자이어야 한다. <개정 2005.12.29>

②보육교사는 다음 각호의 1에 해당하는 자로서 여성가족부장관이 검정·수여하는 자격증을 받은 자이어야 한다. <개정 2004.12.31, 2005.3.24>

1. 대학(전문대학을 포함한다) 또는 이와 동등 이상의 학교에서 여성가족부령이 정하는 보육관련 교과목 및 학점을 이수하고 졸업한 자
2. 고등학교 또는 이와 동등 이상의 학교를 졸업한 자로서 여성가족부령이 정하는 교육훈련시설에서 소정의 교육과정을 이수한 자

③제2항의 규정에 의한 보육교사의 등급은 1·2·3급으로 하고, 등급별 자격기준은 대통령령으로 정한다.

제22조 (보육시설의 장 또는 보육교사 자격증의 교부 등) ①여성가족부장관은 제21조제1항 및 제2항의 규정에 따라 보육시설의 장 또는 보육교사의 자격을 검정하고 자격증을 교부하여야 한다. <개정 2005.12.29>

②여성가족부장관은 제1항의 규정에 의한 보육시설의 장 또는 보육교사의 자격증을 교부 또는 재교부받고자 하는 자에게 여성가족부령이 정하는 바에 의하여 수수료를 납부하게 할 수 있다. <개정 2004.12.31, 2005.3.24, 2005.12.29>

③제1항의 규정에 의한 자격의 검정 및 자격증의 교부 등에 관하여 필요한 사항은 여성가족부령으로 정한다. <개정 2004.12.31, 2005.3.24>

제22조의2 (명의대여 등의 금지) 보육시설의 장 또는 보육교사는 다른 사람에게 자기의 성명이나 보육시설의 명칭을 사용하여 보육시설의 장 또는 보육교사의 업무를 수행하게 하거나 자격증을 대여하여서는 아니된다. [본조신설 2005.12.29]

제23조 (보수교육) ①여성가족부장관은 보육시설종사자의 자질향상을 위한 보수교육을 실시하여야 한다. <개정 2004.12.31, 2005.3.24>
②보수교육은 직무교육과 승급교육으로 구분한다.
③여성가족부장관은 제1항의 규정에 의한 보수교육을 대학(전문대학을 포함한다) 또는 여성가족부령이 정하는 전문기관에 위탁하여 실시할 수 있다. <개정 2004.12.31, 2005.3.24>
④제1항의 규정에 의한 보수교육의 기간·방법·내용, 보수교육 실시기관의 위탁 및 위탁의 취소 등에 관하여 필요한 사항은 여성가족부령으로 정한다. <개정 2004.12.31, 2005.3.24>

제4장 보육시설의 운영

제24조 (보육시설의 운영기준 등) ①보육시설을 설치·운영하는 자는 여성가족부령이 정하는 운영기준에 따라 보육시설을 운영하여야 한다. <개정 2004.12.31, 2005.3.24>
②국가 또는 지방자치단체는 제12조의 규정에 의하여 설치된 국·공립보육시설을 법인·단체 또는 개인에게 위탁하여 운영할 수 있다. 이 경우 최초 위탁은 공개경쟁의 방법에 의한다.
③제14조의 규정에 의하여 직장보육시설을 설치한 사업주는 이를 법인·단체 또는 개인에게 위탁하여 운영할 수 있다.
④제2항 및 제3항의 규정에 의한 보육시설 위탁 등에 관하여 필요한 사항은 여성가족부령으로 정한다. <개정 2004.12.31, 2005.3.24>
제25조 (보육시설운영위원회) ①보육시설의 장은 보육시설운영의 자율성과 투명성을 높이고 지역사회와의 연계를 강화하여 지역실정과 특성에 맞는 보육을 실시할 수 있도록 하기 위하여 보육시설에 보육시설운영위원회를 설치·운영할 수 있다. 다만, 제26조의 규정에 따른 취약 보육을 우선적으로 실시하여야 하는 보육시설과 대통령령이 정하는 보육시설은 보육시설운영위원회를 설치·운영하여야 한다.. <개정 2005.12.29>
②보육시설운영위원회는 당해 보육시설의 장, 보육교사 대표, 학부모 대표 및 지역사회인사(직장보육시설의 경우에는 당해 직장의 보육시설 업무 담당자로 한다)로 구성한다. <개정 2005.12.29>
③보육시설의 장은 보육시설운영위원회의 위원정수를 5인 이상 10인 이내의 범위에서 보육시설의 규모 등을 고려하여 정할 수 있다. <개정 2005.12.29>

④보육시설운영위원회는 다음 각 호의 사항을 심의한다. <신설 2005.12.29>

1. 보육시설 운영규정의 제정 또는 개정에 관한 사항
2. 보육시설 예산 및 결산의 보고에 관한 사항
3. 영유아의 건강·영양 및 안전에 관한 사항
4. 보육시간·보육과정의 운영방법 등 보육시설의 운영에 관한 사항
5. 그 밖에 보육시설 운영에 대한 제안 및 건의사항

⑤그 밖에 보육시설운영위원회의 설치·운영에 관하여 필요한 사항은 여성가족부령으로 정한다. <신설 2005.12.29>

第26조 (취약보육의 우선 실시 등) ①국가 또는 지방자치단체와 사회복지법인 그 밖의 비영리법인이 설치한 보육시설과 대통령령이 정하는 보육시설의 장은 영아·장애아 등에 대한 보육(이하 "취약보육"이라 한다)을 우선적으로 실시하여야 한다.

②여성가족부장관, 시·도지사 및 시장·군수·구청장은 취약보육을 활성화하는데 필요한 각종 시책을 수립·시행하여야 한다. <개정 2004.12.31, 2005.3.24>

③취약보육의 종류 및 실시 등에 관하여 필요한 사항은 여성가족부령으로 정한다. <개정 2004.12.31, 2005.3.24>

第27조 (보육시설 이용대상) 보육시설의 이용대상은 보육이 필요한 영유아를 원칙으로 한다. 다만, 필요한 경우 보육시설의 장은 만 12세까지 연장하여 보육할 수 있다.

第28조 (보육의 우선 제공) ①국가 또는 지방자치단체와 사회복지법인 그 밖의 비영리법인이 설치한 보육시설과 대통령령이 정하는 보육시설의 장은 다음 각 호의 어느 하나에 해당하는 자가 우선적으로 보육시설을 이용할 수 있도록 하여야 한다. 다만, 고용정책기본법 제21조제2항의 규정에 의하여 고용촉진시설의 설치·운영을 위임 또는 위탁받은 지방자치단체의 장, 공공단체 또는 비영리법인이 설치·운영하는 시설의 장은 근로자의 자녀가 우선적으로 보육시설을 이용하게 할 수 있다. <개정 2004.12.31, 2005.3.24, 2005.12.29>

1. 「국민기초생활보장법」에 따른 수급자
2. 「모·부자복지법」 제5조의 규정에 의한 보호대상자의 자녀
3. 「국민기초생활보장법」 제24조의 규정에 의한 차상위계층의 자녀
4. 「장애인복지법」 제2조의 규정에 의한 장애인 중 여성가족부령이 정하는 장애등급 이상에 해당하는 자의 자녀
5. 그 밖에 소득수준 등을 고려하여 여성가족부령이 정하는 자의 자녀

②사업주는 사업장 근로자의 자녀가 우선적으로 직장보육시설을 이용할 수

있도록 하여야 한다.

第29조 (보육과정) ①보육과정은 영유아의 신체·정서·언어·사회성 및 인지적 발달을 도모할 수 있는 내용을 포함하여야 한다.

②여성가족부장관은 표준보육과정을 개발·보급하여야 하며 필요시 그 내용을 검토하여 수정·보완하여야 한다. <개정 2004.12.31, 2005.3.24>

③보육시설의 장은 제2항의 규정에 의한 표준보육과정에 따라 영유아를 보육하도록 노력하여야 한다.

④제1항의 규정에 의한 보육과정의 구체적인 내용은 여성가족부령으로 정한다. <개정 2004.12.31, 2005.3.24>

第29조의2 (보육시설생활기록) 보육시설의 장은 영유아의 발달 등을 종합적으로 관찰·평가하여 영유아생활지도 및 초등학교 교육과의 연계지도에 활용할 수 있도록 하기 위하여 여성가족부장관이 정하는 기준에 따라 생활기록부를 작성·관리하여야 한다. <개정 2004.12.31, 2005.3.24>

第30조 (보육시설 평가인증) ①여성가족부장관은 보육서비스의 질적 수준 향상을 위하여 보육시설에 대한 평가인증을 실시할 수 있다. <개정 2004.12.31, 2005.3.24>

②여성가족부장관은 제1항의 규정에 의한 보육시설 평가인증에 관한 업무를 공공 또는 민간 기관·단체 등에 위탁하여 실시할 수 있다. <개정 2004.12.31, 2005.3.24>

③보육시설 평가인증의 실시 등에 관하여 필요한 사항은 여성가족부령으로 정한다. <개정 2004.12.31, 2005.3.24>

④여성가족부장관은 제1항의 규정에 의한 평가인증을 받고자 하는 보육시설 설치·운영자에게 여성가족부령이 정하는 바에 따라 평가인증에 필요한 비용을 납부하게 할 수 있다. <개정 2004.12.31, 2005.3.24>

⑤여성가족부장관은 제1항의 규정에 의한 평가인증의 결과에 따라 보육사업 실시에 필요한 지원을 할 수 있다. <개정 2004.12.31, 2005.3.24>

제5장 건강 · 영양 및 안전

第31조 (건강관리 및 응급조치) ①보육시설의 장은 영유아와 보육시설종사자에 대하여 정기적으로 건강진단을 실시하는 등 건강관리를 하여야 한다.

②보육시설의 장은 영유아에게 질병·사고 또는 재해 등으로 인하여 위급상태가 발생한 경우 즉시 응급의료기관에 이송하여야 한다.

③제1항의 규정에 의한 건강진단 등에 관하여 필요한 사항은 여성가족부령으로 정한다. <개정 2004.12.31, 2005.3.24>

第32조 (치료 및 예방조치) ①보육시설의 장은 제31조의 규정에 의한 건강진단 결과 질병에 감염되었거나 감염될 우려가 있는 영유아에 대하여 그 보호자와 협의하여 질병의 치료 및 예방에 필요한 조치를 하여야 한다.

②보육시설의 장은 제1항의 조치를 위하여 필요한 때에는 지역보건법 제7조 및 제10조의 규정에 의한 보건소 및 보건지소 그리고 의료법 제3조의 규정에 의한 의료기관에 협조를 구할 수 있다.

③제2항의 규정에 의하여 협조를 요청받은 보건소·보건지소 및 의료기관의 장은 적절한 조치를 취하여야 한다.

第33조 (급식관리) 보육시설의 장은 영유아에게 여성가족부령이 정하는 바에 의하여 균형 있고 위생적이며 안전한 급식을 하여야 한다. <개정 2004.12.31, 2005. 3.24>

제6장 비 용

第34조 (비용의 부담) ①국가 또는 지방자치단체는 국민기초생활보장법에 의한 수급자와 여성가족부령이 정하는 일정소득 이하 가구의 자녀 등의 보육에 필요한 비용의 전부 또는 일부를 부담하여야 한다. <개정 2004.12.31, 2005.3.24>

②제1항의 규정에 의한 보육에 필요한 비용은 가구의 소득수준·거주지역 등을 고려하여 차등 지원할 수 있다.

第35조 (무상보육의 특례) ①초등학교 취학직전 1년의 유아 및 장애아에 대한 보육은 무상으로 하되, 대통령령이 정하는 바에 의하여 순차적으로 실시한다.

②제1항의 규정에 의한 무상보육 실시에 드는 비용은 대통령령이 정하는 바에 의하여 국가 및 지방자치단체가 부담 또는 보조하여야 한다.

③제12조 후단의 규정에 불구하고 국가 및 지방자치단체는 제1항의 규정에 의한 무상보육을 받고자 하는 유아 및 장애아를 보육하기 위하여 필요한 보육시설을 설치·운영하여야 한다.

第36조 (비용의 보조 등) ①국가 또는 지방자치단체는 대통령령이 정하는 바에 의하여 제10조의 규정에 의한 보육시설의 설치, 보육교사의 인건비, 초과보육 운영경비 등 운영에 소요되는 경비 또는 보육정보센터의 설치·운영, 보육시설 종사자의 복지증진, 취약보육의 실시등 보육사업에 소요되는 비용의 전부 또는 일부를 보조한다.

제37조 (사업주의 비용부담) 제14조의 규정에 의하여 보육시설을 설치한 사업주는 대통령령이 정하는 바에 의하여 그 보육시설의 운영 및 보육에 필요한 비용의 전부 또는 일부를 부담하여야 한다.

제38조 (보육료 등의 수납) 제12조 내지 제14조의 규정에 의하여 보육시설을 설치·운영하는 자는 당해 보육시설의 소재지를 관할하는 시·도지사가 정하는 범위안에서 그 시설을 이용하는 자로부터 보육료 그 밖의 필요경비 등을 수납할 수 있다. 다만, 시·도지사는 필요시 보육시설 유형과 지역적 여건을 고려하여 그 기준을 다르게 정할 수 있다.

제39조 (세제지원) ①제14조 및 제37조의 규정에 의하여 사업주가 직장보육시설을 설치·운영하거나 보육수당 지급에 소요되는 비용과 보호자가 영유아의 보육을 위하여 지출한 보육료 그 밖의 보육에 소요되는 비용에 관하여는 조세특례제한법이 정하는 바에 의하여 조세를 감면한다.

②제10조제3호의 직장보육시설을 제외한 보육시설의 운영비에 대하여도 조세특례제한법이 정하는 바에 의하여 조세를 감면한다.

제40조 (비용 및 보조금의 반환명령) 국가 또는 지방자치단체는 보육시설의 설치·운영자, 보육정보센터의 장, 교육훈련 위탁실시자 등이 다음 각호의 1에 해당하는 때에는 이미 교부한 비용 및 보조금의 전부 또는 일부의 반환을 명할 수 있다.

1. 시설운영이 정지·폐쇄 또는 취소된 때
2. 사업의 목적외에 보조금을 사용한 때
3. 거짓 그 밖의 부정한 방법으로 보조금의 교부를 받은 때
4. 이 법 또는 이 법에 의한 명령을 위반한 때

제7장 지도 및 감독

제41조 (지도와 명령) 여성가족부장관, 시·도지사 및 시장·군수·구청장은 보육사업의 원활한 수행을 위하여 보육시설 설치·운영자 및 보육시설종사자에 대하여 필요한 지도와 명령을 할 수 있다. <개정 2004.12.31, 2005.3.24>

제42조 (보고와 검사) ①여성가족부장관, 시·도지사 또는 시장·군수·구청장은 보육시설을 설치·운영하는 자로 하여금 당해 시설에 관하여 필요한 보고를 하게 하거나 관계공무원으로 하여금 당해 시설의 운영상황을 조사하게 하거나 장부 및 그 밖의 서류를 검사하게 할 수 있다. <개정 2004.12.31, 2005.3.24>

②제1항의 규정에 의하여 관계공무원이 그 직무를 행하는 때에는 그 권한을 표시하는 증표를 지니고 이를 관계인에게 내보여야 한다.

제43조 (보육시설의 폐지·휴지 및 재개 등의 신고) ①제13조제1항의 규정에 의하여 인가된 보육시설을 폐지 또는 휴지하거나 그 운영을 재개하고자 하는 자는 여성가족부령이 정하는 바에 의하여 미리 시장·군수·구청장에게 신고하여야 한다. <개정 2004.12.31, 2005.3.24>

②보육시설의 장은 보육시설이 폐지 또는 휴지되는 경우에는 여성가족부령이 정하는 바에 의하여 당해 보육시설에 보육중인 영유아를 다른 보육시설로 전원조치하는 등 영유아의 권익을 보호하기 위한 조치를 취하여야 한다. <개정 2004.12 . 31, 2005.3.24>

제44조 (시정 또는 변경 명령) 여성가족부장관, 시·도지사 또는 시장·군수·구청장은 보육시설이 다음 각호의 1에 해당하는 경우에는 보육시설의 장 또는 그 설치·운영자에게 기간을 정하여 그 시정 또는 변경을 명할 수 있다. <개정 2004.12.31, 2005.3.24>

1. 제13조제1항의 규정에 의한 변경인가를 받지 아니하고 보육시설을 운영하는 경우
2. 제15조의 규정에 의한 보육시설의 설치기준을 위반한 경우
3. 제17조의 규정에 의한 보육시설종사자의 배치기준을 위반한 경우
4. 제24조제1항의 규정에 의한 보육시설의 운영기준을 위반한 경우
5. 제38조의 규정에 의한 보육료 등의 수납한도액을 초과하여 수납한 경우
6. 제42조의 규정에 의한 보고를 하지 아니하거나 거짓으로 보고한 경우 또는 조사·검사를 거부하거나 기피한 경우
7. 제43조제1항의 규정에 의한 신고를 하지 아니하고 보육시설을 폐지 또는 휴지하거나 그 운영을 재개한 경우
8. 그 밖에 이 법 또는 이 법에 의한 명령을 위반한 경우

제45조 (보육시설의 폐쇄 등) ①여성가족부장관, 시·도지사 및 시장·군수·구청장은 보육시설을 설치·운영하는 자가 다음 각호의 1에 해당하는 경우에는 1년 이내의 시설운영정지를 명하거나 시설의 폐쇄를 명할 수 있다. <개정 2004.12.31, 2005.3.24>

1. 제36조의 규정에 의하여 비용을 보조받은 자가 사실을 거짓으로 보고하여 보조를 받았거나 보조금을 유용하였을 경우
2. 제40조의 규정에 의한 비용 또는 보조금의 반환명령을 받고 이를 반환하지 아니한 경우
3. 제44조의 규정에 의한 시정 또는 변경 명령을 위반한 경우

②제1항의 규정에 의한 행정처분의 세부기준은 여성가족부령으로 정한다. <개정 2004.12.31, 2005.3.24>

제46조 (보육시설의 장의 자격정지) 여성가족부장관은 보육시설의 장이 다음 각호의 1에 해당하는 경우에는 1년 이내의 범위에서 여성가족부령이 정하는 바에 의하여 그 자격을 정지시킬 수 있다. <개정 2004.12.31, 2005.3.24, 2005.12.29>

1. 보육시설의 장의 업무수행중 고의 또는 중대한 과실로 손해를 가한 경우
2. 보육교사·간호사 또는 영양사 등 당해 업무수행에 필요한 자격이 없는 자를 채용하여 해당 업무를 수행하게 한 경우
3. 제23조의 규정에 의한 보수교육을 연속하여 3회 이상 받지 아니한 경우

제47조 (보육교사의 자격정지) 여성가족부장관은 보육교사가 다음 각호의 1에 해당하는 경우에는 1년 이내의 범위에서 여성가족부령이 정하는 바에 의하여 그 자격을 정지시킬 수 있다. <개정 2004.12.31, 2005.3.24>

1. 보육교사의 업무수행중 당해 자격과 관련하여 고의 또는 중대한 과실로 손해를 가한 경우
2. 제23조의 규정에 의한 보수교육을 연속하여 3회 이상 받지 아니한 경우

제48조 (보육시설의 장 또는 보육교사의 자격취소) 여성가족부장관은 보육시설의 장 또는 보육교사가 다음 각호의 1에 해당하는 경우에는 그 자격을 취소할 수 있다. <개정 2004.12.31, 2005.3.24, 2005.12.29>

1. 거짓 그 밖의 부정한 방법으로 자격증을 취득한 경우
2. 자격취득자가 업무수행중 당해 자격과 관련하여 고의 또는 중대한 과실로 손해를 가하고 금고 이상의 형의 선고를 받은 경우
3. 아동복지법 제29조의 금지행위를 위반하여 동법 제40조의 규정에 의한 처벌을 받은 경우
4. 제22조의2의 규정을 위반한 경우
5. 자격정지처분기간 종료후 3년 이내에 자격정지처분에 해당하는 행위를 한 경우
6. 자격정지처분을 받고도 동 기간 이내에 자격증을 사용하여 자격관련 업무를 행한 경우
7. 자격정지처분을 3회 이상 받은 경우

제49조 (청문) 여성가족부장관, 시·도지사 및 시장·군수·구청장은 제45조 내지 제48조의 규정에 의한 행정처분을 하고자 하는 경우에는 청문을 실시하여야 한다. 다만, 청문대상자가 정당한 사유없이 이에 응하지 아니하거나 청문이 사실상 불가능한 경우에는 그러하지 아니하다. <개정 2004.12.31, 2005.3.24>

제8장 보 칙

제50조 (경력의 인정) ①보육시설에 근무하는 자중 유아교육법에 의한 유치원 교원의 자격을 가진 자에 대하여는 동 시설에서의 근무경력을 유아교육법에 의한 교육경력으로 인정한다.

②유치원(유아교육법 제2조제6호의 규정에 의한 종일제 수업과정을 운영하고 있는 유치원에 한한다)에 근무하는 자중 이 법에 의한 보육교사의 자격을 가진 자에 대하여는 동 시설에서의 근무경력을 이 법에 의한 보육경력으로 인정한다.

제51조 (권한의 위임 및 위탁) ①여성가족부장관 또는 시·도지사는 이 법에 의한 권한의 일부를 대통령령이 정하는 바에 의하여 시·도지사 또는 시장·군수·구청장에게 위임할 수 있다. <개정 2004.12.31, 2005.3.24>

②여성가족부장관은 이 법에 의한 업무의 일부를 대통령령이 정하는 바에 의하여 법인 또는 단체에 위탁할 수 있다. <개정 2004.12.31, 2005.3.24>

제52조 (도서·벽지·농어촌지역 등의 보육시설) ①시장·군수·구청장은 도서·벽지·농어촌지역 등에 있는 보육시설로서 제15조의 규정에 따른 보육시설의 설치기준 및 제17조제2항의 규정에 따른 보육시설종사자의 배치기준을 적용하기 어렵다고 인정하는 경우에는 제6조의 규정에 따른 지방보육정책위원회의 심의를 거쳐 관할 시·도지사의 승인을 얻어 이를 달리 적용할 수 있다.

②제1항의 규정에 따른 도서·벽지·농어촌지역 등의 구체적인 범위, 보육시설의 설치기준 및 보육시설종사자의 배치기준은 여성가족부령으로 정한다. <개정 2005.3.24> [전문개정 2004.12.31]

제53조 (보육시설연합회) ①보육사업의 원활한 추진과 보육시설의 균형적인 발전, 보육시설간의 정보교류 및 상호협조 증진을 위하여 보육시설연합회(이하 "연합회"라 한다)를 설립할 수 있다.

②연합회의 조직·운영 및 기능 등에 관하여 필요한 사항은 여성가족부령으로 정한다. <개정 2004.12.31, 2005.3.24>

제9장 벌 칙

제54조 (벌칙) ①제36조의 규정에 따라 비용을 보조받은 자가 사실을 거짓으로 보고하여 보조를 받았거나 보조금을 유용하였을 경우 3년 이하의 징역 또는 1천만원 이하의 벌금에 처한다.

②다음 각호의 1에 해당하는 자는 1년 이하의 징역 또는 500만원 이하의 벌금에 처한다. <개정 2005.12.29>

1. 제13조제1항의 규정에 의한 설치인가를 받지 아니하고 보육시설의 명칭을 사용하거나 사실상 보육시설의 형태로 운영한 자

1의2. 거짓 그 밖의 부정한 방법으로 제13조제1항의 규정에 따른 보육시설의 설치인가 또는 변경인가를 받은 자

1의3. 제22조의2의 규정을 위반하여 자기의 성명이나 보육시설의 명칭을 사용하여 보육시설의 장 또는 보육교사의 업무를 수행하게 하거나 자격증을 대여한 자 및 그 상대방

2. 제45조제1항의 규정에 의한 정지명령 또는 시설의 폐쇄명령을 위반하여 사업을 계속한 자

제55조 (양벌규정) 법인의 대표자나 법인 또는 개인의 대리인·사용인 그 밖의 종사자가 그 법인 또는 개인의 업무에 관하여 제54조의 위반행위를 한 때에는 그 행위자를 벌하는 외에 그 법인 또는 개인에 대하여도 동조의 벌금형을 과한다.

제56조 (과태료) ①제43조제1항의 규정에 의한 신고를 하지 아니하고 보육시설을 폐지 또는 휴지하거나 그 운영을 재개한 자는 500만원 이하의 과태료에 처한다.

②다음 각호의 1에 해당하는 자는 300만원 이하의 과태료에 처한다. <개정 2005.12.29>

1. 제26조제1항의 규정에 의한 취약보육을 우선적으로 실시하지 아니한 자
2. 제28조제1항 각 호에 해당하는 자를 우선적으로 보육하지 아니한 자
3. 제31조의 규정에 의한 건강진단실시 또는 응급조치 등을 이행하지 아니한 자

③제1항 및 제2항의 규정에 의한 과태료는 대통령령이 정하는 바에 따라 여성가족부장관, 시·도지사 또는 시장·군수·구청장(이하 "부과권자"라 한다)이 부과·징수한다. <개정 2004.12.31, 2005.3.24>

④제3항의 규정에 의한 과태료처분에 불복이 있는 자는 그 처분의 고지를 받은 날부터 30일 이내에 부과권자에게 이의를 제기할 수 있다.

⑤제3항의 규정에 의한 과태료처분을 받은 자가 제4항의 규정에 의한 이의를 제기한 때에는 부과권자는 지체없이 관할법원에 그 사실을 통보하여야 하며, 그 통보를 받은 관할법원은 비송사건절차법에 의한 과태료의 재판을 한다.

⑥제4항의 규정에 의한 기간 이내에 이의를 제기하지 아니하고 과태료를 납부하지 아니한 때에는 국세체납처분 또는 지방세체납처분의 예에 의하여 이를

징수한다.

부　칙 <제7153호,2004.1.29>

제1조 (시행일) 이 법은 공포후 1년이 경과한 날부터 시행한다.

제2조 (보육정보센터 및 보육지도원에 관한 경과조치) 이 법 시행 당시 종전의 규정에 의한 보육정보센터 및 보육지도원은 각각 이 법에 의한 보육정보센터 및 보육전문요원으로 본다.

제3조 (보육교사 등에 관한 경과조치) ①이 법 시행 당시 종전의 규정에 의한 보육시설의 장 및 보육교사의 자격은 이 법에 의한 자격으로 인정한다.

②제1항의 규정에 의하여 보육교사의 자격을 인정받은 자 및 이 법 시행 당시 종전의 제9조제2항제1호의 규정에 의한 학과를 전공중인 자는 그 학과를 졸업했을 경우와 제9조제2항제2호의 규정에 의한 교육과정을 이수중인 자는 그 과정을 수료했을 경우에 이 법에 의한 자격을 인정한다.

③제1항 또는 제2항의 규정에 의하여 자격을 인정받은 자에게는 제22조의 규정에 의한 자격증을 교부할 수 있다.

제4조 (보육시설에 관한 경과조치) 이 법 시행 당시 종전의 규정에 의하여 신고한 보육시설은 이 법에 의하여 인가를 받은 것으로 본다.

제5조 (보육시설연합회에 관한 경과조치) 이 법 시행 당시 종전의 규정에 의한 보육시설연합회는 이 법에 의한 보육시설연합회로 본다.

제6조 (행정처분 등에 대한 경과조치) 이 법 시행 당시 종전의 규정에 의하여 행정기관 등이 행한 명령 그 밖의 행위 또는 각종 신고 그 밖의 행정기관 등에 대한 행위는 이 법에 의한 행정기관 등의 행위 또는 행정기관 등에 대한 행위로 본다.

제7조 (벌칙에 관한 경과조치) 이 법 시행전의 행위에 대한 벌칙의 적용에 있어서는 종전의 규정에 의한다.

제8조 (다른 법률과의 관계) 이 법 시행 당시 다른 법령에서 종전의 영유아보육법의 규정을 인용한 경우에는 이 법중 그에 해당하는 규정이 있는 때에는 종전의 규정에 갈음하여 이 법의 해당 조항을 인용한 것으로 본다.

부 칙 <제7302호,2004.12.31>

이 법은 2005년 1월 30일부터 시행한다.

부 칙 (정부조직법) <제7413호,2005.3.24>

제1조 (시행일) 이 법은 공포한 날부터 시행한다. 다만, 다음 각호의 사항은 각호의 구분에 의한 날부터 시행한다.

1. 제26조…부칙 제2조 내지 제4조의 규정은 이 법 공포 후 3월 이내에 제42조의 개정규정에 의한 여성가족부의 조직에 관한 대통령령이 시행되는 날
2. 생략

제2조 생략

제3조 (다른 법률의 개정) ①내지 ⑩생략

⑪영유아보육법 일부를 다음과 같이 개정한다.

제5조제3항제1호중 "여성부차관"을 "여성가족부차관"으로 한다.

제6조제1항 본문중 "여성부"를 "여성가족부"로 한다.

제7조제1항 전단·제3항, 제8조제1항, 제9조제1항, 제11조제1항·제2항, 제21조제2항 각호외의 부분, 제22조제1항·제2항, 제23조제1항·제3항, 제26조제2항, 제29조제2항, 제29조의2, 제30조제1항·제2항·제4항·제5항, 제41조, 제42조제1항, 제44조 각호외의 부분, 제45조제1항 각호외의 부분, 제46조 각호외의 부분, 제47조 각호외의 부분, 제48조 각호외의 부분, 제49조 본문, 제51조제1항·제2항 및 제56조제3항중 "여성부장관"을 각각 "여성가족부장관"으로 한다.

제9조제2항, 제13조제2항, 제14조제2항, 제15조, 제17조제2항, 제19조제2항,21조제2항제1호·제2호, 제22조제2항·제3항, 제23조제3항·제4항, 제24조제1항·제4항, 제25조제3항, 제26조제3항, 제28조제1항 본문, 제29조제4항, 제30조제3항·제4항, 제31조제3항, 제33조, 제34조제1항, 제43조제1항·제2항, 제45조제2항, 제46조 각호외의 부분, 제47조 각호외의 부분, 제52조제2항 및 제53조제2항중 "여성부령"을 각각 "여성가족부령"으로 한다.

⑫내지 ⑭생략

제4조 생략

부　　칙 <제7785호,2005.12.29>

①(시행일) 이 법은 공포 후 3월이 경과한 날부터 시행한다. 다만, 제21조제1항, 제22조제1항·제2항, 제22조의2, 제46조, 제48조 및 제54조제2항의 개정규정은 공포 후 1년이 경과한 날부터 시행한다.

②(보육시설의 장에 관한 경과조치) 이 법 시행당시 종전의 규정에 따라 보육시설의 장의 자격이 있는 자는 제21조제1항의 개정규정에 따른 보육시설의 장의 자격증을 받은 자로 본다. 이 경우 제21조제1항의 개정규정의 시행 후 1년 이내에 제21조제1항의 개정규정에 따른 요건을 갖추어야 한다.

영유아보육법시행령

제정 1991. 8. 1 대통령령제13444호
개정 1993.12. 6 대통령령제14015호(행정권한의위임및위탁에관한규정)
1994.12.23 대통령령제14446호(보건복지부와그소속기관직제)
1995. 5.19 대통령령제14652호
1996. 2.22 대통령령제14920호(교육법시행령)
1997.12.31 대통령령제15598호
1998. 5. 6 대통령령제15791호
1999. 4.24 대통령령제16263호
2001. 1.29 대통령령제17115호(교육인적자원부와그소속기관직제)
2004. 5.24 대통령령제18394호(보건복지부와그소속기관직제)
전문개정 2005. 1.29 대통령령제18691호
개정 2005. 6.23 대통령령제18873호(여성가족부 직제)
2006. 4.13 대통령령제19446호

제1조 (목적) 이 영은 「영유아보육법」에서 위임된 사항과 그 시행에 관하여 필요한 사항을 규정함을 목적으로 한다.

제2조 (보육정책조정위원회 위원의 임기) 「영유아보육법」(이하 "법"이라 한다) 제5조제1항의 규정에 의하여 국무총리소속하에 두는 보육정책조정위원회(이하 "보육정책조정위원회"라 한다)의 위원중 동조제3항제2호의 규정에 의한 공무원이 아닌 위원의 임기는 2년으로 하되 연임할 수 있다. 다만, 위원의 사임 등의 사유로 새로이 위촉된 위원의 임기는 전임위원의 잔여임기로 한다.

제3조 (보육정책조정위원회의 운영 등) ①보육정책조정위원회의 위원장은 보육정책조정위원회를 대표하며 보육정책조정위원회의 업무를 통할한다.

②보육정책조정위원회의 부위원장은 여성가족부차관이 되고, 위원장을 보좌하며, 위원장이 부득이한 사유로 직무를 수행할 수 없는 때에는 그 직무를 대행한다. <개정 2005.6.23>

③보육정책조정위원회의 사무를 처리하기 위하여 보육정책조정위원회에 간사 1인을 두되, 간사는 여성가족부에서 보육정책을 담당하는 국장이 된다. <개정 2005.6.23>

④간사는 보육정책조정위원회의 회의에 출석하여 발언할 수 있다.

제4조 (보육정책조정위원회의 회의) ①보육정책조정위원회의 회의는 위원장이

필요하다고 인정하거나 재적위원 3분의 1 이상의 회의소집 요청이 있는 때에 위원장이 이를 소집한다.

②보육정책조정위원회의 회의는 재적위원 과반수의 출석으로 개의하고 출석위원 과반수의 찬성으로 의결한다.

③위원장은 업무수행을 위하여 필요하다고 인정하는 경우에는 관계기관·단체 등에 대하여 관련자료 또는 의견의 제출 등을 요청할 수 있다.

④보육정책조정위원회의 회의에 출석한 위원에 대하여는 예산의 범위안에서 수당과 여비를 지급할 수 있다. 다만, 공무원인 위원이 그 소관 업무와 직접적으로 관련되어 출석하는 경우에는 그러하지 아니하다.

第5조 (보육정책조정위원회의 운영세칙) 이 영에서 정한 것외에 보육정책조정위원회의 운영에 관하여 필요한 사항은 보육정책조정위원회의 의결을 거쳐 위원장이 정한다.

第6조 (보육정책위원회의 구성) ①법 제6조제1항 본문의 규정에 의하여 여성가족부에 두는 중앙보육정책위원회(이하 "중앙보육정책위원회"라 한다)는 위원장 및 부위원장 각 1인을 포함한 20인 이내의 위원으로 구성하고, 특별시·광역시·도 및 시·군·구(자치구를 말한다. 이하 같다)에 두는 지방보육정책위원회(이하 "지방보육정책위원회"라 한다)는 위원장 및 부위원장 각 1인을 포함한 15인 이내의 위원으로 구성한다. <개정 2005.6.23>

②중앙보육정책위원회의 위원장은 여성가족부차관이 되고, 부위원장은 위원중에서 호선하며, 위원은 법 제6조제2항의 규정에 의한 보육전문가, 보육시설의 장 및 보육교사 대표, 보호자 대표 또는 공익을 대표하는 자중에서 여성가족부장관이 위촉하는 자와 여성가족부에서 보육정책을 담당하는 국장이 된다. <개정 2005.6.23>

③지방보육정책위원회의 위원장 및 부위원장은 위원중에서 호선하며, 위원은 법 제6조제2항의 규정에 의한 보육전문가, 보육시설의 장 및 보육교사 대표, 보호자 대표 또는 공익을 대표하는 자, 관계공무원중에서 당해 지방보육정책위원회가 속하는 지방자치단체의 장이 위촉 또는 임명하는 자가 된다.

第7조 (보육정책위원회의 기능) ①중앙보육정책위원회는 다음의 사항을 심의한다.

1. 법 제11조의 규정에 의한 보육계획 및 이 영 제19조제2항의 규정에 의한 연도별 시행계획의 수립에 관한 사항
2. 법 제29조의 규정에 의한 보육과정의 개발에 관한 사항
3. 법 제30조의 규정에 의한 보육시설의 평가에 관한 사항
4. 그 밖에 보육관련 업무의 위탁 등 보육에 관하여 위원장이 회의에 부치는

사항

②지방보육정책위원회는 다음의 사항을 심의한다.

1. 법 제7조제3항의 규정에 의한 보육정보센터의 설치 및 운영 위탁에 관한 사항
2. 법 제11조의 규정에 의한 보육계획 및 이 영 제19조제2항의 규정에 의한 연도별 시행계획의 수립에 관한 사항
3. 법 제21조제2항제2호의 규정에 의한 교육훈련시설의 지정에 관한 사항
4. 법 제23조제3항의 규정에 의한 보수교육의 실시 위탁에 관한 사항
5. 법 제24조의 규정에 의한 공립보육시설의 설치 및 운영 위탁에 관한 사항
6. 법 제38조의 규정에 의한 보육시설 이용자가 납부할 보육료 등에 관한 사항
7. 법 제46조의 규정에 의한 보육시설 장의 업무정지 및 법 제47조의 규정에 의한 보육교사의 자격정지에 관한 사항
8. 법 제52조의 규정에 의한 도서·벽지·농어촌 등의 보육시설 설치기준 및 보육시설종사자의 배치기준에 관한 사항
9. 그 밖에 보육에 관하여 위원장이 회의에 부치는 사항

제8조 (보육정책위원회 위원의 임기) 중앙보육정책위원회 및 지방보육정책위원회(이하 "각 보육정책위원회"라 한다)의 위원중 민간 위원의 임기는 2년으로 하되, 1차에 한하여 연임할 수 있다. 다만, 위원의 사임 등의 사유로 새로이 위촉된 위원의 임기는 전임위원의 잔여임기로 한다.

제9조 (보육정책위원회의 운영 등) ①각 보육정책위원회의 위원장은 당해 위원회를 대표하며, 위원회의 업무를 통할한다.

②각 보육정책위원회의 부위원장은 위원장을 보좌하며, 위원장이 부득이한 사유로 직무를 수행할 수 없는 때에는 그 직무를 대행한다.

③각 보육정책위원회의 사무를 처리하기 위하여 각 보육정책위원회에 간사 1인을 두되, 간사는 각 보육정책위원회가 속하는 기관 및 지방자치단체의 장이 소속 공무원중에서 지명하는 자로 한다. 이 경우 간사는 회의록을 작성하여야 한다.

제10조 (보육정책위원회의 회의) ①각 보육정책위원회의 회의는 각 보육정책위원회가 속하는 기관·지방자치단체의 장 또는 재적위원 3분의 1 이상의 회의소집 요청이 있거나 위원장이 필요하다고 인정하는 때에 위원장이 소집한다.

②각 보육정책위원회의 회의는 재적위원 과반수의 출석으로 개의하고 출석위원 과반수의 찬성으로 의결한다.

③제4조제4항의 규정은 각 보육정책위원회의 회의에 출석한 위원에 대한 수

당 및 여비의 지급 등에 관하여 이를 준용한다.

④각 보육정책위원회의 회의결과와 회의내용은 공개함을 원칙으로 한다. 이 경우 공개의 방법은 각 보육정책위원회의 운영세칙으로 정한다.

제11조 (보육정책위원회의 운영세칙) 제5조의 규정은 각 보육정책위원회의 운영세칙에 관하여 이를 준용한다.

제12조 (보육정보센터의 설치) 법 제7조제1항의 규정에 의하여 여성가족부장관이 설치·운영하는 중앙보육정보센터(이하 "중앙보육정보센터"라 한다)와 특별시장·광역시장·도지사(이하 "시·도지사"라 한다) 및 시장·군수·구청장(자치구의 구청장을 말한다. 이하 같다)이 설치·운영하는 지방보육정보센터(이하 "지방보육정보센터"라 한다)에는 자료실, 상담실 및 교육실 등을 두어야 한다. <개정 2005.6.23>

제13조 (보육정보센터의 기능) ①중앙보육정보센터 및 지방보육정보센터(이하 "각 보육정보센터"라 한다)는 다음의 기능을 수행한다.

1. 보육에 관한 정보의 수집 및 제공
2. 보육 프로그램 및 교재·교구의 제공 또는 대여
3. 보육시설 종사자에 대한 상담 및 구인·구직 정보의 제공
4. 보육시설 이용자에 대한 안내·상담 및 교육
5. 장애아보육 등 취약보육에 대한 정보의 제공
6. 육아지원에 대한 정보의 제공
7. 그 밖에 보육시설 운영지원 등에 관하여 필요한 사항

②중앙보육정보센터는 지방보육정보센터의 업무를 지원하고, 지방보육정보센터는 관할지역내의 보육시설과 보육수요자에 대하여 지역특성에 기초한 서비스를 제공하여야 한다.

제14조 (보육정보센터의 장의 자격 및 직무) ①각 보육정보센터의 장은 제15조제1항의 규정에 의한 보육전문요원의 자격을 취득한 이후 보육업무에 2년 이상 종사한 경력이 있는 자로 한다.

②각 보육정보센터의 장은 당해 보육정보센터를 대표하고 그 업무를 통할한다.

③각 보육정보센터의 장은 상근을 원칙으로 한다.

제15조 (보육전문요원의 자격 및 직무) ①법 제7조제2항의 규정에 의한 보육전문요원은 다음의 어느 하나에 해당하는 자격을 가진 자로 한다.

1. 별표 1의 규정에 의한 보육교사 1급 자격을 가진 자
2. 「사회복지사업법」에 의한 사회복지사 1급 자격을 취득한 이후 보육업무에 3년 이상 종사한 경력이 있는 자

②보육전문요원은 제13조의 규정에 의한 보육정보센터의 업무를 수행하고, 보육정보센터의 장이 부득이한 사유로 직무를 수행할 수 없는 때에는 선임 보육전문요원이 보육정보센터의 장의 직무를 대행한다.

제16조 (보육정보센터 운영업무의 위탁) ①여성부장관, 시·도지사 및 시장·군수·구청장은 법 제7조제3항의 규정에 의하여 보육정보센터의 운영에 관한 업무를 다음 각호의 어느 하나에 해당하는 연구기관이나 법인 또는 단체 등으로서 보육에 관한 전문성과 인력 및 장비를 갖춘 연구기관이나 법인 또는 단체에 위탁할 수 있다. 이 경우 여성가족부장관, 시·도지사 및 시장·군수·구청장은 수탁기관 및 위탁업무의 내용을 고시하여야 한다. <개정 2005.6.23>

1. 「정부출연연구기관 등의 설립·운영 및 육성에 관한 법률」에 의하여 설립된 정부출연연구기관
2. 보육 또는 아동복지 관련 학과가 개설된 대학
3. 그 밖에 보육관련 비영리법인·단체

②여성가족부장관, 시·도지사 및 시장·군수·구청장은 제1항의 규정에 의하여 보육정보센터의 운영에 관한 업무를 위탁하고자 하는 경우 미리 위탁의 기준, 절차 및 방법 등을 자체 게시판이나 인터넷 홈페이지를 이용하여 공고하여야 한다. <개정 2005.6.23>

③보육정보센터의 위탁신청절차, 신청서류, 수탁기관 선정, 수탁기관 변경 사유 등에 관하여 필요한 사항은 여성가족부령으로 정한다. <개정 2005.6.23>

제17조 (보육정보센터 운영업무 위탁의 취소) 여성가족부장관, 시·도지사 및 시장·군수·구청장은 다음의 어느 하나에 해당하는 사유가 발생한 때에는 보육정보센터 운영업무의 위탁을 취소할 수 있다. <개정 2005.6.23>

1. 수탁기관이 법 제36조의 규정에 의하여 지급받은 보조금을 목적외의 용도에 사용한 때
2. 수탁기관이 허위 그 밖에 부정한 방법으로 법 제36조의 규정에 의한 보조금을 교부받은 때
3. 수탁기관이 제13조의 규정에 의한 보육정보센터의 기능을 제대로 수행하지 못한다고 판단될 때
4. 수탁기관이 파산 또는 해산한 때

제18조 (보육에 관한 연구업무 등의 위탁) ①여성가족부장관은 법 제8조제1항의 규정에 의하여 다음의 업무를 제16조제1항의 규정에 의한 요건을 갖춘 연구기관이나 법인 또는 단체에 위탁할 수 있다. 이 경우 여성가족부장관은 수탁기관 및 위탁업무의 내용을 고시하여야 한다. <개정 2005.6.23>

1. 보육에 관한 정책의 연구 및 정보의 제공

2. 보육 프로그램 및 교재의 개발
3. 보육시설 종사자에 대한 연수교재 개발 및 연수
4. 보육시설 평가척도의 개발
5. 그 밖에 보육정보센터, 교육훈련시설 등의 평가 등 보육업무와 관련하여 여성가족부장관이 필요하다고 인정하는 업무

②제16조제2항의 규정은 제1항의 규정에 의한 업무의 위탁기준 등의 공고에 관하여 이를 준용한다.

③제1항의 규정에 의하여 업무를 위탁받은 연구기관이나 법인 또는 단체는 당해 업무에 대한 계획서와 예산서를 작성하여 사업년도 개시 전까지 여성가족부장관에게 제출하여야 한다. <개정 2005.6.23>

④여성가족부장관은 제1항의 규정에 의하여 업무를 위탁받은 연구기관이나 법인 또는 단체에 대하여 예산의 범위 안에서 위탁업무의 수행에 소요되는 비용을 보조할 수 있다. <개정 2005.6.23>

제19조 (보육계획의 내용, 수립시기 및 절차) ①여성가족부장관, 시·도지사 및 시장·군수·구청장은 법 제11조제1항의 규정에 의하여 다음의 사항이 포함된 보육계획을 수립하여야 한다. <개정 2005.6.23>

1. 보육사업의 기본방향
2. 보육시설의 설치 및 수급에 관한 사항
3. 보육시설 종사자에 관한 사항
4. 보육시설 운영 및 평가에 관한 사항
5. 보육비용에 관한 사항
6. 그 밖에 영유아 보육에 관하여 필요한 사항

②여성가족부장관, 시·도지사 및 시장·군수·구청장은 제1항의 규정에 의한 보육계획을 5년마다 수립하여야 하고, 매년 2월말까지 연도별 시행계획을 수립하여야 한다. <개정 2005.6.23>

제20조 (직장보육시설의 설치) ①법 제14조제1항의 규정에 의하여 사업주가 직장보육시설을 설치하여야 하는 사업장은 상시 여성근로자 300인 이상 또는 근로자 500인 이상을 고용하고 있는 사업장으로 한다.

②제1항의 규정에 의한 사업장외의 사업주는 필요한 경우 사업장 근로자의 자녀를 보육하기 위한 직장보육시설을 설치하거나 보육수당을 지급할 수 있다.

제21조 (보육시설의 장 및 보육교사의 자격기준) 법 제21조제1항 및 제3항에 의한 보육시설의 장과 보육교사의 자격기준은 별표 1과 같다.

제21조의2 (보육시설운영위원회의 설치 범위) 법 제25조제1항 단서에서 "대통

령령이 정하는 보육시설"이라 함은 보육정원이 40인 이상인 보육시설을 말한다.[본조신설 2006.4.13]

제22조 (무상보육의 대상자 및 그 실시지역) ①법 제35조제1항의 규정에 의한 초등학교 취학직전 1년의 유아에 대한 무상보육은 매년 3월 1일 현재 만 5세에 도달한 유아를 대상으로 하여 실시하되, 예산의 범위 안에서 다음 각호의 어느 하나에 해당하는 유아에 대하여 우선적으로 실시한다.

1. 「국민기초생활 보장법」에 의한 수급자인 유아
2. 「도서·벽지 교육진흥법」 제2조의 규정에 의한 도서·벽지에 거주하는 유아
3. 행정구역상 읍·면지역에 거주하는 유아

②제1항 각호외의 자에 대한 무상보육의 실시는 예산의 범위 안에서 순차적으로 확대한다.

③제1항의 규정에 의하여 무상보육대상자로 된 유아는 행정구역의 변경에 따라 영향을 받지 아니한다.

④그 밖에 무상보육의 실시에 관하여 필요한 사항은 여성가족부장관이 정한다. <개정 2005.6.23>

제23조 (무상보육 실시의 비용) ①법 제35조제2항의 규정에 의하여 무상보육의 실시에 드는 비용은 「보조금의 예산 및 관리에 관한 법률 시행령」 제4조 및 별표 1의 규정에 의한 영유아보육사업에 대한 지원비율에 따라 국가와 지방자치단체가 이를 부담한다.

②무상보육 실시를 위한 보육료 지원 절차 등 구체적인 사항은 여성가족부장관이 정한다. <개정 2005.6.23>

제24조 (비용의 보조) ①법 제36조의 규정에 의하여 국가 또는 지방자치단체는 예산의 범위 안에서 다음의 비용의 전부 또는 일부를 보조한다. <개정 2005.6.23>

1. 보육시설의 설치, 증·개축 및 개·보수비
2. 보육교사 인건비
3. 교재·교구비
4. 보육정보센터의 설치·운영비
5. 보수교육 등 종사자 교육훈련 비용
6. 장애아보육 등 취약보육 실시비용
7. 그 밖에 차량운영비 등 여성가족부장관 또는 당해 지방자치단체의 장이 보육시설 운영에 필요하다고 인정하는 비용

②제1항에서 정한 비용의 지원방법 등에 관하여 필요한 사항은 여성가족부장관 또는 당해 지방자치단체의 장이 정한다. <개정 2005.6.23>

제25조 (사업주의 비용보조) 법 제14조제1항의 규정에 의하여 직장보육시설을 설치(둘 이상의 사업주가 공동으로 직장보육시설을 설치하는 경우를 포함한다)하거나, 지역의 보육시설과 위탁계약을 체결한 사업주는 그 보육시설의 운영 및 수탁 보육중인 영유아의 보육에 필요한 비용의 100분의 50 이상을 보조하여야 한다.

제26조 (권한의 위임 및 위탁) ①여성가족부장관은 법 제51조제1항의 규정에 의하여 법 제23조제1항의 규정에 의한 보수교육의 실시에 관한 권한을 시·도지사에게 위임한다. <개정 2005.6.23>

②여성가족부장관은 법 제51조제1항의 규정에 의하여 다음의 권한을 시장·군수·구청장에게 위임한다. <개정 2005.6.23, 2006.4.13>

1. 법 제46조의 규정에 의한 보육시설의 장의 자격정지에 관한 권한
2. 법 제47조의 규정에 의한 보육교사의 자격정지에 관한 권한

③여성부가족장관은 법 제51조제2항의 규정에 의하여 법 제22조제1항의 규정에 의한 보육시설의 장 또는 보육교사의 자격검정 및 자격증 교부에 관한 업무를 이 영 제16조제1항의 규정에 의한 연구기관이나 대학 또는 법인·단체에 위탁한다. 이 경우 수탁기관이나 위탁업무의 내용을 고시하여야 한다. <개정 2005.6.23, 2006.4.13>

④제16조제2항의 규정은 제3항의 규정에 의한 업무의 위탁기준 등의 공고에 관하여 이를 준용한다.

제27조 (과태료의 부과·징수) ①법 제56조의 규정에 의하여 과태료를 부과할 때에는 당해 위반행위를 조사·확인한 후 위반 사실 및 과태료 금액 등을 서면으로 명시하여 이를 납부할 것을 과태료처분대상자에게 통지하여야 한다.

②여성가족부장관, 시·도지사 또는 시장·군수·구청장은 제1항의 규정에 의하여 과태료를 부과하고자 할 때에는 10일 이상의 기간을 정하여 과태료처분대상자에게 구술 또는 서면에 의한 의견진술의 기회를 주어야 한다. 이 경우 지정된 기일까지 의견진술이 없는 때에는 의견이 없는 것으로 본다. <개정 2005.6.23>

③여성가족부장관, 시·도지사 또는 시장·군수·구청장은 과태료의 금액을 정함에 있어서는 당해 위반행위의 동기와 그 결과 등을 참작하되, 그 세부기준은 별표 2와 같다. <개정 2005.6.23>

④과태료의 징수절차에 관하여는 여성가족부령으로 정한다. <개정 2005.6.23>

부 칙<2005.1.29>

제1조(시행일) 이 영은 2005년 1월 30일부터 시행한다. 다만, 제20조제1항의 개정규정은 2006년 1월 30일부터 시행한다.

제2조(보육정보센터 운영업무의 위탁에 관한 경과조치) 이 영 시행 당시 종전의 규정에 의한 보육정보센터 운영업무의 위탁은 이 영에 의한 위탁으로 본다. 이 경우 이 영 제16조제1항의 규정에 의하여 여성부장관, 시·도지사 및 시장·군수·구청장은 수탁기관 및 위탁업무의 내용을 고시하여야 한다.

제3조 (보육시설의 장의 자격기준에 관한 경과조치) ①이 영 시행당시 「고등교육법」 제29조의 규정에 의한 대학원에서 법률 제7186호 영유아보육법중개정법률(이하 "종전의 법"이라 한다) 제9조제2항제1호에 의하여 여성부령이 정하는 유아교육 또는 아동복지에 관련된 학과를 전공중인 자가 교육인적자원부에 석사 이상의 학위등록을 한 후 보육시설을 설치할 경우에는 이 영에 의한 보육시설의 장의 자격을 갖춘 것으로 본다.

②이 영 시행당시 「고등교육법」 제47조의 규정에 의한 전문대학 또는 이와 동등 이상의 학교에서 종전의 법 제9조제2항제1호에 의하여 여성부령이 정하는 유아교육 또는 아동복지에 관련된 학과를 전공중인 자가 졸업한 후 영유아 40인 미만의 보육시설을 설치할 경우에는 이 영에 의한 보육시설의 장의 자격을 갖춘 것으로 본다.

③이 영 시행당시 종전의 법 제9조제2항제2호에 의하여 여성부령이 정하는 교육훈련시설에서 소정의 교육과정을 이수중인 자가 수료 한 후 영유아 40인 미만의 보육시설을 설치할 경우에는 이 영에 의한 보육시설의 장의 자격을 갖춘 것으로 본다.

제4조 (보육교사의 자격에 관한 경과조치) ①이 영 시행당시 종전의 규정에 의한 보육교사 1급 및 2급의 자격은 각각 이 영에 의한 보육교사 1급 및 2급의 자격으로 인정한다.

②이 영 시행당시 종전의 법 제9조제2항제1호의 규정에 의한 학과를 전공중인 자는 그 학과를 졸업하였을 경우 이 영에 의한 보육교사 1급의 자격을 인정하고, 종전의 법 제9조제2항제2호의 규정에 의한 교육과정을 이수중인 자는 그 과정을 수료하였을 경우 이 영에 의한 보육교사 2급의 자격을 인정한다.

제5조 (다른 법령과의 관계) 이 영 시행 당시 다른 법령에서 종전의 규정을 인용한 경우에는 이 영 중 그에 해당하는 규정이 있는 때에는 종전의 규정에 갈음하여 이 영의 해당 조항을 인용한 것으로 본다.

부　　칙<2006.4.13>

①(시행일) 이 영은 공포한 날부터 시행한다. 다만, 제26조의 개정규정은 2006년 12월 30일부터 시행한다.

②(보육시설운영위원회의 설치에 관한 경과조치) 이 영 시행 당시 제21조의2의 개정규정에 해당하는 보육시설은 이 영 시행일부터 3월 이내에 보육시설운영위원회를 설치하여야 한다.

영유아보육법시행규칙

제정 1991. 8. 8 보건사회부령제876호
개정 1992.10.20 보건사회부령제895호
1994. 2.18 보건사회부령제924호
1996. 1. 6 보건복지부령제 16호
1998. 9. 4 보건복지부령제 75호
1999. 5.19 보건복지부령제110호
2004. 6.11 여성부령제10호(여성부직제시행규칙)
전문개정 2005. 1.29 여성부령제14호
개정 2005. 6.23 여성가족부령제1호(여성가족부 직제 시행규칙)
2005.12.12 여성가족부령제2호
2006. 4.13 여성가족부령제4호
2006. 5.12 여성가족부령제6호
2006.11.10 여성가족부령 제11호

제1조 (목적) 이 규칙은 「영유아보육법」 및 동법 시행령에서 위임된 사항과 그 시행에 관하여 필요한 사항을 규정함을 목적으로 한다.

제2조 (보육정보센터의 종사자) 보육정보센터에는 보육에 관한 정보의 제공 등의 업무수행을 위하여 필요한 때에는 보육전문요원 외에 전산원, 영양사, 간호사 그 밖에 종사자를 둘 수 있다.

제3조 (보육정보센터의 운영위탁) ①「영유아보육법」(이하 "법"이라 한다) 제7조제3항 및 「영유아보육법 시행령」(이하 "영"이라 한다) 제16조의 규정에 의하여 보육정보센터의 운영을 위탁받고자 하는 보육관련법인·단체 등은 별지 제1호서식의 보육정보센터 위탁신청서(전자문서로 된 신청서를 포함한다)에 다음의 서류(전자문서를 포함한다)를 첨부하여 보육정보센터를 관할하는 여성가족부장관, 특별시장·광역시장·도지사(이하 "시·도지사"라 한다) 또는 시장·군수·구청장(자치구의 구청장을 말한다. 이하 같다)에게 제출하여야 한다.<개정 2005.6.23, 2006.5.12>

1. 법인의 정관 및 출연금 등에 관한 서류(법인인 경우에 한한다)
2. 단체의 회칙 또는 규약(단체인 경우에 한한다)
3. 대표자의 경력 사항
4. 보육정보센터의 장의 자격 및 경력을 증명하는 서류
5. 법인·단체 등의 보육관련 업무실적을 증명하는 서류
6. 법인·단체 등의 조직 및 운영현황에 관한 서류
7. 향후 3년간 보육정보센터의 운영계획서(예산서를 포함한다)

②제1항에 따른 신청을 받은 담당공무원은 신청인이 법인인 경우 법인등기부등본의 내용을 「전자정부구현을 위한 행정업무 등의 전자화촉진에 관한 법률」 제21조제1항에 따른 행정정보의 공동이용을 통하여 확인하여야 한다. 다만, 신청인이 확인에 동의하지 아니하는 경우에는 당해 서류를 첨부하도록 하여야 한다. <개정 2006.5.12>

③여성가족부장관, 시·도지사 또는 시장·군수·구청장이 제1항의 규정에 의하여 위탁신청서를 받은 때에는 법 제6조의 규정에 의한 보육정책위원회의 심의를 거쳐 수탁기관을 선정하여야 한다. <개정 2005.6.23, 2006.5.12>

④여성가족부장관, 시·도지사 또는 시장·군수·구청장은 제3항에 따라 선정된 수탁기관(이하 이 조에서 "수탁기관"이라 한다)과 위탁계약을 체결한 후 별지 제2호서식의 보육정보센터 위탁계약증서를 교부하여야 한다. <개정 2005.6.23, 2006.5.12>

⑤수탁기관은 법인·단체 등의 대표자 또는 보육정보센터의 장, 법인의 정관이나 단체의 회칙 또는 규약의 변경사유가 발생한 경우에는 별지 제3호서식의 보육정보센터 위탁사항 변경신청서(전자문서로 된 신청서를 포함한다)에 다음의 서류(전자문서를 포함한다)를 첨부하여 여성가족부장관, 시·도지사 또는 시장·군수·구청장에게 제출하여야 한다. <개정 2005.6.23, 2006.5.12>

1. 변경사유서
2. 대표자 경력사항(대표자가 변경되는 경우에 한한다)
3. 보육정보센터장의 자격 및 경력을 증명하는 서류(보육정보센터장이 변경되는 경우에 한한다)
4. 법인의 정관이나 단체의 회칙 또는 규약(정관·회칙 또는 규약이 변경되는 경우에 한한다)
5. 보육정보센터 위탁계약증서

제4조 (보육실태조사의 방법 및 내용) ①법 제9조의 규정에 의하여 여성가족부장관이 실시하는 보육실태조사는 가구조사와 보육시설조사로 구분한다. <개

정 2005.6.23>

②제1항의 규정에 의한 가구조사에는 다음의 사항이 포함되어야 한다. <개정 2005.6.23>

1. 가구 및 영유아의 특성에 관한 사항
2. 보육시설 이용현황
3. 보육시설 이용시 만족도 및 요구사항
4. 그 밖에 향후 보육시설 이용계획 등 보육시설의 이용과 관련하여 여성가족부장관이 정하는 사항

③제1항의 규정에 의한 보육시설조사에는 다음의 사항이 포함되어야 한다. <개정 2005.6.23>

1. 보육시설의 환경 및 설비
2. 보육시설종사자의 실태에 관한 사항
3. 보육시설의 지역별·유형별 분포
4. 보육시설의 정·현원에 관한 사항
5. 보육내용 및 보육비용에 관한 사항
6. 그 밖에 보육시설 이용 영유아의 건강·영양 및 안전관리에 관한 사항 등 보육시설 운영에 관하여 여성가족부장관이 필요하다고 인정하는 사항

제4조의2 (보육시설의 설치 전 상담) 법 제13조제1항 및 법 제14조제1항의 규정에 의하여 보육시설을 설치하고자 하는 자는 해당 지역의 보육수요 등 지역적 여건과 보육시설 설치기준 등에 대하여 관할 시장·군수·구청장과 미리 상담할 수 있다. 이 경우 관할 시장·군수·구청장은 이에 적극 협조하여야 한다. [본조신설 2005.12.12]

제5조 (보육시설의 설치인가 등) ①법 제13조제1항 및 법 제14조제1항의 규정에 의하여 보육시설의 설치인가를 받고자 하는 자는 별지 제4호서식의 보육시설 인가신청서(전자문서로 된 신청서를 포함한다)에 다음의 서류(전자문서를 포함한다)를 첨부하여 관할 시장·군수·구청장에게 제출하여야 한다. <개정 2005.12.12, 2006.5.12>

1. 법인의 정관 및 출연금 등에 관한 서류(법인인 경우에 한한다)
2. 단체의 회칙 또는 규약(단체인 경우에 한한다)
3. 임대차계약서(부동산을 임차하는 경우에 한한다)
4. 시설의 구조별 면적이 표시된 평면도와 시설 및 설비 목록
5. 보육시설의 장의 자격을 증명하는 서류

6. 보육시설종사자의 채용계획서
7. 보육시설 운영계획서(운영경비와 유지방법을 포함한다)
8. 설립자가 개인인 경우 경비의 지급 및 변제 능력에 관한 서류
9. 인근 놀이터 이용계획서(영유아 50인 이상의 시설로서 옥외놀이터나 옥내놀이터를 설치하지 아니하는 경우에 한한다)
10. 「전기사업법」 제66조의2의 규정에 의한 전기안전점검서 및 「도시가스사업법」 제15조제5항 및 「액화석유가스의 안전관리 및 사업법」 제29조제2항의 규정에 의한 가스안전점검서

②제1항에 따른 신청을 받은 담당공무원은 건축물대장등본(부동산을 임차하는 경우를 제외한다)과 법인등기부등본(법인인 경우에 한한다)의 내용을「전자정부구현을 위한 행정업무 등의 전자화촉진에 관한 법률」 제21조제1항에 따른 행정정보의 공동이용을 통하여 확인하여야 한다. 다만, 신청인이 확인에 동의하지 아니하는 경우에는 당해 서류를 첨부하도록 하여야 한다. <개정 2006.5.12>

③제1항의 규정에 의하여 인가신청서를 받은 시장·군수·구청장은보육시설이 제9조의 규정에 의한 설치기준에 적합한지의 여부 및 해당 지역의 보육수요를 확인한 후 인가 여부를 결정하고, 인가를 하는 때에는 별지 제5호서식의 보육시설인가증을 신청인에게 교부하여야 한다. 이 경우 보육시설이 설치기준에 적합한지의 여부는 현장에서 확인하여야 한다. <개정 2006.5.12>

④제3항에 따라 보육시설의 설치인가를 받아 보육시설을 운영하는 자는 보육시설의 대표자 또는 보육시설의 장, 보육시설의 종류·명칭·소재지 또는 보육정원을 변경하고자 하는 때에는 법 제13조제2항의 규정에 의하여 별지 제6호서식의 보육시설 변경인가신청서(전자문서로 된 신청서를 포함한다. 이하 같다)에 다음의 서류(전자문서를 포함한다)를 첨부하여 시장·군수·구청장에게 제출하여야 한다. <개정 2005.12.12, 2006.5.12>

1. 법인의 이사회 회의록(법인의 대표자가 변경되는 경우에 한한다)
   1의2. <삭제>
2. 변경되는 대표자가 개인인 경우 경비의 지급 및 변제 능력에 관한 서류
3. 변경시설의 평면도(소재지 또는 보육정원의 변경 등으로 시설의 변경이 있는 경우에 한한다)
4. 보육시설의 장의 자격을 증명하는 서류(보육시설의 장이 변경되는 경우에 한한다)
5. 시설 및 재산에 관한 사용·처분계획서(소재지가 변경되는 경우에 한한다)
6. 보육영유아에 대한 조치계획서(소재지가 변경되는 경우에 한한다)

7. 보육시설인가증

⑤제4항에 따른 신청을 받은 담당공무원은 건축물대장등본(소재지 또는 보육정원의 변경 등으로 시설의 변경이 있는 경우에 한한다)의 내용을 「전자정부구현을 위한 행정업무 등의 전자화촉진에 관한 법률」 제21조제1항에 따른 행정정보의 공동이용을 통하여 확인하여야 한다. 다만, 신청인이 확인에 동의하지 아니하는 경우에는 당해 서류를 첨부하도록 하여야 한다. <개정 2006.5.12>

⑥시장·군수·구청장은 제4항에 따른 변경인가신청서를 받은 때에는 변경사항을 확인한 후 변경인가 여부를 결정하여야 하고, 변경인가를 한 때에는 그 내용을 보육시설인가증에 기재하여 신청인에게 교부하여야 한다. <개정 2006.5.12>

⑦시장·군수·구청장은 보육시설의 설치 및 운영현황을 매반기 종료후 1월 이내에 시·도지사를 거쳐 여성가족부장관에게 보고하여야 한다. <개정 2005.6.23, 2006.5.12>

제5조의2 (인가증의 게시) 제5조제2항의 규정에 의하여 보육시설의 설치인가를 받은 자는 보육시설 방문자 등이 볼 수 있는 곳에 보육시설인가증을 게시하여야 한다. <개정 2005.12.12>

제6조 (공동보육시설의 설치) 법 제14조제1항의 규정에 의하여 사업주 공동으로 직장보육시설을 설치·운영하는 때에는 보육시설의 설치·관리 및 운영에 관한 업무를 협의하기 위하여 조합 또는 협의체를 구성할 수 있다.

제7조 (직장보육시설의 위탁) 법 제14조제1항의 규정에 의하여 직장보육시설을 설치할 수 없는 사업주가 지역의 보육시설과 위탁계약을 체결하는 때에는 위탁기간·보육비용 등을 정하여 위탁계약을 체결하여야 한다.

제8조 (보육수당의 지급) 법 제14조제1항의 규정에 의한 보육수당은 정부 보육료 지원단가의 100분의 50 이상으로 한다.

제9조 (보육시설의 설치기준) 법 제15조의 규정에 의한 보육시설의 설치기준은 별표 1과 같다.

제10조 (보육시설종사자의 배치기준) 법 제17조제2항의 규정에 의한 보육시설

종사자의 배치기준은 별표 2와 같다.

제11조 (보육시설종사자의 임면) ①보육시설의 장은 법 제19조제2항의 규정에 의하여 보육시설종사자의 임면사항을 14일 이내에 시장·군수·구청장에게 별지 제7호서식의 인사기록카드 사본을 첨부하여 보고하여야 한다.

②제1항의 규정에 의하여 보육시설종사자 임면사항을 보고받은 시장·군수·구청장은 신원조회 등을 통하여 보육시설종사자가 법 제20조 각호의 결격사유에 해당되는지 여부를 확인하여야 한다.

③제1항 및 제2항에 규정된 것 외에 임면권자가 보육시설종사자를 임면할 때의 원칙은 별표 3과 같다.

제12조 (보육관련 교과목 및 학점 등) ①법 제21조제2항제1호의 규정에 의하여 보육교사자격을 취득하기 위하여 「고등교육법」 제2조의 규정에 의한 대학(전문대학을 포함한다) 또는 이와 동등 이상의 학교(이하 "대학등"이라 한다)에서 이수하여야 하는 보육관련 교과목 및 학점은 별표 4와 같다.

②법 제21조제2항제2호의 규정에 의하여 보육교사자격을 취득하기 위하여 교육훈련시설에서 이수하여야 하는 교육과정은 별표 5와 같다.

제13조 (교육훈련시설의 지정 등) ①법 제21조제2항제2호의 규정에 의한 교육훈련시설은 보육교사의 양성 등을 위하여 대학등에 일정한 시설 및 교수요원을 갖추어 설치된 시설 중에서 시·도지사가 법 제6조의 규정에 의한 지방보육정책위원회의 심의를 거쳐 교육훈련시설로 지정한 시설을 말한다.

②제1항의 규정에 의한 교육훈련시설로 지정받고자 하는 대학 등은 별지 제8호서식의 교육훈련시설 지정신청서(전자문서로 된 신청서를 포함한다)에 다음의 서류(전자문서를 포함한다)를 첨부하여 시·도지사에게 제출하여야 한다. <개정 2006. 5. 12>

1. 법인의 정관 및 출연금 등에 관한 서류
2. 임대차계약서(부동산을 임차하는 경우에 한한다)
3. 시설의 구조별 면적이 표시된 평면도와 시설 및 설비 목록
4. 교육훈련시설의 장과 교수요원의 자격 및 경력을 증명하는 서류
5. 교육훈련 계획서 및 예산서

③제2항에 따른 신청을 받은 담당공무원은 법인등기부등본과 건축물대장등본(부동산을 임차하는 경우를 제외한다)의 내용을「전자정부구현을 위한 행정업무 등의 전자화촉진에 관한 법률」제21조제1항에 따른 행정정보의 공동이용

을 통하여 확인하여야 한다. 다만, 신청인이 확인에 동의하지 아니하는 경우에는 당해 서류를 첨부하도록 하여야 한다. <개정 2006. 5. 12>

④제2항의 규정에 의한 지정신청서를 받은 시·도지사가 지방보육정책위원회의 심의를 거쳐 교육훈련시설로 지정한 경우에는 별지 제9호서식의 교육훈련시설지정서를 교부하여야 한다. <개정 2006. 5. 12>

第14조 (교육훈련시설의 설치기준 등) ①제13조제1항의 규정에 의한 교육훈련시설의 장은 학사 이상의 학위소지자로서 보육 또는 교육업무에 10년 이상 종사한 경력이 있어야 한다.

②교육훈련시설의 시설기준과 교육훈련시설이 갖추어야 하는 교수요원의 수 및 자격기준은 별표 6과 같다.

第15조 (교육훈련시설의 변경사항) ①교육훈련시설의 장이나 대표자, 명칭 또는 소재지가 변경된 경우 교육훈련시설의 대표자는 별지 제10호서식의 교육훈련시설 지정사항 변경신청서(전자문서로 된 신청서를 포함한다)에 다음의 서류(전자문서를 포함한다)를 첨부하여 시·도지사에게 제출하여야 한다. <개정 2006. 5. 12>

1. 교육훈련시설의 장의 자격 및 경력을 증명하는 서류(교육훈련시설의 장이 변경되는 경우에 한한다)
2. 임대차계약서(소재지가 변경되는 경우로써 부동산을 임차하는 경우에 한한다)
3. 시설의 구조별 면적이 포함된 평면도와 시설 및 설비 목록(소재지가 변경되는 경우에 한한다)
4. 교육훈련시설지정서

②제1항에 따른 신청을 받은 담당공무원은 건축물대장등본(소재지가 변경되는 경우에 한하며, 부동산을 임차하는 경우를 제외한다)의 내용을 「전자정부구현을 위한 행정업무 등의 전자화촉진에 관한 법률」 제21조제1항에 따른 행정정보의 공동이용을 통하여 확인하여야 한다. 다만, 신청인이 확인에 동의하지 아니하는 경우에는 당해 서류를 첨부하도록 하여야 한다. <개정 2006. 5. 12>

第16조 (교육훈련시설 지정의 취소) ①시·도지사는 다음 각호의 어느 하나에 해당하는 사유가 발생한 경우에는 교육훈련시설의 지정을 취소할 수 있다.

1. 교육훈련시설의 시설기준, 교수요원의 수 및 자격기준이 별표 6에서 정하

는 기준에 미달한 경우
2. 교육훈련시설로 지정받은 후 1년 이내에 교육훈련을 실시하지 아니한 경우
3. 교육훈련 자격 미달자에게 교육을 실시하고 수료증을 발급하거나 교육수료 인정기준 미달자에게 수료증을 발급한 경우
4. 교육훈련시설을 1년 이상 휴지하거나 폐지하는 경우

②시·도지사는 제1항의 규정에 의하여 교육훈련시설의 지정을 취소하고자 하는 경우에는 청문을 실시하여야 한다

제17조 (보육시설의 장 또는 보육교사의 자격의 검정) ①법 제22조에 따른 보육시설의 장 또는 보육교사의 자격검정은 무시험검정으로 하되, 영 별표 1에 따른 보육시설의 장 또는 보육교사의 자격기준에 따라 서류심사에 의하여 이를 행한다.

②보육교사에 대한 자격검정은 다음 각 호의 기준에 해당하는 경우를 각각 합격으로 한다.

1. 대학등을 졸업한 자 : 별표 4에 따른 보육관련 교과목을 12과목 이상, 35학점 이상 취득한 경우
2. 교육훈련시설의 교육과정을 수료한 자 : 별표 5에 따른 교과목을 25과목 이상, 65학점 이상을 취득하고, 각 과목당 평가점수가 70점 이상인 경우
3. 법 제23조제2항에 따른 승급교육을 받은 자 : 80시간 이상 교육을 받고 평가시험에서 80점 이상을 획득한 경우

③제1항 및 제2항 외에 보육시설의 장 또는 보육교사의 자격검정 절차 등에 관하여 필요한 사항은 여성가족부장관이 정한다.

[본조개정 2006.4.13]

제18조 (자격증의 교부 등) ①법 제22조에 따라 보육시설의 장 또는 보육교사의 자격을 검정받고 보육시설의 장 또는 보육교사의 자격증(이하 "자격증"이라 한다)을 교부받고자 하는 자는 별지 제11호서식의 자격증 교부신청서(전자문서로 된 신청서를 포함한다)에 다음의 서류(전자문서를 포함한다)를 첨부하여 보육시설의 장 또는 보육교사의 자격검정 및 자격증 교부에 관한 업무를 위탁받은 연구기관이나 법인 또는 단체(이하 "자격증업무 담당기관"이라 한다)에 제출하여야 한다. <개정 2006.4.13>

1. 공통제출서류 : 사진(6월 이내에 촬영한 탈모정면 상반신 반명함판) 2매
2. 보육시설의 장 : 자격증 사본, 경력증명서, 졸업증명서, 성적증명서 등 보

육시설의 장의 자격을 입증할 수 있는 서류 일체

3. 보육교사 : 졸업증명서, 성적증명서, 보육실습확인서(1998년 3월 이후 졸업한 자에 한한다), 교육훈련시설 수료증(해당자에 한한다), 보수교육 이수증명서(승급자에 한한다), 경력증명서 등 보육교사 자격을 증명하는 서류 일체

②제1항의 규정에 의하여 자격증을 교부받은 자가 그 자격증을 분실하거나 훼손하여 자격증을 재교부받고자 하는 때에는 별지 제12호서식의 자격증 재교부신청서(전자문서로 된 신청서를 포함한다)에 다음의 서류(전자문서를 포함한다)를 첨부하여 자격증업무 담당기관에 제출하여야 한다. <개정 2006.4.13>

1. 자격증(훼손된 경우에 한한다) 1부
2. 사진(6월 이내에 촬영한 탈모정면 상반신 반명함판) 2매

③제1항의 규정에 의한 자격증은 별지 제12호의2서식에 의한다. <개정 2005.12.12>

제19조 (수수료) 법 제22조제2항의 규정에 의하여 자격증을 교부 또는 재교부받고자 하는 자가 납부하여야 하는 수수료는 1만원으로 한다.

제20조 (보수교육의 실시) ①법 제23조제2항의 규정에 의한 직무교육은 보육에 필요한 지식과 능력을 유지·개발하기 위하여 보육시설종사자가 정기적으로 받는 교육으로서 교육시간은 40시간을 원칙으로 한다.

②법 제23조제2항의 규정에 의한 승급교육은 보육교사가 3급에서 2급 또는, 2급에서 1급으로 승급하기 위하여 필요한 교육으로서 교육시간은 80시간을 원칙으로 한다.

③제1항 및 제2항의 규정에 의한 보수교육의 내용은 보육기초, 발달 및 지도, 영유아교육, 영유아의 건강·영양 및 안전, 가족 및 지역사회 협력, 보육사업의 운영에 관한 영역이 포함되도록 하되, 그 구체적인 내용은 여성가족부장관이 정한다. <개정 2005.6.23>

④제1항 및 제2항의 규정에 의한 직무교육 및 승급교육의 대상자, 교육평가, 교육비 등에 관한 구체적인 내용은 별표 7과 같다.

⑤시·도지사는 매년 2월말까지 보수교육의 수요를 파악하여 보수교육계획을 수립하여야 한다.

제21조 (보수교육 실시의 위탁) ①법 제23조제3항의 규정에 의하여 시·도지사

가 보수교육의 실시를 위탁할 수 있는 전문기관은 다음과 같다.

1. 법 제21조제2항제2호의 규정에 의한 교육훈련시설
2. 「정부출연연구기관 등의 설립·운영 및 육성에 관한 법률」에 의하여 설립된 정부출연연구기관
3. 보육관련 비영리법인·단체

②시·도지사가 제1항의 규정에 의하여 보수교육의 실시를 위탁하고자 하는 경우에는 미리 위탁의 기준, 절차 및 방법 등을 자체 게시판이나 인터넷 홈페이지 등을 이용하여 공고하여야 한다.

③제1항의 규정에 의하여 보수교육의 실시를 위탁받고자 하는 자는 교육에 필요한 시설과 교육과정을 갖추고 별지 제13호서식의 보수교육 위탁신청서(전자문서로 된 신청서를 포함한다)에 다음의 서류(전자문서를 포함한다)를 첨부하여 시·도지사에게 제출하여야 한다.

1. 교육과정 운영계획서
2. 보수교육의 실시에 필요한 교수요원의 자격 및 경력을 증명하는 서류

④제3항의 규정에 의한 위탁신청서를 받은 시·도지사는 매년 3월말까지 지방보육정책위원회의 심의를 거쳐 보수교육 수탁기관을 결정하여 위탁계약을 체결한 후 별지 제14호서식의 보수교육기관 위탁계약증서를 교부하여야 한다.

제22조 (보수교육 실시위탁의 취소) 시·도지사는 제21조제1항의 규정에 의한 보수교육 수탁기관이 다음 각호의 어느 하나에 해당하는 경우에는 보수교육 실시의 위탁을 취소할 수 있다.

1. 법 제36조 및 영 제24조의 규정에 의한 보조금을 목적 외에 사용한 경우
2. 법 제36조 및 영 제24조의 규정에 의한 보조금을 허위 그 밖의 부정한 방법으로 교부받은 경우
3. 제21조의 규정에 의한 보수교육의 실시기준에 위반하여 보수교육을 실시한 경우
4. 교육자격 미달자에게 보수교육을 실시하고 수료증을 발급하거나, 교육수료 인정기준 미달자에게 수료증을 발급한 경우

제23조 (보육시설의 운영기준) 법 제24조제1항의 규정에 의한 보육시설의 운영기준은 별표 8과 같다.

제24조(국·공립 보육시설의 운영위탁) ①여성가족부장관, 시·도지사 또는 시장·군수·구청장이 법 제24조제2항의 규정에 의하여 국·공립보육시설의 운영을 위

탁하고자 하는 경우 미리 위탁의 기준, 절차 및 방법 등을 자체 게시판이나 인터넷 홈페이지 등을 이용하여 공고하여야 한다. <개정 2005.6.23>

②법 제24조제2항의 규정에 의하여 국·공립보육시설의 운영을 위탁받고자 하는 자는 별지 제15호서식의 보육시설 위탁신청서(전자문서로 된 신청서를 포함한다)에 다음의 서류(전자문서를 포함한다)를 첨부하여 여성가족부장관, 시·도지사 또는 시장·군수·구청장에게 제출하여야 한다. <개정 2005.6.23, 2005.12.12, 2006.5.12>

1. 법인의 정관 및 출연금 등에 관한 서류(법인인 경우에 한한다)
2. 단체의 회칙 또는 규약(단체인 경우에 한한다)
3. 개인인 경우 경비의 지급 및 변제능력에 관한 서류
4. 보육시설의 장과 대표자의 자격 및 경력을 증명하는 서류
5. 보육시설 운영계획서(운영경비와 유지방법을 포함한다)

③제2항에 따른 신청을 받은 담당공무원은 신청인이 법인인 경우 법인등기부 등본의 내용을 「전자정부구현을 위한 행정업무 등의 전자화촉진에 관한 법률」 제21조제1항에 따른 행정정보의 공동이용을 통하여 확인하여야 한다. 다만, 신청인이 확인에 동의하지 아니하는 경우에는 당해 서류를 첨부하도록 하여야 한다. <개정 2006.5.12>

④제2항의 규정에 의하여 위탁신청서를 받은 여성가족부장관, 시·도지사 및 시장·군수·구청장은 보육정책위원회의 심의를 거쳐 수탁기관을 결정하여 위탁계약을 체결한 후 별지 제16호서식의 보육시설 위탁계약 증서를 교부하여야 한다. <개정 2005.6.23, 2006.5.12>

⑤제4항에 따른 보육정책위원회의 심의항목에는 보육관련사업 운영실적, 수탁자의 공신력 및 재정능력, 보육시설 운영계획, 대표자 및 보육시설의 장의 전문성 등이 포함되어야 한다. <개정 2006.5.12>

⑥여성가족부장관, 시·도지사 및 시장·군수·구청장은 기존 수탁자에 대하여 제5항에 따른 보육관련사업 운영실적 등을 고려하여 보육정책위원회의 심사를 거쳐 재위탁할 수 있다. <개정 2005.6.23, 2006.5.12>

⑦수탁자는 보육시설의 대표자 또는 보육시설의 장이나, 보육시설의 명칭을 변경하는 경우 별지 제17호서식의 보육시설 위탁사항 변경신청서(전자문서로 된 신청서를 포함한다)에 다음의 서류를 첨부하여 여성가족부장관, 시·도지사 또는 시장·군수·구청장에게 제출하여야 한다. <개정 2005.6.23, 2006.5.12>

1. 변경사유서
2. 보육시설의 장의 자격을 증명하는 서류(보육시설의 장을 변경하는 경우에 한한다)

⑧보육시설의 운영위탁에 관한 구체적인 사항은 국립보육시설의 경우 여성가족부장관이 정하고, 공립보육시설의 경우 지방자치단체의 조례로 정한다. <개정 2005.6.23, 2006.5.12>

제25조 (국·공립보육시설 운영위탁의 취소) 여성가족부장관, 시·도지사 또는 시장·군수·구청장은 수탁자가 다음 각호의 어느 하나에 해당하는 경우에는 보육시설의 운영 위탁을 취소할 수 있다. <개정 2005.6.23, 2006.11.10>

1. 법 제26조제1항의 규정에 의한 취약보육을 우선적으로 실시하지 아니하거나 법 제28조의 규정에 의한 저소득층 자녀 등의 우선보육을 실시하지 아니한 경우
2. 법 제31조의 규정에 의한 건강진단실시 또는 응급조치 등을 이행하지 아니한 경우
3. 법 제36조 및 영 제24조의 규정에 의한 보조금을 목적 외에 사용한 경우
4. 법 제36조 및 영 제24조의 규정에 의한 보조금을 허위 그 밖의 부정한 방법으로 교부받은 경우
5. 보육대상 영유아를 방임하거나 학대하는 등 「아동복지법」 제29조의 금지행위를 한 경우
6. 운영위탁 계약서상의 계약내용을 위반한 경우
7. 법 제45조의 규정에 의한 운영정지처분을 받은 경우
8. 법 제46조의 규정에 의한 자격정지처분을 받은 경우

제26조(보육시설운영위원회의 구성) 제26조(보육시설운영위원회의 구성·운영)
①법 제25조제1항에 따라 설치되는 보육시설운영위원회(이하 "운영위원회"라 한다)의 위원장은 당해 보육시설 종사자가 아닌 위원 중에서 호선한다.
②운영위원회의 회의는 공개함을 원칙으로 한다.
③이 규칙에서 정한 사항 외에 운영위원회의 구성·운영에 관하여 필요한 사항은 여성가족부장관이 정한다.
[본조개정 2006.4.13]

제27조 삭제 <2005.6.23>

제28조 (취약보육의 종류) ①법 제26조제1항의 규정에 의한 취약보육은 다음 각 호의 보육을 포함한다. <개정 2005.12.12>

1. 영아보육 : 만 3세 미만의 영아을 대상으로 보육서비스를 제공하는 것

2. 장애아보육 : 「장애인복지법」 제29조의 규정에 의하여 장애인으로 등록된 영유아 등에게 보육서비스를 제공하는 것
3. 시간연장형보육 : 기준 보육시간 외에 시간을 연장하여 보육서비스를 제공하는 것

②취약보육의 정원책정 등 취약보육에 대한 구체적인 사항은 여성가족부장관이 정한다. <개정 2005.6.23>

제29조(보육의 우선 제공) ①법 제28조제1항제4호에서 "여성가족부령이 정하는 장애등급 이상에 해당하는 자"라 함은 「장애인복지법 시행규칙」 별표 1의 장애등급 중 다음 각 호의 등급에 해당하는 자를 말한다.
1. 장애등급이 1급 또는 2급인 자
2. 3급인 정신지체인 또는 발달장애(자폐증)인으로서 다른 장애가 중복된 자

②법 제28조제1항제5호에서 "여성가족부령이 정하는 자의 자녀"라 함은 다음 각 호의 자를 말한다.
1. 「아동복지법」 제14조에 따른 아동복지시설에서 생활 중인 영유아
2. 부모가 모두 취업중인 영유아

[본조개정 2006.4.13]

제30조 (보육과정) 법 제29조제2항 및 제4항에 따른 표준보육과정은 별표 8의 2와 같다. <개정 2005.6.23, 2006.11.10>

제31조 (평가인증의 실시) ①여성가족부장관은 법 제30조제3항의 규정에 의하여 보육정책위원회의 심의를 거쳐 운영체계·평가지표·수수료 등 보육시설의 평가인증에 관하여 필요한 사항을 정한다. <개정 2005.6.23>

②제1항의 규정에 의한 평가지표에는 보육환경, 보육과정 운영, 보육교사와 보육영유아간의 일상적 상호작용, 영유아의 건강·영양 및 안전, 보육인력의 전문성, 보육시설 운영관리, 가족 및 지역사회와의 연계 등이 포함되어야 한다.

③법 제30조제1항의 규정에 의한 평가인증을 받고자 하는 자는 여성가족부장관에게 평가인증을 신청하여야 한다. <개정 2005.6.23>

④평가인증의 절차 및 서식 등에 관한 구체적인 사항은 여성가족부장관이 정한다. <개정 2005.6.23>

제32조 (평가인증 수수료) 여성가족부장관은 법 제30조제4항의 규정에 의하여 평가인증을 받고자 하는 보육시설이 납부하여야 하는 수수료를 매년 정하여

고시하여야 한다. <개정 2005.6.23>

제33조 (건강진단) ①법 제31조제1항의 규정에 의하여 보육시설의 장은 보육하고 있는 영유아 및 보육시설종사자(가정보육시설의 경우 보육시설에서 함께 거주하는 자를 포함한다)에 대하여 1년에 1회 이상 건강진단을 실시하여야 한다. 다만, 보호자가 별도로 건강검진을 실시하여 검사 결과 통보서를 제출한 영유아에 대한 건강진단은 이를 생략할 수 있다. <개정 2006.4.13>
②영유아의 건강진단 항목에는 신체계측·시력검사·구강검사 등 영유아 발달단계에 따라 필요한 항목이 포함되어야 한다.
③보육시설종사자의 건강진단 항목에는 결핵 등 전염성 질환이 포함되어야 한다.
④보육시설의 장은 제1항의 규정에 의하여 건강진단을 실시한 결과 치료를 요하는 영유아에 대하여는 그 보호자와 협의하여 필요한 조치를 하여야 한다.
⑤보육시설의 장은 제1항의 규정에 의한 건강진단을 실시한 결과 전염성 질환에 감염된 것으로 밝혀지거나 의심되는 영유아 및 보육시설 거주자는 보육시설로부터 격리시키고, 전염성 질환에 감염된 것으로 밝혀지거나 의심되는 보육시설종사자는 즉시 휴직시키거나 면직시키는 등의 조치를 하여야 한다.

제34조(급식관리) ①법 제33조의 규정에 의한 급식은 영유아가 필요한 영양을 섭취할 수 있도록 영양사가 작성한 식단에 의하여 공급하여야 한다. 이 경우 영양사(5개 이내의 보육시설이 공동으로 두는 영양사를 포함한다)를 두고 있지 아니한 100인 미만의 영유아를 보육하고 있는 보육시설은 보육정보센터·보건소 등에 근무하는 영양사의 지도를 받아 식단을 작성하여야 한다.
②영유아에 대한 급식은 보육시설에서 직접 조리하여 공급하는 것을 원칙으로 한다.

제35조 (보육료 지원대상) 법 제34조제1항의 규정에 의하여 국가 또는 지방자치단체가 보육에 필요한 비용을 부담하여야 하는 가정의 소득수준 및 보조범위는 재산 등을 고려하여 여성가족부장관이 매년 정한다. <개정 2005.6.23>

제36조 (보육시설의 폐지·휴지) ①법 제43조제1항의 규정에 의하여 보육시설을 폐지 또는 휴지(휴지기간은 1년 이내에 한한다)하고자 하는 자는 폐지 또는 휴지 2월전까지 별지 제18호서식의 보육시설 폐지 또는 휴지신고서(전자문서로 된 신고서를 포함한다)에 다음의 서류(전자문서를 포함한다)를 첨부하여

시장·군수·구청장에게 제출하여야 하고, 이를 보육시설종사자 및 부모 등 보호자에게 알려주어야 한다.

1. 보육 영유아에 대한 전원조치 계획서
2. 시설의 재산에 관한 사용 또는 처분계획서(부동산을 임차한 경우를 제외한다)
3. 보육시설 인가증 또는 신고증(보육시설을 폐지하는 경우에 한한다)
4. 보육시설종사자의 인사기록카드(보육시설을 폐지하는 경우에 한한다)

②시장·군수·구청장은 제1항의 규정에 의한 폐지 또는 휴지신고를 받은 경우에는 법 제43조제2항의 규정에 의하여 보육 영유아에 대한 전원조치가 이루어지는지 여부를 확인하여야 한다.

제37조 (보육시설 운영의 재개) 보육시설을 휴지하였던 자가 법 제43조제1항의 규정에 의하여 보육시설의 운영을 재개하고자 하는 경우에는 별지 제18호서식의 보육시설 재개신고서(전자문서로 된 신고서를 포함한다)를 시장·군수·구청장에게 제출하여야 한다.

제38조 (보육시설에 대한 행정처분) ①법 제45조제2항에 의한 보육시설에 대한 행정처분의 세부기준은 별표 9와 같다.

②제1항의 규정에 의한 행정처분이 운영정지에 해당하는 경우 시장·군수·구청장은 위반행위의 동기·내용 및 횟수 등을 참작하여 제1항의 규정에 의한 운영정지기간의 2분의 1의 범위안에서 이를 가중하거나 감경할 수 있되, 가중하는 때에도 운영정지 총기간은 1년을 초과할 수 없다.

③시장·군수·구청장은 보육시설이 운영정지 또는 폐쇄되는 경우에는 보육시설에 보육중인 영유아를 다른 보육시설로 옮기도록 하는 등 영유아의 권익을 보호하기 위하여 필요한 조치를 취하여야 한다.

제39조 (보육시설의 장 및 보육교사에 대한 행정처분) ①시장·군수·구청장은 지방보육정책위원회의 심의를 거쳐 법 제46조 및 제47조에 따른 보육시설의 장 및 보육교사의 자격정지기간을 결정하여야 한다. <개정 2006.4.13>

②제1항의 규정에 의한 보육시설의 장 및 보육교사에 대한 행정처분의 세부기준은 별표 10과 같다. 다만, 시장·군수·구청장은 위반행위의 동기·내용 및 횟수 등을 참작하여 제1항에 따른 자격정지기간의 2분의 1의 범위안에서 이를 가중하거나 감경할 수 있되, 가중하는 때에도 자격정지의 총기간은 1년을 초과할 수 없다. <개정 2006.4.13>

③보육시설의 대표자는 보육시설의 장이 자격정지된 기간 동안 그 직을 대리할 보육시설의 장을 두어야 하고, 보육시설의 장은 보육교사의 자격이 정지된 기간동안 그 업무를 대행할 보육교사를 채용하여야 한다. <개정 2006.4.13>

제40조 (도서·벽지·농어촌 등의 보육시설) ①법 제52조의 규정에 의하여 보육시설의 설치기준 및 보육시설종사자의 배치기준을 달리 적용할 수 있는 지역은 다음과 같다. <개정 2005.6.23>

1. 「도서·벽지교육 진흥법」 제2조의 규정에 의한 도서·벽지
2. 행정구역상 면지역
3. 그 밖에 여성가족부장관이 정하는 농어촌 지역

②시장·군수·구청장이 법 제52조의 규정에 의하여 제1항의 규정에 의한 도서·벽지·농어촌 등의 지역에 대하여 지방보육정책위원회의 심의를 거쳐 달리 적용할 수 있는 보육시설의 설치기준 및 보육시설종사자의 배치기준의 종류는 다음과 같다.

1. 보육시설의 규모에 관한 사항 중 최소 보육인원에 관한 사항
2. 보육교사 1인당 담당 영유아수

제41조 (보육시설연합회의 조직) ①법 제53조의 규정에 의한 보육시설연합회(이하 "연합회"라 한다)의 회원 자격은 보육시설의 장으로 한다.

②연합회는 업무를 효율적으로 수행하기 위하여 연합회에 보육시설의 종류별로 다음의 분과위원회를 두되, 각 분과위원회의 위원수는 20인 이내로 한다.

1. 국·공립보육시설 분과위원회
2. 법인보육시설 분과위원회
3. 직장보육시설 분과위원회
4. 가정보육시설 분과위원회
5. 부모협동보육시설 분과위원회
6. 민간보육시설 분과위원회

제42조 (연합회의 기능) 연합회는 다음의 기능을 수행할 수 있다.

1. 보육에 관한 자료수집 및 홍보
2. 영유아의 권익보호
3. 보육시설종사자의 복리증진
4. 그 밖에 보육시설간의 국제교류 등 연합회의 목적달성에 필요한 사항

제43조 (연합회의 임원) ①연합회에는 임원으로 회장 1인 및 부회장 6인을 포함한 20인 이상 40인 이하의 이사와 감사 4인을 둔다. ②연합회의 회장 및 부회장을 포함한 이사의 임기는 3년으로 하고, 감사의 임기는 2년으로 하되, 각각 1회에 한하여 연임할 수 있다. 다만, 임원의 사임 등의 사유로 새로이 선출된 임원의 임기는 전임임원의 잔여임기로 한다.
③제2항의 규정에 의한 임원의 선출방법, 그 자격요건 등에 관하여 필요한 사항은 연합회의 정관으로 정한다.

제44조 (과태료의 징수절차) 영 제27조제4항의 규정에 의한 과태료의 징수절차에 관하여는 「국고금관리법 시행규칙」을 준용한다. 이 경우 납입고지서에는 이의방법 및 이의기간 등을 함께 기재하여야 한다.

부　칙<2005.1.29>

제1조(시행일) 이 규칙은 2005년 1월 30일부터 시행한다.
제2조(보육시설 설치기준에 관한 경과조치) ①이 규칙 시행 당시 종전의 규정에 의하여 설치된 보육시설은 이 규칙 시행일부터 5년 이내(비상재해대비시설은 1년 이내)에 별표 1에 의한 설치기준 중 시설의 구조 및 설비 기준을 갖추어야 한다. 다만, 보육시설 및 보육실의 영유아(장애아를 포함한다) 1인당 면적에 대한 부분은 종전의 규정에 의하고, 2층 또는 3층에 보육실이 설치되어 있는 보육시설에 대하여는 1층에 보육실을 설치하도록 한 부분을 적용하지 아니한다.
②제1항의 규정에 불구하고 이 규칙 시행전에 설치된 보육시설을 증·개축하거나 다음 각호의 어느 하나를 변경하고자 하는 경우에는 이 규칙에 의한 기준을 모두 갖추어야 한다.

1. 보육시설의 대표자. 다만, 「주택건설기준 등에 관한 규정」 제55조제4항의 규정에 의하여 500세대 이상 공동주택단지에 의무적으로 설치되어 있는 보육시설로서 1층에 설치할 공간이 없는 등 불가피한 사유가 있는 것으로 여성부장관이 인정하는 시설의 대표자가 변경되는 경우를 제외한다.
2. 보육시설의 종류
3. 보육시설의 소재지
4. 보육시실의 정원(증원되는 경우에 한한다)

제3조 (보육시설종사자의 배치기준에 관한 경과조치) 이 규칙 시행 당시 종전의

규정에 의하여 설치된 보육시설은 2006년 3월 1일까지 이 규칙에 의한 보육시설종사자 배치기준에 적합한 보육시설종사자를 확보하여야 한다.

제4조 (보육시설종사자 임면에 관한 경과조치) 보육시설의 장은 이 규칙 시행 당시 종전의 규정에 의하여 임용되어 있는 보육시설종사자에 대하여 이 규칙 시행일부터 6월 이내에 시장·군수·구청장에게 보고하여야 한다.

제5조 (교육훈련시설에 관한 경과조치) ①이 규칙 시행 당시 종전의 규정에 의하여 위탁받은 교육훈련시설은 이 규칙에 의하여 교육훈련시설로 지정받은 것으로 본다. 다만, 교육훈련시설의 대표자가 변경되는 경우(대학등의 경우를 제외한다)에는 지정이 취소된 것으로 본다.

②제1항의 규정에 의하여 교육훈련시설로 지정받은 것으로 보는 교육훈련시설은 이 규칙 시행 이후 1년 이내에 제14조제2항에서 정하는 시설기준 및 교수요원의 수와 자격기준을 갖추어야 한다.

제6조 (교육훈련시설의 장의 자격에 관한 경과조치) 이 규칙 시행 당시 종전의 규정에 의하여 위탁받은 교육훈련시설의 장은 이 규칙에 의한 교육훈련시설의 장의 자격을 갖춘 것으로 보되, 이 규칙 시행일부터 1년 이내에 이 규칙에서 정한 자격을 갖추어야 한다.

제7조 (보수교육에 관한 경과조치) 이 규칙 시행 당시 종전의 규정에 의하여 보수교육을 받은 때에는 이 규칙에 의한 보수교육을 받은 것으로 본다.

제8조 (보육시설의 위탁에 관한 경과조치) 이 규칙 시행 당시 종전의 규정에 의하여 국·공립보육시설의 운영을 위탁받은 보육시설은 이 규칙에 의하여 위탁받은 것으로 본다.

제9조 (행정처분 등에 관한 경과조치) 이 규칙 시행 당시 종전의 규정에 의하여 행정기관 등이 행한 행위 또는 행정기관 등에 대한 행위는 이 규칙에 의하여 행정기관 등이 행하거나 행정기관 등에 대하여 행한 행위로 본다.

제10조(다른 법령과의 관계) 이 규칙 시행 당시 다른 법령에서 종전의 규정을 인용한 경우 이 규칙 중 그에 해당하는 규정이 있는 때에는 종전의 규정에 갈음하여 이 규칙의 해당 조항을 인용한 것으로 본다.

부　　칙<2005.12.12>

이 규칙은 공포한 날부터 시행한다. 다만, 제5조의2의 개정규정은 2006년 3월 1일부터 시행한다.

부　칙<2006.4.13>

①(시행일) 이 규칙은 공포한 날부터 시행한다. 다만, 제17조·제18조·제39조·별표 3 및 별표 10의 개정규정은 2006년 12월 30일부터 시행한다.
②(보육시설장의 자격정지에 관한 경과조치) 이 규칙 시행 당시 종전의 규정에 의하여 업무정지처분을 받은 보육시설장은 이 규칙에 의한 자격정지처분을 받은 것으로 본다.
③(서식의 개정에 따른 경과조치) 이 규칙 시행 당시 종전의 규정에 의하여 사용하던 서식은 2006년 12월 30일까지 이 규칙에 의한 서식과 함께 사용할 수 있다.

부　칙<2006.5.12>

①(시행일) 이 규칙은 공포한 날부터 시행한다.
②(서식에 관한 경과조치) 이 규칙 시행 당시 종전의 규정에 의하여 작성되어 사용하던 서식은 계속 사용하되, 이 규칙에 의한 개정내용을 반영하여 사용하여야 한다.

부　칙(도로교통법 시행규칙)<2006.5.30>

제1조(시행일) 이 규칙은 2006년 6월 1일부터 시행한다.
제2조내지 제7조 생략
제8조(다른 법령의 개정) ①내지 ⑨생략
⑩영유아보육법 시행규칙 일부를 다음과 같이 개정한다.
별표 8 제3호다목 (1)중 "11인승 이상 승합자동차"를 "9인승 이상 자동차"로 하고, "제48조의4"를 "제52조"로 한다.
⑪내지 [illegible] 생략

부　칙<2006.11.10>

이 규칙은 공포한 날부터 시행한다. 다만, 제25조제8호의 개정규정은 2006년 12월 30일부터 시행한다.

저자약력

◆ **이명환**

· 독일 프랑크프르트 대학교 유아교육학 학사 · 석사
· 동 대학교 철학박사(유아교육학 전공)
· 독일 AMI 몬테소리 교육과정 수료(디플롬 취득)

현재 : 시립인천대학교 교육대학원 유아교육전공 주임교수

< 저서 및 연구물 >
· 유아교육과정, 아동발달, 몬테소리 교육학과 발도르프 교육학, 프뢰벨과 몬테소리, 독일의 다양한 유아교육기관, 독일의 숲 유치원 등 다수

◆ **김은숙**

· 시립인천대학교 교육대학원 졸업 (유아교육전공)
· 시립인천대학교 대학원 박사과정 중 (유아교육전공)
· 공립 장미어린이집, 재능대학 부속유치원 교사 역임
· 시립인천전문대학 보육교사교육원 강사 역임

현재 : 재능대학 아동문학보육과 겸임교수
서울신학대학교 강사
인천광역시 보육정보센터 조력위원

< 연구실적 >
· 보육시설 운영에 필요한 서식 개발(인천광역시)
· 보육시설 재무회계관리 표준화 방안 연구(여성가족부)

◆ **최경숙**

· 시립인천대학교 교육대학원 졸업 (유아교육전공)
· 시립인천대학교 대학원 박사과정 중 (유아교육전공)
· 전 갈월유치원, 현대유치원 원감 역임
· 시립인천전문대학 보육교사교육원 강사 역임

현재 : 공립 별초롱어린이집 시설장
인천광역시 보육정보센터 조력위원
재능대학 강사

< 연구실적 >
· 보육시설 운영에 필요한 서식 개발(인천광역시)
· 보육시설 재무회계관리 표준화 방안 연구(여성가족부)
· 보육일지 공모전 최우수상 수상(인천광역시보육정보센터)

새로운 표준보육과정에 의한

최신보육과정

초판 1쇄 발행 - 2007년 3월 15일
초판 2쇄 발행 - 2008년 3월 10일

•

저　자 - 이명환 · 김은숙 · 최경숙 공저

•

발행인 - 김의용
발행처 - 교육아카데미

•

주소 - 서울시 성북구 석관동 77-37
전화 - (02) 3142-9924(代)
　　　(02) 967-9947
팩스 - (02) 967-9948
E-mail : educa9937@naver.com
등록 - 1996년 9월 6일 No.2-2243

•

정가 19,000원